Das Untersuchungsverweigerungsrecht aus
§ 81 c Abs. 3 StPO als Beweiserhebungsverbot

Europäische Hochschulschriften

Publications Universitaires Européennes
European University Studies

Reihe II
Rechtswissenschaft

Série II Series II
Droit
Law

Bd./Vol. 3818

PETER LANG
Frankfurt am Main · Berlin · Bern · Bruxelles · New York · Oxford · Wien

Beatrix Suffa

Das Untersuchungsverweigerungsrecht aus § 81 c Abs. 3 StPO als Beweiserhebungsverbot

PETER LANG
Europäischer Verlag der Wissenschaften

Bibliografische Information Der Deutschen Bibliothek
Die Deutsche Bibliothek verzeichnet diese Publikation in der Deutschen Nationalbibliografie; detaillierte bibliografische Daten sind im Internet über <http://dnb.ddb.de> abrufbar.

Zugl.: Potsdam, Univ., Diss., 2003

517
ISSN 0531-7312
ISBN 3-631-51613-4

www.peterlang.de

Meinen Eltern

Vorwort

Die vorliegende Arbeit wurde im Sommersemester 2003 von der Juristischen Fakultät der Universität Potsdam als Dissertation angenommen. Die Arbeiten am Manuskript wurden im Februar 2002 abgeschlossen, nachfolgende Rechtsprechung und Literatur fanden teilweise noch Berücksichtigung.

Im Rahmen des Vorwortes möchte ich mich bedanken bei Herrn Prof. Dr. Wolfgang Mitsch für die Anregung zu dem Thema der Dissertation und die vielfältige Unterstützung bei der Anfertigung der Arbeit. Seine wertvollen Hinweise haben wesentlich zum Gelingen meines Promotionsvorhabens beigetragen.

Herrn Prof. Dr. Uwe Hellmann danke ich für die kurzfristige Erstellung des Zweitgutachtens.

Besonderer Dank gebührt meinen Eltern für die Unterstützung, die sie mir während meiner gesamten Ausbildungs- und Studienzeit haben zukommen lassen, sowie meinem Lebensgefährten Dr. Christian Fisch. Ohne seinen beständigen Zuspruch und seine tatkräftige Hilfe, insbesondere bei der mühevollen Arbeit des Korrekturlesens, wäre die Fertigstellung dieser Monographie nur schwer möglich gewesen.

Cottbus, im August 2003 — Beatrix Suffa

Inhaltsverzeichnis

Hinsichtlich der in der Arbeit verwendeten Abkürzungen wird verwiesen auf: *Kirchner*, Abkürzungsverzeichnis der Rechtssprache, 4. Aufl., Berlin New York 1993.

Einführung

I. Grundsätzliches

In seinem Gutachten für den 62. Deutschen Juristentag, welches sich mit der Frage beschäftigt, ob für den besseren Schutz von Nichtbeschuldigten vor Nachteilen gesetzliche Änderungen erforderlich sind, stellt *Weigend* nach einer kurzen Betrachtung des Untersuchungsverweigerungsrechtes die These auf, „gegen eine Streichung der Regelung (des § 81 c Abs. 3 StPO - *die Autorin*) bestehen ... keine Bedenken".[1] Diese, in ihrer Konsequenz so bisher noch nicht vertretene Auffassung fügt sich nahtlos ein in die seit einiger Zeit zu beobachtende Tendenz der Beschneidung von bürgerlichen Freiheitsrechten und strafprozessualen Rechten von Beschuldigten und Zeugen. Die Eingriffe des Gesetzgebers in einstmals unantastbare rechtsstaatliche Garantien sind dabei sowohl im präventiven als auch im repressiven Bereich zu verzeichnen. Beispielhaft für die Verkürzung bürgerlicher Freiheitsrechte durch Maßnahmen der Legislative auf präventivem Gebiet ist dabei das zuletzt durch den Bundestag verabschiedete Gesetz zur Bekämpfung des internationalen Terrorismus (Terrorismusbekämpfungsgesetz) vom 09.01.2002[2], welches u.a. durch die Erweiterung der Befugnisse von Bundeskriminalamt, Verfassungsschutz und MAD zur Informationsbeschaffung in erheblichem Maße vor allem das Grundrecht auf informationelle Selbstbestimmung einschränkt.[3] Auch im Rahmen der Strafverfolgung haben sich in den letzten Jahren Bemühungen des Gesetzgebers, die auf eine Beschränkung der Rechte von Beschuldigten und Zeugen zielen, verstärkt. So greifen insbesondere die durch das Gesetz zur Verbesserung der Bekämpfung der Organisierten Kriminalität vom 04.04.1998[4] eingefügten Änderungen der §§ 100 c ff. StPO in erheblicher Weise in die grundgesetzlich geschützten Rechte des Einzelnen sowie die strafprozessualen Rechte der Beschuldigten

---

[1] In: Vhdlg. 62. DJT, Bd. 1, Teil C, S. C 1 (C 117). Nach *Weigend* (a.a.O.) liegt der Regelung des § 81 c Abs. 3 StPO „eine übertriebene Rücksichtnahme auf innerfamiliäre Sensibilität zugrunde."

[2] BGBl. I S. 361.

[3] Kritisch dazu *Denninger*, StV 2002, 96 ff.

[4] BGBl. I S. 845.

und Zeugen ein, indem sie die Abhörung des nichtöffentlich gesprochenen Wortes nunmehr sowohl im Freien als auch in Wohnungen ermöglichen. Strafprozessuale „Grundrechte“, wie die Zeugnisverweigerungsrechte aus den Vorschriften des § 53 StPO sowie aus den §§ 52 und 53 a StPO, fanden erst nach massiven Protesten vor allem der betroffenen Berufsangehörigen sowie einer kontrovers geführten parlamentarischen Debatte Eingang in dieses Zwangsmittel. Neben der durch diese Gesetzesänderung erfolgten Einführung des so genannten „Großen Lauschangriffes“ in die Strafprozessordnung führten auch eine Vielzahl kleinerer Änderungen dieses Gesetzes sowie Urteile der Rechtsprechung zu einer Beschränkung der Rechte von Beschuldigten und Zeugen im Strafverfahren. Zu nennen sind in diesem Zusammenhang beispielsweise die Ausweitungen des Straftatenkataloges des § 100 a StPO durch das Gesetz zur Bekämpfung des illegalen Rauschgifthandels und anderer Erscheinungsformen der Organisierten Kriminalität (OrgKG) vom 15.07.1992[5] und - nochmals - durch das bereits erwähnte Gesetz zur Verbesserung der Bekämpfung der Organisierten Kriminalität vom 04.04.1998, die den Anwendungsbereich der strafprozessualen Maßnahme der Telefonüberwachung erheblich erweitert haben, die Vorschriften der §§ 110 a ff. StPO, welche den Einsatz Verdeckter Ermittler zur Aufklärung von Straftaten für zulässig erklären, und auch das Urteil des BGH vom 21.07.1994,[6] wonach die Verwertung der Aussage eines V-Mannes über Äußerungen von Angehörigen des Angeklagten auch dann zulässig sein soll, wenn diese in der Hauptverhandlung von ihrem Zeugnisverweigerungsrecht Gebrauch machen.

Mit der vorliegenden Arbeit soll versucht werden, dieser Tendenz der Aufweichung strafverfahrensrechtlicher Beschuldigten- und Zeugenrechte entgegen zu wirken, indem die Bedeutung eines strafprozessualen Zeugenrechtes, des Untersuchungsverweigerungsrechtes aus § 81 c Abs. 3 StPO, für die Beteiligten und Zeugen eines Strafverfahrens sowie für ein an rechtsstaatlichen Grundsätzen orientiertes Strafverfahren untersucht und erläutert wird. Dabei erfolgt innerhalb dieser Einführung in die Thematik zunächst eine kurze Darstellung der historischen Entwicklung dieses Weigerungsrechtes, da sich einige Streitpunkte im Rahmen des Untersuchungsverweigerungsrechtes bzw. die zu ihnen vertretenen Auffassungen nur vor dem Hintergrund der Entstehungsgeschichte dieses Zeugenrechtes nachvollziehen lassen.

---

[5] BGBl. I S. 1302.

[6] BGHSt 40, 211 ff.

Im *ersten Teil* der Arbeit wird dann der persönliche Anwendungsbereich des Untersuchungsverweigerungsrechtes aus § 81 c Abs. 3 StPO beleuchtet, dem bislang in Rechtsprechung und Literatur überwiegend nur unzureichende Aufmerksamkeit geschenkt wird. Im Wege der eingehenden Auseinandersetzung mit diesem Weigerungsrecht unter dem Blickwinkel seiner Schutzzwecke wird dabei eine Antwort auf die Frage gegeben, ob der Regelung des § 81 c Abs. 3 StPO tatsächlich, wie von *Weigend*[7] in seinem eingangs zitierten Gutachten vermutet, nur „eine übertriebene Rücksichtnahme auf die innerfamiliäre Sensibilität" zugrunde liegt und ob neben dem Recht zur Zeugnisverweigerung aus § 52 StPO auch die Zeugnisverweigerungsrechte der §§ 53, 53 a und 54 StPO sowie das Auskunftsverweigerungsrecht aus § 55 StPO zur Untersuchungsverweigerung berechtigen. Sodann wird in diesem Zusammenhang eine Lösung entwickelt für die derzeit noch kaum erörterten Probleme der Erstreckbarkeit des Untersuchungsverweigerungsrechtes eines Zeugen auf Mitbeschuldigte, mit welchen ihn kein zur Zeugnisverweigerung berechtigendes Verhältnis verbindet, und der Befugnis zur Verweigerung der körperlichen Untersuchung von Mitbeschuldigten untereinander.

Den *zweiten Teil* der Arbeit bildet eine Untersuchung des gegenständlichen Anwendungsbereiches der Vorschrift des § 81 c Abs. 3 StPO, die sich mit der Frage befasst, welche Untersuchungshandlungen bzw. strafprozessualen Zwangsmaßnahmen durch den Zeugen unter Berufung auf das Untersuchungsverweigerungsrecht verweigert werden dürfen. In diesem Zusammenhang erfolgt eine eingehende Auseinandersetzung mit der Problematik der Anwendbarkeit des Untersuchungsverweigerungsrechtes auf Augenscheinseinnahmen am Körper des Zeugen gemäß § 86 StPO und auf Durchsuchungen des Zeugen nach § 103 StPO. Daneben widmet sich dieser Teil der Arbeit der Diskussion über die Befugnis des zeugnisverweigerungsberechtigten Nichtbeschuldigten nach § 81 c Abs. 3 StPO, die Glaubwürdigkeitsuntersuchung, die Blutprobenentnahme und Abstammungsuntersuchung sowie die DNA-Analyse i.S. des § 81 e StPO zu verweigern.

Die Untersuchung wird im *dritten Teil* mit einer Schlussbetrachtung abgeschlossen, in welcher die wesentlichen Ergebnisse der Arbeit noch einmal kurz dargestellt werden.

Da die Monographie auf das Untersuchungsverweigerungsrecht erwachsener Zeugen beschränkt ist, finden die besonderen Probleme, welche sich aus der Vorschrift des § 81 c Abs. 3 StPO ergeben, wenn die zur Zeugnisverweigerung berechtigte Beweisperson noch ein Kind ist, keinen Niederschlag. Ebenfalls unberücksichtigt bleibt die Thematik der sich aus dem Beweis-

---

[7] Dazu oben in Fn. 1.

erhebungsverbot des § 81 c Abs. 3 StPO ergebenden Beweisverwertungsverbote. Ein Eingehen auf diese Schwerpunkte des Untersuchungsverweigerungsrechtes hätte in der gebotenen Gründlichkeit den Umfang der Arbeit gesprengt und muss daher einer gesonderten Abhandlung vorbehalten bleiben.

II. Entstehungsgeschichte des Untersuchungsverweigerungsrechtes aus § 81 c Abs. 3 StPO

Bei ihrem Erlass im Jahre 1877 enthielt die Strafprozessordnung keine Norm, welche die Betrachtung des Körpers, die körperliche Untersuchung oder die Suche nach Gegenständen am Körper von Beschuldigten oder Zeugen im Strafverfahren explizit regelte.[8] Da diese Maßnahmen aber bereits zum damaligen Zeitpunkt als wichtige Möglichkeiten der Beweisgewinnung angesehen wurden, entwickelte sich unmittelbar nach Einführung der Strafprozessordnung in Rechtsprechung und Literatur ein lebhafter Streit über ihre Zulässigkeit und dogmatische Einordnung.
Das Reichsgericht[9] vertrat dabei gemeinsam mit einigen Vertretern der Literatur[10] die Ansicht, die körperliche Untersuchung sei ein Unterfall der Durchsuchung i.S. der §§ 102, 103 StPO, denn, so *Beling*,[11] „die Durchsuchung der Person ist eine solche, die am Leibe der Person sucht." Nach der überwiegenden Auffassung des Schrifttums sollte die körperliche Untersuchung von Zeugen und Beschuldigten jedoch eher der Augenscheinseinnahme nach § 86 StPO zuzuordnen sein.[12] Sowohl das Reichsgericht[13] als

---

[8] Vgl. RGBl. 253.

[9] Vgl. RGSt 14, 189 (194); RGSt 42, 440.

[10] So z.B. *Beling*, ZStW 15 (1895), 471 (473); *von Stenglein*, GS 59 (1900), 1 (17); *Kohler*, GA 1913, 212 (214); *Fredershausen*, Augenscheinsobjekte, S. 41; einschränkend LR[19]-*Hartung* § 86 Rn. 3 a.

[11] In: ZStW 15 (1895), 471 (473).

[12] So u.a. *Feisenberger* § 86 Rn. 3; *Puchelt* § 86 Rn. 4; *Rosenmeyer*, GS 63 (1904), 41 (44); *Klaus*, Die Frage der Duldungspflicht, S. 27.

[13] RGSt 14, 189 (195); RGSt 42, 440.

auch die Mehrheit der Literaturvertreter[14] sah dabei - unabhängig von der Frage der Rechtsgrundlage - die zwangsweise Durchführung körperlicher Untersuchungen jedenfalls bei Zeugen für zulässig an. Dies sollte nach allgemeiner Auffassung jedoch nicht mehr für körperliche Eingriffe bei Beschuldigten oder Unverdächtigen gelten.[15] Unerheblich für die Frage der Zulässigkeit körperlicher Untersuchungen sollte nach damaliger Ansicht[16] hingegen die Befugnis des zu untersuchenden Zeugen zur Zeugnisverweigerung sein. Eine Berechtigung zur Verweigerung der körperlichen Untersuchung sollte aus dem Recht des Zeugen, die Aussage gemäß §§ 52 ff. StPO zu verweigern, nicht hergeleitet werden können.
Mit dem schnellen Voranschreiten des medizinisch-technischen Fortschritts in den zwanziger Jahren des letzten Jahrhunderts boten sich jedoch zunehmend neue Möglichkeiten der Beweisgewinnung durch körperliche Untersuchungen, wie beispielsweise die Blutgruppenbestimmung einer Person nach der Entnahme einer Blutprobe. Dies führte zu einem erneuten Aufflammen der Diskussion über die Zulässigkeit und strafprozessuale Grundlage von körperlichen Untersuchungen und Eingriffen in den Körper eines Beschuldigten oder Zeugen. Ergebnis dieser Kontroverse war dann die Einfügung des § 81 a in die RStPO durch das Ausführungsgesetz zum Gesetz gegen gefährliche Gewohnheitsverbrecher und über Maßregeln der Besserung und Sicherung vom 24.11.1933.[17] Diese Vorschrift regelte in ihrem ersten Absatz die körperliche Untersuchung von Beschuldigten und Zeugen. Dabei wurde durch Satz 2 des Abs. 1 bereits der für die Untersuchung von Zeugen noch heute gültige Spurengrundsatz eingeführt, wonach eine körperliche Untersuchung dieser Personen nur dann zulässig ist, wenn sich an ihrem Körper eine Spur oder Folge einer Straftat befindet.[18] Nach Abs. 2 des § 81 a StPO waren sowohl Blutprobenentnahmen als auch alle anderen Eingriffe in die körperliche Integrität des zu Untersuchenden statthaft, wenn kein Nachteil für seine Gesundheit zu besorgen war.
Nach den Jahren der nationalsozialistischen Gewaltherrschaft von 1933 bis 1945 bemühten sich die Parlamentarier des ersten Deutschen Bundestages um eine Befreiung der bestehenden Gesetze von allen auf nationalsozialistischem Gedankengut bestehenden Vorschriften und eine Vereinheitlichung

---

[14] So z.B. *Feisenberger* § 86 Rn. 3; *Puchelt* § 86 Rn. 4; *Rosenmeyer*, GS 63 (1904), 41 (44); a.A. *John* § 86 Rn. 4; *Beling*, ZStW 15 (1895), 471 (499).

[15] Vgl. RGSt 64, 160 (162); *Schorn*, DRiZ 1931, 89 (90); *Wachinger*, JW 1932, 3041 ff.

[16] LR[19]-*Hartung* § 86 Rn. 3 a; *Kohler*, GA 1913, 212 (214).

[17] RGBl. I S. 1000.

[18] Siehe dazu näher unten 1. Teil B II 3 a.

der Rechtspflegegesetze.[19] Den Abschluss dieses Prozesses bildete das Gesetz zur Wiederherstellung der Rechtseinheit auf dem Gebiete der Gerichtsverfassung, der bürgerlichen Rechtspflege, des Strafverfahrens und des Kostenrechts vom 12.09.1950.[20] Durch dieses Gesetz wurde der § 81 a StPO neu gefasst und regelte nunmehr ausschließlich die körperliche Untersuchung und Eingriffe in die körperliche Integrität von Beschuldigten. Die körperliche Untersuchung Nichtbeschuldigter wurde aus der Vorschrift des § 81 a StPO herausgenommen und im neu eingefügten § 81 c StPO normiert. Neben der Begrenzung der Zulässigkeit körperlicher Eingriffe auf Blutprobenentnahmen war die Schaffung eines Untersuchungsverweigerungsrechtes für zeugnisverweigerungsberechtigte Zeugen die wichtigste Neuerung in diesem Zusammenhang, die wohl auf einem, durch die Geschehnisse während des Nationalsozialismus hervorgerufenem, liberalen Verständnis des Strafprozessrechtes fußt. Von Interesse für die vorliegende Arbeit ist dabei vor allem die parlamentarische Debatte, die zur Einführung dieses Zeugenrechtes in buchstäblich letzter Minute führte, da sie einige zum Untersuchungsverweigerungsrecht vertretene Auffassungen erklärt bzw. besser nachvollziehbar macht.

So forderte der Abgeordnete *Wagner* bereits während der zweiten Lesung dieses Gesetzes die vom Entwurf nicht vorgesehene Beachtung eines Zeugnisverweigerungsrechtes des zu untersuchenden Zeugen, denn er sah es als widersprüchlich an, wenn diese Zeugen hinsichtlich des Beschuldigten zwar von der Pflicht zur wahrheitsgemäßen Aussage befreit sind, jedoch verpflichtet bleiben, die Untersuchung ihres Körpers zur Auffindung belastenden Spurenmaterials zu dulden. Wörtlich führte er dazu aus: „Wenn zwischen den Eheleuten irgendein Streit war und die Frau verletzt worden ist - manchmal kommt es ja auch anders vor -, dann kann sie oder er, je nachdem, wer verletzt ist, das Zeugnis verweigern. Nach § 81 c hat der Verletzte, sei es die Frau, sei es der Mann, keinerlei Möglichkeit, sich dem zu entziehen, sondern er wird gezwungen, und auf Grund unmittelbarer Zwangsmaßnahmen, die der Richter anordnet, kann die Untersuchung vorgenommen werden. Das ist also ein Widerspruch in sich selbst.“[21]

Im Rahmen der dritten Lesung, zwei Tage später, kam der Abgeordnete *Wagner* noch einmal auf seinen Hinweis zurück, als er den damaligen Bundesjustizminister *Dr. Dehler* während seiner Ausführungen zum § 81 c in

---

[19] Zu den während der Besatzungszeit nach 1945 in der verschiedenen Zonen geltenden Regelungen vgl. die Ausführungen bei *Dünnebier*, JZ 1952, 427 (428 f.).

[20] BGBl. I S. 455.

[21] BT-Prot. I/1950 S. 2909.

einer Zwischenfrage aufforderte zu erklären, wie es denn mit der Berücksichtigung des Zeugnisverweigerungsrechtes stehe. Der Bundesjustizminister gab zu, dass hierin auch ein Problem liege, es jedoch schwer sein werde, jetzt im Rahmen der dritten Lesung derartige Feinheiten noch aufzunehmen. Nach einem Zwischenvorschlag des Vizepräsidenten *Dr. Schmid*, den letzten Satz des § 81 c Abs. 1 wie folgt zu fassen: „Die Untersuchung ist unzulässig, wenn sie dem Betroffenen bei Würdigung aller Umstände nicht zugemutet werden kann oder wenn der Betroffene das Recht zur Verweigerung des Zeugnisses hat."[22], stellte der Abgeordnete *Dr. Arndt* im Namen der SPD-Fraktion den Antrag, in den ersten Absatz des § 81 c StPO folgenden zweiten Satz einzufügen: „Die Untersuchung kann aus den gleichen Gründen wie das Zeugnis verweigert werden."[23] Zur Begründung führte er an, dass die Grundsätze der die Zeugnisverweigerungsrechte nicht berücksichtigenden Durchsuchung nicht anwendbar seien, weil das eigentliche Beweismittel nicht ein Gegenstand, sondern ein Mensch oder der menschliche Körper sei. Daher müssten „die Ehefrau, die Eltern und die Kinder ... das gleiche Recht haben, ihren Körper als Beweismittel zu verweigern, wie sie das Recht haben, ihre Aussage zu verweigern."[24] Dieser Antrag wurde dann ohne eine weitere Aussprache angenommen.
Eine grundlegende Neufassung des Untersuchungsverweigerungsrechtes erfolgte durch das Erste Gesetz zur Reform des Strafverfahrensrechts vom 9.12.1974,[25] die aber lediglich Änderungen formeller Natur zur Folge hatte.

---

[22] BT Prot. I/1950 S. 3072.

[23] BT Prot. I/1950 S. 3072.

[24] BT Prot. I/1950 S. 3072.

[25] BGBl. I S. 3393.

Erster Teil

Der persönliche Anwendungsbereich des Untersuchungsverweigerungsrechtes

A. Methodik der Darstellung

Im ersten Teil dieser Arbeit soll die Frage nach dem *persönlichen* Anwendungsbereich des Untersuchungsverweigerungsrechtes aus § 81 c Abs. 3 StPO beantwortet werden. Dabei wird zunächst auf das sich aus § 81 c Abs. 3 S. 1 StPO i.V.m. § 52 StPO ergebende Untersuchungsverweigerungsrecht für Zeugen, die ein Verhältnis der in § 52 Abs. 1 StPO aufgeführten Art mit dem Beschuldigten verbindet, eingegangen. Nach der Auseinandersetzung mit diesem Untersuchungsverweigerungsrecht soll der sich weiterhin stellenden Frage nachgegangen werden, ob auch die §§ 53, 53 a, 54 und 55 StPO zur Untersuchungsverweigerung berechtigen. Grundlage für die folgende Untersuchung des persönlichen Anwendungsbereiches des § 81 c Abs. 3 StPO werden dabei neben seinem Wortlaut, gesetzessystematischen Betrachtungen und historischen Gesichtspunkten vor allem der Sinn und Zweck des Untersuchungsverweigerungsrechtes sein.

B. Die Zeugnisverweigerungsrechte der §§ 52, 53, 53 a, 54 und 55 StPO als Grundlage des Untersuchungsverweigerungsrechtes aus § 81 c Abs. 3 StPO

I. Das Untersuchungsverweigerungsrecht aus § 81 c Abs. 3 StPO i.V.m. § 52 StPO

1. Einleitung

Sofern in Rechtsprechung und Literatur die Rede von der Berechtigung des Zeugen zur Untersuchungsverweigerung ist, ergibt sich oft aus den näheren Umständen, dass mit dem Terminus des „Untersuchungsverweigerungsrechtes" zumeist ausschließlich das sich aus Verwandtschaftsbeziehungen i.S. des § 52 StPO zwischen dem Zeugen und dem Beschuldigten eines Verfahrens resultierende Untersuchungsverweigerungsrecht aus § 81 c Abs. 3 StPO i.V.m. § 52 StPO verknüpft wird, ohne dass dies freilich in irgendeiner Form verdeutlicht wird. So wird mit dem Begriff des Untersuchungsverweigerungsrechtes eines Nichtbeschuldigten zum gegenwärtigen Zeitpunkt geradezu selbstverständlich das auf einer Angehörigenbeziehung des Zeugen zum Beschuldigten eines Strafverfahrens beruhende Untersuchungsverweigerungsrecht aus § 81 c Abs. 3 StPO i.V.m. § 52 StPO verbunden. Dies ist vor allem der Tatsache geschuldet, dass derzeit allein das Zeugnisverweigerungsrecht aus § 52 StPO einhellig als taugliche Grundlage eines Untersuchungsverweigerungsrechtes aus § 81 c Abs. 3 StPO anerkannt ist, was vermutlich auf dem Umstand beruht, dass sowohl der BGH[1] als auch die Mehrzahl der Literaturvertreter[2] ohnehin allein das Weigerungsrecht aus § 52 StPO als zur *Zeugnis*verweigerung berechtigend i.S. des § 81 c Abs. 3 S. 1 StPO ansehen.
Ursächlich für die Anerkennung eine Untersuchungsverweigerungsrechtes aus § 81 c Abs. 3 StPO i.V.m. § 52 StPO ist wohl zum einen der jedenfalls insoweit eindeutige Wortlaut der §§ 81 c Abs. 3 S. 1 und 52 Abs. 1 StPO. Neben dem Wortlaut der beiden Vorschriften erfordern aber zum anderen auch die Umstände der Entstehung des Untersuchungsverweigerungsrechtes sowie die Gleichartigkeit der vom Gesetzgeber mit den Vorschriften der §§

---

[1] Vgl. nur BGHSt 12, 235 ff.

[2] Stellvertretend für alle: LR[24]-*Dahs* § 81 c Rn. 37 ff. m.w.N.

52 StPO und 81 c Abs. 3 StPO verfolgten Zwecke für Zeugen, die mit dem Beschuldigten ein Verwandtschaftsverhältnis der in § 52 StPO bezeichneten Art verbindet, die Einräumung eines Untersuchungsverweigerungsrechtes. Die nachfolgende Darstellung wird erläutern, warum sowohl der Wortlaut der Vorschrift des § 81 c Abs. 3 S. 1 StPO, ihre Entstehungsgeschichte als auch die mit ihr verfolgten Schutzwecke die gegenwärtig nicht in Zweifel gezogene Gewährung eines Untersuchungsverweigerungsrechtes in den Fällen des § 52 StPO bedingen, ohne freilich hiermit eine Aussage darüber zu treffen, ob ein Untersuchungsverweigerungsrecht ausschließlich bei der Berechtigung des Zeugen zur Zeugnisverweigerung nach § 52 StPO in Betracht kommt.[3]

2. Wortlautauslegung und Berücksichtigung historischer Auslegungsaspekte

a) Wortlautauslegung

Der Wortsinn einer Norm bildet den Ausgangspunkt für die Auslegung und zugleich ihre Grenze.[4] Daher ist für die Auslegung einer Norm zunächst deren Wortlaut heranzuziehen.

Nach § 81 c Abs. 3 S. 1 StPO können körperliche Untersuchungen oder Blutprobenentnahmen durch den Zeugen „... aus den gleichen Gründen wie das Zeugnis verweigert werden“[5]. Gemäß § 52 Abs. 1 StPO sind Zeugen, welche ein dort bezeichnetes Verhältnis mit dem Beschuldigten eines Strafverfahrens verbindet, zur „Verweigerung des Zeugnisses berechtigt“[6]. Der Gesetzgeber bediente sich bei der Formulierung der Voraussetzungen des

---

[3] Ob von der Vorschrift des § 81 c Abs. 3 S. 1 StPO neben Zeugnisverweigerungsberechtigten i.S. des § 52 StPO auch nach §§ 53, 53 a, 54, 55 StPO weigerungsberechtigte Personen erfasst werden, wird später näher zu untersuchen sein. Dazu unten 1. Teil B II, III und IV.

[4] *Larenz*, Methodenlehre, S. 320 ff.; *F. Müller*, Juristische Methodik, Rn. 310 f.; *Bydlinski*, Juristische Methodenlehre, S. 437 ff.

[5] So der Wortlaut von § 81 c Abs. 3 S. 1 StPO in der Fassung des Art. 1 Nr. 20 des Ersten Gesetzes zur Reform des Strafverfahrensrechts (1. StVRG) vom 09.12.1974 (BGBl. I S. 3393).

[6] Vgl. § 52 Abs. 1 StPO in der Fassung des Art. 3 § 18 Nr. 2 des Lebenspartnerschaftsgesetzes (LPartG) vom 16.02.2001 (BGBl. I S. 266).

Untersuchungsverweigerungsrechtes in § 81 c StPO derselben Termini, welche die Rechtsfolge einer der in § 52 StPO aufgeführten verwandtschaftlichen Beziehungen zwischen einem Zeugen und einem Beschuldigten beschreiben. Diese Begriffskongruenz hat zur Folge, dass die in § 52 Abs. 1 StPO bezeichneten Verwandtschaftsbeziehungen zwischen dem Zeugen und dem Beschuldigten eines Strafverfahrens - jedenfalls nach dem Wortlaut des § 81 c Abs. 3 S. 1 StPO - unzweifelhaft Gründe sind, die zur Untersuchungsverweigerung berechtigen.

b) Historische Auslegung

Neben dem insoweit eindeutigen Wortlaut des § 81 c Abs. 3 StPO ist die hinsichtlich der Anwendbarkeit dieser Vorschrift auf Zeugnisverweigerungsberechtigte i.S. des § 52 StPO bestehende Einmütigkeit in Lehre und Rechtsprechung wohl auch den Umständen der Entstehung der Norm geschuldet. So wurde im Rahmen der dritten Lesung zu dem mit dem Gesetz zur Wiederherstellung der Rechtseinheit auf dem Gebiete der Gerichtsverfassung, der bürgerlichen Rechtspflege, des Strafverfahrens und des Kostenrechts (VereinhG) vom 12.09.1950[7] in die StPO eingefügten Recht zur Untersuchungsverweigerung[8] auf Zeugnisverweigerungsberechtigte i.S. des § 52 StPO ausdrücklich Bezug genommen, wenn von dem Abgeordneten *Dr. Arndt* zur Begründung der von ihm geforderten Aufnahme eines Untersuchungsverweigerungsrechtes in den neu geschaffenen § 81 c StPO gefordert wurde, „... die Ehefrau, die Eltern und die Kinder müßten das gleiche Recht haben, ihren Körper als Beweismittel zu verweigern, wie sie das Recht haben, ihre Aussage zu verweigern“[9]. Auch in der vorangegangenen zweiten Lesung hatten die Abgeordneten die Einfügung eines Untersuchungsverweigerungsrechtes in den zunächst ohne ein solches Recht zur Lesung gestellten § 81 c StPO bereits diskutiert und der Abgeordnete *Wagner* hatte dies mit der Begründung befürwortet, dass der bei einem Streit verletzte Ehegatte zur Verweigerung des Zeugnisses berechtigt sei. Dazu führte er weiter aus: „Nach § 81 c hat der Verletzte, sei es die Frau, sei es der Mann, keinerlei Möglichkeit sich dem zu entziehen, sondern er wird gezwungen, und auf

---

[7] BGBl. I S. 455.

[8] Ausführlich zur Entstehung des Untersuchungsverweigerungsrechtes s.o. in der Einführung unter II.

[9] BT Prot. I/1950 S. 3072.

Grund unmittelbarer Zwangsmaßnahmen, die der Richter anordnet, kann die Untersuchung vorgenommen werden. Das ist also ein Widerspruch in sich selbst."[10] Verwandtschaftsbeziehungen der in § 52 StPO bezeichneten Art werden also auch hier als ein Grund, der auch zur Verweigerung der körperlichen Untersuchung berechtigen muss, angesehen.[11] Die Entstehungsgeschichte des § 81 c Abs. 3 S. 1 StPO spricht mithin ebenfalls eindeutig für die von der allgemeinen Auffassung befürwortete Gewährung eines Untersuchungsverweigerungsrechtes in den Fällen des § 52 StPO.

3. Schutzzwecke des Untersuchungsverweigerungsrechtes aus § 81 c Abs. 3 StPO i.V.m. § 52 StPO

Im Rahmen der von § 52 StPO erfassten Konstellationen werden Zeugen, die mit dem Beschuldigten eines Strafverfahrens ein Verwandtschaftsverhältnis der in § 52 StPO bezeichneten Art verbindet, zur Aussage im Verfahren gegen diesen Beschuldigten aufgefordert. Da die Aussage gegen einen Angehörigen für diese Zeugen aber möglicherweise erhebliche Belastungen und Konflikte zur Folge hätte, welche für die Rechtsordnung auch unter Beachtung ihres grundsätzlichen Interesses an der Wahrheitsfindung nicht hinnehmbar sind, wird ihnen in § 52 StPO die Möglichkeit eingeräumt, die Aussage gegen ihren Angehörigen zu verweigern. Im Folgenden wird dargestellt, dass diese Zeugen derartigen Belastungen und Interessenkonflikten ebenfalls ausgesetzt sind, wenn sie zur Duldung einer ihren beschuldigten Angehörigen belastenden körperlichen Untersuchung oder zur Duldung der Entnahme einer Blutprobe nach § 81 c Abs. 1 bzw. 2 StPO aufgefordert werden. Die Gleichartigkeit der dem Zeugnisverweigerungsrecht aus § 52 StPO und dem Untersuchungsverweigerungsrecht aus § 81 c Abs. 3 StPO i.V.m. § 52 StPO zugrundeliegenden Interessenkollisionen hat - wie sich in der folgenden Untersuchung zeigen wird - daher auch die Übereinstimmung der mit diesen Vorschriften verfolgten Schutzzwecke zur Folge.[12]

---

[10] BT Prot. I/1950 S. 2909.

[11] Ob daraus jedoch eine Beschränkung des § 81 c Abs. 3 StPO auf die Fälle des § 52 StPO zu entnehmen ist, erscheint zweifelhaft und wird später näher zu untersuchen sein. Siehe dazu unten 1. Teil B II, III und IV.

[12] Ebenso *Bialek*, Zeugnisverweigerungsrechte aus persönlichen Gründen, S. 78; ähnlich SK-*Rogall* § 81 c Rn. 41.

a) Gleichartigkeit der Interessenbeeinträchtigung bei einer Aussage und einer körperlichen Untersuchung bzw. Blutprobenentnahme eines mit dem Beschuldigten verwandten Zeugen und die sich daraus ergebende Identität der Schutzzwecke von § 52 StPO und § 81 c Abs. 3 StPO

aa) Schutz des Zeugen vor einer inneren Konfliktslage

In der von § 52 StPO vorausgesetzten Situation hat der Zeuge - entsprechend seiner staatsbürgerlichen Pflicht zur wahrheitsgemäßen Aussage -[13] in einem Verfahren gegen den Beschuldigten auszusagen, mit welchem er „durch Liebe, Verwandtschaft oder Schwägerschaft verbunden ist"[14]. Er wird jedoch in dieser Lage aus „familiärer Solidarität"[15] zumeist bestrebt sein, eine Belastung des angehörigen Beschuldigten durch seine Aussage möglichst zu vermeiden.[16] Diese an den Zeugen gestellten Ansprüche bringen ihn in die Zwangslage, einerseits wahrheitsgemäß aussagen zu müssen und damit unter Umständen an der Verurteilung des Angehörigen mitzuwirken, andererseits aber den verwandten Beschuldigten schonen zu wollen. Gerade vor diesem Gewissenkonflikt will § 52 StPO den Zeugen schützen.[17] Der Zeuge soll nicht zu einem Beweisakt gegen seinen Angehörigen beitragen müssen,[18] vielmehr soll er sich frei und ohne Zwang für eine Aussage gegen den verwandten Beschuldigten oder aber dessen Schonung entscheiden dürfen. Voraussetzung für die Gewährung eines Zeugnisverweigerungsrechtes ist allerdings nicht, dass der Zeuge sich tatsächlich in einem „Pflichtenwiderstreit" zwischen Aussagepflicht und familiärer Solidarität zum Beschuldig-

---

[13] Vgl. BVerfGE 49, 280 (284); BVerfG NJW 1988, 897 (898).

[14] *Rengier*, Zeugnisverweigerungsrechte, S. 8.

[15] *P. Schmitt*, Berücksichtigung der Zeugnisverweigerungsrechte, S. 45.

[16] *Rengier*, Zeugnisverweigerungsrechte, S. 8; *P. Schmitt*, Berücksichtigung der Zeugnisverweigerungsrechte S. 45.

[17] BGHSt 2, 99 (104); BGHSt 12, 235 (239); BGHSt 17, 337 (348); BGHSt 32, 324 (327); BGH StV 1990, 424 f.; BGH NJW 1994, 2904; *KK-Senge* § 52 Rn. 1; *Busch*, FS-Eb. Schmidt, S. 570; *Nüse*, JR 1966, 281 (283); *Hoffmann*, MDR 1990, 111 (112); *Baier*, Strafprozessuale Zeugnisverweigerungsrechte, S. 54; *P. Schmitt*, Berücksichtigung der Zeugnisverweigerungsrechte, S. 45; *Rengier*, Zeugnisverweigerungsrechte, S. 8; *Hauser*, Zeugenbeweis im Strafprozeß, S. 178; *Schütz*, Verletzung des § 55 StPO als Revisionsgrund, S. 71; *Rogall*, Der Verdächtige als selbständige Auskunftsperson, S. 63 f.; *Beling*, Beweisverbote, S. 16; *Spelthahn*, Zeugnisverweigerungsrecht, S. 40 ff.; einschränkend *Bialek*, Zeugnisverweigerungsrecht aus persönlichen Gründen, S. 78 ff.

[18] Vgl. BGHSt 12, 235 (239).

ten befindet,[19] er braucht daher den von § 52 StPO erfassten Gewissenskonflikt nicht als solchen zu empfinden.[20] Denn § 52 StPO gewährt denjenigen Personen ein Zeugnisverweigerungsrecht, die sich aufgrund ihrer verwandtschaftlichen Beziehungen zum Beschuldigten *typischerweise* in einer derartigen Konfliktslage befinden.[21] Der BGH spricht daher diesbezüglich von einer „objektiven“[22] Konfliktslage, die subjektiv vom Zeugen nicht als solche wahrgenommen zu werden braucht.

In den Fällen des § 81 c StPO macht die Aufklärung einer Straftat die körperliche Untersuchung eines Zeugen notwendig. Der Zeuge soll gewissermaßen vermittels seines Körpers Beweis für oder gegen die Schuld des Beschuldigten erbringen. Sofern der Beschuldigte ein Angehöriger des zu untersuchenden Zeugen ist, wird dieser durch die Darbietung seines Körpers zur Besichtigung durch den Sachverständigen oder Richter[23] zu einem Beweisakt gegen seinen Angehörigen gezwungen.[24] Er soll gleichsam mit seinem Körper „Zeugnis“ gegen seinen Verwandten ablegen.[25]
Dies widerspricht aber oftmals dem natürlichen Bedürfnis des Zeugen, seine Familie, und damit auch den Beschuldigten, zu schützen. Der Zeuge, der eine Verurteilung seines Angehörigen möglichst verhindern will - und aus diesem Grund unter Umständen schon die Aussage verweigert hat - soll nun durch die Darbietung seines Körpers an einem Beweisakt mitwirken, der die Überführung des Beschuldigten zur Folge haben kann.
Dieser Interessenwiderstreit kann für den Zeugen bisweilen einen nicht unerheblichen Gewissenskonflikt zur Folge haben,[26] wie folgendes *Beispiel* zur Verdeutlichung bringt:

> In einem Meineidsverfahren gegen die Kindsmutter soll an der Tochter zum Zwecke des Beweises eines eventuellen Meineides der Mutter in einem vor-

---

[19] BGHSt 12, 235 (239).

[20] BGHSt 12, 235 (239); BGH NJW 1981, 2825 (2826); LR[25]-*Dahs* § 52 Rn. 1; *Busch*, FS-Eb. Schmidt, S. 570; *Rengier*, Zeugnisverweigerungsrechte, S. 8; *Baier*, Strafprozessuale Zeugnisverweigerungsrechte, S. 54.

[21] *Eb. Schmidt*, JR 1959, 369.

[22] BGHSt 12, 235 (236).

[23] In den Fällen des § 86 StPO; dazu unten 2. Teil D II 1.

[24] BGHSt 12, 235 (239); BGHSt 13, 394 (399).

[25] *Kühne*, Strafprozeßlehre, Rn. 494.

[26] BGHSt 12, 235 (239); BGHSt 13, 394 (399); *Hauser*, Zeugenbeweis im Strafprozeß, S. 266; *Benfer*, Grundrechtseingriffe, § 7 Rn. 59.

angegangenen Unterhaltsverfahren eine Abstammungsuntersuchung vorgenommen werden.[27]

In derartigen Fällen soll das Kind noch nicht einmal als Beweismittel für eine an ihm verübte Straftat dienen, was ihm möglicherweise schon aus naturgemäßen Sühne- und Rachegedanken leichter fallen könnte. Es wird vielmehr von dem Kind verlangt, dass es durch seinen Körper einen Beweis erbringt, der als Grundlage für die Verurteilung seiner Mutter dient, welche seinem Körper selbst kein Leid zugefügt hat. Dass dies für das Kind oftmals eine kaum zu ertragende Belastung darstellt, ist um so leichter einzusehen, wenn man bedenkt, dass die Mütter in diesen Konstellationen oft allein erziehend und somit meist die einzigen nahen Angehörigen für diese Kinder sind. Man wird sich der Tatsache, dass sich das Kind in einem solchen Fall in einem schweren Gewissenkonflikt befindet, wohl kaum verschließen können.

Gegen das Vorliegen einer solchen Konfliktslage in den Fällen des § 81 c Abs. 3 StPO i.V.m. § 52 StPO wird von einigen Autoren zwar angeführt, dass für den Zeugen bei der körperlichen Untersuchung schon deshalb kein Konflikt entstehen könne, weil er lediglich *passiv* dulden und nicht *aktiv* aussagen müsse.[28] Nur der Zwang zu einem aktiven Handeln könne den Zeugen in eine Zwangslage bringen, nicht aber der Zwang zu einer „bloßen" passiven Duldung. Dieses Argument kann jedoch bei näherer Betrachtung nicht überzeugen. Richtig ist zwar, dass § 81 c Abs. 1 StPO den Zeugen nur zur Duldung einer Untersuchung an seinem Körper bzw. einer Blutprobenentnahme verpflichtet. Jedoch kann auch die bloße Duldung von Beweisgewinnungsmaßnahmen an seinem Körper, die möglicherweise eine Belastung und damit Verurteilung seines Angehörigen zur Folge haben, den Zeugen in eine Konfliktslage bringen. Denn obwohl die Beweisergebnisse nicht durch den Zeugen selbst, sondern durch den Untersuchenden gewonnen werden, so werden sie doch an *seinem* Körper und damit mithilfe *seiner* Person gewonnen. Dieser Umstand wird bei vielen Zeugen, auch wenn sie nicht *aktiv*

---

[27] Bezüglich der Abstammungsuntersuchung und der Blutentnahme gilt lediglich der Aufklärungsgrundsatz, nicht aber der Zeugen- und Spurengrundsatz, so dass Voraussetzung für die Anordnung einer Untersuchung in diesem Zusammenhang nicht der zu erbringende Nachweis von Spuren oder Folgen einer Straftat ist; vgl. dazu LR[24]-*Dahs* § 81 c Rn. 24; KMR-*Bosch* § 81 c Rn. 14; KK-*Senge* § 81 c Rn. 5; *Eisenberg*, Beweisrecht, Rn. 1666.

[28] *Becker*, JR 1953, 453 (454); *v. Weber*, MDR 1962, 169; *P. Schmitt*, Berücksichtigung der Zeugnisverweigerungsrechte, S. 47; *Dünnebier*, MDR 1964, 965; vgl. auch RGSt 19, 364 (366).

mitgewirkt haben, das Gefühl erzeugen, allein schon durch das Betrachtenlassen ihres Körpers etwas zur Überführung ihres Angehörigen beigetragen zu haben. Der aus dem Bewusstsein dieser Tatsache einerseits und der Solidarität mit seinem Angehörigen andererseits entstehende Gewissenskonflikt wird für den Zeugen zumeist kaum weniger belastend sein, als wenn er zur Aussage gegen seinen Angehörigen gezwungen worden wäre.[29]
Durch das Untersuchungsverweigerungsrecht des § 81 c Abs. 3 StPO i.V.m. § 52 StPO soll der Zeuge gerade vor einer derartigen Konfliktslage[30] bewahrt werden.[31] Der Gesetzgeber hat damit konsequent das in § 52 StPO zum Ausdruck gebrachte Ziel weiter verfolgt, den Zeugen, welche mit dem Beschuldigten eines der in § 52 Abs. 1 StPO aufgeführten Angehörigenverhältnisse verbindet, einen Konflikt zwischen der ihnen durch die Strafprozessordnung im Rahmen eines Strafverfahrens auferlegten Pflichten auf der einen und der Solidarität mit dem beschuldigten Angehörigen auf der anderen Seite zu ersparen.[32] Dem liegt das vom Gesetzgeber in der StPO statuierte Prinzip zugrunde, dass niemand dadurch in Gewissenskonflikte geraten soll, dass er zu einem unfreiwilligen Beweisakt gegen seinen Angehörigen gezwungen wird.[33] Das Untersuchungsverweigerungsrecht aus § 81 c Abs. 3 StPO i.V.m. § 52 StPO sichert mithin die Durchsetzung des mit § 52

---

[29] Ebenso *Hauser*, Zeugenbeweis im Strafprozeß, S. 266; *Rogall*, ZStW 91 (1979), 1 (17); vgl. auch den Regierungsentwurf zum 1. StVRG in: BT Drucks. 7/551 S. 63.

[30] Es kommt allerdings nicht darauf an, ob der zu untersuchende Zeuge tatsächlich einen derartigen Konflikt empfindet. Auch hier genügt lediglich das Vorliegen einer so genannte „objektiven" Konfliktslage; vgl. dazu BGHSt 12, 235 (239); *Schäfer*, Praxis des Strafverfahrens, Rn. 397.

[31] BGHSt 12, 235 (239); BGHSt 13, 394 (399); *Krause*, JZ 1976, 124 (126); *Eb. Schmidt*, JR 1959, 369; *Petry*, Beweisverbote im Strafprozeß, S. 50; *Benfer*, Grundrechtseingriffe, § 7 Rn. 59; ebenso SK-*Rogall* § 81 c Rn. 41, der dies als gemeinsame Grundlage von § 81 c Abs. 3 StPO und § 52 StPO bezeichnet. Zustimmend auch *Bialek*, Zeugnisverweigerungsrecht aus persönlichen Gründen, S. 78 ff., die jedoch den Schutzzweck des § 52 StPO unter dem Blickwinkel des § 81 c Abs. 3 StPO dahingehend modifiziert sehen will, dass § 52 StPO nicht nur vor dem aus einer aktiven Mitwirkungspflicht entstehenden Gewissenskonflikt schützt, sondern dass der Zeuge vielmehr von jedem „ihn belastenden Konflikt freigestellt werden ..." soll; S. 82.

[32] Das Bestreben des Gesetzgebers, den angehörigen Zeugen i.S. von § 52 StPO möglichst umfassend vor derartigen Konfliktslagen zu schützen, spiegelt sich auch in weiteren ihm eingeräumten Weigerungsrechten wider; dazu unten 1. Teil B I 3 b.

[33] LR[24]-*Dahs* § 81 c Rn. 30; *Grünwald*, JZ 1966, 489 (497); *Rogall* ZStW 91 (1979), 1 (17); *ders.*, Der Beschuldigte als Beweismittel, S. 65; *Fezer*, Strafprozeßrecht I, Fall 7 Rn. 74; *Petry*, Beweisverbote im Strafprozeß, S. 50; *Benfer*, Grundrechtseingriffe, § 7 Rn. 59; *Bialek*, Zeugnisverweigerungsrecht aus persönlichen Gründen, S. 82.

StPO - unter anderem - bezweckten Schutzes des Zeugen vor Gewissenskonflikten im Rahmen der in den §§ 81 c und 81 e StPO aufgeführten strafprozessualen Zwangsmittel.

bb) Schutz der Familienbande und des familiären Friedens

Der Gesetzgeber hat das Vorliegen einer familienrechtlichen Bindung zwischen dem Zeugen und dem Beschuldigten zur alleinigen Voraussetzung für die Gewährung eines Zeugnisverweigerungsrechtes aus § 52 StPO gemacht. Einziger Anknüpfungspunkt des § 52 StPO ist eine auf „Liebe, Verwandtschaft oder Schwägerschaft"[34] beruhende Verbindung zwischen dem Zeugen und dem Beschuldigten.
Die Bezugnahme auf das den Zeugen und den Beschuldigten verbindende familiäre Band ist, wie bereits erläutert,[35] zum einen darin begründet, dass diese Zeugen typischerweise in eine innere Zwangslage zwischen der Pflicht zur Mitwirkung an einem Beweisakt gegen ihren Angehörigen und dem Bestreben, denselben zu schützen, geraten. Mit der Anknüpfung an das familienrechtliche Band wurde aber auch noch eine andere Intention durch den Gesetzgeber verfolgt, was insbesondere durch den Umstand belegt wird, dass der weigerungsberechtigte Zeuge den inneren Konflikt subjektiv nicht als solchen zu empfinden braucht.[36] Denn durch das Zugeständnis eines Zeugnisverweigerungsrechtes für den angehörigen Zeugen soll nicht nur Rücksicht auf diesen selbst, sondern in gleichem Maße auch auf seine Familie genommen werden. Die familiäre Eintracht, das Zusammengehörigkeitsgefühl innerhalb der Familie, die intakte Familienatmosphäre sollen vor Beeinträchtigungen geschützt werden. Der Bestand der Familie als solcher, der Erhalt der Familienbande sollen durch § 52 StPO gesichert werden.[37]

---

[34] *Rengier*, Zeugnisverweigerungsrechte, S. 8.

[35] Siehe dazu oben 1. Teil B I 3 a aa.

[36] *Rengier*, Zeugnisverweigerungsrechte, S. 8; *Baier*, Strafprozessuale Zeugnisverweigerungsrechte, S. 54.

[37] BVerfGE 36, 193 (203); BGH StV 1990, 435 (436); *Fuchs*, NJW 1959; 14 (17); *Hoffmann*, MDR 1990, 111 (112); *Otto*, NStZ 1991, 220 (222); *Spendel*, NJW 1966, 1103 (1106); *Wach*, GS 66 (1905), 1 (5); *Krauß*, FS-Gallas, S. 365 (386); *P. Schmitt*, Berücksichtigung der Zeugnisverweigerungsrechte, S. 49; *Rengier*, Zeugnisverweigerungsrechte, S. 8; *Baier*, Strafprozessuale Zeugnisverweigerungsrechte, S. 54; *Hauser*, Zeugenbeweis im Strafprozeß, S. 177; *Amelung*, Informationsbeherrschungsrechte, S. 35; *Spelthahn*, Zeugnisverweigerungsrecht, S. 41 ff.; ebenso *Zottmann*, Zeugnisverweigerungsrecht, S. 13 f.; kritisch *Bialek*, Zeugnisverweigerungsrecht aus persönlichen Gründen, S. 64 ff., 70

Denn die Aussage eines Zeugen gegen einen Familienangehörigen kann Vorhaltungen anderer Familienmitglieder, familieninterne Streitigkeiten, ja sogar Trennungen und ein Auseinanderbrechen der Familie nach sich ziehen. Unter Umständen kann sich der Zeuge dem Vorwurf ausgesetzt sehen, durch seine Aussage die wirtschaftliche Existenzgrundlage der Familie zerstört zu haben, indem er dazu beigetragen hat, den einzigen Verdiener der Familie „hinter Gitter" zu bringen. Die Verhinderung dieser möglichen Folgen einer Aussage des mit dem Beschuldigten verwandten Zeugen ist Ziel des § 52 StPO. Das Zeugnisverweigerungsrecht aus § 52 StPO[38] ist damit auch Ausfluss des in Art. 6 Abs. 1 GG[39] verankerten Gebotes an den Staat, die Ehe und die Familie und ihren Erhalt als Institution zu schützen.[40] Art. 6 Abs. 1

---

ff., die aber unberücksichtigt lässt, dass das Bestehen eines zu zerstörenden Vertrauensverhältnisses im Einzelfall nicht erforderlich ist.

[38] Die StPO wird daher auch als „Ausführungsgesetz zum Bonner Grundgesetz" bezeichnet; vgl. *Sautter*, AcP 161 (1962), 215 (216).

[39] Als Ausprägung von Art. 6 GG betrachten § 52 StPO etwa *Hoffmann*, MDR 1990, 111 (112); *Dahs/Langkeit*, StV 1992, 492 (495); *Krauß*, FS-Gallas, S. 365 (386); *Rengier*, Zeugnisverweigerungsrechte, S. 9; *Baier*, Strafprozessuale Zeugnisverweigerungsrechte, S. 54; *Amelung*, Informationsbeherrschungsrechte, S. 35; *Rupp*, Vhdlg. 46. DJT, Bd. I, S. 167 (200); kritisch auch hier: *Bialek*, Zeugnisverweigerungsrecht aus persönlichen Gründen, S. 66 ff.
Durch das Lebenspartnerschaftsgesetz vom 16.02.2001 (BGBl. I S. 266) sind nunmehr auch Partner, die in einer eingetragenen gleichgeschlechtlichen Lebenspartnerschaft leben, zur Zeugnisverweigerung berechtigt. Zwar wird teilweise bezweifelt, ob dieses Gesetz überhaupt mit der Vorschrift des Art. 6 GG zu vereinbaren ist (siehe dazu *Scholz/Uhle*, NJW 2001, 393 ff.). Es spricht jedoch einiges dafür, dass derartige Partnerschaften auch von dem in Art. 6 Abs. 1 GG festgelegten Schutz der Ehe und Familie erfasst sind. Denn der Gesetzgeber hat mit dieser Regelung lediglich den veränderten gesellschaftlichen Realitäten Rechnung getragen, wonach heute ein Teil der Bevölkerung in derartigen dauerhaften Beziehungen lebt, die teilweise sogar der Erziehung von Kindern dienen (vgl. bspw. die Äußerung des Mitglieds des Bundestages *Volker Beck* [Bündnis 90/Grüne] zum Urteil des BVerfG vom 17.07.2002, Az.: 1 BvF 1/01, 1 BvF 2/01: Lesbische Partnerschaften mit vier Kindern „leisten doch mehr für die Gesellschaft als etwa die kinderlose Frau *Merkel* mit ihrem Mann." (zit. nach: die tageszeitung vom 18.07.2002, S. 1). Das BVerfG selbst vertrat die Ansicht, dass das Institut der eingetragenen Lebenspartnerschaft vom Schutz des Art. 6 Abs. 1 GG nicht erfasst sei, wobei von diesem im Wesentlichen auf den Schutz der Ehe als Vereinigung eines Mannes mit einer Frau zu einer auf Dauer angelegten Lebensgemeinschaft abgestellt wurde, die Einführung des Institutes der eingetragenen Lebenspartnerschaft aber auch keinen Verstoß gegen Art. 6 Abs. 1 GG darstelle (BVerfG NJW 2002, 2543, 2547 f.; zur Entscheidung des BVerfG vgl. etwa *Braun*, JuS 2003, 21 ff.)

[40] Das Zeugnisverweigerungsrecht des § 52 StPO ist nachkonstitutionelles Recht, da bei dem Erlass des Gesetzes zur Wiederherstellung der Rechtseinheit auf dem Gebiete der

GG ist insoweit nicht nur bloßer Programmsatz, sondern eine „wertentscheidende Grundsatznorm“, die den besonderen Schutz von Ehe und Familie durch die staatliche Ordnung gebietet.[41]

Auch die körperliche Untersuchung bzw. die Entnahme einer Blutprobe bei einem mit dem Beschuldigten durch familiäre Bande verbundenen Zeugen kann schwere Zerwürfnisse innerhalb der Familie zur Folge haben. In den von § 81 c Abs. 3 StPO i.V.m. § 52 StPO erfassten Situationen besteht in gleicher Weise wie bei § 52 StPO die Gefahr, dass der Proband sich in den schlimmsten Fällen sein gesamtes Leben lang des von den anderen Familienmitglieder erhobenen Vorwurfes ausgesetzt sieht, durch einen Beweisakt, insoweit das Zurverfügungstellen seines Körpers, zur Verurteilung eines Familienangehörigen beigetragen zu haben.[42] Besonders deutlich wird diese Gefahr, wenn man sich vor Augen führt, dass die Angehörigen des Zeugen sich oftmals nicht der Tatsache bewusst sein werden, dass der zu untersuchende Zeuge die Untersuchung lediglich an sich geduldet und - abgesehen von den vom Begriff der Duldung umfassten Handlungen -[43] selbst nicht aktiv an der Beweisermittlung teilgenommen hat. In ihren Augen hat der Verwandte letztlich zur Verurteilung eines Familienmitgliedes beigetragen und damit die innerfamiliäre Solidarität in gleicher Weise wie durch eine Aussage gegen den Angehörigen verletzt. Die körperliche Untersuchung kann demnach in gleichem Maße wie die Aussage des angehörigen Zeugen den Familienfrieden stören, ja sogar zur Zerstörung der Familienbande oder zum Ausschluss des Zeugen aus der Familie führen.[44] Soll schon die eventuelle Belastung des Familienfriedens durch Aussagen des Zeugen vermieden werden, so muss dies auch für eine körperliche Untersuchung des Zeugen

---

Gerichtsverfassung, der bürgerlichen Rechtspflege, des Strafverfahrens und des Kostenrechtes vom 12.09.1950 (BGBl. I S. 455) auch für den Gesamtinhalt der Strafprozessordnung das volle Gesetzgebungsverfahren durchgeführt wurde: BVerfGE 33, 367 (374); vgl. auch BVerfGE 8, 210 (213 f.); BVerfGE 18, 302 (303); BVerfGE 31, 43 (45).

[41] BVerfGE 6, 55 (71 f.); BVerfGE 9, 237 (242); BVerfGE 24, 119 (135); BVerfGE 31, 58 (67); BVerfGE 87, 1 (35); Maunz/Dürig-*Badura* Art. 6 Rn. 7; Sachs-*Schmitt-Kammler* Art. 6 Rn. 30.

[42] *Hauser*, Zeugenbeweis im Strafprozeß, S. 266.

[43] So sind nach h.M. die für die Durchführung einer Untersuchung erforderlichen Handlungen, wie beispielsweise das Entkleiden, von der Duldungspflicht aus § 81 c StPO umfasst; vgl. dazu *Kleinknecht/Meyer-Goßner* § 81 c Rn. 16; KK-*Senge* § 81 c Rn. 6; LR[24]-*Dahs* § 81 c Rn. 20; HK-*Lemke* § 81 c Rn. 14; a.A. jedoch SK-*Rogall* § 81 c Rn. 21.

[44] *P. Schmitt*, Berücksichtigung der Zeugnisverweigerungsrechte, S. 49; *Orlowsky*, Weigerungsrechte, S. 121; vgl. auch *Selbherr*, Der Gedanke der Zumutbarkeit, S. 104.

gelten. Der mit § 52 StPO bezweckte Schutz des familiären Friedens kann nur dann erreicht werden, wenn es dem Zeugen nicht nur gestattet ist, Aussagen zu verweigern, die geeignet sind den inneren Frieden seiner Familie zu zerstören, sondern er auch nicht gezwungen werden kann, mit seiner Person auf anderem Wege zur Gewinnung von Beweismitteln gegen seinen Angehörigen beizutragen. Denn der mit dem Zeugnisverweigerungsrecht aus § 52 StPO verfolgte Schutz des Familienfriedens würde unterlaufen, wenn der mit dem Beschuldigten verwandte Zeuge verpflichtet wäre, die Tatsachen, welche er durch die Aussageverweigerung zu verdecken suchte, durch die Duldung einer Untersuchung seines Körpers preiszugeben und damit die durch die Verweigerung der Aussage vermiedene Belastung seines Angehörigen vermittels seines Körpers herbeizuführen.[45] Damit stellt sich das Untersuchungsverweigerungsrecht aus § 81 c Abs. 3 StPO i.V.m. § 52 StPO, wie das Recht zur Verweigerung des Zeugnisses aus § 52 StPO, als spezialgesetzliche Ausprägung des in Art. 6 Abs. 1 GG manifestierten Gebotes an den Staat, Ehe und Familie unter besonderen Schutz zu stellen, dar.

Zusammenfassend kann demnach auch hier festgestellt werden, dass sowohl § 52 StPO als auch in dessen Weiterführung das Untersuchungsverweigerungsrecht als Ausfluss von Art. 6 Abs. 1 GG dazu bestimmt sind, den familiären Frieden innerhalb der Familie des Zeugen zu schonen und den Bestand der Familie durch den Schutz der Familienbindungen zu sichern. Durch die Vorschrift des § 81 c Abs. 3 StPO i.V.m. § 52 StPO wird damit auch in Bezug auf den Familienschutz in notwendiger Konsequenz der mit § 52 StPO eingeschlagene Weg weiter verfolgt.[46]

---

[45] *Orlowsky*, Weigerungsrechte, S. 121; a.A. *P. Schmitt*, Berücksichtigung der Zeugnisverweigerungsrechte, S. 49 f., die zwar einräumt, dass die körperliche Untersuchung eines mit dem Beschuldigten verwandten Zeugen zu einer erheblichen Beeinträchtigung des Familienfriedens führen kann, trotzdem aber die Ansicht vertritt, § 81 c Abs. 3 StPO diene nicht dem Schutz der Familie vor diesen Gefahren. Zur Begründung führt sie an, dass eine Bedrohung für den Familienfrieden in diesem Fall nicht von der Untersuchung selbst, sondern von der Erforschung des der Untersuchung zugrunde liegenden Sachverhaltes ausgehe. Ein Unterschied zu § 52 StPO, für den *P. Schmitt*, a.a.O., S. 49, den Schutz des familiären Friedens als Schutzzweck bejaht, ist jedoch nicht zu erkennen. Auch bei den von § 52 StPO erfassten Situationen geht die Gefahr für den Familienfrieden erst von dem durch die Aussage des Zeugen zu Tage getretenen Sachverhalt aus.

[46] Vgl. *Orlowsky*, Weigerungsrechte, S. 121.

cc) Schutz der Menschenwürde

Das Zeugnisverweigerungsrecht des § 52 StPO und das Untersuchungsverweigerungsrecht des § 81 c Abs. 3 StPO i.V.m. § 52 StPO verbindet aber noch ein weiterer, beiden Weigerungsrechten immanenter Schutzzweck. Sowohl § 52 StPO als auch § 81 c Abs. 3 StPO[47] leiten nämlich ihren Ursprung auch aus dem „obersten Gut der Verfassung", der Unantastbarkeit der Menschenwürde[48] und dem damit untrennbar verbundenen[49] allgemeinen Persönlichkeitsrecht her. So ist der beiden Weigerungsrechten[50] innewohnende Gedanke, niemanden gegen seinen Willen zu einem Beweisakt gegen seinen Angehörigen zu zwingen, Ausprägung der in Art. 1 Abs. 1 GG enthaltenen Verpflichtung an den Staat,[51] die Würde des Menschen zu achten und zu schützen. Des weiteren verbietet es die Achtung vor der Würde des Menschen „kurzerhand von oben" über seine Rechte zu verfügen.[52] Es widerspricht der Würde eines jeden Menschen, ihn zum bloßen Objekt im Staate zu machen;[53] seine Eigenständigkeit und Subjektsqualität sind vom Staat sowohl zu achten als auch zu fördern. Dies gilt auch für den Zeugen im Strafprozess.[54] Die Charakterisierung des Menschen als eine „mit der Fähig-

---

[47] Die durch Art. 1 GG geschützte Menschenwürde bzw. das allgemeine Persönlichkeitsrecht des Zeugen bezeichnen als Grundlage des § 81 c Abs. 3 StPO: *Busch*, FS-Eb. Schmidt, S. 570 (571); *Dünnebier*, GA 1953, 65 (71); *ders*., MDR 1964, 965; *Rogall*, ZStW 91 (1979), 1 (17); *Orlowsky*, Weigerungsrechte, S. 121; *Kühne*, Beweisverbote, S. 64 f.

[48] So BVerfGE 5, 85 (204); BVerfGE 6, 32 (36 ff.); BVerfGE 45, 187 (227); BVerfGE 50, 166 (175); v. Münch/Kunig-*Kunig* Art. 1 Rn. 1.

[49] Vgl. BVerfGE 35, 202 (220); BVerfGE 54, 248 (153); *Schmitt-Glaeser*, Handb. d. StaatsR, Bd. IV, § 129 Rn. 23 f.; v. Münch/Kunig-*Kunig* Art.1 Rn. 10; Sachs-*Murswiek* Art. 2 Rn. 62.

[50] Hinsichtlich des § 52 StPO vertreten diese Auffassung: *Kühne*, Beweisverbote, S. 64; *Dünnebier*, MDR 64, 965; hinsichtlich des § 81 c Abs. 3 StPO: *Kühne*, Beweisverbote, S. 65; *Sautter*, AcP 161 (1962), 215 (247); *Dünnebier* GA 1953, 65 (71); *ders*. MDR 1964, 965.

[51] Stellvertretend für alle *Benda*, Handb. d. VerfR, § 6 Rn. 1 ff.; v. Münch/Kunig-*Kunig* Art. 1 Rn. 29 ff.; *Kühne*, Beweisverbote, S. 12.

[52] BVerfGE 9, 89 (95); 38, 105 (114).

[53] BVerfGE 27, 1 (6); 38, 105 (114); 45, 187 (228); 50, 166 (175); *Benda*, Handb. d. VerfR, § 6 Rn. 1 ff.; v. Münch/Kunig-*Kunig* Art. 1 Rn. 23.

[54] BVerfGE 27, 1 (6); BVerfGE 38, 105 (114); *Granderath*, MDR 1983, 797 (798); *Thomas*, NStZ 1982, 489 (490).

keit eigenverantwortlicher Lebensführung begabte Persönlichkeit“[55] erfordert es, unter Beachtung seines sich aus Art. 2 Abs. 1 GG in Verbindung mit Art. 1 Abs. 1 GG ergebenden allgemeinen Persönlichkeitsrechtes eine aktive Teilnahme des Zeugen an dem ihm zukommenden Rechtsschutz zu gewährleisten.[56] Anderenfalls wird der Zeuge zum bloßen Objekt des Verfahrens degradiert. Gerade aus diesem Grund ist die Entscheidung über die Ausübung der Weigerungsrechte auch in die Hände des Zeugen gelegt. Der mit dem Beschuldigten verwandte Zeuge soll eigenverantwortlich, selbständig und frei von staatlichem Zwang entscheiden, ob er von seinem Recht, das Zeugnis bzw. die Untersuchung zu verweigern, Gebrauch machen oder seinen Angehörigen durch die Aussage oder Untersuchung belasten will.[57] Das Zugeständnis der freien und selbstverantwortlichen Entscheidung für oder gegen die Inanspruchnahme der Weigerungsrechte nach § 52 StPO und § 81 c Abs. 3 StPO i.V.m. § 52 StPO ist damit letztlich zugleich Ausdruck des Schutzes der Menschenwürde durch den Staat und der Respektierung des Zeugen als eigenständige Person und seines allgemeinen Persönlichkeitsrechtes.[58]

Demzufolge ist es - entgegen den Ausführungen einiger Autoren -[59] auch unzutreffend, den von § 52 StPO intendierten Schutz der Familie des Zeugen mit der Begründung abzulehnen, ein wirksamer Schutz der Familie wäre nur dann gewährleistet, wenn dem angehörigen Zeugen jede Aussage „verboten“ wäre. Denn die Verpflichtung des Staates zur Achtung der Würde des Menschen und seiner Persönlichkeit verlangt, dem Zeugen das Recht zuzugestehen, selbständig zu entscheiden, ob er seine Familie vor Belastungen schützen will oder ob er dem staatlichen Interesse an der Strafverfolgung Vorrang gewährt. Zudem kann die Aussage eines Angehörigen für den Beschuldigten auch durchaus entlastend und damit für den Familienfrieden förderlich sein.

---

[55] BVerfGE 5, 85 (204).

[56] BVerfGE 38, 105 (114).

[57] BGHSt 12, 235 (239).

[58] *Dünnebier*, GA 1953, 65 (71); *Orlowsky*, Weigerungsrechte, S. 121; vgl. auch *Beling*, Beweisverbote, S. 12.

[59] *Eb. Schmidt*, JZ 1958, 596 (597); *Schütz*, Verletzung des § 55 StPO als Revisionsgrund, S. 71; *Hölscher*, Auskunftsverweigerungsrecht, S. 176 f.

dd) Schutz der Wahrheitsfindung

Von einigen Autoren wird die Auffassung vertreten, neben den bereits erwähnten Schutzwecken werde mit § 52 StPO auch der Schutz der Wahrheitsfindung verfolgt.[60] Kernpunkt der zur Begründung dieser Ansicht angeführten Argumente ist die Behauptung, die Vorschrift des § 52 StPO schütze insofern die Wahrheitsfindung, als sie den Prozess vor Aussagen von gewöhnlich zur Falschaussage neigenden Personen bewahre. Die Vertreter dieser Ansicht gehen dabei davon aus, dass mit dem Beschuldigten verwandte Zeugen besonders anfällig für Falschaussagen seien, da sie bemüht wären, die Verurteilung des Beschuldigten zu verhindern und dafür auch bereit seien, vor Gericht falsch auszusagen. Deshalb sei bei dieser Zeugengruppe die Gefahr einer Falschaussage sehr viel höher als bei anderen Zeugen.[61] Da nach Auffassung dieser Autoren aber immer die Möglichkeit bestehe, dass der Richter unwahre Aussagen als wahr bewerte und bei der Urteilsfindung berücksichtige, würden Aussagen der mit dem Beschuldigten verwandten Zeugen mitunter eine erhebliche Gefahr für die Wahrheitsfindung darstellen. Diesen Risiken sollen nach dieser Ansicht die Zeugnisverweigerungsrechte entgegenwirken, indem mit ihnen bewirkt werde, dass typischerweise unzuverlässige Zeugen bzw. deren Aussagen vom Prozess ferngehalten und der Richter davor bewahrt werde, „Aussagen von zweifelhaftem Wert seinem Urteil zugrunde zu legen."[62]

Gegen diese Ansicht spricht aber schon, dass der Gesetzgeber die Ausübung des Zeugnisverweigerungsrechtes in das Belieben der Aussageperson gestellt hat. Dies hat allenfalls eine Minderung der Gefahr von Falschaussagen zur Folge, da die Angehörigen des Beschuldigten nun nicht mehr gezwungen

---

[60] *Eb. Schmidt*, JZ 1958, 596 (599 ff.); *ders.*, Lehrkomm., Nachtrag I, vor §§ 52-56 Rn. 4; *Gossrau*, MDR 1958, 468 (470); *Niese*, JZ 1953, 219 (223); *Hoffmann*, MDR 1990, 111 (112); *Busch*, FS-Eb. Schmidt, S. 570 (571); *Rengier*, Zeugnisverweigerungsrechte, S. 56 ff.; *Hauser*, Zeugenbeweis im Strafprozeß, S. 178; a.A. *Bialek*, Zeugnisverweigerungsrecht aus persönlichen Gründen, S. 74 ff., welche die Auffassung vertritt, insbesondere die Betrachtung des § 52 StPO aus dem Blickwinkel des diese Vorschrift ergänzenden § 81 c Abs. 3 StPO spreche gegen die These, dass mit § 52 StPO der Schutz der Wahrheitsfindung im Prozess bezweckt werde. Denn durch die dem Zeugen mit § 81 c Abs. 3 StPO (sowie § 97 StPO) eingeräumten Rechte werde die Wahrheitsfindung sogar behindert. Da diesen Weigerungsrechten aber die gleichen Schutzzwecke zugrunde lägen, müsse auch hinsichtlich des § 52 StPO davon ausgegangen werden, dass dieser nicht dem Schutz der Wahrheitsfindung diene.

[61] *Eb. Schmidt*, JZ 1958, 596 (599 f.); *Rengier*, Zeugnisverweigerungsrechte, S. 57 ff.

[62] *Eb. Schmidt*, JZ 1958, 596 (600); in diesem Sinne auch *Hoffmann*, MDR 1990, 111 (112); *Baier*, Strafprozessuale Zeugnisverweigerungsrechte, S. 65.

sind, entweder wahrheitsgemäß auszusagen und dadurch den Beschuldigten zu belasten oder aber zu seinen Gunsten die Unwahrheit zu sagen und sich dadurch in die Gefahr der Strafverfolgung wegen einer uneidlichen oder eidlichen Falschaussage zu begeben. Vollständig ausgeräumt wird die Möglichkeit einer Falschaussage von Angehörigen des Beschuldigten durch die Gewährung eines Zeugnisverweigerungsrechtes jedoch nicht. Will der mit dem Beschuldigten verlobte, verheiratete, in gleichgeschlechtlicher Lebensgemeinschaft lebende oder verwandte Zeuge zu dessen Gunsten die Unwahrheit sagen, so hindert ihn sein Recht zur Zeugnisverweigerung nicht daran. Sofern also vom Gesetzgeber tatsächlich der Schutz der Wahrheitsfindung durch die Verhinderung unwahrer Aussagen von typischerweise unzuverlässigen Personen beabsichtigt worden wäre, so hätte er deren Aussagen generell für unzulässig erklärt.[63]

Weiterhin müssen sich diese Autoren entgegenhalten lassen, die für das gemeinrechtliche, mit Beweisregeln arbeitende, Inquisitionsverfahren typische Einteilung der Zeugen in taugliche und untaugliche - zu denen die Verwandten des Beschuldigten gezählt wurden -[64] fortzuführen.[65] Die Verwendung von Aussagen so genannter untauglicher Zeugen war im Inquisitionsprozess aufgrund ihrer Unzuverlässigkeit und der damit verbundenen Gefahr, welche sie nach damaliger Auffassung für die Wahrheitsfindung darstellten, untersagt. Die Verwertung unwahrer Aussagen durch den Richter sollte vermieden werden, indem die Vernehmung „untauglicher" Zeugen von vornherein als unzulässig erklärt wurde.[66]

Deutlich wird diese Bezugnahme auf den Inquisitionsprozess bei den Ausführungen von *Eb. Schmidt*, der davon ausgeht, dass die Einführung subjektiver Zeugnisverweigerungsrechte eine bloße formelle,[67] dem damaligen Zeitgeist der Liberalisierung geschuldete Umwandlung der die Zeugen in glaubwürdige und unglaubwürdige einteilenden Beweisregeln des gemeinrechtlichen Inquisitionsprozesses sei. An dem mit diesen Vorschriften verfolgten Zweck der Bewahrung des Richters vor der Verwertung von Zeugenaussagen mit typischerweise zweifelhaftem Wahrheitsgehalt habe sich nichts

---

[63] Wobei damit der Zeuge freilich unter Verstoß gegen Art. 1 Abs. 1 GG zum bloßen Objekt des Verfahrens gemacht werden würde.

[64] *Eb. Schmidt*, JZ 1958, 596 (599); *Rengier*, Zeugnisverweigerungsrechte, S. 57 f.; *Schütz*, Verletzung des § 55 StPO als Revisionsgrund, S. 63 f.

[65] Vgl. *Grünwald*, JZ 1966, 489 (497).

[66] *Rengier*, Zeugnisverweigerungsrechte, S. 57.

[67] *Eb. Schmidt*, JZ 1958, 596 (600), spricht von einer bloßen neuen „gesetzestechnischen Gestaltung des Problems".

geändert.[68]
Dieser Ansicht ist jedoch nicht zuzustimmen,[69] da sie mit einem der wesentlichsten Prinzipien des modernen Strafverfahrens, dem in § 261 StPO verankerten[70] Grundsatz der freien Beweiswürdigung unvereinbar ist.[71] Das Prinzip der freien Beweiswürdigung erfordert eine selbständige, unabhängige, nur auf der Grundlage eigener Überzeugung beruhende, unter Benutzung aller zur Verfügung stehenden Beweismittel zustande gekommene Entscheidung des Richters.[72] Über den Wert oder Unwert dieser Beweismittel für die Erforschung der Wahrheit entscheidet der Richter selbst. Ihm allein obliegt es, über die Glaubwürdigkeit eines mit dem Beschuldigten verwandten Zeugen zu befinden,[73] wobei ihm der Grundsatz der freien Beweiswürdigung selbstverständlich gestattet, die von *Eb. Schmidt* als erfahrungsgemäß „unzuverlässige" Zeugen bezeichneten Angehörigen des Beschuldigten für durchaus glaubwürdig und ihre Aussage als für die Wahrheitsfindung förderlich einzustufen.[74] Das Prinzip der freien Beweiswürdigung verbietet es demnach geradezu, die Zeugnisverweigerungsrechte als Vorschriften zu betrachten, die den Richter davor bewahren wollen, „Zeugenaussagen von zweifelhaftem Wahrheitsgehalt seinem Urteil zugrunde zu legen"[75]. Treffend bemerkt *Amelung*[76] bezogen auf die freie Beweiswürdigung hierzu: „Gesetzgeber, die dem Richter die dafür erforderliche Urteilskraft zutrauen, werden ihm nur in Ausnahmefällen von vornherein die Verwendung eines Beweis-

---

68 *Eb. Schmidt*, JZ 1958, 596 (600).

69 BGHSt 9, 1 (39); BGHSt 11, 213 (215); BGHSt 17, 246; LR^{25}-*Dahs* § 52 Rn. 1; KK-*Senge* § 52 Rn. 1; KMR-*Paulus* vor § 48 ff. Rn. 82; *Eisenberg*, Beweisrecht, Rn. 1241; *Grünwald*, JZ 1966, 489 (497); *Schöneborn*, MDR 1974, 457; *Fuchs*, NJW 1959, 14 (17); *Schütz*, Verletzung des § 55 StPO als Revisionsgrund, S. 60 ff.; *Spelthahn*, Zeugnisverweigerungsrecht von Angehörigen eines Mitbeschuldigten, S. 48 ff.; *Kühne*, Strafprozeßlehre, Rn. 829; *Paeffgen*, FS-Rieß, S. 413, 416 f.; ebenso schon *Beling*, Beweisverbote, S. 14 ff.

70 LR^{24}-*Gollwitzer* § 261 Rn. 1.

71 *Schütz*, Verletzung des § 55 StPO als Revisionsgrund, S. 69; *Hölscher*, Auskunftsverweigerungsrecht, S. 185; *Amelung*, Informationsbeherrschungsrechte, S. 14.

72 LR^{24}-*Gollwitzer* § 261 Rn. 2 ff.; *Amelung*, Informationsbeherrschungsrechte, S. 14 f.

73 *Hölscher*, Auskunftsverweigerungsrecht, S. 185.

74 Vgl. auch *Schütz*, Verletzung des § 55 StPO als Revisionsgrund, S. 69.

75 So aber *Eb. Schmidt*, JZ 1958, 596 (600).

76 In: Informationsbeherrschungsrechte, S. 15.

mittels untersagen, indem sie selbst es pauschal als untauglich definieren.“[77]

Sofern man aber mit der Gegenmeinung den Schutz der Wahrheitsfindung für einen Schutzzweck des § 52 StPO hält, muss man konsequenterweise die Wahrheitsfindung auch als eines der mit § 81 c Abs. 3 StPO verfolgten Ziele ansehen. Denn die Gruppe derjenigen Zeugen, denen vermittels des § 81 c Abs. 3 StPO i.V.m. § 52 StPO das Recht zur Verweigerung der körperlichen Untersuchung zugestanden wird, ist identisch mit dem Kreis Zeugnisverweigerungsberechtigter. Bei einer körperlichen Untersuchung ist die Möglichkeit, dass der Zeuge in einen Konflikt gedrängt wird zwischen der Pflicht, sich den angeordneten Maßnahmen zu beugen, einerseits und seinem Wunsch, den verwandten Beschuldigten zu schützen, andererseits, im gleichen Maße gegeben wie in den Fällen des § 52 StPO.[78] Demgemäß wäre die von diesem Zeugen nach der obigen Ansicht ausgehende Gefahr für die Wahrheitsfindung zumindest bei einer Untersuchung seines Körpers auf Spuren oder Folgen einer Tat nicht geringer als bei einer von ihm getätigten Aussage. Dem wird zwar entgegen gehalten, die körperliche Untersuchung sei im Unterschied zur Zeugenaussage rein objektiver Natur, eine Manipulierung des Beweisergebnisses sei hier nicht möglich.[79] Dieses Argument vermag jedoch zumindest hinsichtlich der Untersuchung des Zeugen auf Spuren oder Folgen einer Tat nicht ganz zu überzeugen. Auch das Ergebnis einer körperlichen Untersuchung kann vom Zeugen nämlich in gewissen Grenzen manipuliert werden. So wird es unter Umständen selbst dem medizinischen Laien - eventuell unter Hinzuziehung sachkundiger Hilfe - möglich sein, die Spuren oder Folgen einer an ihm verübten Straftat sowohl zu vertuschen bzw. zu kaschieren als auch zu intensivieren. Sollte dem Zeugen

---

[77] Sogar *Rengier*, Zeugnisverweigerungsrechte, S. 60, gesteht ein, „daß der historische Gesetzgeber auf seiner Suche nach dem besten Weg für die richterliche Wahrheitsfindung mehr auf den Grundsatz der freien Beweiswürdigung vertraut als darauf gebaut hat, daß die qualitativ zweifelhaften Beweismittel durch berechtigte Zeugnisverweigerungen (§§ 52, 55 StPO) ausscheiden.“

[78] Siehe bereits oben 1. Teil B I 3 a aa.

[79] *Busch*, FS-Eb. Schmidt, S. 570 (571); *Orlowsky*, Weigerungsrechte, S. 122 f.; *P. Schmitt*, Berücksichtigung der Zeugnisverweigerungsrechte, S. 51; ebenso *Bialek*, Zeugnisverweigerungsrecht aus persönlichen Gründen, S. 76, die aus der von ihr behaupteten Unmöglichkeit der Manipulation des Beweisergebnisses im Rahmen körperlicher Untersuchungen auch den Schluss zieht, Schutzzweck des § 81 c StPO sei nicht der Schutz der Wahrheitsfindung. Sie folgert jedoch hieraus, im Gegensatz zu den anderen Autoren, dass § 52 StPO ebenfalls nicht dem Schutz der Wahrheitsfindung diene, da ihrer - insoweit zutreffenden - Meinung nach, die §§ 81 c und 97 StPO als Ergänzung des § 52 StPO auf einen einheitlichen Schutzzweck zurückzuführen sein müssen; dazu schon oben Fn. 60.

beispielsweise an der Schuldigsprechung seines Angehörigen gelegen sein, ja ist dessen Verurteilung sein unbedingtes Ziel - man denke nur an die nicht seltenen Fälle der Rache für eine jahrelange Tyrannei durch den Angeklagten -, so wird es ihm nicht schwer fallen, sich gewisse Verletzungen, wie z.B. Hämatome, Kratzspuren o.a., selbst zuzufügen, die für ihn selbst keine allzu großen Beeinträchtigungen darstellen, aber geeignet sind, den Beschuldigten in große Bedrängnis zu bringen.[80] Auch wenn diese Art der Manipulationen nicht die typische Gefahr für die Wahrheitsfindung darstellen, so zeigen die Beispiele doch, dass es dem Zeugen mitunter auch möglich sein kann, auf das Ergebnis seiner körperlichen Untersuchung und damit die Wahrheitsfindung Einfluss zu nehmen.

b) Konsequenzen für die Gewährung eines Untersuchungsverweigerungsrechtes aus § 81 c Abs. 3 StPO i.V.m. § 52 StPO

Die Beleuchtung der §§ 52 und 81 c Abs. 3 StPO im Hinblick auf die mit diesen Vorschriften verfolgten Schutzzwecke hat mithin zu dem Ergebnis geführt, dass dem Zeugnisverweigerungsrecht aus § 52 StPO mit der Vorschrift des § 81 c Abs. 3 StPO ein Pendant für die körperliche Untersuchung bzw. Blutprobenentnahme oder Genomanalyse bei einem nach § 52 StPO weigerungsberechtigten Zeugen zur Seite gestellt wurde, um den mit § 52 StPO verfolgten Zielen auch innerhalb dieser strafprozessualen Zwangsmaßnahme Geltung zu verschaffen. So ist die Verhinderung einer Konfliktslage, die sich für den Zeugen aus dem Umstand ergeben könnte, dass er zu einem Beweisakt gegen seinen Angehörigen gezwungen wird, sowohl Schutzweck des § 52 StPO als auch des § 81 c Abs. 3 StPO i.V.m. § 52 StPO.[81] Des Weiteren sollte mit der Schaffung eines Zeugnis- und Untersuchungsverweigerungsrechtes in spezialgesetzlicher Ausprägung von Art. 6 Abs. 1 GG ein optimaler Schutz des familiären Friedens, der Familienbande und damit auch der Familie selbst vor Beeinträchtigungen und inneren Zerreißproben er-

---

[80] Dabei wird der Zeuge in diesem Beispiel allerdings gerade nicht die Untersuchung verweigern. Ihm ist an einer Begutachtung seines Körpers und der Entdeckung der Spuren ja gelegen, es sei denn, die Untersuchung würde die Unwahrheit einer Falschbezichtigung zutage fördern. Es ist aber durchaus auch der umgekehrte Fall denkbar, in welchem ein Zeuge ihm zugefügte Verletzungen in einem gewissen Grade zu vertuschen versucht, um seinen beschuldigten Angehörigen zu schützen.

[81] Siehe oben 1. Teil B I 3 a aa.

reicht werden.[82] Nicht zuletzt wird mit den §§ 52 und 81 c Abs. 3 StPO der Schutz der menschlichen Würde des Zeugen und seines allgemeinen Persönlichkeitsrechtes bezweckt.[83]
Der Ergänzung des § 52 StPO durch das Untersuchungsverweigerungsrecht aus § 81 c Abs. 3 StPO i.V.m. § 52 StPO ging somit ersichtlich die Erkenntnis voraus, dass die mit § 52 StPO verfolgten Ziele nur dann wirksam durchgesetzt und Widersprüche im Hinblick auf diese Norm nur dann vermieden werden können, wenn die Schutzzwecke des § 52 StPO auch in anderen, der Aussage eines mit dem Beschuldigten verwandten Zeugen vergleichbaren Situationen ihre Wirkung entfalten.[84] Der Schutzgedanke des § 52 StPO kann nämlich nur dann in umfassender Weise zum Tragen kommen, wenn er auch bei allen anderen strafprozessualen Zwangsmaßnahmen Beachtung findet, die einem Zeugen, in dessen Person die Voraussetzungen des § 52 StPO erfüllt sind, einen bewussten Beitrag zur Überführung eines Angehörigen abverlangen. Demgemäß wurde mit § 81 c Abs. 3 StPO eine Vorschrift geschaffen, die unter anderem[85] der Ausdehnung des Schutzbereiches von § 52 StPO auf die körperliche Untersuchung zeugnisverweigerungsberechtigter Zeugen dient[86] und damit zugleich die Umgehung dieses wichtigen Zeugenrechtes auf dem Wege körperlicher Untersuchungen verhindern soll.[87] In diesem Sinne ist das Untersuchungsverweigerungsrecht aus § 81 c Abs. 3 StPO i.V.m. § 52 StPO eine Ergänzung des § 52 StPO[88] für den Fall, dass die Beweisgewinnung nicht im Wege einer Aussage des mit dem Beschuldigten verwandten Zeugen, sondern durch die Untersuchung seines Körpers erfolgen soll. Damit wird einerseits eine Aushebelung des § 52 StPO in der Weise, dass der Zeuge, dem zunächst die Möglichkeit der Zeugnisverweigerung bezüglich der an ihm begangenen Straftat eingeräumt wurde, dann doch gezwungen werden kann, mit seinem Körper Zeugnis über

---

[82] Siehe oben 1. Teil B I 3 a bb.

[83] Vgl. oben 1. Teil B I 3 a cc.

[84] *Hauser*, Zeugenbeweis im Strafprozeß, S. 134.

[85] Zum Untersuchungsverweigerungsrecht in den Fällen der §§ 53, 53 a , 54 und 55 StPO siehe unten 1. Teil B II, III und IV.

[86] So im Ergebnis auch in der 2. Aufl. noch *Alsberg/Nüse*, Beweisantrag, S. 102, die vom Untersuchungsverweigerungsrecht als einem Unterfall des Zeugnisverweigerungsrechtes aus § 52 StPO sprechen; ebenso *Schäfer*, Praxis des Strafverfahrens, Rn. 397, welcher § 81 c Abs. 3 StPO als Gegenstück des § 52 StPO bezeichnet.

[87] *Schlothauer*, AG Strafrecht 1988, S. 80 (94).

[88] *Kleinknecht/Meyer-Goßner* § 52 Rn. 1; LR[25]-*Dahs* § 52 Rn. 2; *Eisenberg*, Beweisrecht, Rn. 1242.

diese Straftat ablegen zu müssen, unmöglich gemacht. Andererseits wird durch die Einräumung des Untersuchungsverweigerungsrechtes verhindert, dass § 52 StPO unterlaufen wird, indem ein nach § 52 StPO zeugnisverweigerungsberechtigter Zeuge entgegen seiner vorherigen Absicht doch aussagt, beispielsweise aus Angst, eine ihm drohende Untersuchung könne mehr über die Tat zu Tage fördern als eine Vernehmung, deren Ergebnis er durch eine zwar wahrheitsgemäße aber geschickte Aussage eventuell noch beeinflussen könnte. Ebenso ist es denkbar, dass ihn bloße Scham, seinen Körper zur Besichtigung preisgeben zu müssen, dazu bringt, von seinem ursprünglichen Vorhaben, das Zeugnis zu verweigern, abzulassen und auszusagen, nur um die Untersuchung zu vermeiden. Der mit § 52 StPO erstmals aufgegriffene Gedanke, den Rechtsgütern des mit dem Beschuldigten verwandten Zeugen und seiner Familie einen möglichst umfassenden Schutz zukommen zu lassen, hat somit unter anderem in § 81 c Abs. 3 StPO i.V.m. § 52 StPO seine Fortsetzung erfahren. Der Gesetzgeber ist mit der Einführung eines Untersuchungsverweigerungsrechtes damit dem Grundsatz „Wer mit dem Mund nicht auszusagen hat, braucht auch mit dem Körper nicht zu bekunden“[89] gefolgt.[90]

Das Bestreben, dem nach § 52 StPO weigerungsberechtigten Zeugen, innerhalb der gesamten StPO umfassenden Schutz zu gewähren, spiegelt sich im Übrigen auch in den § 52 StPO im Rahmen anderer strafprozessualer Zwangsmaßnahmen zur Seite gestellten Weigerungsrechten wider. So hat der Gesetzgeber versucht, durch die Schaffung weiterer umfangreicher Weigerungsrechte für diejenigen Zeugen, welche mit dem Beschuldigten ein Verwandtschaftsverhältnis im Sinne von § 52 StPO verbindet, der Idee des § 52 StPO für fast alle innerhalb des Ermittlungsverfahrens oder der Hauptverhandlung zulässigen strafprozessualen Zwangsmaßnahmen Geltung zu verschaffen und eine Umgehung des Zeugnisverweigerungsrechtes zu verhindern.
Durch die Vorschrift des § 76 Abs. 1 StPO wurde beispielsweise dem gemäß § 75 Abs. 1 StPO zur Erstattung eines Gutachtens verpflichteten Sachverständigen das Recht eingeräumt, die Gutachtenerstattung zu verweigern, wenn ihm in Bezug auf den Beschuldigten des Verfahrens ein Zeugnisverweigerungsrecht zusteht. Zu diesen Zeugnisverweigerungsrechten gehört

---

[89] *Hauser*, Zeugenbeweis im Strafprozeß, S. 266.

[90] Bereits im Rahmen der historischen Auslegung wurde dargestellt, dass dieser Grundsatz Leitmotiv für die Einführung des Untersuchungsverweigerungsrechtes war; dazu 1. Teil B I 2 b.

auch § 52 StPO.[91]
Des Weiteren untersagt die Norm des § 95 Abs. 2 StPO die Festsetzung von Ordnungs- und Zwangsmitteln, wenn der gemäß § 95 Abs. 1 StPO herausgabepflichtige Zeuge zur Zeugnisverweigerung berechtigt ist. Das hat zur Folge, dass der nach § 52 StPO zeugnisverweigerungsberechtigte Zeuge zwar aufgefordert werden kann, einen der in § 94 StPO bezeichneten Gegenstände herauszugeben, durchgesetzt werden kann diese Verlangen gegen den Zeugen jedoch nicht.[92] Das Gleiche gilt übrigens auch für die nach § 98 a Abs. 2 StPO Herausgabepflichtigen, da § 98 a Abs. 5 StPO auf § 95 Abs. 2 StPO verweist.[93]
Die Vorschrift des § 97 Abs. 1 Nr. 1 StPO erklärt zudem die Beschlagnahme von schriftlichen Mitteilungen zwischen dem Beschuldigten und einem nach § 52 StPO zeugnisverweigerungsberechtigten Zeugen für unzulässig. Damit wird diesen Zeugen, wie bei § 81 c Abs. 3 StPO, wegen der sich aus der Beschlagnahme möglicherweise ergebenden Beeinträchtigungen für sie und ihre Familie nicht nur die Pflicht zur aktiven Mitwirkung an der Überführung eines Angehörigen, sondern auch die *Duldung* einer Zwangsmaßnahme erspart. Auch § 97 Abs. 1 Nr. 1 StPO sichert somit die Durchsetzung der mit § 52 StPO verfolgten Ziele, indem er die Vorschrift auf die Fälle der Beschlagnahme erweitert.[94] Das gilt ebenso für § 98 b Abs. 1 S. 7 StPO, der auf § 97 Abs. 1 S. 1 StPO verweist.
Nicht zuletzt dient auch § 103 StPO der Erreichung der mit § 52 StPO verfolgten Schutzzwecke. Denn nach § 103 StPO ist eine Durchsuchung bei nach § 52 StPO zeugnisverweigerungsberechtigten Personen nur dann zulässig, wenn sie nicht zu dem Zweck erfolgt, bei diesen Personen beschlagnahmefreie Gegenstände im Sinne von § 97 Abs. 1 Nr. 1 StPO aufzufinden.[95]

---

91 *Kleinknecht/Meyer-Goßner* § 76 Rn. 1; LR^{24}-*Dahs* § 76 Rn. 1; KK-*Senge* § 76 Rn. 2.

92 LR^{24}-*Schäfer* § 95 Rn. 6; KK-*Nack* § 95 Rn. 5; *Kleinknecht/Meyer-Goßner* § 95 Rn. 6; KMR-*Müller* § 95 Rn. 3 f.

93 KK-*Nack* § 98 a Rn. 27 f.; *Kleinknecht/Meyer-Goßner* § 98 a Rn. 10.

94 *Kleinknecht/Meyer-Goßner* § 52 Rn. 1; LR^{24}-*Schäfer* § 97 Rn. 1.

95 Nach einhelliger Ansicht lässt der Umstand, dass eine Durchsuchung bei anderen Personen als dem Beschuldigten - im Gegensatz zu Durchsuchungen nach § 102 StPO beim Beschuldigten selbst - lediglich zur Auffindung *bestimmter* Beweismittel statthaft ist, den Schluss zu, dass eine der Auffindung beschlagnahmefreier Gegenstände i.S. des § 97 I Nr. 1 StPO dienende Durchsuchung unzulässig ist; so BGH NJW 1973, 2035; KG NJW 1984, 1133; LR^{24}-*Schäfer* § 103 Rn. 10; *Kleinknecht/Meyer-Goßner* § 103 Rn. 7; KK-*Nack* § 103 Rn. 7; *Creifelds*, GA 1960, 65 (70).

4. Fazit

Die Darstellung hat gezeigt, dass bereits der Wortlaut des § 81 c Abs. 3 S. 1 StPO, aber auch seine Entstehungsgeschichte und die mit ihm verfolgten Schutzwecke ein Untersuchungsverweigerungsrecht in den Fällen des § 52 StPO bedingen. Eine Aussage darüber, ob ein Untersuchungsverweigerungsrecht ausschließlich bei der Berechtigung des Zeugen zur Zeugnisverweigerung nach § 52 StPO in Betracht kommt, ist hiermit freilich nicht getroffen worden.

II. Das Untersuchungsverweigerungsrecht aus § 81 c Abs. 3 StPO i.V.m. §§ 53, 53 a StPO

1. Einleitung

Auch die §§ 53, 53 a StPO[96] räumen bestimmten Personengruppen das Recht ein, als Zeuge im Strafverfahren die Aussage zu verweigern.[97] Anknüpfungspunkt dieser Weigerungsrechte ist das sich bei der Ausübung bestimmter Heil- und Beratungsberufe typischerweise zwischen den Angehörigen dieser Berufe und ihren Patienten bzw. Klienten entwickelnde besondere Vertrauensverhältnis.[98] Die in §§ 53, 53 a StPO genannten Personen sind insoweit nur berechtigt, das Zeugnis über die ihnen bei der Ausübung ihres

---

[96] Alle weiteren Ausführungen, die ausdrücklich nur auf § 53 StPO Bezug nehmen, gelten ohne Einschränkung auch für § 53 a StPO, da dieser lediglich ein von § 53 StPO abgeleitetes Weigerungsrecht darstellt, der die Umgehung dieser Vorschrift über die Gehilfen der in § 53 Abs. 1 StPO aufgezählten Personen verhindern soll; vgl. LR[25]-*Dahs* § 53 a Rn. 1; *ders.*, in: LR[25], § 53 Rn. 2; *Rengier*, Zeugnisverweigerungsrechte, S. 35 f.; *Baier*, Strafprozessuale Zeugnisverweigerungsrechte, S. 59.

[97] LR[25]-*Dahs* § 53 Rn. 1; *ders.*, in: LR[25], § 53 a Rn. 1; KK-*Senge* § 53 Rn. 1; *ders.*, in: KK, § 53 a Rn. 1.

[98] OLG Oldenburg NJW 1982, 2615; KK-*Senge* § 53 Rn. 1; LR[25]-*Dahs* § 53 Rn. 1; *Kleinknecht/Meyer-Goßner* § 53 Rn. 1.

Berufes *anvertrauten oder bekannt gewordenen Tatsachen* zu verweigern.[99] Der Gesetzgeber gewährt diesen Personen mithin nur dann eine Sonderstellung gegenüber anderen Zeugen, wenn sie als Zeugen im Strafverfahren gerade wegen ihres beruflichen Sonderwissens auftreten. Sollen sie jedoch lediglich als „Privatperson" über Tatsachen Auskunft geben, deren Kenntnis sie nicht ihrem Beruf zu verdanken haben, sind sie verpflichtet wahrheitsgemäß und uneingeschränkt auszusagen.[100]

Im Rahmen dieser Arbeit stellt sich die Frage, ob und inwieweit dieses - auf Berufsgeheimnisse beschränkte - Zeugnisverweigerungsrecht die in § 53 StPO genannten Berufsausübenden auch berechtigt, die Untersuchung ihres Körpers, die Vornahme einer Abstammungsuntersuchung oder die Entnahme einer Blutprobe bzw. die Durchführung einer DNA-Analyse nach § 81 e StPO an von ihrem Körper herrührenden Material zu verweigern. Die Beantwortung dieser Frage erlangt jedoch nur Bedeutung, sofern ein Berufsgeheimnisträger gerade wegen seiner beruflichen Sonderstellung Zeuge in einem Strafverfahren ist. Anderenfalls unterliegen diese Berufsangehörigen - sofern sie nicht die Voraussetzungen eines anderen Zeugnisverweigerungsrechtes erfüllen - freilich gemäß § 81 c Abs. 1, 2 StPO der Pflicht zur Duldung einer körperlichen Untersuchung, Abstammungsuntersuchung, oder Blutprobenentnahme bzw. der Duldung der Durchführung einer DNA-Analyse gemäß § 81 e StPO an von ihrem Körper stammenden Untersuchungsmaterial.

Die Rechtsprechung hat, soweit ersichtlich, zu diesem Problem bisher noch nicht Stellung genommen. Innerhalb der Literatur wird dazu fast einhellig, wenn auch mit unterschiedlicher Begründung, die Ansicht vertreten, § 81 c Abs. 3 StPO gewähre kein Untersuchungsverweigerungsrecht, wenn lediglich die Voraussetzungen des § 53 StPO erfüllt seien.[101] Von einigen Vertretern der Literatur wird dabei die Anwendbarkeit des § 81 c Abs. 3 StPO auf die Fälle des § 53 StPO mit gesetzessystematischen Erwägungen abgelehnt, indem sie auf die Sätze zwei und drei des § 81 c Abs. 3 StPO

---

[99] *Kleinknecht/Meyer-Goßner* § 53 Rn. 7; LR[25]-*Dahs* § 53 Rn. 15; KK-*Senge* § 53 Rn. 1; *Rengier*, Zeugnisverweigerungsrechte, S. 12.

[100] LR[25]-*Dahs* § 53 Rn. 15.

[101] LR[24]-*Dahs* § 81 c Rn. 37; KMR-*Bosch* § 81 c Rn. 23; AK-*Wassermann* § 81 c Rn. 15; KK-*Senge* § 81 c Rn. 10; *Kleinknecht/Meyer-Goßner* § 81 c Rn. 23; *Pfeiffer* § 81 c Rn. 3, HK-*Lemke* § 81 c Rn. 20; *Eisenberg*, Beweisrecht, Rn. 1670; *Kohlhaas*, JR 1974, 89 (91); *Gössel*, Strafverfahrensrecht, S. 231; *Rüping*, Strafverfahren, Rn. 270; *Schlüchter*, Strafverfahren, Rn. 197.1 (Fn. 101); *Hellmann*, Strafprozeßrecht, II § 4 Rn. 89 in Fn. 318; *Beulke*, Strafprozeßrecht, Rn. 244; a.A. *Eb. Schmidt*, Lehrkomm., Nachtrag I, § 81 c Rn. 11.

verweisen.[102] Andere Autoren hingegen lehnen ein Untersuchungsverweigerungsrecht für Berufsgeheimnisträger i.S. des § 53 StPO mit dem Argument ab, das Anvertrauen und Erfahren von Geheimnissen hinterlasse keine Spuren und Folgen an ihrem Körper.[103] Ob Wortlaut und Gesetzessystematik allerdings tatsächlich der Einräumung eines Untersuchungsverweigerungsrechtes für Berufsausübende, in deren Person die Voraussetzungen des § 53 StPO erfüllt sind, entgegenstehen und inwieweit dies mit dem Sinn und Zweck des Untersuchungsverweigerungsrechtes vereinbar wäre, wird nachfolgend zu untersuchen sein.

2. Auslegung anhand des Wortlautes und der Gesetzessystematik

Der Wortlaut von § 81 c Abs. 3 S. 1 StPO und § 53 StPO spricht unzweifelhaft für die Gewährung eines Untersuchungsverweigerungsrechtes bei Vorliegen der Voraussetzungen des § 53 StPO. Denn auch die in § 53 StPO aufgeführten Personen werden - wie die nach § 52 StPO weigerungsberechtigten Zeugen - ausdrücklich als zur Verweigerung des *Zeugnisses* berechtigt bezeichnet.

Wie in der Einleitung bereits dargestellt, schließen jedoch nach Auffassung einiger Literaturvertreter die Sätze zwei und drei des § 81 c Abs. 3 StPO ein Untersuchungsverweigerungsrecht auf der Grundlage des § 53 StPO aus.[104] Aus ihrer Fassung ergebe sich eindeutig, dass allein das Zeugnisverweigerungsrecht des § 52 StPO für den Zeugen ein Untersuchungsverweigerungsrecht begründe.[105] Offensichtlich folgern diese Autoren aus der in diesen

---

[102] AK-*Wassermann* § 81 c Rn. 15, *Rüping*, Strafverfahren, Rn. 270; *Schlüchter*, Strafverfahren, Rn. 197.1 (Fn. 101); a.A. *Bialek*, Zeugnisverweigerungsrecht aus persönlichen Gründen, S. 71.

[103] LR[24]-*Dahs* § 81 c Rn. 37; *Kohlhaas*, JR 1974, 89 (91); a.A. SK-*Rogall* § 81 c Rn. 42, der zwar zugesteht, dass die Gewährung eines Untersuchungsverweigerungsrechtes für Berufsausübende i.S. des § 53 Abs. 1 StPO nicht mit dieser Begründung von vornherein ausgeschlossenen werden könne, es im Ergebnis jedoch dennoch ablehnt; unter Verweis auf *Rogall*, a.a.O., ebenso KMR-*Bosch* § 81 c Rn. 23; vgl. zum Ganzen auch *Gössel*, Strafverfahrensrecht, S. 231.

[104] So die in Fn. 102 genannten Autoren.

[105] AK-*Wassermann* § 81 c Rn. 15; früher ebenso KMR-*Paulus* § 81 c Rn. 28.

Sätzen enthaltenen ausdrücklichen Verweisung auf die Vorschrift des § 52 Abs. 2 S. 2 und Abs. 3 StPO,[106] dass allein demjenigen Zeugen, in dessen Person die Voraussetzungen des § 52 StPO erfüllt sind, das Recht zusteht, die körperliche Untersuchung zu verweigern.

Dieser Ansicht kann jedoch nicht zugestimmt werden. Denn bei näherer Betrachtung des zweiten und dritten Satzes des § 81 c Abs. 3 StPO wird deutlich, dass diese eine derartige Schlussfolgerung nicht rechtfertigen. In § 81 c Abs. 3 *Satz 1* StPO ist vom Gesetzgeber nämlich zunächst festgelegt worden, unter welchen Voraussetzungen der Zeuge die Untersuchung seines Körpers verweigern darf bzw. wann ihm ein Untersuchungsverweigerungsrecht zusteht. Damit ist in § 81 c Abs. 3 S. 1 StPO sozusagen der „Gewährungstatbestand" des Untersuchungsverweigerungsrechtes formuliert. Sollte sich aus den Sätzen zwei und drei des § 81 c Abs. 3 StPO tatsächlich die Nichtanwendbarkeit des ersten Satzes von § 81 c Abs. 3 StPO auf andere strafprozessuale Zeugnisverweigerungsrechte als dem Zeugnisverweigerungsrecht Angehöriger aus § 52 StPO ergeben, müssten die Sätze zwei und drei folglich Tatbestandsvoraussetzungen für das Untersuchungsverweigerungsrecht enthalten, welche den Gewährungstatbestand des § 81 c Abs. 3 S. 1 StPO auf die Fälle des § 52 StPO begrenzen. Bei genauer Analyse dieser Vorschriften zeigt sich aber, dass dies nicht der Fall ist. Denn der erste Halbsatz des § 81 c Abs. 3 S. 2 StPO bestimmt, in welchen Fällen nicht der zu Untersuchende selbst, sondern sein gesetzlicher Vertreter über die Ausübung des Untersuchungsverweigerungsrechtes entscheidet. Im ersten Halbsatz des § 81 c Abs. 3 S. 2 StPO wird damit durch den Gesetzgeber das Verfahren festgelegt, das einzuhalten ist, *nachdem* festgestellt wurde, dass einer in dieser Vorschrift genannten Person ein Untersuchungsverweigerungsrecht zusteht. Denn die Entscheidung über die Ausübung des Untersuchungsverweigerungsrechtes hat zur Voraussetzung, dass ein solches überhaupt besteht. Die Entscheidung des gesetzlichen Vertreters über die Ausübung eines Rechtes wird erst erforderlich, wenn feststeht, dass der zu

---

[106] Die Sätze zwei und drei des § 81 c Abs. 3 StPO in der Fassung vom 12.09.1990 (BGBl. I 2002) haben folgenden Wortlaut: „Haben Minderjährige wegen mangelnder Verstandesreife oder haben Minderjährige oder Betreute wegen einer psychischen Krankheit oder einer geistigen oder seelischen Behinderung von der Bedeutung ihres Weigerungsrechts keine genügende Vorstellung, so entscheidet der gesetzliche Vertreter; § 52 Abs. 2 Satz 2 und Abs. 3 gilt entsprechend. Ist der gesetzliche Vertreter von der Entscheidung ausgeschlossen (§ 52 Abs. 2 Satz 2) oder aus sonstigen Gründen an einer rechtzeitigen Entscheidung gehindert und erscheint die sofortige Untersuchung oder Entnahme von Blutproben zur Beweissicherung erforderlich, so sind diese Maßnahmen nur auf besondere Anordnung des Richters zulässig."

Vertretende zur Inanspruchnahme des Weigerungsrechtes überhaupt befugt ist. Der erste Halbsatz des zweiten Satzes von § 81 c Abs. 3 StPO legt damit lediglich die weitere Verfahrensweise dar, nach der vorzugehen ist, wenn bereits festgestellt wurde, dass einem Minderjährigen mit mangelnder Verstandesreife oder einem Minderjährigen oder Betreuten, der wegen einer psychischen Krankheit oder einer geistigen oder seelischen Behinderung von der Bedeutung des Weigerungsrechtes keine genügende Vorstellung hat, ein Untersuchungsverweigerungsrecht zusteht. Somit ist diese Regelung eine bloße Verfahrensvorschrift, welche die Erfüllung des Gewährungstatbestandes von Satz eins voraussetzt. Den Gewährungstatbestand einschränkende oder begrenzende Bestimmungen enthält sie hingegen nicht. Die Vorschrift des § 81 c Abs. 3 S. 2 1. Hs. StPO kann daher auch nicht die Gewährung eines Untersuchungsverweigerungsrechtes auf die Fälle des § 52 StPO begrenzen.
Das gleiche gilt für den zweiten Halbsatz des zweiten Satzes von § 81 c Abs. 3 StPO. Dieser erklärt zwar zunächst ausdrücklich § 52 Abs. 2 S. 2 StPO für anwendbar, jedoch wird auch damit lediglich ein spezieller Verfahrensweg, und zwar für den Fall, dass der Vertreter des Minderjährigen oder Betreuten selbst der Beschuldigte ist, vorgeschrieben. Besondere Tatbestandsvoraussetzungen, die den Gewährungstatbestand des Satzes eins des § 81 c Abs. 3 StPO auf die Fälle des § 52 StPO begrenzen, werden auch hier nicht formuliert. Ebenso verhält es sich mit der Verweisung auf den Abs. 3 des § 52 StPO. Auch dadurch soll nur die Einhaltung eines bestimmten Verfahrens, nämlich die Belehrung des Zeugen über sein Weigerungsrecht, gesichert werden, nachdem zuvor aber bereits festgestellt wurde, dass die Voraussetzungen für die Befugnis zur Inanspruchnahme des Untersuchungsverweigerungsrechtes erfüllt sind.[107] Der Gewährungstatbestand des ersten Satzes von § 81 c Abs. 3 StPO wird durch diese Verfahrensvorschrift ebenfalls nicht auf die Fälle des § 52 StPO begrenzt.
Der dritte Satz des § 81 c Abs. 3 StPO erklärt die Blutprobenentnahme und Untersuchung bei den in Satz zwei bezeichneten Personen nach besonderer Anordnung des Richters auch dann für zulässig, wenn der gesetzliche Vertreter von der Entscheidung ausgeschlossen oder aus sonstigen Gründen an einer rechtzeitigen Entscheidung gehindert ist und die sofortige Untersu-

[107] Die Belehrung des Zeugen über ein ihm zustehendes Weigerungsrecht erfolgt erst, *nachdem* das Bestehen des Weigerungsrechtes festgestellt wurde. Der Zeuge ist gemäß § 68 StPO erst *nach* der Vernehmung zu seiner Person zu belehren, wobei bereits die Befragung des Zeugen zur Person der Feststellung des Vorliegens eines Weigerungsrechtes des Zeugen dient; dazu LR[25]-*Dahs* § 52 Rn. 45; KK-*Senge* § 52 Rn. 31; KMR-*Paulus* § 52 Rn. 29.

chung oder Entnahme von Blutproben erforderlich erscheint. Damit schreibt auch diese Regelung lediglich ein aufgrund besonderer Umstände notwendiges, von § 81 c Abs. 3 S. 2 StPO abweichendes Verfahren vor. Auch dieses kommt aber erst zur Anwendung, *nachdem* das Vorliegen eines Untersuchungsverweigerungsrechtes bereits positiv festgestellt wurde. Die Verfahrensnorm des Satzes drei des § 81 c Abs. 3 StGB enthält folglich ebenfalls keine Tatbestandsvoraussetzungen für die Einräumung eines Untersuchungsverweigerungsrechtes, die den Gewährungstatbestand des Satzes eins einschränken. Die ausdrückliche - in Klammern gesetzte - Nennung des § 52 Abs. 2 StPO innerhalb des dritten Satzes soll lediglich klarstellen, dass mit der Formulierung „Ist der gesetzliche Vertreter von der Entscheidung ausgeschlossen ..." im ersten Halbsatz des § 81 Abs. 3 S. 2 StPO auf die Fälle des § 52 Abs. 2 S. 2 StPO Bezug genommen wird.

Die Sätze zwei und drei des § 81 c Abs. 3 StPO sind demnach bloße Verfahrensnormen, die den Gewährungstatbestand des Satzes eins weder beschränken noch erweitern. Ihnen kann damit - entgegen der Ansicht einiger Autoren - auch nicht entnommen werden, dass sie das Untersuchungsverweigerungsrecht auf Angehörigenverhältnisse i.S. des § 52 StPO begrenzen. Auch das gegen dieses Ergebnis möglicherweise vorzubringende Argument, die Tatsache, dass in den Sätzen zwei und drei des § 81 c Abs. 3 StPO lediglich auf die Verfahrensnormen des § 52 Abs. 2 S. 2 und Abs. 3 StPO verwiesen wurde, nicht aber auf Verfahrensvorschriften beispielsweise des § 53 StPO, beweise, dass allein den in § 52 StPO genannten Angehörigen des Beschuldigten ein Untersuchungsverweigerungsrecht zu gewähren sei, läßt sich entkräften. So sind die nach § 53 StPO Zeugnisverweigerungsberechtigten nicht über ihr Weigerungsrecht zu belehren, eine dem Abs. 3 des § 52 StPO entsprechende Vorschrift ist im Rahmen des § 53 StPO nicht zu finden. Ein Verweis im Rahmen des Untersuchungsverweigerungsrechtes auf eine derartige Vorschrift würde somit wenig Sinn machen.[108] Dass eine dem § 52 Abs. 2 S. 2 StPO äquivalente Bestimmung innerhalb des § 53 StPO nicht notwendig ist, versteht sich wohl von selbst, womit auch diesbezüglich innerhalb des § 81 c Abs. 3 StPO nicht auf eine besondere, auch für das Untersuchungsverweigerungsrecht heranzuziehende Vorschrift verwiesen werden muss.

---

[108] Dies gilt im Übrigen auch für Zeugen, die gemäß § 54 StPO zur Zeugnisverweigerung berechtigt sind.

3. Teleologische Auslegung

Nachdem festgestellt wurde, dass sowohl der Wortlaut von § 53 StPO und § 81 c Abs. 3 S. 1 StPO als auch der Kontext des Gesetzes nicht gegen, sondern eher für ein Untersuchungsverweigerungsrecht für nach § 53 StPO Weigerungsberechtigte sprechen, stellt sich die Frage, ob sich dieses Ergebnis auch mit dem Sinn und Zweck des Untersuchungsverweigerungsrechtes aus § 81 c Abs. 3 StPO und den mit § 53 StPO verfolgten Zielen vereinbaren lässt und ob aus diesen ein Recht zur Untersuchungsverweigerung im Strafprozess folgt. Bei der Suche nach einer Antwort auf die Frage, ob und inwieweit dem Zeugen, welchem das Recht zur Aussageverweigerung gemäß § 53 StPO zusteht, ein Untersuchungsverweigerungsrecht einzuräumen ist, muss - wie die nachfolgende Untersuchung zeigen wird - zwischen der sich aus § 81 c Abs. 1 StPO ergebenden Pflicht des Zeugen zur Duldung einer körperlichen Untersuchung und der Pflicht zur Duldung einer Blutentnahme bzw. Abstammungsuntersuchung (§ 81 c Abs. 2 StPO) sowie der Genomanalyse (§ 81 e StPO) unterschieden werden.

a) Pflicht des Zeugen zur Duldung einer körperlichen Untersuchung gemäß § 81 c Abs. 1 StPO

Es ist im Rahmen der Einleitung zu diesem Kapitel bereits erwähnt worden, dass von einigen Autoren die Anwendbarkeit des § 81 c Abs. 3 StPO bei Vorliegen der Voraussetzungen des § 53 StPO mit dem Argument abgelehnt wird, das Anvertrauen oder Bekanntwerden von Tatsachen hinterlasse keine Spuren oder Folgen am Körper desjenigen dem die Tatsache anvertraut worden sei.[109] Im Rahmen einer kritischen Würdigung dieser Auffassung muss daher untersucht werden, ob das Anvertrauen oder Bekanntwerden von Tatsachen tatsächlich unter keinen Umständen Spuren oder Folgen am Körper eines Berufsgeheimnisträgers i.S. des § 53 StPO hinterlassen kann.

Für die Erfüllung des Tatbestandsmerkmales *anvertrauen* genügt es, wenn der Geheimnisträger den Berufsausübenden im Sinne des § 53 StPO in

---

[109] Vgl. die in Fn. 103 genannten Autoren.

irgendeiner Art und Weise[110] über das Geheimnis in Kenntnis setzt.[111] Dies geschieht üblicherweise durch die mündliche oder schriftliche Mitteilung der Tatsache, kann aber auch mit Hilfe der Demonstration bestimmter Geschehensabläufe oder der Gewährung von Gelegenheiten zu Beobachtungen bzw. Untersuchungen erfolgen.[112] Demzufolge ist es durchaus möglich, dass der Berufsausübende als Ergebnis des Anvertrauens von Tatsachen Spuren oder Folgen an seinem Körper trägt. Folgendes *Beispiel* soll dies verdeutlichen:

> A hat infolge eines Arbeitsunfalles an seiner rechten Hand nur noch vier Finger. Er wird beschuldigt, durch einen gezielten Schlag in das Gesicht des B den Tatbestand des § 223 StGB erfüllt zu haben. A jedoch streitet alles ab und behauptet, B müsse von jemand anderem geschlagen worden sein. In einem ärztlichen Gutachten kann nur noch festgestellt werden, dass B tatsächlich einen Schlag ins Gesicht erhalten habe, Angaben über den möglichen Täter können jedoch nicht gemacht werden.
> Die Zeugin Z, welche B unmittelbar nach der Tat Hilfe leistete, behauptet jedoch, der Schlag könne nur von A stammen, da der Schlag in T´s Gesicht auf diesem einen Abdruck der Hand hinterlassen habe. Dieser wies aber nicht wie üblicherweise fünf Finger, sondern nur vier Finger auf. Die Staatsanwaltschaft ist nun bemüht, zum Zwecke des Beweises von A´s Schuld zu untersuchen, ob Schlagabdrücke von vollständig erhaltenen Händen und der Hand des A tatsächlich charakteristische Merkmale aufweisen, anhand derer sie unterschieden werden können.
> A hat sich hilfesuchend an seinen Rechtsanwalt R gewandt und diesem gegenüber die Tat zugegeben. R bittet den A daraufhin, ihm die Intensität des Schlages an seinem eigenen Körper zu demonstrieren, was A auch tut. Infolgedessen entstehen auch an R´s Körper die charakteristischen Abdrücke von A´s Hand, die der Z schon bei B aufgefallen waren.
> Die Staatsanwaltschaft könnte nun zwar den A selbst gemäß § 81 a StPO körperlich untersuchen, das schließt für ihn jedoch nicht die Verpflichtung ein, an „Schlagtests" mitzuwirken.[113] Daher möchte sie, nachdem sie von der „praktischen Demonstration" des A erfahren hat, nunmehr den R bezüglich der Schlagabdrücke untersuchen lassen und das Ergebnis der Untersuchung als

---

[110] RGSt 66, 273 (274); LR^{25}-*Dahs* § 53 Rn. 16.

[111] Die in § 53 Abs. 1 StPO und § 203 StGB verwendeten Begriffe des *Anvertrauens* oder *Bekanntwerdens* eines Geheimnisses sind dabei identisch; vgl. LR^{25}-*Dahs* § 53 Rn. 15.

[112] RGSt 66, 273 (274); *Kleinknecht/Meyer-Goßner* § 53 Rn. 8; LR^{25}-*Dahs* § 53 Rn. 16.

[113] § 81 a StPO verpflichtet den Beschuldigten nicht zu aktiven Handlungen oder Testübungen; vgl. *Kleinknecht/Meyer-Goßner* § 81 a Rn. 11; KK-*Senge* § 81 a Rn. 4; LR^{24}-*Dahs* § 81 a Rn. 20.

Beweis in das Strafverfahren gegen A einführen.[114]

Die im Rahmen dieser Arbeit interessierende Frage, ob und inwieweit der R in diesem Beispiel befugt ist, die Untersuchung seines Körpers nach § 81 c Abs. 3 S. 1 StPO zu verweigern, stellt sich aber nur dann, wenn der R grundsätzlich verpflichtet ist, diese zu dulden. Sofern nämlich die in § 53 StPO genannten Personen, welche bezüglich der ihnen anvertrauten oder bekannt gewordenen Tatsachen Zeugen in einem Strafverfahren sind, im Hinblick auf diese Tatsachen bereits keine Untersuchungsduldungspflicht nach § 81 c Abs. 1 StPO trifft, so hat das Problem, ob den Zeugen in Bezug auf diese Tatsachen ein Untersuchungsverweigerungsrecht zusteht, auch keinerlei Relevanz mehr.

Gemäß § 81 c Abs. 1 StPO ist eine körperliche Untersuchung Nichtbeschuldigter zulässig, wenn diese als Zeugen in Betracht kommen (Zeugengrundsatz) und die Untersuchung der Auffindung von Spuren oder Folgen der Tat dient (Spurengrundsatz).
Der *Zeugengrundsatz* steht einer körperlichen Untersuchung von Berufsgeheimnisträgern in diesen Fällen nicht entgegen. Denn ihm ist bereits genüge getan, wenn die Möglichkeit besteht, die Person in Bezug auf die dem Beschuldigten vorgeworfene Tat zu vernehmen.[115] Die in § 53 StPO aufgeführten Berufsangehörigen kommen durchaus als Zeugen im Strafverfahren in Betracht, wenn ihnen aufgrund ihrer besonderen Vertrauensstellung bestimmte Tatsachen anvertraut wurden oder bekannt geworden sind; dies sogar unter Umständen in erhöhtem Maße, da sie oftmals umfangreiche Kenntnisse über die Tat oder den Täter besitzen.
Des Weiteren darf die Untersuchung entsprechend dem *Spurengrundsatz* allerdings nur erfolgen, wenn sie der Auffindung von Spuren oder Folgen einer dem Beschuldigten zur Last gelegten Tat dient.[116] Dies hat zur Folge, dass eine Untersuchung der in § 53 StPO genannten Berufsausübenden nur dann zulässig ist, wenn damit Spuren oder Folgen der dem Beschuldigten zur

---

[114] Ob die Betrachtung des Handabdruckes auf dem Gesicht des A eine körperliche Untersuchung i.S. des § 81 c StPO darstellt, die vom Untersuchungsverweigerungsrecht aus § 81 c Abs. 3 StPO erfasst wird, wird unten näher erläutert; vgl. dazu 2. Teil D II 1.

[115] LR^{24}-*Dahs* § 81 c Rn. 12; KK-*Senge* § 81 c Rn. 1.

[116] Die Formulierung „Spur oder Folge *einer* Straftat" meint nur Spuren oder Folgen der dem Beschuldigten zur Last gelegten Straftat. Anderenfalls wäre die als Einschränkung gedachte (i.d.S. bisher KMR-*Paulus* § 81 c Rn. 3) Klausel „Spur oder Folge einer Straftat" keine solche, vielmehr könnte dann jede beliebige Straftat zur Rechtfertigung jedweder Untersuchung herangezogen werden.

Last gelegten Straftat untersucht werden sollen, die sich im Wege des Anvertrauens oder Bekanntwerdens von Tatsachen am Körper des Berufsgeheimnisträgers niedergeschlagen haben. Derartige Konstellationen sind jedoch ausgeschlossen. Mitunter kann zwar, wie bereits dargestellt, das Anvertrauen von Tatsachen am Körper der Vertrauensperson auch Spuren oder Folgen hinterlassen, diese resultieren dann aber nicht aus der Tat, die Gegenstand des Verfahrens gegen den Beschuldigten ist, und sind dementsprechend auch keine Spuren oder Folgen einer Tat, wie sie von § 81 c Abs. 1 StPO erfasst werden. Die am Körper des Berufsausübenden befindlichen Spuren oder Folgen sind vielmehr erst nachfolgend durch die Demonstration des Beschuldigten o.ä. entstanden. Ist mithin ein Angehöriger eines Heil- oder Beratungsberufes i.S. des § 53 StPO allein und gerade wegen seiner besonderen beruflichen Position Zeuge in einem Strafverfahren, so fehlt es bereits an der Erfüllung der Tatbestandsvoraussetzungen des § 81 c Abs. 1 StPO, da die infolge des Anvertrauens von Tatsachen am Körper des Zeugen entstandenen Spuren oder Folgen niemals Spuren oder Folgen *der Tat* sind, derentwegen gegen den Beschuldigten ein Ermittlungsverfahren eingeleitet wurde. Somit ist die Untersuchung des Körpers von Zeugen, die zur Zeugnisverweigerung gemäß § 53 StPO berechtigt sind, mit dem Ziel des Auffindens anvertrauter oder bekannt gewordener Tatsachen, von vornherein unzulässig. Demgemäß stellt sich in diesen Konstellationen auch nicht die Frage, ob und inwieweit den nach § 53 StPO Zeugnisverweigerungsberechtigten ein Untersuchungsverweigerungsrecht einzuräumen ist, wenn diese auf Spuren oder Folgen der dem Beschuldigten zur Last gelegten Tat körperlich untersucht werden sollen.[117]

Sofern allerdings eine der in § 53 StPO genannten Personen tatsächlich Spuren oder Folgen einer Straftat an ihrem Körper trägt, bezüglich derer gegen den Beschuldigten ein Ermittlungsverfahren eingeleitet worden ist, lässt sich dieses Ergebnis freilich nicht übertragen. Das ist etwa dann der Fall, wenn der Berufsgeheimnisträger zufällig am Tatort war als die Tat begangen wurde und sich daher Spuren oder Folgen der Tat auch an seinem Körper befinden.

> *Beispiel*: Der Rechtsanwalt des Beschuldigten befand sich zufällig in dessen Auto als sich der Unfall sich ereignete, der nun Gegenstand eines Ermittlungsverfahrens gegen den Beschuldigten ist. Infolge dieses Unfalles trug der Rechtsanwalt mehrere kleinere Verletzungen davon.

---

[117] Ähnlich *Gössel*, Strafverfahrensrecht, S. 231.

In derartigen Situationen stünde dem Rechtsanwalt bezüglich seiner unfallbedingten Verletzungen schon kein Zeugnisverweigerungsrecht aus § 53 StPO zu, da ihm diese nicht im Sinne des § 53 StPO aufgrund seiner beruflichen Stellung *anvertraut* oder *bekannt geworden*[118] sind. Vielmehr beruhen diese Spuren und Folgen lediglich auf der zufälligen Anwesenheit der Person am Tatort. Da § 81 c Abs. 3 StPO das Recht zur Verweigerung der Untersuchung aber immer nur dann gewährt, wenn der Zeuge zur Zeugnisverweigerung berechtigt ist, kommt in diesen Fällen die Gewährung eines Untersuchungsverweigerungsrechtes für die in § 53 StPO genannten Personen nicht in Betracht.

b) Pflicht des Zeugen zur Duldung der Entnahme einer Blutprobe und der Feststellung der Abstammung gemäß § 81 c Abs. 2 StPO sowie der Durchführung einer DNA-Analyse gemäß § 81 e StPO

Bei der Durchführung einer Abstammungsuntersuchung oder der Entnahme einer Blutprobe ist es - im Gegensatz zur körperlichen Untersuchung des Zeugen nach § 81 c Abs. 1 StPO - unerheblich, ob der Betroffene als Zeuge in Betracht kommt und die Maßnahme der Auffindung von Spuren oder Folgen der Straftat dient. Denn hinsichtlich der in § 81 c Abs. 2 StPO geregelten Abstammungsuntersuchungen und Blutentnahmen findet weder der Zeugen- noch der Spurengrundsatz, sondern lediglich der Aufklärungsgrundsatz Anwendung.[119] Dies gilt in gleicher Weise auch für die Durchführung von DNA-Analysen an Spurenmaterial des Zeugen gemäß § 81 e StPO.[120]

---

[118] *Bekannt geworden* i.S. des § 53 Abs. 1 StPO sind dem Berufsausübenden die Tatsachen dann, wenn er sie vom Beschuldigten oder einem Dritten im Zusammenhang mit seiner Berufsausübung erfahren hat, ohne dass sie ihm anvertraut worden sind; vgl. dazu Schönke/Schröder-*Lenckner* § 203 Rn. 15; LR[25]-*Dahs* § 53 Rn. 18. Die Zufügung der Unfallverletzungen könnte unter Umständen zwar das Tatbestandsmerkmal des Bekanntwerdens erfüllen, sie sind dem R dann jedoch nicht aufgrund seiner besonderen beruflichen Vertrauensstellung bekannt geworden, sondern beruhen auf seiner zufälligen Anwesenheit am Tatort.

[119] *Kleinknecht/Meyer-Goßner* § 81 c Rn. 18; LR[24]-*Dahs* § 81 c Rn. 24; KMR-*Bosch* § 81 Rn. 14; KK-*Senge* § 81 c Rn. 5; *Eisenberg*, Beweisrecht, Rn. 1666.

[120] Zwar ist die Durchführung einer DNA-Analyse nicht auf Körpermaterial beschränkt, welches im Wege der Blutprobenentnahme nach § 81 c Abs. 2 StPO erlangt wurde (dazu unten 2. Teil C), sondern kann auch an Material vorgenommen werden, dass bei Untersuchungen nach § 81 c Abs. 1 StPO entnommen wurde, jedoch gelten Zeugen- und Spurengrundsatz ebenfalls nicht bei der Anordnung der DNA-Analyse selbst.

Dieser Umstand wird von denjenigen Literaturvertretern[121] übersehen, die die Auffassung vertreten, ein Untersuchungsverweigerungsrecht könne den in § 53 StPO genannten Personen schon deshalb nicht gewährt werden, weil das Anvertrauen oder Bekanntwerden von Tatsachen keine Spuren oder Folgen am Körper hinterlasse. Denn weder der in § 81 c Abs. 2 StPO enthaltene Aufklärungsgrundsatz setzt voraus, dass die Blutprobenentnahme oder Abstammungsuntersuchung der Auffindung von Spuren oder Folgen am Körper des Zeugen dient, noch wird dies zur Bedingung für die Zulässigkeit der Anordnung einer DNA-Analyse im Rahmen des § 81 e StPO gemacht. Demgemäß kann Berufsgeheimnisträgern beim Vorliegen der Voraussetzungen des § 53 StPO das Recht zur Verweigerung einer Blutprobenentnahme, Abstammungsuntersuchung oder DNA-Analyse jedenfalls nicht mit der von den oben genannten Autoren[122] angeführten Begründung versagt werden.

Die Verweigerung einer Blutprobenentnahme, Abstammungsuntersuchung oder DNA-Analyse nach § 81 c Abs. 3 StPO kommt jedoch - ebenso wie die Verweigerung der körperlichen Untersuchung nach § 81 c Abs. 1 StPO - nur dann in Betracht, wenn die Voraussetzungen des § 53 StPO in der Person des Zeugen überhaupt erfüllt sind. Mithin ist eine Befugnis des Berufsgeheimnisträgers zur Verweigerung einer auf der Grundlage des § 81 c Abs. 2 StPO bzw. § 81 e StPO angeordneten Maßnahme nur dann gegeben, wenn die Untersuchung seines Blutes, die Feststellung seiner Abstammung oder die Durchführung einer DNA-Analyse an von seinem Körper herrührendem Material Tatsachen oder Umstände aufdecken würde, welche dem Berufsgeheimnisträger im Sinne von § 53 StPO *anvertraut wurden* oder *bekannt geworden* sind. Demgemäß braucht auch in diesem Zusammenhang lediglich untersucht zu werden, ob den Angehörigen der in § 53 StPO genannten Berufe das Recht zur Untersuchungsverweigerung nach § 81 c Abs. 3 StPO zusteht, wenn sie einer Abstammungsuntersuchung, Blutprobenentnahme oder DNA-Analyse mit dem Ziel des Auffindens anvertrauter oder bekannt gewordener Tatsachen unterzogen werden sollen. Zuvor stellt sich jedoch - wie bereits bei der körperlichen Untersuchung nach § 81 c Abs. 1 StPO - die Frage, ob Zeugen, die in ihrer Eigenschaft als Berufsgeheimnisträger i.S. des § 53 StPO im Strafprozess auftreten, überhaupt zur Duldung einer Abstammungsuntersuchung, Blutuntersuchung oder DNA-Analyse verpflichtet sind. Denn erst wenn eine solche grundsätzliche Pflicht besteht, wird die Beantwortung der Frage nach dem Bestehen eines Untersuchungsverweigerungs-

---

[121] Vgl. LR[24]-*Dahs* § 81 c Rn. 37; *Kohlhaas*, JR 1974, 89 (91).

[122] Siehe dazu die Nachweise in der vorherigen Fn.

rechtes von Interesse.

aa) Abstammungsuntersuchung nach § 81 c Abs. 2 StPO

Es ist oben bereits dargelegt worden, dass hinsichtlich der Abstammungsuntersuchung sowie der Blutentnahme gemäß § 81 c Abs. 2 StPO der Aufklärungsgrundsatz gilt. Die Abstammungsuntersuchung ist damit nur zulässig, wenn sie für die Erforschung der Wahrheit unerlässlich ist. Daran fehlt es jedoch, wenn die Maßnahme an einer der in § 53 StPO genannten Personen durchgeführt werden soll. Das Anvertrauen oder Bekanntwerden von Tatsachen beeinflusst in keiner Weise die Abstammung der Vertrauensperson. Es ist demnach nicht möglich, mit Hilfe einer Abstammungsuntersuchung bei dem Berufsgeheimnisträger diesem anvertraute oder bekannt gewordene Tatsachen zu ermitteln. Die Abstammungsuntersuchung im Hinblick auf diese Tatsachen ist demzufolge ungeeignet, einen Beitrag für die Erforschung der Wahrheit zu leisten. Ihr mangelt es daher stets an der Unerlässlichkeit für die Wahrheitsfindung. Bei zur Zeugnisverweigerung nach § 53 StPO Berechtigten ist daher bereits die Anordnung einer Abstammungsuntersuchung zur Auffindung anlässlich der Berufsausübung anvertrauter oder bekannt gewordener Tatsachen unzulässig, da die Voraussetzungen des § 81 c Abs. 2 StPO in diesen Fällen nicht gegeben sind. Demzufolge stellt sich die Frage, ob diesen Personen hinsichtlich der Abstammungsuntersuchung ein Untersuchungsverweigerungsrecht nach § 81 c Abs. 3 StPO zusteht, nicht und braucht daher hier auch nicht weiter erörtert zu werden.

bb) DNA-Analyse nach § 81 e StPO

Das hinsichtlich der Abstammungsuntersuchung nach § 81 c Abs. 2 StPO gefundene Ergebnis ist - obwohl der Aufklärungsgrundsatz für DNA-Analysen nach § 81 e StPO nicht gilt - auf die Durchführung von DNA-Analysen nach § 81 e StPO übertragbar. Denn die Anordnung einer DNA-Analyse darf nur mit dem Ziel der Feststellung der Abstammung des Zeugen oder der Tatsache, ob aufgefundenes Spurenmaterial von ihm stammt, erfolgen. Es ist insoweit ausgeschlossen, mit der Durchführung einer solchen DNA-Analyse an entnommenem oder aufgefundenem Körpermaterial des Berufsgeheimnisträgers ihm anvertraute oder bekannt gewordene Tatsachen aufzudecken oder nachzuweisen. Denn die Kenntnis von Berufsgeheimnissen hat keinen Einfluss auf die Beschaffenheit des „genetischen Fingerabdrucks“ eines

Berufsgeheimnisträgers. Demgemäß ist es ebenfalls nicht erforderlich zu untersuchen, ob die in § 53 StPO genannten Berufsausübenden berechtigt sind, die Durchführung einer DNA-Analyse an Material ihres Körpers gemäß § 81 c Abs. 3 StPO zu verweigern, sofern diese der möglichen Aufdeckung bekannt gewordener oder anvertrauter Tatsachen dient. In diesen Fällen ist nämlich bereits die Anordnung einer derartigen Maßnahme gemäß § 81 e StPO unzulässig, da deren Voraussetzungen nicht erfüllt sind.

cc) Entnahme einer Blutprobe nach § 81 c Abs. 2 StPO

Wie bereits hinsichtlich der Anordnung einer Abstammungsuntersuchung nach § 81 c Abs. 2 StPO oder einer DNA-Analyse nach § 81 e StPO wird auch bezüglich der Blutprobenentnahme nach § 81 c Abs. 2 StPO zumeist schon die Anordnung der Maßnahme bei Berufsgeheimnisträgern i.S. des § 53 StPO unzulässig sein, da sich ihm anvertraute oder bekannt gewordene Geheimnisse nur sehr selten in seinem Blut niederschlagen werden. Dass diese Möglichkeit im Gegensatz zur Abstammung oder des genetischen Fingerabdrucks der Vertrauensperson jedoch nicht völlig ausgeschlossen werden kann, zeigt das folgende, zugegebenermaßen etwas fernliegende *Beispiel*:

> A ist der fahrlässigen Körperverletzung[123] an dem Kind B beschuldigt. Die Ermittlungsbehörde ist der Ansicht, A habe bei einer Urlaubsreise in ein afrikanisches Land auf einem dortigen Markt zwei Tabletten als angebliche Halsschmerztabletten erworben. Da die Halsentzündung des A aber von selbst abheilte, nahm A die nichtbenötigten Tabletten mit nach Hause.
> Als der wieder einmal bei A weilende Nachbarsjunge B über starke Halsschmerzen klagte, gab A ihm eine dieser beiden Tabletten, deren tatsächliche Wirkung ihm völlig unbekannt war, ohne sich jedoch - obwohl er schon zum damaligen Zeitpunkt starke Zweifel hegte - vorher bei einem Arzt zu erkundigen, ob es sich bei diesen tatsächlich um harmlose Halsschmerztabletten handelt.
> Kurz nach Einnahme der Tabletten bekam B starken Durchfall und kurzzeitig Fieber. In B`s Blut wurden diese Symptome verursachende Viren nachgewiesen. Diese Viren sind jedoch in Europa völlig untypisch. In afrikanischen Ländern, wie auch dem Urlaubsland des A, sind sie aber weit verbreitet. A wird aufgrund eines Hinweises des B vernommen, bestreitet dabei jedoch, dem B jemals eine

---

[123] Jedes Hervorrufen oder Steigern eines krankhaften Zustandes stellt eine Gesundheitsbeschädigung im Sinne von § 223 Abs. 1 StGB und § 229 StGB dar. Diese kann auch bereits in dem Verursachen einer Infektion liegen; vgl. Schönke/Schröder-*Eser* § 223 Rn. 5; LK-*Lilie* § 223 Rn. 12.

solche Tablette gegeben zu haben. Der von der Staatsanwaltschaft im Rahmen des Ermittlungsverfahrens hinzugezogene Sachverständige ist der Meinung, dass die Viren sich durchaus in der von A verabreichten „Halsschmerztablette" befunden haben könnten.
Gegenüber seinem Rechtsanwalt R, an den sich A hilfesuchend gewandt hat, gesteht er indessen ein, dass die Sache sich wie von der Staatsanwaltschaft ermittelt zugetragen habe. R bittet A daraufhin, ihm die noch verbliebene zweite Tablette zu übergeben. Nachdem A dieser Bitte entsprochen hat, nutzt R die ihm gewährte Möglichkeit der Selbstbeobachtung und schluckt die Tablette, um deren Wirkung am eigenen Leib zu spüren.
Die Ermittlungsbehörde, welche davon erfuhr, will nun die Entnahme einer Blutprobe bei R anordnen, mit deren Hilfe der Nachweis erbracht werden soll, dass die in B's Blut gefundenen Viren tatsächlich aus einer von A verabreichten Tablette stammen.

Es stellt sich in diesem Beispiel die Frage, ob sein Zeugnisverweigerungsrecht aus § 53 StPO den R zur Verweigerung der Blutprobe berechtigt. Wie oben bereits festgestellt,[124] spricht der Wortlaut des § 81 c Abs. 3 StPO dafür, dem nach § 53 StPO Zeugnisverweigerungsberechtigten das Recht einzuräumen, die Entnahme einer Blutprobe zu verweigern. Zu untersuchen bleibt jedoch nunmehr, ob dieses Ergebnis auch einer teleologischen Auslegung der §§ 81 c Abs. 3 bzw. 53 StPO standhält.

Mit § 53 StPO werden vom Gesetzgeber vor allem zwei Schutzzwecke verfolgt: Zum einen dient die Vorschrift dem Schutz des Vertrauensverhältnisses zwischen dem Hilfesuchenden und dem ihm hilfreich zur Seite stehenden Berufsangehörigen.[125] Unabdingbare Voraussetzung für die Ausübung der in § 53 StPO aufgeführten Berufe ist nämlich das Entstehen eines Vertrauensverhältnisses zwischen dem Berufsausübenden und demjenigen, der sich hilfesuchend an ihn wendet. Nur wenn der Helfende das Vertrauen desjenigen genießt, der sich ihm wegen der aus seinem Beruf resultierenden besonderen Sachkunde anvertraut, wird dieser rückhaltlos alle Fragen beant-

---

[124] Dazu 1. Teil B II 2.

[125] BVerfGE 20, 162 (187); BVerfGE 33, 367 (378); BVerfGE 38, 321 (324); LR[25]-*Dahs* § 53 Rn. 1; *Eb. Schmidt*, Lehrkomm., § 53 Rn. 3; *Dünnebier*, MDR 1964, 965 f.; *Lenckner*, NJW 1965, 321 (323), *Rudolphi* MDR 1970, 93 (96); *Hass*, NJW 1972, 1081; *Rengier*, Zeugnisverweigerungsrechte, S. 14; *Baier*, Strafprozessuale Zeugnisverweigerungsrechte, S. 56 f.; *Hauser*, Zeugenbeweis im Strafprozeß, S. 203; *Zottmann*, Zeugnisverweigerungsrecht, S. 38.

worten, die für die erbetene Hilfeleistung erforderlich sind.[126] Die in § 53 StPO genannten Berufe „leben" geradezu von der freien und vorbehaltlosen Offenbarung des um Unterstützung Ersuchenden.[127] Kein Arzt wird eine sichere Diagnose erstellen können, kein Rechtsanwalt für seinen Mandanten erfolgreich im Prozess streiten können, wenn der Patient nicht bereit ist, umfangreiche Angaben hinsichtlich der Krankheit und seiner Person zu machen bzw. der Mandant nicht gewillt ist, alle zur erfolgreichen Führung des Rechtstreites oder - im Falle einer strafrechtlichen Beschuldigung - zu seiner Verteidigung erforderlichen Umstände preiszugeben. Eine derart uneingeschränkte Offenbarung persönlicher Umstände und Geheimnisse kann von dem Hilfesuchenden aber nur erwartet werden, wenn dieser sich auch absolut sicher sein kann, sich mit der Offenbarung gegenüber dem Berufsangehörigen im Sinne des § 53 StPO nicht auch der Öffentlichkeit anzuvertrauen, er sich somit auf dessen Diskretion und Verschwiegenheit uneingeschränkt verlassen kann.[128] Aus diesem Grund stellt § 53 StPO die Angehörigen von Berufen, für deren Ausübung ein besonderes Vertrauensverhältnis zwischen Berufsausübendem und demjenigen, der ihn in Anspruch nimmt, notwendig ist, frei von der Zeugnispflicht über die ihnen bei Ausübung ihres Berufes anvertrauten oder bekannt gewordenen Tatsachen. Dies gilt aber nicht nur für die höchstpersönlichen und grundsätzlich keine Offenbarung duldenden Vertrauensverhältnisse der Heil- und Beratungsberufe der Nr. 1 - 3 b, sondern auch für die Berufsausübenden der Nr. 4 und 5 des § 53 Abs. 1 StPO.

Denn das Zeugnisverweigerungsrecht für Abgeordnete (§ 53 Abs. 1 Nr. 4 StPO) dient ebenfalls dem Schutz des Vertrauensverhältnisses zwischen dem Abgeordneten und seinem „Informanten" bzw. dem ihn um Hilfe ersuchenden Bürger.[129] Nur wenn der Abgeordnete berechtigt ist, die Aussage über die ihm in seiner besonderen verfassungsrechtlichen Stellung anvertrauten Tatsachen und die Person seiner Gewährsleute[130] zu verweigern, wird ein

---

[126] BVerfGE 38, 321 (323); *Woesner*, NJW 1957, 692; *Lenckner*, NJW 1965, 321 (323); *Rengier*, Zeugnisverweigerungsrechte, S. 14.

[127] *Hass*, NJW 1972, 1081; *Woesner*, NJW 1957, 692; *Hauser*, Zeugnisverweigerungsrechte im Strafprozeß, S. 204; *Rengier*, Zeugnisverweigerungsrechte, S. 14.

[128] *Woesner*, NJW 1957, 692; *Lenckner*, NJW 1965, 321 (323); *Rengier*, Zeugnisverweigerungsrechte, S. 14; *Baier*, Strafprozessuale Zeugnisverweigerungsrechte, S. 56; *Hauser*, Zeugenbeweis im Strafprozeß, S. 204; *Zottmann*, Zeugnisverweigerungsrecht, S. 38 f.

[129] *Dünnebier*, MDR 1964, 965; *Rengier*, Zeugnisverweigerungsrechte, S. 31.

[130] Die Vorschrift des § 53 Abs. 1 Nr. 4 StPO gestattet dem Abgeordneten, das Zeugnis sowohl bezüglich der Person desjenigen, der ihn in seiner Eigenschaft als Abgeordneter

ungehinderter Informationsfluss zum Abgeordneten gewährleistet, der für dessen parlamentarische Arbeit unentbehrlich ist.[131] Der Schutz des Vertrauensverhältnisses zwischen Abgeordnetem und Staatsbürger bezweckt mittelbar die Stärkung der Funktionsfähigkeit des Parlamentes und der demokratischen Willensbildung.[132]
Die Vorschrift des § 53 Abs. 1 Nr. 5 StPO, die den Mitarbeitern von Presse und Rundfunk ein Zeugnisverweigerungsrecht hinsichtlich ihrer Informanten[133] und der ihnen in dieser Eigenschaft anvertrauten Mitteilungen gewährt,[134] ist Ausfluss der in Art. 5 Abs. 1 GG geschützten Pressefreiheit.[135] Eine unabhängige und kritische Presse, die in der modernen Demokratie unabdingbare Aufgaben wahrnimmt,[136] benötigt aber für ihre Arbeit private, der Allgemeinheit nicht ohne weiteres zugängliche Informationen.[137] Ein derartiger Informationsfluss ist aber nur gewährleistet, wenn sich der Informant der absoluten Verschwiegenheit des von ihm unterrichteten Journalisten sicher sein kann.[138] Müssten die „Zuträger" der Presse jedoch immer gewärtig sein, der von ihnen kontaktierte Pressevertreter könnte gezwungen werden, ihre Identität bzw. die von ihnen gegebenen Informationen preiszugeben, dürfte wohl kaum zu erwarten sein, dass die Presse ihrer Kontrollfunktion im Rahmen eines demokratischen Staates gerecht werden

---

mit Informationen versorgt hat, als auch hinsichtlich dieser Informationen selbst zu verweigern; vgl. dazu KMR-*Paulus* § 53 Rn. 21; *Kleinknecht/Meyer-Goßner* § 53 Rn. 24; *P. Schmitt*, Berücksichtigung der Zeugnisverweigerungsrechte, S. 210.

[131] Maunz/Dürig-*Maunz* Art. 47 Rn. 2; Sachs-*Magiera* Art. 47 Rn. 1; *Baier*, Strafprozessuale Zeugnisverweigerungsrechte, S. 58; *Rengier*, Zeugnisverweigerungsrechte, S. 31; *P. Schmitt*, Berücksichtigung der Zeugnisverweigerungsrechte, S. 209 f.

[132] Sachs-*Magiera* Art. 47 Rn.1.

[133] *Kleinknecht/Meyer-Goßner* § 53 Rn. 34 f.

[134] *Kleinknecht/Meyer-Goßner* § 53 Rn. 38 f.

[135] *Kleinknecht/Meyer-Goßner* § 53 Rn. 26; LR[25]-*Dahs* § 53 Rn. 45; KMR-*Paulus* § 53 Rn. 25; *Baier*, Strafprozessuale Zeugnisverweigerungsrechte, S. 60; zum strafprozessualen Schutz der Mitarbeiter von Presse und Rundfunk vgl. auch *Rotsch*, Schutz der journalistischen Recherche, passim, die allerdings das Untersuchungsverweigerungsrecht der nach § 53 Abs. 1 Nr. 5 StPO zeugnisverweigerungsberechtigten Personen in ihrer Arbeit nicht thematisiert.

[136] *P. Schmitt*, Berücksichtigung der Zeugnisverweigerungsrechte, S. 189, *Rengier*, Zeugnisverweigerungsrechte, S. 38.

[137] *Baier*, Strafprozessuale Zeugnisverweigerungsrechte, S. 60.

[138] BVerfGE 20, 162 (176, 187); BVerfGE 36, 193 (204); BVerfGE 77, 65 (74 f.); *Rengier*, Zeugnisverweigerungsrechte, S. 38; *P. Schmitt*, Berücksichtigung der Zeugnisverweigerungsrechte, S. 190.

würde. Das Zeugnisverweigerungsrecht aus § 53 Abs. 1 Nr. 5 StPO soll daher das Vertrauensverhältnis zwischen den Mitarbeitern von Presse, Rundfunk sowie Fernsehen und ihren Informanten schützen und die Funktion der Presse als einem Instrument der öffentlichen Meinungsbildung[139] und Kontrollorgan des öffentlichen Lebens[140] sichern.

Zum anderen dient die Vorschrift des § 53 StPO - jedenfalls in Abs. 1 Nr. 1 bis 3 b - auch der Bewahrung der dort genannten Berufsausübenden vor einer persönlichen Konfliktsituation.[141] Da sowohl Geistliche[142] als auch die anderen in § 53 Abs. 1 Nr. 2, 3 und 3 a, b StPO[143] aufgeführten Berufstätigen zur Verschwiegenheit hinsichtlich der ihnen anvertrauten und bekannt gewordenen Tatsachen verpflichtet sind, soll die Einräumung eines Zeugnisverweigerungsrechtes verhindern, dass diese Zeugen in einen Pflichtenwiderstreit zwischen der Zeugnispflicht einerseits und der Pflicht zur Verschwiegenheit andererseits geraten. Das Recht zur Zeugnisverweigerung gibt diesen Berufsangehörigen die Möglichkeit, ihrer Pflicht nachzukommen, die ihnen aufgrund ihrer besonderen Vertrauensstellung bekannt gewordenen Tatsachen zu verschweigen, ohne gegen die Pflicht zur wahrheitsgemäßen Aussage zu verstoßen.

Um dem mit allen durch § 53 Abs. 1 StPO eingeräumten Zeugnisverweigerungsrechten verfolgten Schutzzweck, die Bewahrung des Vertrauensverhältnisses zwischen dem Berufsausübenden und demjenigen, der sich an ihn wendet, um sich in persönlichen, rechtlichen, finanziellen oder wirtschaftlichen Angelegenheiten beraten zu lassen oder aber ihn mit Informationen zu versorgen, umfassende Geltung zu verschaffen, hat der Gesetzgeber eine Vielzahl ergänzender Vorschriften erlassen:

---

[139] BVerfGE 36, 193 (204); *Rengier*, Zeugnisverweigerungsrechte, S. 38.

[140] BVerfGE 20, 162 (174 f.); BVerfGE 50 (234, 239 f.); BVerfGE 77, 65 (74); KMR-*Paulus* § 53 Rn. 3; *Rengier*, Zeugnisverweigerungsrechte, S. 38; *P. Schmitt*, Berücksichtigung der Zeugnisverweigerungsrechte, S. 189.

[141] Vgl. BVerfGE 38, 312 (323); BGHSt 9, 59 (61); LR[25]-*Dahs* § 53 Rn. 1; KK-*Senge* § 53 Rn. 1; *Rengier*, Zeugnisverweigerungsrechte, S. 13; *Baier*, Strafprozessuale Zeugnisverweigerungsrechte, S. 55 ff.; *P. Schmitt*, Berücksichtigung der Zeugnisverweigerungsrechte, S. 134.

[142] Die Verschwiegenheitspflicht Geistlicher resultiert aus kirchenrechtlichen Vorschriften; vgl. dazu BVerfGE 42, 312 (334 f.); *Flor*, JR 1953, 368 (372). Nach diesen Vorschriften sind Geistliche zu strengster Verschwiegenheit verpflichtet.

[143] Für diese Berufsangehörigen ist die Pflicht zur Verschwiegenheit strafrechtlich in § 203 Abs. 1 Nr. 1, 3, 4 und 4 a StGB sanktioniert.

So erlangt § 53 Abs. 1 StPO durch die Vorschrift des § 76 Abs. 1 StPO auch bei der Vernehmung eines Sachverständigen Geltung.[144] Damit soll die Umgehung des § 53 StPO in der Weise, dass ein nach dieser Vorschrift weigerungsberechtigter Sachverständiger unter Berufung auf § 75 StPO zur Erstattung eines Gutachtens über die ihm anvertrauten oder bekannt gewordenen Tatsachen aufgefordert wird, verhindert werden.
Des Weiteren wird § 53 Abs. 1 StPO durch die Norm des § 95 Abs. 2 StPO ergänzt. Dieser untersagt die Festsetzung von Ordnungs- und Zwangsmitteln gegen die in § 53 StPO aufgeführten Personen, wenn der herauszugebende Gegenstand dem Zeugen in der in § 53 StPO bezeichneten Eigenschaft anvertraut worden ist.[145] Die nach § 53 StPO weigerungsberechtigte Person kann damit zwar aufgefordert werden, einen der in § 94 StPO bezeichneten Gegenstände herauszugeben, durchgesetzt werden kann diese Weisung jedoch nicht. Aus der Verweisung des § 98 a Abs. 5 StPO auf § 95 Abs. 2 StPO ergibt sich, dass dies ebenfalls für die sich aus § 98 a Abs. 2 StPO ergebende Herausgabepflicht gilt.[146]
Auch die Beschlagnahmeverbote des § 97 StPO dienen der Verhinderung einer Aushöhlung des § 53 StPO. Die Aussageverweigerung eines der in § 53 Abs. 1 StPO genannten Berufsausübenden soll nicht im Wege der Beschlagnahme bestimmter, im Gewahrsam des Zeugnisverweigerungsberechtigten befindlicher Gegenstände auf die sich sein Zeugnisverweigerungsrecht erstreckt, umgangen werden.[147] Dies gilt gemäß der Vorschrift des § 98 b Abs. 1 S. 7 StPO ebenfalls für den Abgleich von Daten nach § 98 a StPO.[148]
Neben den bereits genannten Vorschriften soll nach allgemeiner Ansicht auch mit § 103 StPO die Umgehung des in § 53 StPO normierten Weigerungsrechtes verhindert werden. Denn eine Durchsuchung dürfe bei Berufsausübenden im Sinne des § 53 StPO nicht zu dem Zweck durchgeführt werden, nach § 97 StPO beschlagnahmefreie Gegenstände aufzufinden.[149]
Zuletzt bleibt in diesem Zusammenhang noch auf die Vorschrift des § 100 d

---

[144] *Kleinknecht/Meyer-Goßner* § 76 Rn. 1.

[145] LR[24]-*Schäfer* § 95 Rn. 12; *Kleinknecht/Meyer-Goßner* § 95 Rn. 10; KK-*Nack* § 95 Rn. 5.

[146] Siehe dazu die Ausführungen zu § 52 StPO oben 1. Teil B I 3 b.

[147] BVerfGE 20, 162 (188); *Kleinknecht/Meyer-Goßner* § 97 Rn. 1; LR[24]-*Schäfer* § 97 Rn. 1; *Fezer*, JuS 1978, 767.

[148] *Kleinknecht/Meyer-Goßner* § 98 b Rn. 3.

[149] BGH NJW 1973, 2035; KG NJW 1984, 1133; LR[24]-*Schäfer* § 103 Rn. 10; *Kleinknecht/Meyer-Goßner* § 103 Rn. 7; KK-*Nack* § 103 Rn.7; *Creifelds*, GA 1960, 65 (70).

Abs. 3 StPO hinzuweisen. Mit ihr wurde die Zulässigkeit des mit Gesetz zur Verbesserung der Bekämpfung der Organisierten Kriminalität vom 04.05.1998[150] in § 100 c Abs. 1 Nr. 3 StPO aufgenommenen Abhörens und Aufzeichnens des nichtöffentlich gesprochenen Wortes, so genannter „Großer Lauschangriff",[151] eingeschränkt. Demgemäß gilt für alle Berufstätigen, die zur Zeugnisverweigerung nach § 53 Abs. 1 StPO[152] befugt sind, ein Abhörverbot.[153] Nach h.M. folgt aus diesem Beweiserhebungsverbot ein Beweisverwertungsverbot, sofern Gespräche bei einer an sich zulässigen Wohnraumüberwachung abgehört oder aufgezeichnet wurden, die mit einer nach § 53 StPO weigerungsberechtigten Person geführt wurden.[154]

Durch die vorstehenden Ausführungen ist deutlich geworden, dass es dem Gesetzgeber stets darauf ankam, das Zeugnisverweigerungsrecht aus § 53 StPO umfassend vor einer Aushöhlung oder Umgehung durch die Anordnung anderer strafprozessualer Zwangsmaßnahmen als der Zeugenaussage zu schützen. Den Schutzzwecken des § 53 StPO sollte damit auch in anderen strafprozessualen Zwangsmitteln Geltung verschafft werden, denn von „den in § 53 StPO genannten Vertrauenspersonen und ihren Gehilfen soll ebensowenig wie durch ihre Aussage auf sonstige Weise ein Beitrag zur Überfüh-

---

[150] BGBl. I S. 843.

[151] Zum Streit über die Verfassungsmäßigkeit dieser Art. 13 GG einschränkenden Beweisgewinnungsmaßnahme vgl. *Denninger*, StV 1998, 401 (403 ff.); *Dittrich*, NStZ 1998, 336 ff.; ebenso vor Einführung dieser Vorschriften bereits *Böttger/Pfeiffer*, ZRP 1994, 7 (17); *Eisenberg*, NJW 1993, 1033 (1037 ff.); *Wolter*, NStZ 1993, 1 (2).

[152] Im Rahmen dieser Vorschrift werden die nach § 53 StPO Weigerungsberechtigten und deren Berufshelfer, denen ein Weigerungsrecht nach § 53 a StPO zusteht, unterschiedlich behandelt. So steht dem Abhören von Gesprächen zwischen den in § 53 a StPO genannten Personen und dem Beschuldigten nicht von vornherein ein Beweiserhebungsverbot entgegen. Vielmehr unterliegen derartige abgehörte Gespräche gemäß § 100 d Abs. 3 S. 3 StPO lediglich einem Verwertungsverbot. Allerdings kann sich aus § 100 d Abs. 3 S. 2 StPO auch für Gespräche mit Berufshelfern bereits ein Beweiserhebungsverbot ergeben, wenn diese Gespräche nach § 100 d Abs. 3 S. 3 StPO ohnehin einem Verwertungsverbot unterliegen; vgl. dazu *Kleinknecht/Meyer-Goßner* § 100 d Rn. 7. Kritisch zur unterschiedlichen Behandlung der nach § 53 StPO Weigerungsberechtigten in § 100 d Abs. 3 S. 1 StPO einerseits und der nach § 53 a StPO Weigerungsberechtigten in § 100 d Abs. 3 S. 2 StPO andererseits: *Momsen*, ZRP 1998, 459 (461).

[153] Zum parlamentarischen Streit hinsichtlich der Einfügung eines Beweiserhebungsverbotes für Zeugnisverweigerungsberechtigte nach § 53 StPO vgl. die Darstellung bei *Dittrich*, NStZ 1998, 336.

[154] *Kleinknecht/Meyer-Goßner* § 100 d Rn. 6; KK-*Nack* § 100 c Rn. 24.

rung des Beschuldigten erzwungen werden dürfen"[155]. Daher müssen die Schutzzwecke des § 53 Abs. 1 StPO auch bei der Entnahme einer Blutprobe nach § 81 c Abs. 2 StPO Beachtung finden. Es ist kein Grund erkennbar, warum die mit § 53 StPO verfolgten Schutzzwecke zwar im Rahmen der oben genannten strafprozessualen Zwangsmaßnahmen berücksichtigt werden, auf die Blutentnahme nach § 81 c Abs. 2 StPO aber gerade keine Ausstrahlungswirkung haben sollen. Der mit § 53 StPO bezweckte Schutz des Vertrauensverhältnisses zwischen Berufsausübendem und Hilfesuchendem kann in dem vom Gesetzgeber gewünschten Maße nur dann zum Tragen kommen, wenn die durch § 53 StPO begünstigten Zeugen auch berechtigt sind, die Entnahme einer Blutprobe zu verweigern. Die Entstehung eines Vertrauensverhältnisses wäre nicht gewährleistet, wenn der Berufsausübende zwar die Aussage über ihm anvertraute oder bekannt gewordene Tatsachen verweigern darf und diese auch nicht im Wege anderer strafprozessualer Zwangsmaßnahmen, wie z.B. der Beschlagnahme von Patientenakten, in ein Strafverfahren gegen den Hilfesuchenden eingeführt werden dürfen, er sich der Anordnung einer hierauf gerichteten Blutentnahme aber nicht entziehen kann. Die für die Berufausübung der in § 53 Abs. 1 StPO genannten Personen so wichtige vertrauensvolle Beziehung zu den sie aufsuchenden Personen könnte Schaden nehmen, wenn die Vertrauensperson zwar nicht gezwungen werden kann, über das Anvertraute oder Bekanntgewordene auszusagen, sie aber verpflichtet wäre, diesbezüglich die Entnahme einer Blutprobe zu dulden. Demzufolge muss dem nach § 53 Abs. 1 StPO weigerungsberechtigten Zeugen auch das Recht gewährt werden, die Entnahme einer Blutprobe zu verweigern, sofern sich die ihm anvertrauten Tatsachen in seinem Blut niedergeschlagen haben sollten.

Dies gilt auch unter dem Gesichtspunkt der mit § 53 Abs. 1 Nr. 1 - 3 b StPO und den diese Norm ergänzenden Weigerungsrechten ebenfalls beabsichtigten Vermeidung einer Konfliktslage[156] für den Berufsausübenden. Denn mit der Duldung der Entnahme einer Blutprobe würde der Berufsgeheimnisträger zugleich das ihm anvertraute und sich in seinem Blut „befindende“ Geheimnis offenbaren.[157] Dies könnte ihn in einen Gewissenskonflikt zwi

---

[155] So LR[24]-*Schäfer* § 97 Rn.1.

[156] Vgl. hierzu LR[25]-*Dahs* § 53 Rn. 1; *Rengier*, Zeugnisverweigerungsrechte, S. 13; *Baier*, Strafprozessuale Zeugnisverweigerungsrechte, S. 55.

[157] Für die Erfüllung des Tatbestandsmerkmales des Offenbarens im Sinne von § 203 StGB ist keine mündliche oder schriftliche Mitteilung des Berufsgeheimnisträgers notwendig, vielmehr ist ein Geheimnis bereits dann offenbart, wenn es in irgendeiner Weise an den anderen gelangt. In welcher Weise das Geheimnis zugänglich gemacht wird ist dabei unerheblich. Vgl. dazu Schönke/Schröder/*Lenckner* § 203 Rn. 19; LK-

schen der Duldungspflicht einerseits und strafrechtlich sanktionierter Verpflichtung zur Geheimhaltung andererseits bringen, der sich in seiner Qualität unter Umständen nicht von einem durch den Zwang zur Aussage gegen seinen Patienten oder Mandanten verursachten Konflikt unterscheidet. Sofern den in § 53 Abs. 1 StPO genannten Personen nicht das Recht eingeräumt wird, die Entnahme einer Blutprobe zu verweigern, besteht die Möglichkeit der Umgehung oder Aushöhlung des Zeugnisverweigerungsrechtes aus § 53 Abs. 1 StPO vermittels der Blutprobenentnahme nach § 81 c Abs. 2 StPO als strafprozessualer Zwangsmaßnahme, was dem erkennbaren Willen des Gesetzgebers zuwiderläuft.

4. Fazit

Zusammenfassend kann zunächst festgestellt werden, dass die Einräumung eines Untersuchungsverweigerungsrechtes für Zeugen, denen ein Zeugnisverweigerungsrecht nach §§ 53, 53 a StPO zusteht, nur in Betracht kommt, sofern bei ihnen die Entnahme einer Blutprobe angeordnet wurde und diese dem Auffinden ihnen anvertrauter oder bekannt gewordener Geheimnisse dient. Hingegen sind Untersuchungen dieser Zeugen auf der Grundlage des § 81 c Abs. 1 StPO unzulässig, wenn mit ihnen anvertraute oder bekannt gewordene Tatsachen aufgedeckt werden sollen, da es in diesen Fällen bereits an der Erfüllung der Tatbestandsvoraussetzungen des § 81 c Abs. 1 StPO fehlt. Dies gilt auch für Abstammungsuntersuchungen nach § 81 c Abs. 2 StPO sowie für DNA-Analysen nach § 81 e StPO.
Des weiteren hat die Untersuchung ergeben, dass die Schutzzwecke des § 53 Abs. 1 StPO die Gewährung eines Untersuchungsverweigerungsrecht erfordern, wenn die - freilich nur in Ausnahmefällen drohende - Gefahr der Entdeckung der dem Berufsausübenden anvertrauten Tatsachen durch eine strafprozessuale Zwangsmaßnahme nach § 81 c StPO besteht. Denn der Schutz des Vertrauensverhältnisses zwischen Berufsausübendem und Hilfesuchendem sowie die Bewahrung des Berufsgeheimnisträgers vor einer Konfliktslage ist nur unter diesen Voraussetzungen gewährleistet. Die mit § 53 Abs. 1 StPO und den diese Norm ergänzenden Vorschriften verfolgten Ziele können den Intentionen des Gesetzgebers entsprechend nur erreicht werden, wenn die nach § 53 Abs. 1 StPO weigerungsberechtigten Zeugen

---

Schünemann § 203 Rn. 41.

auch zur Verweigerung der Blutprobenentnahme befugt sind. Die Vorschrift des § 81 c Abs. 3 StPO muss somit auch für Zeugnisverweigerungsberechtigte, denen ein Weigerungsrecht nach § 53 Abs. 1 StPO zusteht, Anwendung finden, sollte die Entnahme einer Blutprobe unter den Voraussetzungen des § 81 c Abs. 2 StPO bei einer der in § 53 StPO genannten Personen zulässig sein. Der Gewährung eines Untersuchungsverweigerungsrechtes bei Vorliegen der Voraussetzungen der § 53 Abs. 1 StPO entgegenstehende Vorschriften sind nicht ersichtlich.
Mithin sichert § 81 c Abs. 3 StPO auch die Durchsetzung der mit den §§ 53, 53 a StPO verfolgten Schutzzwecke bei Blutprobenentnahmen an in diesen Vorschriften genannten Berufsangehörigen. Das Untersuchungsverweigerungsrecht dient damit neben der Erweiterung des Zeugnisverweigerungsrechtes aus § 52 StPO gleichermaßen der Ergänzung der berufsabhängigen Zeugnisverweigerungsrechte aus §§ 53 Abs. 1, 53 a Abs. 1 StPO.

III. Das Untersuchungsverweigerungsrecht aus § 81 c Abs. 3 StPO i.V.m. § 54 StPO

1. Einleitung

a) Tatbestandliche Besonderheiten des Zeugnisverweigerungsrechtes aus § 54 StPO

Auch § 54 StPO scheint sich auf den ersten Blick einschränkungslos in die Reihe der zur Zeugnisverweigerung berechtigenden Aussageverweigerungsrechte einzureihen, so dass sich in diesem Zusammenhang ebenfalls die Frage stellt, in welchem Umfang § 81 c Abs. 3 StPO seine Schutzwirkung auch für den von § 54 StPO erfassten Personenkreis entfaltet. Bei genauerer Betrachtung wird jedoch offenbar, dass § 54 StPO gegenüber den §§ 52, 53, 53 a und 55 StPO in mehrfacher Hinsicht eine Sonderstellung einnimmt.[158] So fällt zunächst auf, dass § 54 StPO, anders als die §§ 52, 53, 53 a, und 55 StPO, durch den Gesetzgeber als ausfüllungsbedürftige „Blankettvor-

[158] Vgl. *Rengier*, Zeugnisverweigerungsrechte, S. 42.

schrift"[159] ausgestaltet wurde. In § 54 StPO ist dabei selbst festgelegt, in welcher Weise diese Norm auszufüllen ist, indem § 54 StPO die Heranziehung besonderer Vorschriften zu seiner weiteren Ausgestaltung vorschreibt. Demgemäß gelten nach § 54 Abs. 1 StPO für die Vernehmung von Angehörigen des öffentlichen Dienstes über Umstände, die von ihrer Pflicht zur Amtsverschwiegenheit erfasst sind, die einschlägigen „besonderen beamtenrechtlichen Vorschriften". Erfolgt die Vernehmung eines Mitgliedes der Bundes- oder einer Landesregierung, so sind nach § 54 Abs. 2 StPO die für sie maßgebenden besonderen Vorschriften heranzuziehen. Das Weigerungsrecht aus § 54 Abs. 1 und 2 StPO gewinnt demnach erst im Zusammenhang mit einer weiteren Vorschrift an Inhalt, welche die mit der Beamtenstellung, der Stellung als öffentlich Bediensteter oder der Mitgliedschaft in der Bundes- oder einer Landesregierung verbundenen Verschwiegenheitspflichten bzw. die Vernehmung über die von einer solchen Verschwiegenheitspflicht erfassten Umstände regelt. „Besondere beamtenrechtliche Vorschriften" im Sinne von § 54 Abs. 1 StPO sind beispielsweise die Verschwiegenheitspflichten für Beamte statuierenden §§ 61, 62 BBG sowie § 39 BRRG in Verbindung mit den jeweiligen landesrechtlichen Regelungen[160], §§ 46, 71 Abs. 1 DRiG, welche Verschwiegenheitspflichten für Richter begründen, § 14 Abs. 1 und 2 SoldG, die Soldaten zur Verschwiegenheit verpflichten, sowie für alle anderen Angestellten des öffentlichen Dienstes § 9 BAT. Für die Mitglieder des Bundestages gilt gemäß § 54 Abs. 2 StPO die Vorschrift des § 44 c AbgG, wonach Abgeordneten ohne entsprechende Genehmigung die Aussage über die aufgrund eines Gesetzes oder der Geschäftsordnung des Bundestages der Verschwiegenheit unterliegenden Tatsachen untersagt ist. Für Mitglieder der Landtage gilt die jeweilige entsprechende landesrechtliche[161] Regelung. Die Verschwiegenheitspflicht für Mitglieder der Bundesregierung ergibt sich aus den §§ 6, 7 BMinG, die inhaltlich den §§ 61, 62 BBG entsprechen. Auch diesbezüglich sind für Mitglieder der Landesregierungen die entsprechenden landesrechtlichen Regelungen[162] heranzuziehen.

Die Vorschrift des § 54 StPO soll nach überwiegender Auffassung neben ihrer für ein Zeugnisverweigerungsrecht ungewöhnlichen Ausgestaltung aber noch eine weitere Besonderheit aufweisen: Im Unterschied zu den §§

---

[159] *Peters*, Vhdlg. 46. DJT, Bd. I, Teil 3 A, S. 91 (109); *Düwel*, Amtsgeheimnis, S. 38.

[160] Vgl. bspw. §§ 25, 26 LBG Bbg.

[161] Die Verschwiegenheitspflicht von Landtagsabgeordneten des Landes Brandenburg ist dabei im AbgG Bbg nicht ausdrücklich geregelt.

[162] Vgl. z.B. § 5 BbgMinG.

52, 53, 53 a und 55 StPO, die dem Zeugen bei Vorliegen ihrer Voraussetzungen ein *Recht* zur Zeugnis-, respektive Auskunftsverweigerung einräumen, soll nach § 54 StPO in Verbindung mit der ihn jeweils ausfüllenden Vorschrift bezüglich aller der Amtsverschwiegenheit unterfallenden Tatsachen nämlich sowohl die Aussage*pflicht* als auch die Aussage*befugnis* des Zeugen entfallen.[163] Innerhalb des § 54 StPO werde es dem Zeugen - im Gegensatz zu allen anderen Zeugnisverweigerungsrechten - nicht zugestanden, sich frei zwischen einer Aussage einerseits und dem Recht, dieselbe zu verweigern, andererseits zu entscheiden. Liege eine Aussagegenehmigung noch nicht vor oder werde sie von der zuständigen Behörde nicht erteilt, so unterliege das Gericht bzw. die Untersuchungsbehörde einem von Amts wegen zu beachtenden Vernehmungs-[164] und der betreffende Zeuge einem korrespondierenden Aussageverbot.[165] Daher löse § 54 StPO mit seinem Eingreifen ein Beweiserhebungsverbot aus,[166] welches aber mit Erteilung der Aussagegenehmigung durch die hierfür zuständige Stelle erlösche. Die allgemeine Pflicht des Zeugen zur Aussage trete dann nach der Genehmigungserteilung wieder in Kraft.[167, 168]

---

[163] BGH MDR bei Dallinger 1952, 659; LR^{25}-*Dahs* § 54 Rn. 2; *Kleinknecht/Meyer-Goßner* § 54 Rn. 2; *Welp*, FS-Gallas, S. 391 (422).

[164] KK-*Senge* § 54 Rn. 1; LR^{25}-*Dahs* § 54 Rn. 1; *Kleinknecht/Meyer-Goßner* § 54 Rn. 2; *Eb. Schmidt*, Lehrkomm., Nachtrag I, § 54 Rn. 7; *Welp*, FS-Gallas, S. 391 (422); *Rengier*, Zeugnisverweigerungsrechte, S. 42; ebenso bereits *Beling*, Beweisverbote, S. 7, und *Zottmann*, Zeugnisverweigerungsrechte, S. 90.

[165] KK-*Senge* § 54 Rn. 1; *Friemel*, Zeugnisverweigerungspflicht, S. 27, spricht diesbezüglich von einer von Amts wegen zu beachtenden „Zeugnisverweigerungspflicht“, welche durch die Genehmigung der vorgesetzten Dienstbehörde auflösend bedingt sei.

[166] *Kleinknecht/Meyer-Goßner* § 54 Rn. 2; *Eisenberg*, Beweisrecht, Rn. 1287; *Welp*, FS-Gallas, S. 391 (422).

[167] KMR-*Paulus* § 54 Rn. 29; *Kleinknecht/Meyer-Goßner* § 54 Rn. 2; KK-*Senge* § 54 Rn. 1; *Rengier*, Zeugnisverweigerungsrechte, S. 42.

[168] Diese Auffassung steht im Einklang mit der in Nr. 66 RiStBV getroffenen Regelung, wonach die jeweilige Vernehmungsperson zur Einholung der Aussagebefugnis verpflichtet ist. Dagegen könnte jedoch eingewendet werden, dass die Aussagebefugnis des Zeugen, der Angehöriger des öffentlichen Dienstes ist, richtigerweise nicht aufgrund des § 54 StPO entfällt. Der Befugnis zur Aussage stehen vielmehr allein die (beamtenrechtlichen) Vorschriften des öffentlichen Rechtes, die § 54 StPO ausfüllen, entgegen. Wie sich aus dem Fehlen sonstiger Vorschriften über die Aussagebefugnis von Zeugen ergibt, werden im Gegenteil von der StPO alle Zeugen als zur Aussage im Strafprozess befugt angesehen. Für Personen, die dem Anwendungsbereich des § 54 StPO unterfallen, muss insoweit kein Unterschied gemacht werden; weder kann der Norm des § 54 StPO eine solche Bedeutung beigemessen werden noch ist dies erforderlich. Daher ist es auch

b) Darstellung des Meinungsstreites zur Gewährung eines Untersuchungsverweigerungsrechtes aus § 81 c Abs. 3 StPO i.V.m. § 54 StPO

Fast allen Vertretern des Schrifttums erscheint offenbar bereits die Erwägung, § 81 c Abs. 3 StPO könnte Zeugen, die infolge beamtenrechtlicher Vorschriften oder vertraglicher Vereinbarungen zur Verschwiegenheit verpflichtet sind, das Recht einräumen, körperliche Untersuchungen und Blutproben zu verweigern, als denkbar fernliegend. Dies jedenfalls kann aus dem Umstand gefolgert werden, dass dieses Problem, im Unterschied noch zum ebenfalls umstrittenen Punkt der Anwendbarkeit des § 81 c Abs. 3 S. 1 StPO auf die Fälle der §§ 53, 53 a StPO, in der Literatur kaum Niederschlag gefunden hat und von einer Vielzahl von Autoren nicht einmal erwähnt wird.[169] Mithin hält der überwiegende Teil des Schrifttums es scheinbar von vornherein für gänzlich ausgeschlossen, dass unter Umständen auch den in § 54 StPO aufgeführten, zur Verschwiegenheit verpflichteten Personen das Recht zur Untersuchungsverweigerung nach § 81 c Abs. 3 StPO zustehen könnte. Diese Schlussfolgerung jedenfalls muss wohl aus der fast voll-

---

nicht Aufgabe der Gerichte, das Vorliegen einer Genehmigung vor der Aussage des Zeugen zu prüfen. Da die Vorschrift des § 54 StPO keine Verpflichtung der Vernehmungsperson zur Belehrung des Aussagenden über die Erforderlichkeit der Einholung einer Genehmigung vor der Aussage enthält (so LR[25]-*Dahs* § 54 Rn. 2), ist davon auszugehen, dass es allein in der Verantwortung des Aussagenden liegt, sich um die Erteilung einer derartigen Genehmigung zu bemühen. Demgemäß ist die jeweilige Vernehmungsperson nicht verpflichtet, vor der Aussage des Verschwiegenheitsverpflichteten das Vorliegen einer Aussagegenehmigung zu überprüfen.
Gegen die von der herrschenden Meinung vertretene Auffassung kann zudem angeführt werden, dass sie unter Umständen zu einer „Bevormundung" des öffentlichen Dienstrechtes führt. So entstünde bei einer Aufhebung der Verschwiegenheitspflicht innerhalb des öffentlichen Dienstrechtes eine Kollision mit der nach Ansicht der herrschenden Meinung aus § 54 StPO hervorgehenden strafverfahrensrechtlichen Verschwiegenheitspflicht. Ein derartiges Spannungsverhältnis kann allerdings vermieden werden, wenn man die Verschwiegenheitspflicht eines dem Tatbestand des § 54 StPO unterfallenden Zeugen auf das Bestehen einer entsprechenden Vorschrift innerhalb des öffentlichen Dienstrechtes beschränkt. Demgemäß würde eine Verpflichtung des Zeugen zur Verschwiegenheit aus § 54 StPO nur und ausschließlich im Zusammenhang mit einer einschlägigen Norm des öffentlichen Dienstrechtes erwachsen.

[169] Vgl. beispielsweise AK-*Wassermann* § 81 c Rn. 15; *Kleinknecht/Meyer-Goßner* § 81 c Rn. 23; HK-*Lemke* § 81 c Rn. 20; *Eb. Schmidt*, Lehrkomm., Nachtrag I, § 81 c Rn. 11; *Schlüchter*, Strafverfahren, Rn. 197.1 in Fn. 101; *Rüping*, Strafverfahren, Rn. 270; *Hellmann*, Strafprozeßrecht, II § 4 Rn. 89 in Fn. 318; *Beulke*, Strafprozeßrecht, Rn. 244.

ständigen Negierung dieses Problems gezogen werden.[170]
Sofern jedoch ein eventuelles Untersuchungsverweigerungsrecht für die Fälle des § 54 StPO von einigen Autoren in Betracht gezogen wird, lässt ihre Entscheidung für oder gegen die Gewährung eines Untersuchungsverweigerungsrechtes in diesen Konstellationen zumeist eine nähere Begründung vermissen.[171] Lediglich einige wenige Vertreter des Schrifttums belegen ihren Standpunkt mit Argumenten, wenn auch zumeist nicht in tiefergehender Weise. So spricht sich etwa *Dahs*[172] gegen ein Untersuchungsverweigerungsrecht auf der Grundlage des Weigerungsrechtes aus § 54 StPO mit der Begründung aus, mit Hilfe körperlicher Untersuchungen gesuchte Spuren oder Folgen einer Straftat gehören nicht zu den geschützten Geheimnissen, deren Preisgabe der zur Verschwiegenheit verpflichteten Person untersagt sei. Mit derselben Begründung verweist *Gössel*[173] auf den wohl geringen praktischen Anwendungsbereich eines Untersuchungsverweigerungsrechtes für diese Konstellationen. *Kohlhaas*[174] trägt zur Belegung seines im Hinblick auf Frage der Anwendbarkeit des § 81 c Abs. 3 StPO auf die Fälle des § 54 StPO ablehnenden Standpunktes dasselbe Argument vor, welches von ihm gegen ein Untersuchungsverweigerungsrecht für Zeugen, die gemäß §§ 53, 53 a StPO zur Zeugnisverweigerung berechtigt sind, angeführt wird. Danach scheide auch § 54 StPO als Anknüpfungspunkt des § 81 c Abs. 3 StPO aus, da Spuren und Folgen am Körper des Opfers nicht im Wege des Anvertrauens eines Berufsgeheimnisses entstünden. Lediglich *Etterich* plädiert in seiner im Jahr 1952 erschienenen Monographie mit dem Titel „Die körperliche Untersuchung nichtbeschuldigter Personen im Strafverfahren" für die Gewährung eines Untersuchungsverweigerungsrechtes, wenn die Voraussetzungen des § 54 StPO erfüllt sind.[175] Werde dem Angehörigen der in § 54 StPO bezeichneten Personengruppen die Verpflichtung zum Schweigen auferlegt, so müsse dies auch für die Untersuchung seines Körpers gelten; nach Ansicht dieses Autors hat „die Untersuchung ... zu unterbleiben, wenn das Nachsuchen um die Genehmigung erfolglos war"[176]. Bedauerlicherweise

---

[170] Auch die Rechtsprechung hat zu dieser Frage bisher, soweit ersichtlich, noch nicht Stellung genommen.

[171] Vgl. z.B. KK-*Senge* § 81 c Rn. 10; KMR-*Bosch* § 81 c Rn. 23; *Pfeiffer* § 81 c Rn. 3.

[172] In: LR[24], § 81 c Rn. 37.

[173] In: Strafverfahrensrecht, S. 231.

[174] In: JR 1974, 89 (91); *ders.*, in: Körperliche Untersuchungen und erkennungsdienstliche Maßnahmen, S. 51.

[175] A.a.O., S. 68 f.

[176] *Etterich*, Körperliche Untersuchung, S. 69.

wird auch von *Etterich* nicht näher dargelegt, welches Argument ihn zu dieser Überzeugung führte. Eine Begründung seines Standpunktes bleibt daher auch dieser Autor schuldig.

Das Fehlen einer eingehenden Beschäftigung in Literatur und Rechtsprechung mit der Problematik, ob und inwieweit § 81 c Abs. 3 StPO auch auf die Fälle des § 54 StPO Anwendung findet, soll zum Anlass genommen werden, in Auseinandersetzung mit den vorgestellten Ansichten unter Heranziehung von Wortlaut sowie Sinn und Zweck der Vorschrift des § 81 c Abs. 3 StPO und des § 54 StPO nach einer Antwort auf diese Frage zu suchen.

2. Wortlautauslegung und Auslegung anhand der Gesetzessystematik

Bei der näheren Betrachtung des Wortlautes von § 54 StPO und § 81 c Abs. 3 StPO drängen sich zunächst vor allem Argumente auf, die gegen die Gewährung eines Untersuchungsverweigerungsrechtes in den von § 54 StPO erfassten Fällen sprechen. Der Wortlaut des § 81 c Abs. 3 S. 1 StPO spricht von der Berechtigung zur Verweigerung der Untersuchung oder Blutprobenentnahme[177] aus den gleichen Gründen, die zur *Zeugnis*verweigerung berechtigen. Mit dem Wortsinn des § 81 c Abs. 3 S. 1 StPO unproblematisch vereinbar wäre ein Untersuchungsverweigerungsrecht für die von § 54 StPO erfassten Konstellationen mithin allenfalls dann, wenn auch § 54 StPO - ebenso wie die §§ 52, 53, 53 a StPO - die von ihm erfassten Personenkreise als zur Zeugnisverweigerung berechtigt bezeichnen würde. Oftmals wird zwar von § 54 StPO als einem *„Zeugnisverweigerungsrecht"* gesprochen bzw. die entsprechende Person wird als zur *„Zeugnisverweigerung"* aus § 54 StPO berechtigt bezeichnet;[178] innerhalb der Abs. 1 und 2 des § 54 StPO selbst aber wird das durch sie statuierte „Recht" nicht expressis verbis als solches bezeichnet. Auch in den Vorschriften, auf welche in § 54 StPO

---

[177] Zum gegenständlichen Anwendungsbereich des Untersuchungsverweigerungsrechtes, insbesondere seiner Anwendbarkeit auf die Durchführung einer DNA-Analyse, die Augenscheinseinnahme oder körperliche Durchsuchung vgl. unten 2. Teil C und D.

[178] Vgl. KMR-*Paulus* vor § 48 Rn. 79; *Welp*, FS-Gallas S. 391 (422); *Rengier*, Zeugnisverweigerungsrechte, S. 42; *Hellmann*, Strafprozeßrecht, IV § 3 Rn. 26; *Schlüchter*, Strafverfahren, Rn. 491 f.; ebenso *Baier*, Strafprozessuale Zeugnisverweigerungsrechte, der in seiner Monographie § 54 StPO des Öfteren als *Zeugnisverweigerungsrecht* bezeichnet; vgl. etwa S. 53.

verwiesen wird, ist weder von einem Recht der zur Verschwiegenheit verpflichteten Person, das Zeugnis zu verweigern, noch von einem Zeugnisverweigerungsrecht die Rede.[179] Allein der Abs. 3 des § 54 StPO spricht vom Recht des Bundespräsidenten, das Zeugnis zu verweigern, so dass wenigstens die Gewährung eines Untersuchungsverweigerungsrechtes für den Bundespräsidenten hinsichtlich aller der Verschwiegenheitspflicht unterfallenden Umstände ohne weiteres mit dem Wortlaut des § 81 c Abs. 3 StPO zu vereinbaren wäre.[180] Obwohl also die Bezeichnung des mit § 54 Abs. 1 und 2 StPO in unmittelbarem Zusammenhang stehenden Abs. 3 als *Zeugnisverweigerungsrecht* für die Annahme streitet, dass auch die Abs. 1 und 2 des § 54 StPO den von ihnen erfassten Personen ein Recht zur Zeugnisverweigerung gewähren, erscheint es bei einem alleinigen Blick auf den Wortlaut des § 54 Abs. 1 und 2 StPO zumindest fraglich, inwieweit auch den von diesen Normen erfassten Personen ein Untersuchungsverweigerungsrecht zusteht. Für die Einstufung des durch § 54 Abs. 1 und 2 StPO gewährten Rechtes als Zeugnisverweigerungsrecht und damit gegen die Verwehrung eines Untersuchungsverweigerungsrechtes in den von § 54 Abs. 1 und 2 StPO erfassten Fällen spricht freilich die gesetzessystematische Stellung dieser Vorschrift. So sind die Abs. 1 und 2 des § 54 StPO, welche die Verschwiegenheitspflichten von Beamten und Angestellten bzw. der in Abs. 2 genannten Personen vollständig in das Strafprozessrecht transformieren, vom Gesetzgeber in unmittelbarem Zusammenhang mit den auf familiären Bindungen (§§ 52, 55 Abs. 1 2. Alt StPO), besonderen Berufen (§§ 53, 53 a StPO) oder dem nemo-tenetur-Grundsatz (§ 55 Abs. 1 1. Alt. StPO) beruhenden Zeugnisverweigerungsrechten[181] in die StPO eingefügt worden. Diese Integrierung der Abs. 1 und 2 des § 54 StPO in die Kette der Zeugnisverweigerungsrechte statuierenden Normen der §§ 52, 53, 53 a und 55 StPO legt den Schluss nahe, dass neben § 54 Abs. 3 StPO auch die Abs. 1 und 2 dieser Vorschrift ein Zeugnisverweigerungs- und somit in Verbindung mit § 81 c

[179] Vgl. hierzu den Wortlaut der §§ 61, 62 BBG, des § 39 BRRG, des § 9 BAT, des § 14 Abs. 1 und 2 SoldG sowie der §§ 46, 71 Abs. 1 DRiG.

[180] Der Abs. 3 des § 54 StPO unterscheidet sich aber ohnehin grundsätzlich von den Abs. 1 und 2 des § 54 StPO. So verweist er im Gegensatz zu den Abs. 1 und 2 hinsichtlich der Rechtsfolgen im Falle seines Eingreifens nicht auf andere Vorschriften, sondern legt diese selbst fest. Des Weiteren *berechtigt* er den Bundespräsidenten zur Zeugnisverweigerung, womit der Bundespräsident bereits nach dem ausdrücklichen Wortlaut des Gesetzes grundsätzlich keiner Pflicht zur Zeugnisverweigerung unterliegt, so dass sich die oben (1. Teil B III 1 a [Fn. 168]) geführte Diskussion hier erübrigt.

[181] Auch § 55 StPO ist ein, wenn auch nur partielles, Zeugnisverweigerungsrecht, wobei § 55 Abs. 1 1. Alt. StPO auf dem Gedanken des nemo-tenetur Grundsatzes beruht. Dazu ausführlich unten 1. Teil B IV 2 und 3.

Abs. 3 S. 1 StPO wohl auch ein Untersuchungsverweigerungsrecht für alle dieser Vorschrift unterfallenden Zeugen begründet.

3. Teleologische Auslegung

Da Wortlaut- und systematische Auslegung eine eindeutige Beantwortung der Frage, ob auch § 54 StPO vom Tatbestand des § 81 c Abs. 3 StPO erfasst ist, nicht zuließen, müssen nunmehr die mit den § 54 StPO und § 81 c Abs. 3 StPO verfolgten Schutzzwecke zur Lösung des Problems herangezogen werden. Die besonderen beamtenrechtlichen und dienstrechtlichen Vorschriften, auf welche § 54 Abs. 1 StPO verweist, erlegen dem Beamten oder Angestellten des öffentlichen Dienstes ausschließlich hinsichtlich der ihm im Rahmen seiner dienstlichen Tätigkeit bekannt gewordenen Angelegenheiten - so genannter Amtsgeheimnisse - Verschwiegenheitspflichten auf. Das aus § 54 Abs. 1 StPO resultierende Recht des Amtsträgers zur Zeugnisverweigerung erstreckt sich damit lediglich auf derartige Amtsgeheimnisse. Demzufolge käme die Verweigerung einer körperlichen Untersuchung oder Blutprobenentnahme nach § 81 c Abs. 3 StPO i.V.m. § 54 StPO nur dann in Betracht, wenn die Gefahr bestünde, dass durch die Untersuchung Spuren oder Folgen am Körper aufgedeckt werden, welche die Qualität eines Amtsgeheimnisses haben bzw. nicht ausgeschlossen werden kann, dass im Blut des Probanden befindliche Amtsgeheimnisse entdeckt werden. Somit wird die eingangs gestellte Frage, ob auch den in § 54 StPO genannten Zeugen ein Untersuchungsverweigerungsrecht zu gewähren ist, nur dann relevant, wenn unter Umständen auch die Spuren oder Folgen einer Straftat an ihrem Körper als Amtsgeheimnisse einzustufen wären bzw. nicht ausgeschlossen werden kann, dass Amtsgeheimnisse das Blut oder die Abstammung des Nichtbeschuldigten beeinflussen.

a) Praktische Relevanz eines Untersuchungsverweigerungsrechtes aus § 81 c Abs. 3 StPO i.V.m. § 54 StPO

aa) Pflicht des Zeugen zur Duldung einer körperlichen Untersuchung gemäß § 81 c Abs. 1 StPO

Es ist bereits dargelegt worden, dass alle Autoren, die zu der Frage Stellung genommen haben, ob der nach § 54 StPO weigerungsberechtigte Zeuge auch zur Verweigerung der Blutprobenentnahme berechtigt ist, diese mit der Begründung verneinen, die Kenntnisnahme von Amtsgeheimnissen hinterlasse keine Spuren und Folgen am Körper des Opfers bzw. die gesuchten Spuren gehörten nicht zu den geschützten Geheimnissen.[182] Dass diese Auffassung unzutreffend ist, Spuren oder Folgen einer Tat am Körper eines Nichtbeschuldigten vielmehr durchaus den Charakter eines Amtsgeheimnisses haben können, zeigt folgendes *Beispiel* von *Etterich*:[183]

> Auf einen Angehörigen der in § 54 Abs. 1 StPO bezeichneten Personengruppen wird in Zeiten politischer Spannungen ein Attentat verübt. Aus besonderen außen- und innenpolitischen Rücksichten soll das Bekanntwerden bzw. der Nachweis eines Attentates oder seiner näheren Umstände und Folgen zumindest vorübergehend verhindert werden. Dem Opfer des Attentates wird diesbezüglich die Pflicht zur Verschwiegenheit auferlegt, da seine Aussage dem Wohl des Bundes Nachteile bereiten würde.

Schützenswertes Amtsgeheimnis i.S. des § 54 StPO kann jedwede Tatsache, unabhängig von ihrem „Gepräge, ihrer Bedeutung oder ihrer Herkunft“[184] sein.[185] Die Eigenschaft eines „Amtsgeheimnisses“ ist keinesfalls auf in

---

[182] LR[24]-*Dahs* § 81 c Rn. 3; ebenso *Kohlhaas*, JR 1974, 89 (91).

[183] In: Körperliche Untersuchung, S. 68 f.

[184] *Düwel*, Amtsgeheimnis, S. 33.

[185] Ausführlich *Düwel*, Amtsgeheimnis, S. 31 ff.; eingehend ebenfalls *Friemel*, Zeugnisverweigerungspflicht, S. 42 ff. Dabei können eine Vielzahl von Vorgängen unterschiedlicher Art die Qualität eines Amtsgeheimnisses haben, wenn sie den in § 54 StPO genannten Personen bei der Ausübung ihres Dienstes bekannt geworden sind und geheimhaltungsbedürftige Angelegenheiten enthalten, wobei sie weder eine Mitteilung im dienstlichen Verkehr noch offenkundig oder so unbedeutend sein dürfen, dass sie keiner Geheimhaltung bedürfen. So können beispielsweise durchaus auch von Soldaten während ihres Dienstes beobachtete Manöver oder militärische Details der Verschwiegenheitspflicht des § 14 SoldG unterfallen. Auch die im Wege einer amtsärztlichen Untersuchung durch den Amtsarzt (Amtsärzte unterliegen als Beamte auch beamtenrechtlichen Geheimhaltungspflichten; vgl. dazu *Battis*, BBG, § 61 Rn. 2) wahrgenommen Krankheits-

irgendeiner Art und Weise zum Ausdruck gebrachte Gedanken beschränkt. So können durchaus auch Spuren oder Folgen einer Straftat am Körper einer der in § 54 StPO genannten Personen die Qualität eines Amtsgeheimnisses haben, womit dem Zeugen hinsichtlich dieser Spuren oder Folgen die Genehmigung zur Aussage verweigert werden könnte, sofern sie geeignet wäre, dem Wohl des Bundes oder eines deutschen Landes Nachteile zu bereiten oder die Erfüllung öffentlicher Aufgaben erheblich zu erschweren.[186] Demgemäß kommt hinsichtlich derartiger Straftatspuren oder -folgen grundsätzlich auch die Einräumung eines Untersuchungsverweigerungsrechtes für einen Nichtbeschuldigten nach § 81 c Abs. 3 StPO in Betracht. Die dem Amtsgeheimnisträger in oben genanntem Beispiel durch das Attentat zugefügten Verletzungen können damit durchaus die Qualität eines Amtsgeheimnisses haben, hinsichtlich dessen dem Verletzten die Genehmigung zur Aussage und - sofern zulässig - auch zur körperlichen Untersuchung untersagt wird.

bb) Pflicht des Zeugen zur Duldung einer Blutprobenentnahme gemäß § 81 c Abs. 2 StPO

Neben der Einräumung des Rechtes zur Verweigerung der körperlichen Untersuchung auf Spuren oder Folgen einer Straftat gemäß § 81 c Abs. 3 S. 1 StPO kommt auch die Gewährung eines Untersuchungsverweigerungsrechtes für Blutprobenentnahmen i.S. von § 81 c Abs. 2 StPO in Betracht. Da - wie eben dargestellt - Tatsachen jedweder Natur Amtsgeheimnisse i.S. des

---

symptome oder Körpermerkmale des Probanden können als Amtsgeheimnisse der beamtenrechtlichen Verschwiegenheitspflicht unterfallen.

[186] Große Bedeutung kommt bisweilen in diesem Zusammenhang auch den Einsätzen bestimmter Polizeibeamter als „Verdeckte Ermittler" im Rahmen polizeilicher Ermittlungsarbeit zu (zum Begriff des „Verdeckten Ermittlers" vgl. die durch das OrgKG vom 15.7.92 [BGBl. I S. 1302] mit § 110 a Abs. 2 StPO eingefügte Legaldefinition sowie *Krey*, Rechtsprobleme des strafprozessualen Einsatzes Verdeckter Ermittler, Rn. 1 ff.; KK-*Nack* § 110 a Rn. 5 ff.; *Kleinknecht/Meyer-Goßner* § 110 a Rn. 4 ff.; hinsichtlich der Kritik an der Unbestimmtheit des Begriffes vor der Einfügung des § 110 a Abs. 2 StPO vgl. *P. Hoffmann*, Der unerreichbare Zeuge im Strafverfahren, S. 133 ff.; *Rebmann*, NJW 1985, 1 [2]; *Füllkrug*, Kriminalistik 1984, 122; *Geißer*, GA 1983, 385; *Röhrich*, Rechtsprobleme bei der Verwendung von V-Leuten, S. 10 ff.).
Die notwendigen Voraussetzungen für den Einsatz eines Verdeckten Ermittlers nennt § 110 a Abs. 1 StPO; siehe hierzu KK-*Nack* § 110 a Rn. 13 ff.; *Kleinknecht/Meyer-Goßner* § 110 a Rn. 9 ff.; zu ihrer Unentbehrlichkeit für die polizeiliche Ermittlungsarbeit siehe u.a. *Krey*, Rechtsprobleme des strafprozessualen Einsatzes Verdeckter Ermittler, Rn. 20 f.

§ 54 StPO sein können, ist es prinzipiell ebenfalls möglich, dass sich Amtsgeheimnisse im Blut des nach § 54 StPO weigerungsberechtigten Zeugen verbergen. Hinsichtlich der grundsätzlichen praktischen Relevanz derartiger Konstellationen kann zunächst das im Rahmen der Prüfung eines Untersuchungsverweigerungsrechtes für die nach §§ 53, 53 a StPO weigerungsberechtigten Zeugen angeführte Beispiel herangezogen und entsprechend abgewandelt werden:[187]

> Der A, gegen den wegen der Verabreichung einer angeblichen Halsschmerztablette ein Ermittlungsverfahren eingeleitet wurde, hat diese Tablette nicht seinem Rechtsanwalt, sondern einem Amtsarzt oder einer anderen aufgrund des öffentlichen Dienstrechtes zur Verschwiegenheit verpflichteten Person in deren beruflicher Eigenschaft übergeben, welche von dieser quasi im Selbstversuch eingenommen wurde. Zur Vermeidung einer Panik in der Bevölkerung infolge eventueller Ängste vor einer Infizierung mit den in der Tablette enthaltenen fremdartigen Viren wird diesem Beamten oder Angestellten des öffentlichen Dienstes die Genehmigung für eine Aussage im Strafverfahren über die Tablette bzw. deren Wirkungen versagt. Um auch das Bekanntwerden der Infektion der zur Verschwiegenheit verpflichteten Person infolge einer Untersuchung ihres Blutes zu vermeiden, erklärt der zuständige Dienstvorgesetzte des zur Verschwiegenheit Verpflichteten, der Entnahme einer Blutprobe bei diesem Zeugen werde nicht zugestimmt.[188]

cc) Pflicht des Zeugen zur Duldung einer Abstammungsuntersuchung gemäß § 81 c Abs. 2 StPO und zur Duldung einer DNA-Analyse gemäß § 81 e StPO

Im Gegensatz zur körperlichen Untersuchung nach § 81 c Abs. 1 StPO bzw. der Blutprobenentnahme nach § 81c Abs. 2 StPO hat ein Untersuchungsverweigerungsrecht für Zeugen, denen ein Weigerungsrecht nach § 54 StPO zusteht, in den Fällen einer Abstammungsuntersuchung nach § 81 c Abs. 2 StPO und einer Genomanalyse nach § 81 e StPO keinerlei praktischen

---

[187] Dazu oben 1. Teil B II 3 b cc.

[188] Hinsichtlich der praktischen Relevanz derartiger Konstellationen kann auch auf die nach den Terroranschlägen vom 11.09.2001 in New York in den USA und in Deutschland versendeten Pakete, deren Inhalt mit Milzbranderregern verseucht waren bzw. vorgaben, verseucht zu sein, hingewiesen werden. Da derartige Pakete auch an Angehörige des öffentliches Dienstes (z.B. des Bundeskanzleramtes) versendet wurden, ließe sich durchaus der Fall konstruieren, dass eine Infektion dieser Beamten mit dem Milzbranderreger geheimgehalten werden soll, um eine Panik in der Bevölkerung zu vermeiden.

Anwendungsbereich. Denn die Kenntnis eines Amtsgeheimnisses hat zum einen keinen Einfluss auf die Abstammung einer nach § 54 StPO weigerungsberechtigten Person, so dass schon die Anordnung einer Abstammungsuntersuchung mit dem Ziel der Aufdeckung eines Amtsgeheimnisses unzulässig ist. Umgekehrt wäre zudem auch die Verweigerung einer Abstammungsuntersuchung durch den Zeugen unter Hinweis auf § 54 StPO stets ausgeschlossen, da derartige Untersuchungen nicht zur Aufdeckung dem Amtsträger bekannt gewordener Amtsgeheimnisse führen können.
Zum anderen ist auch die Anordnung einer DNA-Analyse zum Zweck der Erforschung von Amtsgeheimnissen nicht vom Tatbestand des § 81 e StPO gedeckt. Denn nach § 81 e StPO darf die Anordnung einer Genomanalyse nur mit dem Ziel der Feststellung der Abstammung des Zeugen oder der Feststellung der Tatsache, ob aufgefundenes Spurenmaterial von ihm stammt, erfolgen. Es ist jedoch ausgeschlossen, mit der Durchführung einer DNA-Analyse an entnommenem oder aufgefundenem Körpermaterial des Amtsträgers i.S. des § 54 StPO, die zum Zweck der Feststellung seiner Abstammung oder der Tatsache, ob das Spurenmaterial von seinem Körper stammt, durchgeführt werden soll, dem Zeugen bei seiner Tätigkeit bekannt gewordene Tatsachen aufzudecken oder nachzuweisen. Denn die Kenntnis von Amtsgeheimnissen hat keinen Einfluss auf die Beschaffenheit der DNA des Amtsträgers. Mithin kommt die Einräumung eines Untersuchungsverweigerungsrechtes auch für dieses strafprozessuale Zwangsmittel nicht in Betracht, da nicht die Gefahr besteht, dass mit ihm Amtsgeheimnisse aufgedeckt werden.

b) Auslegung der §§ 54 und 81 c Abs. 3 StPO nach ihrem Sinn und Zweck

Nachdem die vorangegangene Untersuchung ergeben hat, dass nicht ausgeschlossen werden kann, dass Spuren oder Folgen einer Straftat am Körper einer der in § 54 StPO genannten Personen bzw. die Zusammensetzung ihres Blutes die Qualität eines Amtsgeheimnisses i.S. von § 54 StPO haben können, bleibt nunmehr die Frage zu beantworten, ob § 81 c Abs. 3 StPO nach seinem Sinn und Zweck diese Zeugen zur Untersuchungsverweigerung berechtigt, sofern die Untersuchung ihres Körpers mit dem Ziel der „Aufspürung“ eines Amtsgeheimnisses gemäß § 81 c StPO angeordnet wurde. Wie bereits dargelegt, löst *Etterich*[189] dieses Problem zu Gunsten des gesetz-

---

[189] In: Körperliche Untersuchung, S. 68 f.

lich oder vertraglich zur Verschwiegenheit verpflichteten Zeugen. Bestehe die Gefahr, dass die körperliche Untersuchung der Verschwiegenheitspflicht unterliegende Spuren oder Folgen einer Straftat bzw. die Blutprobenentnahme ein Beweisergebnis, welches der Verschwiegenheitspflicht unterliege, zu Tage bringe, so müssten diese unterbleiben, wenn eine Genehmigung zur Untersuchung oder Blutprobenentnahme nicht erteilt werde. Argumente für die Begründung seines Standpunktes lässt *Etterich* jedoch, wie oben bereits erwähnt,[190] vermissen. Diese ergeben sich aber - womit der Ansicht von *Etterich* im Ergebnis zuzustimmen ist - bei der Heranziehung der Schutzzwecke der §§ 54 und 81 c Abs. 3 StPO.

aa) Schutzzwecke des § 54 StPO

Beim Blick auf die Schutzzwecke des § 54 StPO zeigt sich, dass durch diese Vorschrift in Verbindung mit der entsprechenden Verweisungsvorschrift[191] die für bestimmte Personen durch öffentlich-rechtliche Normen bzw. Vereinbarungen statuierten Verschwiegenheitspflichten für das Auftreten derselben als Zeuge im Strafprozess Geltung erlangen, es sei denn, die den Gegenstand der Aussage bildende Angelegenheit ist offenkundig, bedarf ihrer Bedeutung nach keiner Geheimhaltung oder aber dem Zeugen wurde die Genehmigung zur Aussage erteilt. Die Vorschrift des § 54 StPO ist mithin in die Strafprozessordnung aufgenommen worden, um dem mit den Verschwiegenheitsvorschriften und -vereinbarungen bezweckten Schutz des Amtsgeheimnisses auch im Strafprozess Gültigkeit zu verschaffen.[192] Nachdem hierüber in der Literatur Einigkeit herrscht, ist jedoch umstritten, welche Geheimnissphären das von § 54 StPO geschützte Amtsgeheimnis umfasst.
Nach insoweit noch einhelliger Auffassung dient § 54 StPO der Wahrung öffentlicher Geheimhaltungsinteressen.[193] Da § 62 Abs. 1 S. 1 BBG die

---

[190] Siehe 1. Teil B III 1 b.

[191] Siehe dazu oben 1. Teil B III 1 a.

[192] *Welp*, FS-Gallas, S. 391 (422); *Rengier*, Zeugnisverweigerungsrechte, S. 45; *Baier*, Strafprozessuale Zeugnisverweigerungsrechte, S. 62; *Düwel*, Amtsgeheimnis, S. 38.

[193] RGSt 48, 38 f.; BGH MDR bei Dallinger 1951, 275; KMR-*Paulus* § 54 Rn. 3; *Kleinknecht/Meyer-Goßner* § 54 Rn. 1; SK-*Rogall* Vor § 48 Rn. 146; *Eisenberg*, Beweisrecht, Rn. 1287; *Maetzel*, DVBl. 1966, 665 (666 f.); *Becker*, MDR 1967, 793 (796); *Zezschwitz*, NJW 1972, 796 (798); *Welp*, FS-Gallas, S. 391 (422); *Ostendorf*, DRiZ 1981, 4 (9); *Rengier*, Zeugnisverweigerungsrechte, S. 47; *Jescheck*, Vhdlg. 46. DJT, Bd. I, Teil 3 B, S. 20; *Düwel*, Amtsgeheimnis, S. 108, in Fn. 45; *Beling*, Beweisverbote, S. 6; *Amelung*, Informationsbeherrschungsrechte, S. 36; *v. Meiss*, Persönliche Geheimsphäre,

Versagung der Aussagegenehmigung zum einen gestattet, „wenn die Aussage dem Wohl des Bundes oder eines deutschen Landes Nachteile bereiten ... würde", wird mit § 54 StPO zunächst der Schutz des Staates selbst sowie seiner inneren und äußeren Sicherheit, d.h. der Schutz der so genannten „politischen Geheimnissphäre"[194] bezweckt.[195] Des Weiteren fällt hierunter der mit § 54 StPO verfolgte Schutz der Geheimnissphäre der öffentlichen Verwaltung, zu der alle Geheimnisse gehören, welche die Verwaltung selbst betreffen und zur Erfüllung ihrer öffentlichen Aufgaben geheimgehalten werden müssen.[196] Nach Ansicht der Rechtsprechung[197] und der Mehrheit der Vertreter des Schrifttums[198] ist dieser Schutz öffentlicher Geheimhaltungsinteressen auch die alleinige, dem § 54 StPO zugrunde liegende gesetzgeberische Intention.
Dieser früher unbestrittenen Auffassung widersprechen nunmehr Vertreter sowohl der strafprozessualen[199] als auch der beamtenrechtlichen[200] Literatur, welche in § 54 StPO auch private Geheimhaltungsinteressen geschützt sehen. Dem ist im Ergebnis zuzustimmen. Denn die Versagung der Aussagegenehmigung ist gemäß § 62 Abs. 1 S. 1 BBG auch dann möglich, wenn die Aussage die Erfüllung öffentlicher Aufgaben ernstlich gefährden oder erheblich erschweren würde. Die öffentliche Verwaltung benötigt jedoch für die Erfüllung einer Vielzahl der ihr vom Gesetzgeber übertragenen Aufgaben, so vor allem im Bereich staatlicher Sozialfürsorge und Wohlfahrts-

---

S. 210 f.

194 *Rengier*, Zeugnisverweigerungsrechte, S. 46.

195 *Zezschwitz*, NJW 1972, 796 (798); *Maetzel*, DVBl. 1966, 665 (666); *Rengier*, Zeugnisverweigerungsrechte, S. 46; *Baier*, Strafprozessuale Zeugnisverweigerungsrechte, S. 62; *Peters*, Vhdlg. 46. DJT, Bd. I, Teil 3 A, S. 91 (106).

196 *Zezschwitz*, NJW 1972, 796 (798); *Maetzel*, DVBl. 1966, 665 (666); *Rengier*, Zeugnisverweigerungsrechte, S. 46; *Baier*, Strafprozessuale Zeugnisverweigerungsrechte, S. 62; *Peters*, Vhdlg. 46. DJT, Bd. I, Teil 3 A, S. 91 (106).

197 RGSt 48, 38 f.; BGH MDR bei Dallinger 1951, 275.

198 SK-*Rogall* vor § 48 Rn. 146; *Kleinknecht/Meyer-Goßner* § 54 Rn. 1; KMR-*Paulus* § 54 Rn. 4; *Eisenberg*, Beweisrecht, Rn. 1287; *Becker*, MDR 1967, 793 (796); *Welp*, FS-Gallas, S. 391 (422); *Düwel*, Amtsgeheimnis, S. 108 in Fn. 45; *Beling*, Beweisverbote, S. 6 f.

199 So insbesondere *Maetzel*, DVBl. 1966, 665 (666 f.); *Zezschwitz*, NJW 1972, 796 (798), *Ostendorf*, DRiZ 1981, 4 (9); *Rengier*, Zeugnisverweigerungsrechte, S. 46, 48 ff.; *Amelung*, Informationsbeherrschungsrechte, S. 36; *v. Meiss*, Persönliche Geheimsphäre, S. 210 f.

200 *Battis*, BBG, § 61 Rn. 2; *Plog*, BBG, Bd. I, § 61 Rn. 1; GKÖD-*Zänge*, Bd. I, Teil 2 a, § 61 Rn. 2.

pflege, die Preisgabe von Privatgeheimnissen durch den staatliche Leistungen in Anspruch nehmenden Bürger. Ohne die Offenlegung privater Geheimnisse - wie beispielsweise der Vermögenslage - ist es der öffentlichen Verwaltung indes oftmals nicht möglich, die ihr übertragenen Aufgaben zu erfüllen.[201] Sofern aber rechtmäßig um staatliche Leistungen ersuchende Bürger stets gewärtig sein müssen, ihre dem Beamten im Vertrauen auf dessen Verschwiegenheit offenbarten privaten Geheimnisse könnten im Wege einer Aussage des Beamten im Rahmen eines Strafverfahrens einer breiten Öffentlichkeit zugänglich gemacht werden, so ist denkbar, dass sie wohl oftmals die Kundgabe ihrer Privatgeheimnisse verweigern und somit auf die berechtigte Inanspruchnahme bestimmter staatlicher Leistungen verzichten, sei es aus Scham vor der Veröffentlichung ihrer Situation und Verhältnisse oder aber aus anderen Gründen. Unter diesen Umständen wäre jedoch der öffentlichen Verwaltung die Erfüllung der ihr gestellten Aufgaben erheblich erschwert, wenn nicht gar gänzlich unmöglich.[202] Aus diesem Grund erfasst das durch § 54 StPO geschützte Amtsgeheimnis auch private Geheimhaltungsinteressen, denn auch die Preisgabe von Privatgeheimnissen im Wege der Aussage eines Beamten oder einer anderen zur Verschwiegenheit verpflichteten Person im Strafprozess kann die Erfüllung öffentlicher Aufgaben unter Umständen ernstlich gefährden oder erheblich erschweren.[203]

Ein weiterer mit der Vorschrift des § 54 StPO verfolgter Schutzzweck ist die Bewahrung der dort genannten Berufsträger vor einer möglichen Konfliktslage zwischen strafprozessualer Zeugnispflicht einerseits und gesetzlich

---

[201] *Plog*, BBG, Bd. I, § 61 Rn. 1; *Ostendorf*, DRiZ 1981, 4 (9); *Rengier*, Zeugnisverweigerungsrechte, S. 48 ff.

[202] *Rengier*, Zeugnisverweigerungsrechte, S. 50.

[203] In diesem Zusammenhang stellt sich die interessante Frage, in welchem Verhältnis hierzu die in den Spezialgesetzen geschaffenen Zeugnisverweigerungsrechte öffentlich Bediensteter stehen, wie beispielsweise das Zeugnisverweigerungsrecht aus § 35 Abs. 3 S. 1 SGB I, wenn diese Personen in einem Strafverfahren zur Aussage über ihnen anvertraute Privatgeheimnisse aufgefordert werden. Problematisch ist in diesem Zusammenhang vor allem, dass § 54 StPO teilweise einen weitaus umfangreicheren Schutz als die mitunter inhaltlich begrenzten spezialgesetzlichen Weigerungsrechte bietet. So ist z.B. der jeweilige Beamte schon dann gemäß § 73 Abs. 1 SGB X nicht mehr berechtigt, das Zeugnis zur Wahrung des Sozialgeheimnisses nach § 35 Abs. 3 S. 1 SGB I zu verweigern, wenn es sich um eine Verbrechen oder eine Straftat von erheblicher Bedeutung handelt. Allerdings würde die Suche nach einer Lösung für das vorliegende Problem, inwieweit der in Spezialgesetzen dem staatlichen Strafverfolgungsinteresse eingeräumte Vorrang vor privaten Geheimhaltungsinteressen auch auf § 54 StPO zu übertragen ist, den Rahmen dieser Arbeit sprengen.

auferlegter oder vertraglich vereinbarter Verschwiegenheitspflicht andererseits.[204]

Der in § 54 StPO zu Tage getretene Wille des Gesetzgebers, das Amtsgeheimnis im Strafprozess „zeugnisfest“[205] zu machen und damit sowohl öffentliche Geheimhaltungsbelange, wie den Staatsschutz und den Schutz der Geheimnissphäre der Verwaltung, als auch private Geheimhaltungsinteressen zu bewahren, spiegelt sich auch in anderen Vorschriften der StPO wider. So verweist hinsichtlich der Vernehmung eines Sachverständigen § 76 Abs. 2 StPO für den Fall, dass der zum Sachverständigen Ernannte Angehöriger des öffentlichen Dienstes ist, auf die besonderen beamtenrechtlichen Vorschriften. In gleicher Weise wie § 54 StPO für die Vernehmung von Zeugen transformiert § 76 Abs. 2 StPO damit die öffentlich-rechtlichen Verschwiegenheitspflichten für die Sachverständigenvernehmung in den Strafprozess.[206] Hierdurch soll vermieden werden, dass Tatsachen, deren Offenbarung dem Wohl des Bundes oder eines deutschen Landes Nachteile bereiten würde bzw. die Erfüllung öffentlicher Aufgaben ernstlich gefährden oder erheblich erschweren würde, auf dem Wege der Vernehmung eines dem öffentlichen Dienst angehörigen Sachverständigen an die Öffentlichkeit gelangen. Jedwede Aussage eines Nichtbeschuldigten soll unterbleiben können, wenn sie die Preisgabe eines vom Gesetzgeber in den besonderen beamtenrechtlichen Vorschriften gegenüber dem staatlichen Strafverfolgungsinteresse als höherwertig eingestuften Amtsgeheimnisses zur Folge hätte, unabhängig von dem Umstand, in welcher prozessualen Rolle der Nichtbeschuldigte im Prozess auftritt. Durch die Vorschrift des § 76 Abs. 2 StPO wird die Umgehung des § 54 StPO im Wege der Bestellung des betreffenden Beamten zum Sachverständigen und seiner anschließenden Vernehmung in dieser Eigenschaft hinsichtlich der nach § 54 StPO im Strafprozess zeugnisfesten Amtsgeheimnisse verhindert.
Das Zeugnisverweigerungsrecht aus § 54 StPO wird weiterhin ergänzt durch § 96 StPO. Dieser greift ein, sofern an eine Behörde oder an öffentliche Beamte das Verlangen auf Herausgabe im Gewahrsam der Behörde (§ 96 S. 1 StPO) bzw. an ein Mitglied des Bundestages oder eines Landtages bzw. an einen Angestellten einer Fraktion des Bundestages oder eines Landtages (§ 96 S. 2 StPO) das Verlangen auf Herausgabe in seinem Gewahrsam befindli-

---

[204] BVerwGE 34, 254; *Baier*, Strafprozessuale Zeugnisverweigerungsrechte, S. 62; *Rengier*, Zeugnisverweigerungsrechte, S. 53.

[205] *Welp*, FS-Gallas, S. 391 (422).

[206] *Kleinknecht/Meyer-Goßner* § 76 Rn. 4, § 54 Rn. 1; LR[24]-*Dahs* § 76 Rn. 7.

cher Akten oder Schriftstücke herangetragen wird.[207] Liegt eine Sperrerklärung der obersten Dienstbehörde oder der für eine Aussagegenehmigung der in § 96 S. 2 StPO genannten Personen zuständigen Stelle vor, darf die Vorlegung bzw. Auslieferung dieser Akten, Schriftstücke sowie in analoger Anwendung des § 96 StPO auch anderer im Gewahrsam der Behörde befindlicher Beweismittel[208] nicht gefordert werden.[209] Zulässig ist die Abgabe einer Sperrerklärung im Rahmen des § 96 StPO aber nur dann, wenn die Gefährdung des Wohls des Bundes oder eines deutschen Landes infolge des Bekanntwerdens des Inhaltes der Akten und Schriftstücke zu befürchten ist. Damit engt § 96 StPO zwar seinem Wortlaut nach den Kreis der Versagungsgründe gegenüber §§ 54 und 76 Abs. 2 StPO i.V.m. §§ 61, 62 BBG ein, da diese bereits eine Versagung der Aussagegenehmigung bei ernstlicher Gefährdung oder erheblicher Erschwerung öffentlicher Aufgaben zulassen, dieser Einschränkung ist jedoch nach Ansicht der Rechtsprechung und einem Teil der Literatur keine wesentliche Bedeutung beizumessen.[210] Danach ist der Begriff des Staatswohls innerhalb des § 96 StPO weit auszulegen, womit im Ergebnis die Erteilung einer Sperrerklärung auch aus allen anderen in § 39 Abs. 3 BRRG bzw. § 62 I BBG genannten Gründen möglich ist.[211] Die Vorschrift des 96 StPO dient somit der Verhinderung einer Umgehung des § 54 StPO durch die Einführung von Behördenakten und anderer im Besitz

---

[207] RGSt 72, 271; LR[24]-*Schäfer* § 96 Rn. 1; *Peters*, Vhdlg. 46. DJT, Bd. I, Teil 3 A; S. 91 (113 ff.); *Welp*, FS-Gallas, S. 391 (423); *Roxin*, Strafverfahrensrecht, § 34 Rn. 13.

[208] Auf andere, im Gewahrsam der Behörde befindliche Beweismittel, die nicht Akten oder Schriftstücke sind, ist § 96 StPO entsprechend anwendbar; vgl. hierzu SK-*Rudolphi* § 96 Rn. 10; AK-*Amelung* § 96 Rn. 13; KK-*Nack* § 96 Rn. 6; LR[24]-*Schäfer* § 96 Rn. 17; *Kleinknecht/Meyer-Goßner* § 96 Rn. 3.

[209] Es handelt sich bei § 96 StPO um eine Einschränkung der in Art. 35 GG statuierten Amtshilfepflicht, die aber im Zusammenhang mit der Herausgabepflicht aus § 95 StPO sowie mit § 94 StPO, der die Sicherstellung von Beweismitteln regelt, zu sehen ist (vgl. *Kleinknecht/Meyer-Goßner* § 96 Rn. 1; AK-*Amelung* Rn. 6 f.). Damit ist die Beschlagnahme von Akten oder anderen Schriftstücken zulässig, wenn das Herausgabeverlangen erfolglos war und eine wirksame Sperrerklärung nicht vorliegt (*Kleinknecht/Meyer-Goßner* § 96 Rn. 2; KK-*Nack* § 96 Rn. 1; BGHSt 38, 237 ff., mit Anm. *Amelung*, NStZ 1993, 48 ff. und *Taschke*, NStZ 1993, 94), nicht jedoch bei einer zulässigen Sperrerklärung (*Kleinknecht/Meyer-Goßner* § 96 Rn. 2; *Roxin*, Strafverfahrensrecht, § 34 Rn. 13).

[210] BVerfGE 57, 281 ff. BGHSt 32, 32 (35 ff.); OLG Stuttgart MDR 1986, 691 ff.; ebenso LR[24]-*Schäfer* § 96 Rn. 25; *Schneider*, Aktenvorlage, S. 94.

[211] So auch LR[24]-*Schäfer* § 96 Rn. 25; *Hilger*, NStZ 1984, 145 (Fn. 16).

der Behörde befindlicher Schriftstücke[212] oder Beweismittel[213] in den Strafprozess.
Nach zutreffender Auffassung einiger Literaturvertreter muss das Amtsgeheimnis darüber hinaus auch im Rahmen einer Telefonüberwachung nach §§ 100 a, b StPO Beachtung finden, womit auch das Abhören zur Verschwiegenheit verpflichteter Personen bei der Gefahr der Offenbarung eines Amtsgeheimnisses unzulässig ist.[214]
Dem Amtsgeheimnis soll mithin umfassender Schutz vor seiner Offenbarung im Strafprozeß gewährt werden, sofern die Interessen an seiner Geheimhaltung die staatlichen Strafverfolgungsinteressen überwiegen.

bb) Konsequenzen für die Gewährung eines Untersuchungsverweigerungsrechtes aus § 81 c Abs. 3 StPO i.V.m. § 54 StPO

Da dem Gesetzgeber an einem umfassenden Schutz des Amtsgeheimnisses vor der Offenbarung im Strafprozess gelegen war, muss auch im Rahmen der körperlichen Untersuchung bzw. Blutprobenentnahme davon ausgegangen werden, dass die staatlichen Geheimhaltungsinteressen - sowie unter Umständen auch private Geheimhaltungsinteressen - vor dem Zugriff im Wege strafprozessualer Zwangsmaßnahmen nach § 81 c Abs. 1 und 2 StPO geschützt werden sollen, soweit das Interesse an ihrem Schutz höher zu bewerten ist als das staatliche Strafverfolgungsinteresse. Angesichts der umfangreichen für einen umfassenden Schutz des Amtsgeheimnisses im Strafprozess erlassenen Vorschriften kann nicht davon ausgegangen werden, dass eine Offenbarung des Amtsgeheimnisses im Wege der körperlichen Untersuchung oder Blutprobenentnahme bei einer der in § 54 StPO genannten Personen möglich bleiben sollte bzw. vom Gesetzgeber die Möglichkeit der Umgehung des § 54 StPO durch die Anordnung einer Maßnahme nach § 81 c Abs. 1 und 2 StPO übersehen wurde. Es ist kein Grund erkennbar, warum das Prinzip des Amtsgeheimnisschutzes im Strafverfahren im Rahmen der zwangsweisen körperlichen Untersuchung von Nichtbeschuldigten nach § 81

---

[212] Unter den Begriff des „in amtlicher Verwahrung befindlichen" Schriftstückes i.S. § 96 StPO fallen dabei auch in amtlichem Gewahrsam befindliche (vgl. LR[24]-*Schäfer* § 96 Rn. 15; KK-*Nack* § 96 Rn. 5; *Schneider*, Aktenvorlage, S. 116) sowie bei einer Behörde hinterlegte (vgl. ebenfalls LR[24]-*Schäfer* § 96 Rn. 15; KK-*Nack* § 96 Rn. 5) private Schriftstücke, wie beispielsweise Testamente.

[213] Siehe dazu oben Fn. 208.

[214] So KK-*Nack* § 100 a Rn. 34; *Rudolphi*, FS-Schaffstein, S. 433 (435); *Gross-Spreitzer*, Grenzen der Telefonüberwachung, S. 88 f.

c Abs. 1 und 2 StPO seine Durchbrechung finden soll, da es innerhalb anderer strafprozessualer Zwangsmaßnahmen stets Beachtung findet. Demzufolge muss § 81 c Abs. 3 StPO auch auf die von § 54 StPO erfassten Konstellationen Anwendung finden. Mithin ist den in § 54 StPO genannten Zeugen das Recht einzuräumen, eine auf die Aufdeckung eines Amtsgeheimnisses gerichtete körperliche Untersuchung oder Blutprobenentnahme zu verweigern, sofern keine Untersuchungsgenehmigung erteilt wurde. Allein eine derartige Interpretation des § 81 c Abs. 3 StPO ermöglicht es, im Einklang mit dem in den §§ 54, 76 Abs. 2 sowie 96 StPO offenkundig gewordenen gesetzgeberischen Ansinnen das Amtsgeheimnis vor der Offenbarung im Wege der Durchführung strafprozessualer Zwangsmaßnahmen zu bewahren. Eine Verweigerung der Genehmigung für die körperliche Untersuchung von Zeugnisverweigerungsberechtigten i.S. des § 54 StPO kommt aber immer nur dann in Betracht, wenn die jeweiligen Geheimhaltungsinteressen schwerer wiegen als das Interesse des Staates und der Allgemeinheit an einer effektiven Strafverfolgung. Sofern diese Voraussetzungen erfüllt sind, ist ein wirksamer Schutz des Amtsgeheimnisses durch die §§ 54, 76 Abs. 2 und 96 StPO nur möglich, wenn seine Aufdeckung mittels einer körperlichen Untersuchung oder Blutprobenentnahme durch die Bejahung der Anwendbarkeit des § 81 c Abs. 3 StPO auf die Fälle des § 54 StPO vermieden wird. Wenn man also mit der h.M. von einer Pflicht des Zeugen zur Aussageverweigerung bei fehlender Aussagegenehmigung nach § 54 StPO ausgeht, muss konsequenterweise bei fehlender Genehmigung auch von einer Pflicht des Amtsgeheimnisträgers zur Untersuchungsverweigerung ausgegangen werden.

4. Fazit

Zwar wird das den Amtsgeheimnisträgern durch § 54 Abs. 1, 2 StPO zugestandene Recht innerhalb dieser Vorschrift nicht explizit als Zeugnisverweigerungsrecht bezeichnet, jedoch spricht neben dem Umstand, dass nach § 54 Abs. 3 StPO der Bundespräsident zur *Verweigerung des Zeugnisses* befugt ist, vor allem die gesetzessystematische Stellung dieses Weigerungsrechtes für die Tatsache, dass es sich auch bei § 54 StPO um ein Zeugnisverweigerungsrecht i.S. von § 81 c Abs. 3 S. 1 StPO handelt. So erfolgte die Regelung der Befugnis bestimmter Amtsträger zur Wahrung des Amtsgeheimnisses im Strafprozess im unmittelbaren Zusammenhang mit der

Normierung der Zeugnisverweigerungsrechte für Angehörige in § 52 Abs. 1 StPO und § 55 Abs. 1 2. Alt StPO[215] und Berufsgeheimnisträger in den §§ 53, 53 a StPO. Demgemäß liegt die Gewährung eines Untersuchungsverweigerungsrechtes auch für nach § 54 StPO weigerungsberechtigte Zeugen bereits nahe. Maßgebliches Kriterium für die Einbeziehung der von § 54 StPO erfassten Amtsgeheimnisträger in den Kreis der von § 81 c Abs. 3 S. 1 StPO begünstigten Personen ist jedoch auch hier der mit dem Untersuchungsverweigerungsrecht und § 54 StPO verfolgte Schutzzweck. So wird die mit § 54 StPO und der ihn ergänzenden Vorschriften bezweckte Bewahrung des Amtsgeheimnisses vor der Veröffentlichung im Strafprozess und der Bewahrung des Amtsgeheimnisträgers vor einem Konflikt zwischen der Pflicht zur Verschwiegenheit und der Pflicht zur wahrheitsgemäßen Aussage umfassend nur dann erreicht, wenn die nach § 54 StPO aussageverweigerungsberechtigten Zeugen auch zur Verweigerung einer auf die Aufspürung eines Amtsgeheimnisses gerichteten körperlichen Untersuchung nach § 81 c Abs. 3 S. 1 StPO befugt sind. Die in § 54 StPO genannten Personen sind mithin zur Untersuchungsverweigerung nach § 81 c Abs. 3 StPO i.V.m. § 54 StPO berechtigt, wenn die Untersuchung ihres Körpers bzw. die Entnahme einer Blutprobe die Offenbarung eines Amtsgeheimnisses zur Folge hätte und eine Untersuchungsgenehmigung noch nicht erteilt bzw. ihre Erteilung durch den zuständigen Dienstvorgesetzten abgelehnt wurde.[216]

IV. Das Untersuchungsverweigerungsrecht aus § 81 c Abs. 3 StPO i.V.m. § 55 StPO

1. Einleitung

Hinsichtlich der Frage, ob auch den zur Verweigerung der Auskunft nach § 55 StPO berechtigten Zeugen das Recht zusteht, gemäß § 81 c Abs. 3 StPO die körperliche Untersuchung zu verweigern, herrscht in der Rechtsprechung

---

[215] Dazu näher unten 1. Teil B IV 3 b bb.

[216] So im Ergebnis ebenfalls *Etterich*, Körperliche Untersuchung, S. 69; wohl auch *Gössel*, Strafverfahrensrecht, S. 231, der ein Untersuchungsverweigerungsrecht in den Fällen des § 54 StPO aber für praktisch bedeutungslos hält.

und Lehre gegenwärtig Uneinigkeit.[217] Dabei ist sowohl die grundsätzliche Anwendbarkeit des § 81 c Abs. 3 StPO auf die Fälle des § 55 StPO als auch ihr Umfang umstritten. Auch hinsichtlich der Begründungen unterscheiden sich die einzelnen Auffassungen pro und contra der Anwendbarkeit des § 81 c Abs. 3 StPO auf die Konstellationen des § 55 StPO.

Bei näherer Betrachtung dieser Kontroverse kristallisieren sich im Wesentlichen drei Ansichten heraus. So lehnen es einige Autoren generell ab, bei Vorliegen der Voraussetzungen des § 55 StPO dem Zeugen das Recht zu gewähren, die körperliche Untersuchung zu verweigern.[218] Andere wiederum befürworten ohne Einschränkungen ein Untersuchungsverweigerungsrecht für den Zeugen in den Fällen des § 55 StPO.[219] Die Vertreter einer dritten, sozusagen vermittelnden Ansicht, lehnen die direkte Anwendbarkeit des § 81 c Abs. 3 StPO auf § 55 StPO zwar grundsätzlich ab, wollen eine körperli-

---

[217] Sofern diesem Problem im Rahmen des Untersuchungsverweigerungsrechtes aus § 81 c Abs. 3 StPO überhaupt Bedeutung zugemessen wird. Dass offenbar ein erheblicher Teil der Vertreter des Schrifttums von der Bedeutungslosigkeit dieser Frage ausgeht, zeigt ihre Negierung innerhalb einiger bedeutender Strafprozessrechtslehrbücher; so z.B. *Roxin*, Strafverfahrensrecht, § 33 Rn. 26; *Kühne*, Strafprozeßlehre, Rn. 949; *Schlüchter*, Strafverfahren, Rn. 197.1 ff.; *Schäfer*, Praxis des Strafverfahrens, Rn. 397 ff.; vgl. aber auch *Fezer*, Strafprozeßrecht I, Fall 7 Rn. 78; *Gössel*, Strafverfahrensrecht, S. 231; *Krey*, Strafverfahrensrecht, Bd. II, Rn. 422.

[218] *Kleinknecht/Meyer-Goßner* § 81 c Rn. 23; KK-*Senge* § 81 c Rn. 10; *Pfeiffer* § 81 c Rn. 3; HK-*Lemke* § 81 c Rn. 20; *Dzendzalowski*, Körperliche Untersuchung, S. 55; *Krey*, Strafverfahrensrecht, Bd. II, Rn. 422; *Rüping*, Strafverfahren, Rn. 270; *Beulke*, Strafprozeßrecht, Rn. 244; *Hellmann*, Strafprozeßrecht, II § 4 Rn. 89 in Fn. 318.

[219] OLG Braunschweig NJW 54, 1052 (1053); *Eisenberg*, Beweisrecht, Rn. 1670; *Krause* JZ 1976, 124 (126); *Eb. Schmidt*, Lehrkomm., Nachtrag I, § 81 c Rn. 11; *ders.*, JR 1959, 396; *Kohlhaas*, JR 1974, 89 (91); *ders.*, Körperliche Untersuchung, S. 52; *Bosch*, Grundsatzfragen, S. 67; *Alsberg/Nüse*, Beweisantrag, S. 102; *Gössel*, Strafverfahrensrecht, S. 231; *Fezer*, Strafprozeßrecht, Fall 7 Rn. 78.
Auch das OLG Saarbrücken geht in seinem Urteil vom 10.09.1958, FamRZ 1959, 35 (36), von der generellen Anwendbarkeit des § 81 c Abs. 3 StPO auf die Fälle des § 55 StPO aus. Es lehnt auch nicht, wie von *Dahs*, in LR[24] § 81 c Rn. 38 in Fn. 105, dargestellt, die Möglichkeit der Verweigerung der Entnahme von Blutproben ab. Das OLG legt vielmehr lediglich dar, dass bei einer Blutentnahme beim Zeugen, welche einem Vaterschaftstest durch Blutgruppenfeststellung diene, die Voraussetzungen des § 55 StPO nicht erfüllt seien, da die Blutentnahme für den Zeugen nicht die Gefahr nach sich ziehe, wegen Ehebruchs strafrechtlich verfolgt zu werden. Durch einen Blutgruppentest könne immer nur eindeutig bewiesen werden, dass der betreffende Zeuge nicht Vater des Kindes sei, eine Vaterschaft könne jedoch durch den Blutgruppentest nicht eindeutig nachgewiesen werden. Damit drohe dem Zeugen auch keine strafrechtliche Verfolgung wegen Ehebruchs nach Entnahme der Blutprobe. Die Voraussetzungen des § 55 StPO seien in diesen Fällen somit nicht gegeben.

che Untersuchung wegen der Unzumutbarkeit der Untersuchung aber dann nicht zulassen, wenn die Voraussetzungen des § 55 StPO gegeben sind.[220]

Betrachtet man die Begründungen, mit welchen die Vertreter der erstgenannten Ansicht die Gewährung eines Untersuchungsverweigerungsrechtes für den Zeugen bei Vorliegen der Voraussetzungen eines Auskunftsverweigerungsrechtes ohne Einschränkungen ablehnen, bietet sich ein eher unbefriedigendes Bild. So verzichten einige Autoren vollständig auf die Anführung von Argumenten zur Belegung ihres Standpunktes.[221] Von den anderen Vertretern dieser Meinung[222] wird zumeist lediglich das „Wortlautargument"[223] als Begründung angeführt, ein Argument, das, wie unten noch zu erläutern sein wird,[224] zur Festigung dieses Standpunktes aber wenig geeignet erscheint.
Leider bietet sich auch bei der näheren Betrachtung der Gegenauffassung, wonach bei Vorliegen der Voraussetzungen des § 55 StPO dem Zeugen ohne Einschränkung ein Untersuchungsverweigerungsrecht zu gewähren sei, kein anderes Bild. So führen auch die Vertreter dieser Meinung nur selten eine Begründung für die von ihnen geforderte Anwendbarkeit des § 81 c Abs. 3 StPO auf die Vorschrift des § 55 StPO an. Vielmehr belassen es die meisten bei der bloßen Feststellung, dass dem Zeugen auch bei Vorliegen der Voraussetzungen des § 55 StPO ein Untersuchungsverweigerungsrecht zu gewähren sei, ohne dass sie jedoch die Gründe für ihre Position näher erläutern.[225] Eine umfassende Begründung für die Behauptung der ausnahmslosen

---

[220] So insbesondere LR[24]-*Dahs* § 81 Rn. 38 ff., der aber eine Differenzierung hinsichtlich der Selbst - und Angehörigenbelastung vornimmt; ähnlich AK-*Wassermann* § 81 Rn. 15; KMR-*Bosch* § 81 c Rn. 24.

[221] KK-*Senge* § 81 c Rn. 10; *Kleinknecht/Meyer-Goßner* § 81 c Rn. 23; *Dünnebier* JZ 1952, 427 (429); *Rüping*, Strafverfahren, Rn. 270.

[222] *Dzendzalowski*, Körperliche Untersuchung, S. 55; *Krey*, Strafverfahrensrecht, Bd. II, Rn. 422.

[223] So führen *Dzendzalowski*, Körperliche Untersuchung, S. 55, und *Krey*, Strafverfahrensrecht, Bd. II, Rn. 422, zur Begründung ihrer Auffassung an, § 55 StPO gewähre dem Zeugen lediglich ein Auskunfts- und kein Zeugnisverweigerungsrecht. Darauf beziehe sich § 81 c Abs. 3 StPO aber schon seinem Wortlaut nach nicht, da er dem Zeugen das Recht die Untersuchung zu verweigern nur dann zugestehe, wenn der Zeuge zur Zeugnisverweigerung berechtigt sei. Vgl. demgegenüber aber die ausführliche Begründung von *Sarstedt* in: LR[22], § 81 c Anm. 9.

[224] Dazu unten 1. Teil B IV 2.

[225] So z.B. OLG Braunschweig NJW 1954, 1052 (1053); OLG Saarbrücken FamRZ 1959, 35 (36); *Eisenberg*, Beweisrecht, Rn. 1670; *Bosch*, Grundsatzfragen, S. 67; ebenso auch

Anwendbarkeit des § 81 c Abs. 3 StPO auf die Fälle des § 55 StPO läßt sich derzeit wohl nur bei *Krause*[226] und seit neuerem auch bei *Rogall*[227] finden. Ihrer Ansicht nach dürfe aus der Tatsache, dass § 81 c Abs. 3 StPO nur vom Zeugnisverweigerungsrecht spricht, nicht im Wege des argumentum e contrario der Schluss gezogen werden, dass § 55 StPO im Rahmen von § 81 c Abs. 3 StPO keine Anwendung finde. Dafür böten die Gesetzgebungsarbeiten nämlich keinerlei Anhaltspunkte. Vielmehr sei an derartige Fälle gar nicht gedacht worden. Außerdem wolle der Gesetzgeber dem Betroffenen mit § 81 c Abs. 3 StPO eine Konfliktslage im Verhältnis zu dem beschuldigten Angehörigen ersparen. Der Grundsatz der Gerechtigkeit verlange aber, dass „wenn dem Betroffenen schon im Verhältnis zu einem Dritten eine Konfliktslage erspart werden solle", dies erst recht gelten müsse, „wenn dem Betroffenen der viel stärkere Konflikt droht, sich selbst zu belasten"[228]. Deshalb sei dem Zeugen, der Gefahr laufe, sich durch die Duldung der Untersuchung seines Körpers selbst zu belasten, ebenfalls das Recht zuzugestehen, die Untersuchung zu verweigern.
Die Vertreter der dritten, zu diesem Thema vertretenen Auffassung versuchen, dieses Problem mithilfe des unbestimmten Rechtsbegriffes der Zumutbarkeit zu lösen. Danach stehe dem Zeugen, in dessen Person die Voraussetzungen des § 55 StPO erfüllt sind, zwar nach dem Wortlaut des § 81 c Abs. 3 StPO kein Untersuchungsverweigerungsrecht zu, es sei aber für denjenigen Zeugen, der durch die Untersuchung sich selbst oder einen der in § 52 StPO bezeichneten Angehörigen in die Gefahr strafrechtlicher Verfolgung bringe, die körperliche Untersuchung nicht *zumutbar*.[229] Ob es jedoch erforderlich ist, für die Beantwortung der Frage, inwieweit auch den nach § 55 Abs. 1

Kohlhaas, der es in JR 1974, 89 (91), sowie in Körperliche Untersuchung, S. 52, zwar als sehr fragwürdig ansieht, ob in den Fällen des § 55 StPO dem Zeugen ein Untersuchungsverweigerungsrecht einzuräumen sei, aber gleichzeitig unterstreicht, dass die körperliche Untersuchung zu unterbleiben habe, wenn der Zeuge behauptet, ihm stehe das Recht zu, die Auskunft zu verweigern; vgl. aber auch *Eb. Schmidt*, Lehrkomm., Nachtrag I, § 81 c Rn. 11; *ders.*, JR 1959, 369; *Gössel*, Strafverfahrensrecht, S. 231, die zumindest eine kurze Begründung für ihren Standpunkt liefern.

[226] In: JZ 1976, 124 (125 f.); ihm folgend *Benfer*, Grundrechtseingriffe, S. 213 f.

[227] In: SK, § 81 c Rn. 43 ff.

[228] *Krause*, JZ 1976, 124 (125 f.); ähnlich *Benfer*, Grundrechtseingriffe, S. 213 f.; SK-*Rogall* § 81 c Rn. 45.

[229] LR[24]-*Dahs* § 81 c Rn. 38 ff., der aber die Untersuchung generell nur dann für unzumutbar hält, wenn die Gefahr der Angehörigenbelastung besteht, im Falle der Gefahr der Selbstbelastung sei die Untersuchung jedoch für den Betroffenen zumutbar; ebenso AK-*Wassermann* § 81 c Rn. 15.

StPO Auskunftsverweigerungsberechtigten ein Untersuchungsverweigerungsrecht zusteht, einen auslegungsbedürftigen, unbestimmten Rechtsbegriff heranzuziehen, der die Gewährung eines wichtigen Zeugenrechtes[230] in das Ermessen der Ermittlungsperson stellt, welches wegen der Konturenlosigkeit der „Unzumutbarkeit" nur schwerlich einer Überprüfung zugänglich ist, oder ob dem Betroffenen ein solches Recht mit der ersten nie oder mit der zweiten Ansicht stets zuzusprechen ist, wird nachfolgend näher zu untersuchen sein.

Die Darstellung der gegenwärtig zur Frage der Anwendbarkeit des § 81 c Abs. 3 StPO auf die Fälle des § 55 StPO vertretenen Ansichten hat gezeigt, dass es notwendig ist, nach einer Lösung zu suchen, die möglichst frei von inneren Widersprüchen, dem Rechtsanwender in der Praxis die Gelegenheit der konsequenten und einfachen Handhabung dieses Problems gibt und dem Betroffenen ermöglicht, vorherzusehen, in welchen Fällen ihm das Recht gewährt wird, die körperliche Untersuchung bei Vorliegen eines Auskunftsverweigerungsrechtes zu verweigern. Nachfolgend soll nach einer Problemlösung gesucht werden, die diesen Anforderungen gerecht wird.

---

[230] Die Entscheidung für oder gegen die Gewährung eines Untersuchungsverweigerungsrechtes stellt für den Zeugen eine erhebliche Ausweitung bzw. Beschränkung seiner prozessualen Rechte dar und ist somit für ihn von erheblicher Bedeutung.
Des Weiteren kann diese Entscheidung maßgeblich für den Ausgang eines Verfahrens und damit auch für die Ermittlungsperson bedeutend sein. So könnte durch die Untersuchung der Geschlechtsorgane eines Kindes, das als Zeuge in einem Strafverfahren wegen sexuellen Missbrauchs (§ 174, §§ 176, 176 a StGB) auftritt, sowie der nachfolgenden Untersuchung der dort aufgefundenen Spermaspuren zu Tage treten, dass nicht nur der Beschuldigte das Kind sexuell missbraucht hat, sondern sich auch Verwandte des Kindes i.S. von § 52 StPO an dem Missbrauch beteiligt haben. Hier würde die körperliche Untersuchung des Kindes gemäß § 81 c Abs. 1 StPO sowie die DNA-Analyse von an seinem Körper aufgefundenem Material nach § 81 e StPO seine Angehörigen in die Gefahr der Verfolgung wegen einer Straftat bringen (§ 174 StGB, §§ 176, 176 a StGB). Sofern das Kind aufgrund des Vorliegens der Voraussetzungen des § 55 Abs. 1 S. 2 StPO gemäß § 81 c Abs. 3 StPO berechtigt ist, die Untersuchung und DNA-Analyse zu verweigern, und es von seinem Recht Gebrauch macht, entfällt für die Ermittlungsbehörden die Möglichkeit, die Schuld des Angeklagten anhand der körperlichen Untersuchung des Kindes bzw. der DNA-Analyse nachzuweisen. Stehen keine anderen Beweismittel zur Verfügung, muss das Strafverfahren unter Umständen mit einem Freispruch enden.

2. Auslegung anhand des Wortlautes und der Gesetzessystematik

Der Wortsinn einer Norm bildet - wie oben bereits erwähnt -[231] den Ausgangspunkt und die Grenze für die Gesetzesauslegung, so dass auch hier zunächst zu untersuchen ist, ob sich Anhaltspunkte für oder gegen die Anwendbarkeit des § 81 c Abs. 3 StPO auf die Fälle des § 55 StPO bereits aus dem Wortlaut der §§ 81 c Abs. 3 und 55 StPO ergeben.
Der erste Satz des § 81 c Abs. 3 StPO hat folgende Fassung: „Untersuchungen oder Entnahmen von Blutproben können aus den gleichen Gründen wie das Zeugnis verweigert werden."[232] Nach dem Wortlaut des § 81 c Abs. 3 S. 1 StPO sind damit - wie oben bereits ausführlich dargelegt -[233] Zeugen, denen beim Vorliegen bestimmter Gründe das Recht gewährt wird, das Zeugnis zu verweigern, auch befugt die körperliche Untersuchung oder DNA-Analyse zu verweigern. Berechtigt die StPO den Zeugen zur Zeugnisverweigerung, so soll ihm auch das Recht zustehen, die Untersuchung seines Körpers bzw. die DNA-Analyse an Material seines Körpers zu verweigern. Die Vorschrift des § 55 StPO gewährt ihrem Wortlaut nach dem Zeugen aber lediglich das Recht, „die Auskunft auf solche Fragen zu verweigern, deren Beantwortung ihm selbst oder einem der in § 52 Abs. 1 bezeichneten Angehörigen die Gefahr zuziehen würde, wegen einer Straftat oder Ordnungswidrigkeit verfolgt zu werden."[234] Aus dem Umstand, dass § 81 c Abs. 3 S. 1 StPO ausdrücklich nur von der Gewährung eines Untersuchungsverweigerungsrechtes spricht, wenn der Zeuge zur *Zeugnis*verweigerung berechtigt ist, bzw. dass es an einer ausdrücklichen Erwähnung des Auskunftsverweigerungsrechtes in § 81 c Abs. 3 S. 1 StPO fehlt, könnte geschlossen werden, dass dem Zeugen ein Untersuchungsverweigerungsrecht gerade nicht in den Fällen des § 55 StPO gewährt werden soll. Demgemäß sind einige Vertreter

---

[231] Siehe dazu 1. Teil B I 2 a.

[232] Wortlaut des § 81 c Abs. 3 StPO in der Fassung des Art. 1 Nr. 20 des 1. StVRG vom 9.12.1974 (BGBl. I S. 3393) - ursprünglich enthielt § 81 c Abs. 1 S. 2 StPO das Untersuchungsverweigerungsrecht des Zeugen; vgl. die Fassung des Art. 3 Nr. 35 des Gesetzes zur Wiederherstellung der Rechtseinheit auf dem Gebiete der Gerichtsverfassung, der bürgerlichen Rechtspflege, des Strafverfahrens und des Kostenrechts (VereinhG) vom 12.09.1950 (BGBl. I S. 455).

[233] Dazu 1. Teil B I 2 a.

[234] Wortlaut des § 55 Abs. 1 StPO in der Fassung des Art. 2 Nr. 3 des Einführungsgesetzes zum Gesetz über Ordnungswidrigkeiten (EGOWiG) vom 24.05.1968 (BGBl. I S. 503).

des Schrifttums[235] auch der Auffassung, § 81 c Abs. 3 S. 1 StPO sei schon seinem Wortlaut nach allenfalls auf die Vorschriften der §§ 52, 53 und 53 a StPO anwendbar, nicht aber auf § 55 Abs. 1 StPO. Denn der den Tatbestand des Untersuchungsverweigerungsrechtes umschreibende erste Satz des § 81 c Abs. 3 StPO spreche nur von Gründen, die zur *Zeugnis*verweigerung berechtigen. Als zur *Zeugnis*verweigerung berechtigend werden vom Gesetzgeber, wie aus dem eindeutigen Wortlaut des § 55 Abs. 1 StPO hervorgehe, der lediglich von zur *Auskunfts*verweigerung berechtigenden Gründen spreche, aber allein die in §§ 52, 53 und 53 a StPO genannten Gründe bezeichnet. Daher verbiete schon allein der Wortlaut des § 81 c Abs. 3 S. 1 StPO seine Anwendbarkeit auf § 55 StPO.

Die fehlende Nennung des Auskunftsverweigerungsrechtes könnte aber im Gegensatz zur eben dargestellten Auffassung auch darauf zurückzuführen sein, dass eine solche ausdrückliche Erwähnung des Auskunftsverweigerungsrechtes im Rahmen des § 81 c Abs. 3 S. 1 StPO gerade nicht erforderlich ist. Die ausdrückliche Anführung des Auskunftsverweigerungsrechtes aus § 55 StPO in § 81 c Abs. 3 S. 1 StPO wäre nämlich dann nicht notwendig, wenn sich bereits aus der Bedeutung, die dem Begriff des Zeugnisverweigerungsrechtes und seiner Verwendung in anderen Vorschriften der StPO zukommt, ergeben würde, dass auch das Auskunftsverweigerungsrecht als Zeugnisverweigerungsrecht im Sinne des § 81 c Abs. 3 S. 1 StPO anzusehen ist. Dies wäre dann der Fall, wenn aus dem Wortlaut weiterer Normen der StPO hervorginge, dass vom Gesetzgeber innerhalb der StPO der Begriff des Zeugnisverweigerungsrechtes quasi als Oberbegriff für alle in den §§ 52 ff. StPO aufgeführten Rechte des Zeugen verwendet wird, die es ihm gestatten, seine gesamte Aussage oder Teile seiner Aussage zu verweigern.

Anhaltspunkte für die Beantwortung der Frage, welcher Umfang dem Terminus „Zeugnisverweigerungsrecht“ innerhalb der StPO zukommen soll, liefern zunächst einmal die §§ 52 ff. StPO selbst. Bei der Betrachtung dieser Normen fällt zunächst auf, dass der Gesetzgeber lediglich die dem Zeugen durch die Vorschriften der §§ 52, 53, 53 a sowie 54 Abs. 3 StPO eingeräumten Weigerungsrechte explizit als *Zeugnisverweigerungsrechte* bezeichnete, nicht jedoch das sich für den Zeugen aus § 55 StPO ergebende Recht. Die

---

235 LR[24]-*Dahs* § 81 c Rn. 38; *Dzendzalowski*, Körperliche Untersuchung, S. 55; *Krey*, Strafverfahrensrecht, Bd. II, Rn. 422; a.A. *Eisenberg*, Beweisrecht Rn. 1670; *Eb. Schmidt*, Lehrkomm., Nachtrag I, § 81 c Rn. 11; *ders.*, JR 1959, 369, und *Krause*, der in JZ 1976, 124 (126), die Auffassung vertritt, aus der Nichterwähnung des Auskunftsverweigerungsrechtes dürfe nicht im Wege des argumentum e contrario der Schluss gezogen werden, „daß der Gesetzgeber damit zum Ausdruck gebracht habe, daß § 55 StPO eben im Rahmen von § 81 c StPO keine Anwendung finden solle.“

Vorschrift des § 55 Abs. 1 StPO spricht vielmehr von der Befugnis des Zeugen, die *Auskunft* auf bestimmte Fragen zu verweigern, ein Recht des Zeugen zur Verweigerung des *Zeugnisses* erwähnt § 55 Abs. 1 StPO hingegen nicht. Ein Blick auf den Wortlaut des § 56 StPO zeigt jedoch, dass nach dem Willen des Gesetzgebers neben den §§ 52, 53, 53 a und 54 StPO auch § 55 StPO - trotz der terminologischen Differenzen innerhalb dieser Vorschriften - zum Kreis der Zeugnisverweigerungsrechte gehören soll. So hat der Zeuge gemäß § 56 S. 1 StPO die Tatsache, auf die er „die Verweigerung des Zeugnisses in den Fällen der §§ 52, 53 und § 55 stützt", auf Verlangen glaubhaft zu machen. Damit wird durch den Gesetzgeber sowohl die Verweigerung der Aussage durch den Zeugen auf der Grundlage der §§ 52 und 53 StPO als auch im Fall des § 55 StPO als *Zeugnis*verweigerung bezeichnet. Der Begriff der Zeugnisverweigerung wird innerhalb des § 56 StPO mithin als „Oberbegriff" für die Rechte des Zeugen aus den §§ 52, 53, 53 a und 55 StPO verwendet.[236] Somit wird deutlich, dass sich der Gesetzgeber im Rahmen der StPO des Terminus „Zeugnisverweigerungsrecht" als Sammel- bzw. Oberbegriff für die in den §§ 52, 53, 53 a und 55 StPO statuierten Aussageverweigerungsrechte des Zeugen bedient.

Für dieses Ergebnis spricht zudem die ausdrückliche Bezeichnung des entsprechenden zivilprozessualen Rechtes (§ 384 Nr. 2 ZPO) als *Zeugnis*verweigerungsrecht.[237] Im Rahmen des § 384 Nr. 2 ZPO werden nämlich sämtliche Aussageverweigerungsrechte des Zeugen, unabhängig davon, ob sie dem Zeugen gestatten, die gesamte Aussage zu verweigern oder ihm nur ein partielles Aussageverweigerungsrecht zugestehen, als Zeugnisverweigerungsrechte bezeichnet. Der Begriff des Zeugnisverweigerungsrechtes wird damit vom Gesetzgeber innerhalb der im gleichen Zeitraum wie die Reichsstrafprozessordnung entstandenen Zivilprozessordnung ebenfalls als Oberbegriff für alle Aussageverweigerungsrechte des Zeugen verwendet.

Damit ist auch das Auskunftsverweigerungsrecht aus § 55 StPO, trotz des insoweit nicht eindeutigen Wortlautes dieser Vorschrift als ein zumindest „partielles"[238] Zeugnisverweigerungsrecht[239] anzusehen. Auch der Zeuge, der die Auskunft auf bestimmte Fragen verweigert, verweigert zumindest teil-

---

[236] *Rengier*, Zeugnisverweigerungsrechte, S. 54.

[237] *Rengier*, Zeugnisverweigerungsrechte, S. 54.

[238] *Rengier*, Zeugnisverweigerungsrechte, S. 53.

[239] *Eb. Schmidt*, Lehrkomm., Nachtrag I, Vorbem. zu §§ 52 - 56 Rn. 9; KMR-*Paulus* vor § 48 Rn. 82; *Schütz*, Verletzung des § 55 StPO als Revisionsgrund, S. 93; *Baier*, Strafprozessuale Zeugnisverweigerungsrechte, S. 45; *Rengier*, Zeugnisverweigerungsrechte, S. 53 f.; *Alsberg/Nüse*, Beweisantrag, S. 100.

weise sein Zeugnis.[240] Der Begriff des „Zeugnisverweigerungsrechtes“ impliziert folglich neben den Rechten aus den §§ 52 und 53, 53 a StPO auch das Recht des Zeugen aus § 55 StPO.
Der Wortlaut der Vorschriften des § 81 c Abs. 3 S.1 StPO sowie des § 55 StPO steht damit einer Gewährung des Untersuchungsverweigerungsrechtes für Zeugen, denen durch die Untersuchung die Gefahr einer Selbst- (§ 55 Abs. 1 1. Alt. StPO) oder Angehörigenbelastung (§ 55 Abs. 1 2. Alt. StPO) droht, nicht entgegen.[241]

3. Teleologische Auslegung

Es bleibt nunmehr die Frage zu beantworten, ob das Resultat der Wortlautauslegung sich auch mit dem Schutzzweck des Untersuchungsverweigerungsrechtes vereinbaren lässt. Das wäre dann der Fall, wenn der Zweck und die Schutzrichtung des § 81 c Abs. 3 StPO seiner Anwendbarkeit auf die Fälle des § 55 StPO nicht entgegenstehen bzw. sie sogar gebieten.
Vor der schutzzweckorientierten Auslegung der §§ 55 und 81 c Abs. 3 StPO unter dem Blickwinkel der Gewährung eines Untersuchungsverweigerungsrechtes für Auskunftsverweigerungsberechtigte ist aber auch hier wiederum zunächst zu untersuchen, ob es der Einräumung eines Untersuchungsverwei-

---

240 *Rengier*, Zeugnisverweigerungsrechte, S. 54.

241 So im Ergebnis ebenfalls SK-*Rogall* § 81 c Rn. 43, nach dessen Auffassung weder dem Text des § 81 c Abs. 3 S. 1 StPO eine eindeutige Begrenzung auf das Zeugnisverweigerungsrecht des § 52 StPO zu entnehmen sei noch der Entstehungsgeschichte der Norm ein Hinweis darauf entnommen werden könne, dass die Wortwahl von der Vorstellung beeinflusst gewesen wäre, die Fälle des § 55 StPO vom Anwendungsbereich des Untersuchungsverweigerungsrechtes auszunehmen. Vielmehr sei nach *Rogall* (a.a.O.) an derartige Fälle überhaupt nicht gedacht worden.
Diesem Ergebnis steht auch nicht die von einigen Autoren vertretene Auffassung entgegen, die Sätze zwei und drei des § 81 c Abs. 3 StPO sprächen gegen die Gewährung eines Untersuchungsverweigerungsrechtes in den Fällen des § 55 StPO; so AK-*Wassermann* § 81 c Rn. 15; *Rüping*, Strafverfahren, Rn. 270; *Schlüchter*, Strafverfahren, Rn. 197.1 in Fn. 101. Auf die Schwächen dieser Argumentation, welche von diesen Autoren bereits für die Begründung ihrer ablehnenden Haltung hinsichtlich eines Untersuchungsverweigerungsrechtes für nach §§ 53, 53 a StPO Weigerungsberechtigte angeführt wurde, ist bereits im Rahmen der Erörterung der Anwendbarkeit des § 81 c Abs. 3 StPO auf Fälle der §§ 53, 53 a StPO ausführlich eingegangen worden. Dazu oben 1. Teil B II 2.

gerungsrechtes in derartigen Fällen überhaupt bedarf, d.h. ein Untersuchungsverweigerungsrecht für Auskunftsverweigerungsberechtigte überhaupt von praktischer Relevanz ist.

a) Praktische Relevanz eines Untersuchungsverweigerungsrechtes aus § 81 c Abs. 3 StPO i.V.m. § 55 StPO

aa) Maßnahmen nach § 81 c Abs. 1 und 2 StPO

Die Frage, ob und in welchem Umfang nach § 55 StPO auskunftsverweigerungsberechtigten Zeugen das Recht einzuräumen ist, die Untersuchung ihres Körpers zu verweigern, stellt sich dann nicht, wenn die körperliche Untersuchung dieser Zeugen bereits aus anderen Gründen unzulässig wäre. Unter diesen Umständen käme dem umstrittenen Problem der Gewährung eines Untersuchungsverweigerungsrechtes für Zeugen, die nach § 55 StPO auskunftsverweigerungsberechtigt sind, praktisch keinerlei Bedeutung zu. Daher bleibt zunächst zu prüfen, ob die in § 81 c Abs. 1 und 2 StPO aufgestellten Voraussetzungen für eine körperliche Untersuchung gegeben sind, sofern diese an einem nach § 55 StPO auskunftsverweigerungsberechtigten Zeugen durchgeführt werden soll.

Die Vorschrift des § 55 StPO räumt dem Zeugen das Recht ein, die Auskunft auf Fragen zu verweigern, deren Beantwortung ihm selbst oder einem der in § 52 Abs. 1 StPO genannten Angehörigen die Gefahr zuziehen würde, wegen einer Straftat oder Ordnungswidrigkeit verfolgt zu werden. Die körperliche Untersuchung eines Zeugen im Strafverfahren unterliegt - wie oben bereits dargestellt -[242] gemäß § 81 c Abs. 1 StPO dem Aufklärungsgrundsatz, d.h. sie ist nur dann zulässig, wenn *zur Erforschung der Wahrheit festgestellt werden muss*, ob sich Spuren oder Folgen einer Straftat am Körper des Zeugen befinden, wobei § 81 c Abs. 2 StPO sogar von der *Unerlässlichkeit* der Abstammungsuntersuchung und Blutprobenentnahme für die Erforschung der Wahrheit als Voraussetzung für ihre Anordnung spricht. Der Terminus „zur Erforschung der Wahrheit" meint dabei naturgemäß allein die Erforschung der Wahrheit innerhalb des Strafverfahrens, in welchem der zu Untersuchende die prozessuale Rolle eines Zeugen innehat.[243] Anderenfalls

---

[242] In: 1. Teil II 3 a.

[243] Dies erscheint wohl allgemein als selbstverständlich. Soweit ersichtlich, wird weder im Schrifttum noch in der Rechtsprechung überhaupt die Frage aufgeworfen, ob „zur Er-

würde diese Klausel, die gerade der Beschränkung der Statthaftigkeit[244] körperlicher Untersuchungen sowie Abstammungsuntersuchungen und Blutprobenentnahmen in § 81 c Abs. 1 und Abs. 2 StPO dienen soll, keineswegs einschränkend wirken. Denn sofern man es als ausreichend ansähe, dass die Zwangsmaßnahme der Erforschung der Wahrheit hinsichtlich irgendeiner beliebigen anderen und nicht der im konkreten Verfahren zu untersuchenden Straftat dient, wäre diese Tatbestandsvoraussetzung sinnentleert und damit überflüssig und bedeutungslos. Daher muss davon ausgegangen werden, dass mittels des Aufklärungsgrundsatzes der Anwendungsbereich der §§ 81 c Abs. 1 und 2 StPO grundsätzlich auf die Verfahren beschränkt wird, innerhalb derer selbst derartige Zwangsmaßnahmen zur Erforschung der Wahrheit erforderlich sind.[245]
Allerdings ist der Aufklärungsgrundsatz mit Einführung des § 81 c Abs. 5 S. 2 StPO seinerseits eingeschränkt worden. Nach der Vorschrift des § 81 c Abs. 5 S. 2 StPO ist § 81 a Abs. 3 StPO entsprechend anzuwenden, was zur Folge hat, dass dem Zeugen entnommene Blutproben oder sonstige Körperzellen nur für die Zwecke des *zugrunde liegenden* oder eines *anderen anhängigen* Strafverfahrens verwendet werden dürfen.[246] Dass es sich dabei bei dem *zugrunde liegenden* Strafverfahren um das Verfahren handelt, innerhalb dessen die Anordnung der Genomanalyse erfolgte, ist insoweit unzweifelhaft, problematisch ist jedoch, welche Bedeutung in diesem Zusammenhang dem Terminus des *anderen anhängigen* Strafverfahrens zukommt. Nach dem Willen der Bundesregierung setzt die Erfüllung des Tatbestandsmerkmales des anhängigen Verfahrens nicht voraus, dass das Verfahren, in welchem die Blutprobe verwendet werden soll, bereits zum Zeitpunkt der Blut- bzw. Zellentnahme anhängig war, vielmehr genügt seine Anhängigkeit bis zum

---

forschung der Wahrheit" nur die Notwendigkeit der Zwangsmaßnahme in dem konkreten Verfahren meint oder auch in beliebigen anderen Verfahren, in welchen Spuren oder Folgen am Körper des betreffenden Zeugen relevant sind; vgl. dazu LR[24]-*Dahs* § 81 c Rn. 17, 26; *Kleinknecht/Meyer-Goßner* § 81 c Rn. 15, 20; KMR-*Bosch* § 81 c Rn. 17 f.; KK-*Senge* § 81 c Rn. 5; AK-*Wassermann* § 81 c Rn. 5; 11; *Eisenberg*, Beweisrecht, Rn. 1664, 1668; *Benfer*, Grundrechtseingriffe, Kap. 7 Rn. 57; *Dzendzalowski*, Körperliche Untersuchung, S. 49 f., 52; *Schlüchter*, Strafverfahren, Rn. 193, 200.1.

[244] *Dzendzalowski*, Körperliche Untersuchung, S. 50.

[245] Zur Bedeutung der Regelung des § 81 c Abs. 5 S. 2 StPO und zur Frage, inwieweit dadurch auch die Verwertbarkeit von Zufallsfunden eingeschränkt wird, die angelegentlich rechtmäßig angeordneter Untersuchungen aufgefunden wurde, siehe näher sogleich im Text.

[246] Die Vorschrift des § 81 c Abs. 5 S. 2 StPO ist durch das Strafverfahrensänderungsgesetz - DNA-Analyse vom 17.03.1997 (BGBl. I S. 534) angefügt worden.

rechtskräftigen Abschluss des Verfahrens, in welchem die Blut- oder Zellentnahme angeordnet wurde. Maßgeblicher Zeitpunkt dafür soll nicht die Entnahme der Blutprobe oder Körperzelle sein, sondern der Zeitpunkt der Verwendung des Materials, worunter die Anordnung der Untersuchung des Materials zu verstehen sei.[247] Dies hat zur Folge, dass die Verwendung dem Zeugen rechtmäßig entnommener Blutproben oder Körperzellen als Beweismittel sowohl in Verfahren gegen ihn selbst als auch in Verfahren gegen andere Personen dann unzulässig ist, wenn dieses Verfahren nicht bis zum Zeitpunkt des rechtskräftigen Abschlusses des die Anordnungsgrundlage bildenden Verfahrens anhängig wurde. Umgekehrt bedeutet dies jedoch, dass dem Zeugen entnommene Blut- oder Zellproben bzw. die Ergebnisse ihrer Untersuchung gemäß § 81 c Abs. 5 S. 2 StPO i.V.m. § 81 a Abs. 3 StPO auch in andere als der Anordnung zugrunde liegenden Verfahren eingeführt werden dürfen, wenn diese zum Zeitpunkt des rechtskräftigen Abschlusses des der Blut- oder Zellentnahme zugrunde liegenden Verfahrens bereits anhängig waren. Inwieweit diese Regelung auch die Einleitung von Ermittlungsverfahren auf der Grundlage von Zufallsfunden ausschließt, die anlässlich rechtmäßig entnommener Blut- oder Zellproben entdeckt wurden, ist nicht klar ersichtlich.[248] Allerdings kann aus der Tatsache, dass § 81 a Abs. 3 StPO lediglich die Verwertung der Proben in Verfahren untersagt, die bis zum Zeitpunkt der *Rechtskraft* des Urteiles in dem die Anordnungsgrundlage bildenden Verfahren noch nicht anhängig waren, nicht jedoch ihre Einführung in Verfahren, die im Moment ihrer *Entnahme* noch nicht anhängig waren, geschlossen werden, dass die Einleitung von Ermittlungsverfahren auf der Grundlage derartiger Zufallsfunde wohl nicht völlig ausgeschlossen ist. Die Einleitung eines Ermittlungsverfahrens gegen den Zeugen oder eine andere Person aufgrund der bei der Analyse der entnommenen Blut- oder Zellprobe aufgefundenen Untersuchungsergebnisse ist vielmehr erst nach dem rechtskräftigen Abschluss des zugrunde liegenden Verfahrens unzulässig; bis zum Zeitpunkt des Eintrittes der Rechtskraft ist die Einleitung eines derartigen Verfahrens sowohl gegen den Zeugen als auch gegen andere Personen demgegenüber statthaft. Für diese Ansicht spricht auch, dass die entnommene Blut- und Zellprobe erst mit Eintritt der Rechtskraft des Urteiles im zugrunde liegenden Verfahren gemäß § 81 c Abs. 5 S. 2 StPO

---

[247] So *Senge*, NJW 1997, 2409 (2410).

[248] Bis zur Einführung des § 81 c Abs. 5 S. 2 StPO ist auf die Verwertbarkeit von Zufallsfunden im Rahmen der körperlichen Untersuchung von Zeugen weder vom Gesetzgeber eingegangen worden, noch haben sich, soweit ersichtlich, Rechtsprechung und Literatur mit diesem Thema befasst.

i.V.m. § 81 a Abs. 3 2. Halbsatz StPO zu vernichten ist.[249]
Die Regelung des § 81 c Abs. 5 S. 2 StPO i.V.m. § 81 a Abs. 3 StPO bezieht sich nach ihrem ausdrücklichen Wortlaut jedoch lediglich auf die Verwendung von dem Zeugen entnommenen Blutproben oder sonstigen Körperzellen. Auf die bei einer körperlichen Untersuchung des Zeugen nach § 81 c Abs. 1 StPO an seinem Körper aufgefundenen Spuren oder Folgen einer Tat, die weder Gegenstand des die Grundlage der Untersuchungsanordnung bildenden noch eines anderen anhängigen Strafverfahrens ist, nimmt die Vorschrift nach ihrem eindeutigen Wortlaut keinen Bezug. Mithin ist anzunehmen, dass die Verwertung der Ergebnisse einer körperlichen Untersuchung des Zeugen nach § 81 c Abs. 1 StPO allein im Rahmen des der Untersuchung zugrundeliegenden Verfahrens statthaft ist. Nach der hier vertretenen Auffassung bedeutet dies im Umkehrschluss, dass anlässlich derartiger Untersuchungen aufgefundene Zufallsfunde weder zum Anlass für die Einleitung eines Ermittlungsverfahrens gegen den Zeugen oder eine andere Person genommen werden dürfen noch in Verfahren verwertet wer-

---

[249] Somit ist mit dieser Regelung die im Rahmen der Durchsuchung und der Überwachung des Fernmeldeverkehrs angewandte Praxis innerhalb der strafprozessualen Zwangsmaßnahme der körperlichen Untersuchung für die zwangsweise Entnahme von Blut- oder Zellproben nur teilweise übernommen worden. Denn nach § 108 StPO, der vor der Einführung des § 81 c Abs. 5 S. 2 StPO wohl analog heranzuziehen war, ist die einstweilige Beschlagnahme von Zufallsfunden, die auf die Begehung einer bisher unbekannten oder einer bereits in einem Ermittlungsverfahren untersuchten Tat hinweisen, zunächst statthaft (KK-*Nack* § 108 Rn. 1; *Kleinknecht/Meyer-Goßner* § 108 Rn. 1). Nach der einstweiligen Beschlagnahme des Zufallsfundes hat jedoch entweder die Einleitung eines neuen Ermittlungsverfahrens gegen den von der Durchsuchung Betroffenen oder einen Dritten zu erfolgen oder aber die Beschlagnahme muss aufgehoben und die Sache freigegeben werden (BGHSt 19, 374 [376]; BGHSt 28, 349 [350]; OLG Hamm NJW 1985, 163; vgl. auch OLG Düsseldorf NJW 1993, 3278; LR[24]-*Schäfer* § 108 Rn. 13 ff.; KK-*Nack* § 108 Rn. 5). § 108 StPO gestattet mithin die Einleitung von Ermittlungsverfahren auf der Grundlage der bei rechtmäßigen Durchsuchungen aufgefundenen Zufallsfunde. Dies wurde auch innerhalb des § 100 a StPO allgemein als statthaft angesehen. So ist zwar die unmittelbare Verwertung von Zufallserkenntnissen hinsichtlich des Beschuldigten (*Kleinknecht/Meyer-Goßner* § 100 a Rn. 19; *Knauth*, NJW 1977, 1510 [1511]; *Peters*, Strafprozeß, S. 452) oder eines Dritten (BGHSt 26, 298 [302]; BGHSt 32, 10 [15]; BGH wistra 1991, 146; *Kleinknecht/Meyer-Goßner* § 100 a Rn. 20; *Knauth*, NJW 1977, 1510 [1512]) nur dann zulässig, wenn diese sich auf Katalogtaten beziehen, unbeschränkt statthaft ist jedoch die mittelbare Verwertung auch von Zufallsfunden, die sich nicht auf Katalogtaten beziehen in der Weise, dass diese zur Grundlage von Ermittlungsverfahren gegen den Beschuldigten (BGHSt 27, 355; KK-*Nack* § 100 a Rn. 50; *Kleinknecht/Meyer-Goßner* § 100 a Rn. 19; *Welp*, JZ 1973, 289 [290]) oder einen Dritten (*Kleinknecht/Meyer-Goßner* § 100 a Rn. 20; KK-*Nack* § 100 a Rn. 50) gemacht werden können.

den dürfen, die zum Zeitpunkt des rechtskräftigen Abschlusses des der Untersuchung zugrunde liegenden Verfahrens noch nicht anhängig waren, wobei freilich die Gefahr besteht, dass diese Funde zum Anlass genommen werden, nach anderen - die Einleitung eines Strafverfahrens rechtfertigenden - Verdachtsmomenten zu suchen.

bb) Maßnahmen nach § 81 e StPO

Da die Vorschrift des § 81 e Abs. 1 StPO, welche die Voraussetzungen für die Durchführung einer DNA-Analyse an Körpermaterial des Zeugen regelt, im Unterschied zu den Regelungen der §§ 81 c Abs. 1 und 2 StPO nicht dem Aufklärungsgrundsatz unterliegt, erscheint die Einleitung eines Ermittlungsverfahrens gegen den Zeugen selbst oder einen seiner Angehörigen aufgrund der durch die DNA-Analyse erzielten Ergebnisse zunächst als einschränkungslos zulässig. Beschränkungen für eine derartige Vorgehensweise ergeben sich jedoch bei der Betrachtung des § 81 e Abs. 2 S. 2 StPO. Demgemäß gilt § 81 a Abs. 3 1. Halbsatz StPO für Maßnahmen nach § 81 e StPO entsprechend. Das hat zur Folge, dass auch Untersuchungen nach § 81 e StPO nur dann zulässig sind, wenn die Frage der Abstammung oder ob das Spurenmaterial von dem Verletzten oder dem Beschuldigten stammt, im *zugrunde liegenden* oder einem *anderen anhängigen* Strafverfahren relevant ist. Damit ist, wie sich aus der oben stehenden Untersuchung[250] ergibt, die hier herangezogen werden kann, die Verwendung der Ergebnisse der DNA-Analyse an Spurenmaterial des Zeugen als Beweismittel sowohl in Verfahren gegen ihn selbst als auch in Verfahren gegen andere Person dann unzulässig, wenn diese Verfahren nicht bis zum Zeitpunkt des rechtskräftigen Abschlusses des die Anordnungsgrundlage bildenden Verfahrens anhängig wurden. Hinsichtlich der Einführung der Untersuchungsergebnisse in das der Anordnung zugrunde liegende Verfahren oder in andere Strafverfahren, die zum Zeitpunkt der Rechtskraft des Urteiles in dem der DNA-Analyse zugrunde liegenden Verfahrens bereits anhängig waren, enthält § 81 e Abs. 2 S. 2 StPO i.V.m. § 81 a Abs. 3 StPO keine Einschränkung. Demnach ist - wie oben bereits ausführlich erläutert -[251] auch die Einleitung eines Ermittlungsverfahrens auf der Grundlage der bei der DNA-Analyse von Spurenmaterial des Zeugen nach § 81 e StPO erzielten Ergebnisse zulässig, wenn dies bis zum rechtskräftigen Abschluss des der DNA-Analyse zugrunde liegenden Verfahrens erfolgt.

---

[250] Siehe 1. Teil B IV 3 a aa.

[251] Dazu 1. Teil B IV 3 a aa.

cc) Fazit

Die praktische Bedeutung eines Untersuchungsverweigerungsrechtes aus § 81 c Abs. 3 StPO i.V.m. § 55 StPO ist zwar gegenwärtig als eher gering anzusehen, da nach der hier vertretenen Ansicht die Einleitung eines Ermittlungsverfahrens aufgrund von Zufallsfunden bei einer körperlichen Untersuchungen unzulässig ist. Sie kann jedoch nicht vollständig negiert werden. So ist die Beantwortung der Frage, ob der Zeuge berechtigt ist, die Blutprobenentnahme oder DNA-Analyse nach § 81 c Abs. 3 StPO i.V.m. § 55 Abs. 1 1. Alt. StPO zu verweigern, dann von Bedeutung, wenn die Möglichkeit besteht, dass es anlässlich dieser prozessualen Zwangsmaßnahmen zu Zufallsfunden kommt, die den Zeugen selbst in die Gefahr der Verfolgung wegen einer Straftat oder Ordnungswidrigkeit bringen. Dies wäre beispielsweise dann der Fall, wenn in einem Strafverfahren dem Opfer einer Straftat zu Beweiszwecken Blut entnommen werden bzw. an Spurenmaterial seines Körpers eine DNA-Analyse durchgeführt werden soll und die Ergebnisse dieser Maßnahmen geeignet wären, es selbst in die Gefahr der Strafverfolgung zu bringen.

Beispiel: Dem A, der behauptet von B überfallen und zusammengeschlagen worden zu sein, soll Blut entnommen werden, um zu überprüfen, ob die in den Zellen des Blutes enthaltene DNA mit der DNA übereinstimmt, die sich aus den Hautresten unter B's Fingernägeln ermitteln ließ. A befürchtet, dass hierdurch seine Beteiligung an einem früheren Banküberfall entdeckt werden könnte, für den noch kein Täter ermittelt werden konnte, obwohl die Polizei am Tatort eine Strumpfmaske vorfand, in welcher sich Haare befanden, die offensichtlich vom Täter stammten.

In diesem Beispiel ist die Blutentnahme mit § 81 c Abs. 2 StPO vereinbar, da sie der Wahrheitsermittlung in dem der Anordnung zugrundeliegenden Verfahren dienen soll. Die Voraussetzungen des § 81 e StPO sind ebenfalls erfüllt, so dass auch eine DNA-Analyse des Blutes zulässig wäre. Die Ergebnisse der Blutentnahme und der DNA-Analyse brächten den A jedoch in die Gefahr, wegen einer Straftat verfolgt zu werden, wobei - wie oben ausführlich erläutert - diese Resultate Grundlage eines Strafverfahrens gegen A sein könnten, wenn das Verfahren gegen ihn bis zur Rechtskraft des Urteiles in dem Strafverfahren gegen B anhängig werden würde.[252] Die Gewährung

---

[252] Auch § 81 g StPO steht der Einleitung eines Ermittlungsverfahrens auf der Grundlage der Ergebnisse dieser DNA-Analyse bzw. der Verwertung der Ergebnisse in einem künftigen Strafverfahren, welches bis zum rechtskräftigen Abschluss des Verfahrens gegen B anhängig wird, nicht entgegen, da diese Vorschrift lediglich die Durchführung

eines Untersuchungsverweigerungsrechtes aus § 81 c Abs. 3 StPO i.V.m. § 55 Abs. 1 1. Alt. StPO wäre damit für den A in diesem Fall von entscheidender Bedeutung, da er nur dann zur Verweigerung der Blutprobenentnahme bzw. DNA-Analyse berechtigt wäre.
Mit der Nutzbarmachung der DNA-Analyse für die Zwecke der Strafverfolgung und der positiv-gesetzlichen Regelung ihrer Verwendung im Rahmen von Strafverfahren hat sich - wie das oben stehende Beispiel verdeutlicht - der praktische Anwendungsbereich für ein Untersuchungsverweigerungsrecht dabei in den von § 55 Abs. 1 1. Alt. StPO erfassten Fällen erheblich erweitert. Denn gerade diese Maßnahme der Beweisermittlung wird in nicht wenigen Fällen die Identifizierung von Tatortspuren früherer Straftaten ermöglichen und die Zeugen - insbesondere wenn es sich um Straftaten handelt, die innerhalb desselben Milieus begangen wurden - nicht selten selbst in die Gefahr der Strafverfolgung bringen.

Diese Ausführungen haben noch einmal verdeutlicht, dass unter Beachtung aller Voraussetzungen des § 81 c Abs. 2 StPO und § 81 e StPO angeordnete Blutprobenentnahmen oder DNA-Analysen durchaus geeignet sind, den Zeugen in die Gefahr der Strafverfolgung zu bringen. Daher ist es erforderlich, die Frage zu beantworten, ob der Sinn und Zweck von Auskunftsverweigerungs- und Untersuchungsverweigerungsrecht die Einräumung eines Untersuchungsverweigerungsrechtes in den von § 55 Abs. 1 1. Alt. StPO erfassten Fällen fordern.

Dies gilt auch, wenn die Ergebnisse einer Blutprobenentnahme beim Zeugen bzw. die Resultate einer DNA-Analyse an Körpermaterial des Zeugen geeignet wären, einen Angehörigen bzw. Lebenspartner des Zeugen i.S. des § 52 StPO in die Gefahr der Strafverfolgung zu bringen. In diesem Zusammenhang kann auf das oben bereits angeführte *Beispiel*[253] verwiesen werden:

> In einem Strafverfahren besteht die Möglichkeit, dass durch die DNA-Analyse von am Körper des sexuell missbrauchten Kindes aufgefundenem Material die Tatbeteiligung eines seiner Angehörigen offenbar wird.

Demgemäß stellt sich hinsichtlich der dem Aufklärungsgrundsatz nicht unterliegenden DNA-Analyse nach § 81 e StPO bzw. Blutprobenentnahme

---

von DNA-Analysen *allein* zu dem Zweck der Feststellung der Identität in einem zukünftigen Strafverfahren verbietet bzw. auf wenige Ausnahmen beschränkt; dazu ausführlich KK-*Senge* § 81 g Rn. 1.

[253] Vgl. das Bsp. in Fn. 230.

nach § 81 c Abs. 2 StPO, die zwar mit dem Ziel angeordnet wurde, Beweismaterial hinsichtlich der dem Beschuldigten zur Last gelegten Tat zu erlangen, gleichzeitig aber die Aufdeckung einer Straftat zur Folge haben könnte, die durch einen Angehörigen des zu untersuchenden Zeugen verübt wurde, die Frage, ob § 81 c Abs. 3 StPO bei Vorliegen der Voraussetzungen des § 55 Abs. 1 2. Alt. StPO das Recht gibt, derartige Maßnahmen im Rahmen eines Strafverfahrens zu verweigern. Somit hat die Problematik der Gewährung eines Untersuchungsverweigerungsrechtes in den von § 55 Abs. 1 StPO erfassten Fällen auch bei einer möglichen Angehörigenbelastung i.S. des § 55 Abs. 1 2. Alt. StPO praktische Relevanz.[254]

b) Auslegung der §§ 55 und 81 c Abs. 3 StPO nach ihrem Sinn und Zweck

Nachdem festgestellt wurde, dass die Einräumung eines Untersuchungsverweigerungsrechtes sowohl für Auskunftsverweigerungsberechtigte nach § 55 Abs. 1 1. Alt. StPO als auch für Zeugen, die aufgrund ihrer besonderen verwandtschaftlichen Beziehung zum Beschuldigten zur Verweigerung der Auskunft nach § 55 Abs. 1 2. Alt. StPO berechtigt sind, durchaus von praktischer Bedeutung ist, bleibt nunmehr zu untersuchen, ob unter dem Blickwinkel der Schutzzwecke der §§ 81 c Abs. 3 und 55 StPO den Zeugen in derartigen Fällen ein Untersuchungsverweigerungsrecht einzuräumen ist. Dabei ist jedoch bei der Beantwortung der Frage, ob der Sinn und Zweck der §§ 81 c Abs. 3 und 55 StPO für oder gegen die Einräumung eines Untersuchungsverweigerungsrechtes im Falle des Vorliegens der Voraussetzungen dieser Vorschriften spricht, zwischen dem Auskunftsverweigerungsrecht aus § 55 Abs. 1 1. Alt StPO und dem Recht zur Verweigerung der Auskunft aus § 55 Abs. 1 2. Alt. StPO zu unterscheiden. Denn beide Tatbestandsalternativen sind einander völlig verschieden,[255] da sie zum einen unterschiedliche Personenkreise erfassen und zum anderen - wie unten näher darzustellen sein

[254] Auch in den Konstellationen der möglichen Angehörigenbelastung dürfte die Bedeutung eines Untersuchungsverweigerungsrechtes aus § 81 c Abs. 3 StPO i.V.m. § 55 StPO mit der Einführung der DNA-Analyse durch § 81 e StPO in den Strafprozess zugenommen haben und weiterhin steigen, da sich am Körper des Zeugen aufgefundenes Spurenmaterial nunmehr weitaus besser identifizieren lässt und die Gefahr wächst, dass dadurch ein Angehöriger des Zeugen als Täter einer an dem Zeugen verübten Straftat entdeckt wird.

[255] *Geerds*, FS-Stock, S. 177 (185).

wird -[256] vollkommen divergierenden Schutzzwecken dienen.[257]

aa) Schutzzwecke des 55 Abs. 1 1. Alt. StPO

Die Vorschrift des § 55 Abs. 1 1. Alt. StPO räumt jeder Person, die als Zeuge in einem Strafverfahren auftritt, das Recht ein, die Auskunft auf solche Fragen zu verweigern, deren Beantwortung sie selbst in die Gefahr bringen würde, wegen einer Straftat oder Ordnungswidrigkeit verfolgt zu werden. Damit entfaltet eines der grundlegendsten, die moderne Strafprozessordnung wie ein „roter Faden"[258] durchziehendes Prinzip seine Wirkung auch für den nichtbeschuldigten Zeugen, der „eherne"[259], „rechtsstaatliche"[260] Grundsatz, dass niemand gezwungen werden darf, sich selbst zu belasten: „Nemo tenetur se ipsum accusare!" Der Zeuge soll sich nicht aufgrund der ihm auferlegten Pflicht zur Aussage selbst belasten und sich dadurch in die Gefahr der Strafverfolgung bringen müssen.[261]
Das Auskunftsverweigerungsrecht aus § 55 Abs. 1 1. Alt. StPO beruht dabei auf der Erkenntnis, dass nach der Ablösung des Inquisitionsprozesses dem bei der Schaffung einer modernen Strafprozessordnung als wesentlich erkannten „nemo-tenetur"-Grundsatz nur dann entsprochen wird, wenn bereits dem Zeugen, der Gefahr läuft, durch seine Aussage zum Beschuldigten zu werden, und nicht erst dem Beschuldigten, das Recht zugestanden wird, selbstbelastende Aussagen zu verweigern. Denn die mit § 55 Abs. 1 1. Alt. StPO erreichte Ausdehnung des „nemo tenetur"-Prinzips auf diejenigen Personen, denen im Prozess (noch) nicht die formelle Rolle eines Beschul-

---

[256] Dazu näher unter 1. Teil B IV 3 b aa und bb.

[257] Dieser Umstand wird offenbar von denjenigen Autoren übersehen, die sowohl die Gewährung eines Untersuchungsverweigerungsrechtes in den Fällen des § 55 Abs. 1 1. Alt. StPO als auch ein Untersuchungsverweigerungsrecht in den von § 55 Abs. 1 2. Alt. StPO mit den gleichen Argumenten ablehnen; vgl. dazu Fn. 218.

[258] So sind die §§ 136 Abs. 1 S. 2, 136 a, 163 a Abs. 3 S. 2 und Abs. 4 S. 2, 243 Abs. 4 S. 1 StPO Ausprägung dieser Prozessmaxime.

[259] *Schäfer*, FS-Dünnebier, S. 11.

[260] BVerfGE 38, 105 (113).

[261] Vgl. z.B. BVerfGE 38, 105 (113); BVerfG NStZ 1985, 277; RGSt 36, 114 (116) BGHSt 1, 39 (40); BGHSt 11, 213 (216 f.); LR[25]-*Dahs* § 55 Rn. 1; KK-*Senge* § 55 Rn. 1; KMR-*Paulus* § 55 Rn. 2; *Helgerth*, Der Verdächtige, S. 76.

digten zukommt[262] ist nach dem Willen des Gesetzgebers „das notwendige Korrelat des Grundsatzes, dass ein Beschuldigter nicht zu einer Aussage wider sich selbst gezwungen werden dürfe."[263] Der *verdächtige* Zeuge soll nämlich nicht, nur weil er formell kein Beschuldigter im Sinne der StPO ist, ohne den Schutz des Grundsatzes der Selbstbezichtigungsfreiheit auskommen müssen.[264] Dies beruht auf der - zutreffenden - Annahme, dass seine Lage in der Situation, in der er Gefahr läuft, sich durch seine Aussage möglicherweise selbst zu belasten, eher der eines Beschuldigten als der eines Zeugen vergleichbar ist.[265] Mithin kann festgestellt werden, dass die Vorschrift des § 55 Abs. 1 1. Alt. StPO der Ausdehnung des „nemo tenetur"-Prinzips und damit des Schutzbereiches von § 136 Abs. 1 S. 2 bzw. § 243 Abs. 4 S. 1 StPO auf die Zeit, bevor der aussagende Zeuge formell zum Beschuldigten in einem Strafverfahren wird, dient, auch wenn es nie zur Einleitung eines Ermittlungsverfahrens gegen den Zeugen kommt.[266]
Diesem Ergebnis steht auch nicht - der möglicherweise zu erhebende - Einwand entgegen, dass der Gesetzgeber, sofern er mit der Vorschrift des § 55 Abs. 1 1. Alt. StPO tatsächlich nur den Schutzbereich von § 136 Abs. 1 S. 2 StPO erweitern wollte, dem Zeugen ein *umfassendes* und nicht lediglich partielles Weigerungsrecht eingeräumt hätte, wie es in § 136 Abs. 1 S. 2 StPO auch geschehen ist. Denn die Gewährung eines generellen Weigerungsrechtes ist in den Fällen des § 55 Abs. 1 1. Alt. StPO nicht erforderlich. So wird die Aussage eines Zeugen, wenn sich, wie in den von § 55 Abs. 1 1. Alt. StPO erfassten Konstellationen das Verfahren (noch) gegen eine andere Person richtet, nur selten in ihrer Gesamtheit geeignet sein, den Zeugen selbst in die Gefahr der Verfolgung wegen einer Straftat zu bringen.[267] Es ist daher kein Grund ersichtlich für den Verzicht auf die Beantwortung solcher Fragen, die vollkommen ungeeignet sind, den Zeugen

---

[262] *Mitsch*, JZ 1992, 174 (175); *Geerds*, FS-Stock, S. 171 (186); *Rogall*, Der Beschuldigte, S. 61 f.

[263] Siehe *Hahn*, Motive, S. 107.

[264] *Mitsch*, JZ 1992, 174 (175); *Rogall*, Der Beschuldigte, S. 62; *Helgerth*, Der Verdächtige, S. 104.

[265] BVerfGE 38, 105 (113); *Bringewat*, JZ 1981, 289 (294); *Rogall*, NJW 1978, 2535 (2536); *Hammerstein*, NStZ 1981, 125; *Montenbruck*, ZStW 89 (1977), 878 (888); *Geerds*, FS-Stock, S. 171 (185, 189).

[266] *Mitsch*, JZ 1992, 174 (175); *Geerds*, FS-Stock, S. 171 (185 f.); *Rogall*, Der Beschuldigte, S. 61 f.; ähnlich *Rengier*, Zeugnisverweigerungsrechte, S. 54; *Baier*, Strafprozessuale Zeugnisverweigerungsrechte, S. 63.

[267] *Rogall*, NJW 1978, 2535 (2537); *Schlüchter*, Strafverfahren, Rn. 493.

zu belasten.[268] Denn wenn der Aussagende keine der an ihn gestellten Fragen beantworten kann, ohne dadurch unweigerlich sich selbst der Gefahr der Strafverfolgung auszusetzen, so weitet sich das ursprünglich auf einzelne Fragen beschränkte Auskunftsverweigerungsrecht ohnehin für den Zeugen zur Befugnis aus, die gesamte Aussage im Strafverfahren zu verweigern.[269] Demgemäß wird die Einräumung eines bloßen partiellen Aussageverweigerungsrechtes durch § 55 Abs. 1 1. Alt. StPO den mit § 136 Abs.1 S. 2 StPO verfolgten Zielen in der Zeit vor der Einleitung eines Strafverfahrens gegen den aussagenden Zeugen vollkommen gerecht.[270] Die Einräumung einer generellen Schweigebefugnis ist somit vielmehr in den Fällen des § 55 Abs. 1 1. Alt StPO überflüssig, sie hätte lediglich zur Folge, dass dem Gericht unter Umständen wertvolle Beweise verloren gingen, obwohl die Beantwortung „unverfänglicher" Fragen keinerlei Beeinträchtigungen für den Aussagenden nach sich gezogen hätte.

bb) Schutzwecke des § 55 Abs. 1 2. Alt StPO

In seiner zweiten Tatbestandsalternative räumt § 55 Abs. 1 StPO dem aussagenden Zeugen das Recht ein, die Auskunft auf solche Fragen zu verweigern, deren Beantwortung eine der in § 52 Abs. 1 StPO genannten Personen in die Gefahr bringen würde, wegen einer Straftat oder Ordnungswidrigkeit verfolgt zu werden. Dem Zeugen in einem Strafverfahren wird damit eine unfreiwillige Aussage gegen einen Angehörigen bzw. Lebenspartner oder Verlobten auch dann erspart, wenn dieser noch nicht Beschuldigter in einem Strafverfahren ist.

Diese Befreiung von der grundsätzlichen Aussagepflicht beruht auf der Kongruenz der Situation derjenigen Zeugen, die gegen bereits beschuldigte Angehörige aussagen sollen und der Lage von Zeugen, die durch ihre Aussage den Angehörigen erst in die Gefahr bringen, Beschuldigter in einem Strafverfahren zu werden.[271] Denn auch wenn gegen den Angehörigen des Zeugen noch kein Ermittlungsverfahren eingeleitet worden ist, können für

---

[268] *Rogall*, NJW 1978, 2535 (2537).

[269] BGHSt 10, 104 (105); BGHSt 17, 245 (247); BGH StV 1987, 328 f.; *Eb. Schmidt*, Lehrkomm., Nachtrag II, § 55 Rn. 2; KMR-*Paulus* § 55 Rn. 5; KK-*Senge* § 55 Rn. 2; *Eisenberg*, Beweisrecht, Rn. 1115; *Geerds*, FS-Stock, S. 171; *Thomas*, NStZ 1982, 489 (493); *Schäfer*, Praxis des Strafverfahrens, Rn. 993; *Peters*, Strafprozeß, S. 353; *Roxin*, Strafverfahrensrecht, § 26 Rn. 30.

[270] *Rogall*, NJW 1978, 2535 (2537).

[271] *Geerds*, FS-Stock, S. 171 (185); *Rengier*, JR 1982, 477 (478).

den Zeugen schwere Konflikte entstehen aus dem Zwang, den Angehörigen im Rahmen seiner Aussagepflicht zu belasten, einerseits und dem Bestreben, familiäre Solidarität zu üben und seinen Verwandten zu schützen, andererseits.[272] Die Familie oder Lebenspartnerschaft des Zeugen bzw. ihr innerer Zusammenhalt ist durch eine Aussage, welche für ein Familienmitglied die Gefahr der Einleitung eines Ermittlungsverfahrens erst heraufbeschwört, nicht minder bedroht, als wenn der Zeuge in einem bereits eingeleiteten Ermittlungsverfahren gegen den Angehörigen aussagen würde.[273] Der einzige Unterschied zu den von § 52 StPO erfassten Konstellationen ist von bloßer formeller Art und besteht darin, dass der Angehörige des aussagenden Zeugen sich hier lediglich in einer „etwas anderen prozessualen Situation"[274] befindet,[275] in der er noch nicht die Stellung eines Beschuldigten in einem Strafverfahren innehat. Daher hat der Gesetzgeber dem Zeugen durch § 55 Abs. 1 2. Alt. StPO in dieser Lage „dieselbe materielle Rechtsstellung"[276] gewährt, die er aufgrund des § 52 StPO innehätte, sofern der Angehörige, den zu belasten der Zeuge Gefahr läuft, bereits Beschuldigter wäre. Denn es ist nach Auffassung der Verfasser der RStPO „ebenso ein Gebot der Gerechtigkeit wie auch der Folgerichtigkeit ..."[277], dass dem Zeugen das Recht, sein Zeugnis zu verweigern, nicht erst dann zugestanden wird, wenn gegen den nahen Angehörigen oder - nunmehr auch - Lebenspartner des Zeugen bereits ein Ermittlungsverfahren eingeleitet worden ist, „... sondern auch schon dann, wenn erst durch den Inhalt des verlangten Zeugnisses eine Strafverfolgung gegen denselben herbeigeführt werden würde"[278]. Mithin wurden durch den Gesetzgeber mit § 55 Abs. 1 2. Alt. StPO die gleichen Schutzzwecke wie mit § 52 StPO verfolgt.[279] Die Vor-

---

[272] *Schütz*, Verletzung des § 55 StPO als Revisionsgrund, S. 171; *Alsberg/Nüse*, Beweisantrag, S. 100.

[273] So auch *Dingeldey*, JA 1984, 407 (410), der § 55 Abs. 1 2. Alt. StPO wie § 52 StPO zutreffend als Ausfluss von Art. 6 GG ansieht, und damit dazu bestimmt, Ehe und Familie des Zeugen zu schützen.

[274] *Geerds*, FS-Stock, S. 171 (185).

[275] *Mitsch*, JZ 1992, 174 (175); *Geerds*, FS-Stock, S. 171 (185 und 177 in Fn. 30).

[276] *Mitsch*, JZ 1992, 174 (175).

[277] *Hahn*, Motive, S. 107.

[278] *Hahn*, Motive, S. 107.

[279] So schon *Wach*, GS 66 (1905), 1 (10); ebenso *Baier*, Strafprozessuale Zeugnisverweigerungsrechte, S. 64.

schrift dient in diesem Sinne der Ausdehnung[280] bzw. zeitlichen Vorverlagerung des Schutzbereiches von § 52 StPO auf den Zeitraum, bevor der Angehörige bzw. Lebenspartner des Zeugen durch die Einleitung eines gegen ihn gerichteten Ermittlungsverfahrens[281] zum Beschuldigten wird, was die nahezu völlige Identität[282] von § 52 StPO und § 55 Abs. 1 2. Alt. StPO sowie den Umstand, dass zwischen diesen Normen „kein wesensmäßiger Unterschied“[283] besteht, zur Folge hat.[284]
Zusammenfassend kann damit festgehalten werden, dass die Vorschrift des § 55 Abs. 1 StPO in ihrer 2. Alternative der Ausweitung der Schutzzwecke des Zeugnisverweigerungsrechtes aus § 52 StPO auf die Zeit, bevor der Angehörige oder Lebenspartner des Zeugen selbst Beschuldigter in einem Strafverfahren ist, dient.
Auch gegen dieses Ergebnis greift nicht das Argument, dem Zeugen wäre

---

[280] AK-*Kühne* § 55 Rn. 1.

[281] Der Angehörige des Zeugen wird erst mit der Einleitung eines gegen ihn gerichteten Ermittlungsverfahrens zum Beschuldigten; vgl. dazu *Rogall*, Der Beschuldigte, S. 25 f.

[282] RGSt 40, 46 (48); LR[25]-*Dahs* § 55 Rn. 3; *Rengier*, Zeugnisverweigerungsrechte, S. 55.

[283] So *Schütz*, Verletzung des § 55 StPO als Revisionsgrund, S. 70 ff.

[284] Nach einer vorzugswürdigen Ansicht in der Literatur verdrängt deshalb auch die Vorschrift § 52 StPO die des § 55 Abs. 1 2. Alt. StPO. Ist der Angehörige bereits Beschuldigter, so steht dem Zeugen lediglich das Weigerungsrecht aus § 52 StPO zur Verfügung, § 55 Abs. 1 2. Alt StPO kommt nur zur Anwendung, sofern gegen den Angehörigen oder Lebenspartner des Zeugen noch kein Ermittlungsverfahren eingeleitet worden ist; so *Kleinknecht/Meyer-Goßner* § 55 Rn. 1; *Geerds*, FS-Stock, S. 171 (177 in Fn. 30); *Mitsch*, JZ 1992, 174 (175). § 52 StPO und § 55 Abs. 1 2. Alt StPO sind daher nicht alternativ nebeneinander anwendbar; so aber BGHSt 11, 213 (216); BGH NStZ 1988, 561 (562); ebenso BayObLG JZ 1953, 702 (703); KMR-*Paulus* § 55 Rn.4; KK-*Senge* § 55 Rn. 11, mit der unzutreffenden Begründung, beide Weigerungsrechte würden auf von einander abweichenden gesetzgeberischen Gründen beruhen. Von den Vertretern dieser Auffassung wird jedoch übersehen, dass die Vorschrift des § 55 StPO zwei Weigerungsrechte enthält und nicht nur das von ihnen zur Begründung ihrer Ansicht stets allein angeführte Recht; die Auskunft auf selbstbelastende Fragen zu verweigern; vgl. nur BGHSt 11, 213 (216); BGHSt 1, 39 (40). Dieses Recht aus § 55 Abs. 1 1. Alt. StPO freilich beruht auf gänzlich anderen Schutzzwecken als das Zeugnisverweigerungsrecht aus § 52 StPO, nicht jedoch, die sich aus § 55 Abs. 1 2. Alt. StPO ergebende Befugnis, die Auskunft auf solche Fragen zu verweigern, die einen Angehörigen des Zeugen in die Gefahr der Verfolgung wegen einer Straftat oder Ordnungswidrigkeit bringen. Für die hier vertretene Ansicht spricht auch die vom Gesetzgeber für die Einführung des § 55 Abs. 1 2. Alt. StPO angeführte Begründung (dazu oben Fn. 278), wonach dieser offensichtlich davon ausging, dass § 52 StPO nur Anwendung finden soll, wenn gegen den Angehörigen des Zeugen bereits ein Ermittlungsverfahren eingeleitet worden ist. Vor diesem Zeitpunkt soll der Zeuge jedoch zur Auskunftsverweigerung gemäß § 55 Abs. 1 2. Alt. StPO berechtigt sein.

durch den Gesetzgeber ein umfassendes Weigerungsrecht eingeräumt worden, sofern er ihn bereits vor der Einleitung eines Ermittlungsverfahrens vor den von § 52 StPO erfassten Konfliktslagen hätte bewahren wollen. Denn auch in diesen Fällen ist der Aussagende durch ein partielles Aussageverweigerungsrecht hinreichend geschützt, so dass ein vollständiger Verzicht auf dieses Beweismittel bei der Gefahr der Angehörigenbelastung durch die Aussage nicht notwendig ist und lediglich zur Folge hätte, dass die Ermittlungsperson möglicherweise wertvoller Beweise beraubt werden würde, auch wenn diese nicht geeignet sind, einen Angehörigen des Zeugen in die Gefahr der Strafverfolgung zu bringen.

cc) Konsequenzen für die Gewährung eines Untersuchungsverweigerungsrechtes aus § 81 c Abs. 3 StPO i.V.m. § 55 StPO

(1) Auskunftsverweigerungsrecht in den Fällen möglicher Selbstbelastung gemäß § 55 Abs. 1 1. Alt. StPO

Sieht man einmal von der Vorschrift des § 54 Abs. 1, 2 StPO ab, die aber ohnehin eine Sonderstellung einnimmt,[285] zeigt sich mit § 55 Abs. 1 1. Alt. StPO im Rahmen dieser Untersuchung erstmals ein strafprozessuales Zeugnisverweigerungsrecht, welches nicht auf einer besonderen Beziehung zwischen dem Zeugen und dem Beschuldigten, sondern allein auf der Person des Zeugen beruht. Grundlage der Zeugnisverweigerungsrechte aus §§ 52, 53, 53 a StPO sind stets das spezielle Verhältnis zwischen dem Beschuldigten und dem im Strafverfahren gegen ihn aussagenden Zeugen sowie die sich aus diesem Verhältnis und der Verpflichtung des Zeugen zur wahrheitsgemäßen Aussage ergebenden Konflikte. Das Untersuchungsverweigerungsrecht aus § 81 c Abs. 3 StPO dient dabei der Ausdehnung dieser Schutzrichtungen der Zeugnisverweigerungsrechte auf die körperliche Untersuchung bzw. Blutprobenentnahme oder DNA-Analyse an zeugnisverweigerungsberechtigten Aussagepersonen. Demgemäß ist Grundlage auch des Untersuchungsverweigerungsrechtes stets eine besondere, auf einem Verwandtschafts- oder Vertrauensverhältnis fußende Beziehung zwischen dem zu untersuchenden Zeugen und dem Beschuldigten des Verfahrens. Mit diesem Charakter des Untersuchungsverweigerungsrechtes lässt sich jedoch die Einräumung eines Rechtes zur Verweigerung der Blutprobenentnahme oder DNA-Analyse aus § 81 c Abs. 3 StPO i.V.m. § 55 Abs. 1 1. Alt. StPO nicht vereinbaren. Denn die Befugnis, die Auskunft nach § 55 Abs. 1 1. Alt. StPO zu verweigern, dient nicht dem Schutz eines besonderen Verhältnisses

[285] Dazu ausführlich oben 1. Teil B III 1 a.

zwischen dem Zeugen und dem Beschuldigten und seiner Bewahrung vor einer möglichen Störung durch eine gegen den Beschuldigten gerichtete Aussage des Zeugen. Vielmehr soll diese Vorschrift - wie bereits dargelegt -[286] allein die Person des Zeugen vor einer möglichen Selbstbelastung im Vorfeld eines möglichen Ermittlungsverfahrens schützen, indem sie den Anwendungsbereich des in den § 136 Abs. 1 StPO und § 243 Abs. 4 S. 1 StPO verankerten nemo-tenetur-Prinzips auf diesen Zeitpunkt ausweitet. Der bloße Schutz des Zeugen vor der Belastung seiner Person durch eine an ihm vorgenommene Blutprobenentnahme bzw. DNA-Analyse fällt jedoch, auch wenn gegen ihn noch kein Ermittlungsverfahren eingeleitet worden ist, nicht unter den oben herausgearbeiteten Schutzbereich des § 81 c Abs. 3 StPO. Dies gilt insbesondere unter dem Blickwinkel der § 81 a Abs. 1 StPO und § 81 e Abs. 1 S. 1, Abs. 2 StPO, die eingreifen, sobald der Zeuge selbst zum Beschuldigten in einem Strafverfahren wird. Denn die Vorschriften der §§ 81 a Abs. 1, 81 e Abs. 1 S. 1, Abs. 2 StPO gestatten die zwangsweise Blutprobenentnahme und DNA-Analyse beim Beschuldigten im Rahmen eines gegen ihn gerichteten Strafverfahrens,[287] ohne diesem diesbezüglich ein Weigerungsrecht einzuräumen. Dem Beschuldigten wird damit die Pflicht auferlegt, körperliche Untersuchungen, Eingriffe in seine körperliche Integrität und DNA-Analysen an seinem Körpermaterial zu dulden, auch und gerade wenn diese dazu dienen sollen, ihn belastende Tatsachen in oder an seinem Körper aufzufinden.[288] Sofern aber der Prozessgrundsatz „nemo tenetur se ipsum accusare" nach Maßgabe des Gesetzgebers und nach Ansicht des Bundesverfassungsgerichtes[289] nicht einmal einer zwangsweisen Blutprobenentnahme oder DNA-Analyse beim Beschuldigten entgegensteht, so muss dies erst recht für derartige Maßnahmen an einem Zeugen gelten, der die prozessuale Rolle eines Beschuldigten (noch) nicht innehat, sondern lediglich Gefahr läuft, durch die Untersuchung in diese Position zu geraten. Mit anderen Worten: Aus dem Umstand, dass sogar die „Selbstbelastung" eines Beschuldigten durch die Duldung von Zwangsmaßnahmen an seinem Körpers gemäß § 81 a Abs. 1 StPO bzw. § 81 e Abs. 1 S. 1, Abs. 2 StPO statthaft ist, kann der Schluss gezogen werden, dass auch die Blutprobenent-

---

[286] Dazu 1. Teil B IV 3 b aa.

[287] *Kleinknecht/Meyer-Goßner* § 81 a Rn. 1.

[288] Die Pflicht zur Duldung körperlicher Untersuchungen ist nach Auffassung des Bundesverfassungsgerichtes mit dem Grundgesetz vereinbar; vgl. dazu BVerfGE 16, 194 (202); BVerfGE 17, 108 (117); a.A. *Sautter*, AcP 161 (1962), 215 (247 ff.), der § 81 a StPO für inquisitorisch und damit verfassungswidrig hält.

[289] So BVerfGE 16, 194 (202); 17, 108 (117).

nahme bzw. DNA-Analyse bei Personen, die sich noch nicht in der Rolle eines Beschuldigten, sondern lediglich in der eines Zeugen befinden, zulässig ist, auch wenn die Zwangsmaßnahme für den Zeugen mit der Gefahr der Einleitung eines gegen ihn gerichteten Ermittlungsverfahrens verbunden ist.[290]

Für dieses Ergebnis und gegen die Gewährung eines Untersuchungsverweigerungsrechtes in den Fällen des § 55 Abs. 1 1. Alt. StPO spricht außerdem folgende Überlegung: Eine Verweigerung der Blutprobenentnahme oder DNA-Analyse durch den Zeugen mit der Begründung, diese ziehe die Gefahr der Verfolgung wegen einer Straftat oder Ordnungswidrigkeit für den Probanden nach sich, führt wohl nicht selten zu dem Verdacht, der Zeuge habe eine Straftat oder Ordnungswidrigkeit begangen, deren Entdeckung er nun zu verhindern sucht. Dieses Verdachtsmoment könnte dann, gegebenenfalls neben anderen Anhaltspunkten, ausschlaggebend für die Einleitung eines Ermittlungsverfahrens gegen den Zeugen sein, mit der Folge, dass dieser nun als Beschuldigter nach § 81 a Abs. 1 StPO zur Duldung erheblich umfangreicherer und einschneidenderer Untersuchungen verpflichtet wäre.[291] Der Sinn eines strafprozessualen Weigerungsrechtes für Zeugen besteht jedoch nicht darin, die Lage des Zeugen durch die Geltendmachung des Rechtes noch zu verschlechtern, so dass ein Untersuchungsverweigerungsrecht für Auskunftsverweigerungsberechtigte nach § 55 Abs. 1 1. Alt. StPO nicht in Betracht kommt.[292]

Hiergegen vermag auch nicht das von *Krause*[293] und anderen[294] für die Einbeziehung der Fälle des § 55 Abs. 1 1. Alt StPO in das Untersuchungsverweigerungsrecht des § 81 c Abs. 3 StPO vorgebrachte „argumentum a maiore ad minus" zu überzeugen. Danach soll dem Zeugen, wenn ihm schon die sich aus einer möglichen Angehörigenbelastung ergebende Konfliktslage erspart werden sollte, dann doch erst recht die mit der Gefahr einer möglichen Selbstbelastung verbundene Interessenkollision erspart werden.[295] Zwar ist den Autoren zuzugeben, dass der Gesetzgeber dem Zeugen mithilfe des § 81 c Abs. 3 StPO unter anderem eine Konfliktslage im Verhältnis zum

---

[290] LR[24]-*Dahs* § 81 c Rn. 39.

[291] LR[24]-*Dahs* § 81 c Rn. 39; *Kleinknecht/Meyer-Goßner* § 81 c Rn. 21; a.A. *Krause*, JZ 1976, 124 (126); SK-*Rogall* § 81 c Rn. 45; KMR-*Bosch* § 81 c Rn. 24.

[292] Ausführlich LR[22]-*Sarstedt* § 81 c Anm. 9; LR[24]-*Dahs* § 81 c Rn. 39; vgl. auch *Kleinknecht/Meyer-Goßner* § 81 c Rn. 21.

[293] In: JZ 1976, 124 (126).

[294] *Benfer*, Grundrechtseingriffe, Kap. 7 Rn. 61; SK-*Rogall* § 81 c Rn. 45.

[295] So *Krause*, JZ 1976, 124 (126).

beschuldigten Angehörigen ersparen wollte,[296] unzutreffend ist jedoch der von ihnen aus dieser Tatsache gezogene Schluss, dass dann mit § 81 c Abs. 3 StPO für den Zeugen erst recht jene Konflikte vermieden werden sollten, welche sich aus einer ihn möglicherweise selbstbelastenden Blutprobenentnahme oder DNA-Analyse ergeben könnten. Denn es lag - wie die oben bereits angeführte Vorschrift des § 81 a Abs. 1 StPO gezeigt hat - gerade nicht in der Absicht des Gesetzgebers, am Strafverfahren beteiligte Personen vor den Konflikten zu bewahren, welche eine zu ihrer Selbstbelastung führende Zwangsmaßnahme nach § 81 c Abs. 2 StPO bzw. § 81 e StPO mit sich bringt.[297] Auch der hiergegen vorgebrachte Einwand, dass die Geltendmachung eines Untersuchungsverweigerungsrechtes aus § 55 Abs. 1 1. Alt. StPO i.V.m. § 81 c Abs. 3 StPO nicht zum Anlass der Einleitung eines Ermittlungsverfahrens gegen den Zeugen genommen werden dürfe, da die Inanspruchnahme eines Rechtes durch den Zeugen nicht als ein den Tatverdacht begründendes Indiz gewertet werden dürfe,[298] greift nicht durch. Denn diese Autoren übersehen bei ihrer Argumentation, dass dieses vom Bundesverfassungsgericht aufgestellte „Verbot" erst eingreift, wenn überhaupt ein Weigerungsrecht besteht. Es kann daher nicht schon für die Begründung der Existenz eines Zeugenweigerungsrechtes herangezogen werden; ein derartiges Vorgehen erscheint zirkelschlüssig. Denn unter diesen Umständen wäre die jeweilige Ermittlungsperson lediglich gehindert, die Untersuchungsverweigerung eines Zeugen gemäß § 81 c Abs. 3 StPO i.V.m. § 55 StPO zum Anlass eines gegen ihn gerichteten Ermittlungsverfahrens zu nehmen, wenn dem Zeugen ein derartiges Weigerungsrecht überhaupt zustünde. Dem steht aber bereits die Vorschrift des § 81 a StPO entgegen. Das Auskunftsverweigerungsrecht aus § 55 Abs. 1 1. Alt. StPO ist demnach nicht vom Anwendungsbereich des § 81 c Abs. 3 StPO erfasst, so dass nach dieser Vorschrift weigerungsberechtigte Zeugen nicht befugt sind, die Entnahme einer Blutprobe bzw. die Durchführung einer DNA-Analyse an Material ihres Körpers abzulehnen.[299]

---

[296] Dazu bereits ausführlich oben 1. Teil B I 3.

[297] Dies gilt ebenfalls im Rahmen der Beschlagnahme (§ 94 Abs. 2 StPO). Auch innerhalb dieses strafprozessualen Zwangmittels wird den von der Beschlagnahme Betroffenen zugemutet, Beschlagnahmehandlungen, welche ihre Selbstbelastung zur Folge haben, zu dulden. § 97 StPO gestattet unter bestimmten Voraussetzungen lediglich den nach §§ 52, 53, 53 a StPO weigerungsberechtigten Zeugen die Verweigerung der Beschlagnahme, auf Beschuldigte findet diese Vorschrift jedoch keine Anwendung; vgl. *Kleinknecht/Meyer-Goßner* § 97 Rn. 4.

[298] So SK-*Rogall* § 81 c Rn. 45; *Krause*, JZ 1976, 124 (126).

[299] Ähnlich neuerdings auch KMR-*Bosch* § 81 c Rn. 24.

(2) Auskunftsverweigerungsrecht in den Fällen möglicher Angehörigenbelastung gemäß § 55 Abs. 1 2. Alt StPO

Die Beleuchtung des Untersuchungsverweigerungsrechtes aus § 81 c Abs. 3 StPO hatte ergeben, dass der Gesetzgeber mit diesem Zeugenrecht unter anderem die Ausdehnung des Schutzbereiches von § 52 StPO auf die körperliche Untersuchung bzw. Blutprobenentnahme oder DNA-Analyse an Zeugen und damit die Durchsetzung der mit § 52 StPO verfolgten Schutzzwecke für derartige Zwangsmaßnahmen bezweckt hat.[300] Da - wie oben [301] bereits ausführlich dargelegt - die Anordnung einer körperlichen Untersuchung, Blutprobenentnahme oder DNA-Analyse zur Auffindung von Spuren oder Folgen einer dem beschuldigten Angehörigen des Zeugen zur Last gelegten Straftat für den Zeugen oder seine Familie ähnliche Konflikte zur Folge haben kann wie eine Aussage gegen den Angehörigen, ist dem nach § 52 StPO weigerungsberechtigten Zeugen mit § 81 c Abs. 3 StPO auch das Recht eingeräumt worden, die Durchführung einer Untersuchung, die Entnahme einer Blutprobe oder die Durchführung einer DNA-Analyse zu verweigern. Damit sollte den mit § 52 StPO verfolgten Schutzzwecken auch innerhalb der strafprozessualen Zwangsmaßnahmen nach § 81 c Abs. 1, 2 StPO bzw. § 81 e StPO Geltung verschafft werden und somit eine Umgehung des Zeugnisverweigerungsrechtes aus § 52 StPO durch die Anordnung einer körperlichen Untersuchung, Blutprobenentnahme oder DNA-Analyse verhindert werden.[302]

Da es sich - wie oben [303] ebenfalls dargelegt - bei dem Auskunftsverweigerungsrecht des § 55 Abs. 1 2. Alt. StPO lediglich um eine, vom Gesetzgeber zur optimalen Sicherung der mit § 52 StPO erstrebten Ziele vorgenommene, Ausweitung des Schutzbereiches von § 52 StPO auf den Zeitraum handelt, bevor der Angehörige des Zeugen zum Beschuldigten wird, muss § 81 c Abs. 3 StPO auch in diesen Fällen Anwendung finden. Denn den mit den Aussageverweigerungsrechten aus § 52 StPO und § 55 Abs. 1 2. Alt. StPO sowie dem Untersuchungsverweigerungsrecht aus § 81 c Abs. 3 StPO verbundenen Intentionen wird allein eine Lösung gerecht, welche auch den nach § 55 Abs. 1 2. Alt. StPO auskunftsverweigerungsberechtigten Zeugen das Recht zuspricht, Blutprobenentnahme oder DNA-Analyse zu verweigern.[304]

---

[300] Siehe oben 1. Teil B I 3.

[301] A.a.O.

[302] Siehe auch diesbezüglich bereits ausführlich oben a.a.O.

[303] Siehe oben 1. Teil B IV 3 b bb.

[304] Ebenso SK-*Rogall* § 81 c Rn. 44, der die Anerkennung eines Untersuchungsverweigerungsrechtes bei der Gefahr der Belastung von Angehörigen für zwingend geboten

Eine konsequente Durchsetzung der mit § 52 StPO und den ihn ergänzenden Vorschriften[305] verfolgten gesetzgeberischen Zielsetzungen, die mit § 55 Abs. 1 2. Alt. StPO auch schon vor Einleitung eines Ermittlungsverfahrens gegen den nahen Angehörigen Geltung erlangen sollen, ist nur dann zu erreichen, wenn dem Zeugen ein Untersuchungsverweigerungsrecht bereits dann gewährt wird, wenn der Angehörige des Zeugen nicht - oder noch nicht - Beschuldigter in einem Strafverfahren ist. Dies jedoch freilich nur dann, wenn die Untersuchung des Zeugen mit der Gefahr der Einleitung eines Ermittlungsverfahrens gegen den Angehörigen verbunden ist. Desgleichen kann auch der mit § 81 c Abs. 3 StPO ebenfalls bezweckte Schutz des Zeugnisverweigerungsrechtes aus § 52 StPO vor der Umgehung durch eine Blutprobenentnahme oder DNA-Analyse[306] beim Zeugen nur dann gewährleistet werden, wenn auch die Umgehung derjenigen Vorschrift verhindert wird, die das Recht zur Zeugnisverweigerung aus § 52 StPO auf die Zeit ausdehnt, bevor der Angehörige des Zeugen zum Beschuldigten wird. Die Versagung eines Untersuchungsverweigerungsrechtes in Fällen des § 55 Abs. 1 2. Alt StPO hätte demgegenüber die Aushöhlung und das Unterlaufen der mit § 81 c Abs. 3 StPO und § 52 StPO verfolgten Schutzzwecke zur Folge.
Mithin ist entsprechend dem Sinn und Zweck des § 81 c Abs. 3 StPO und § 55 Abs. 1 2. Alt. StPO dem Zeugen das Recht zu gewähren, eine Untersuchung seines Körpers gemäß §§ 81 c Abs. 2, 81 e StPO zu verweigern, sofern die Gefahr besteht, dass diese Untersuchung für einen nahen Angehörigen des Zeugen die Gefahr der Verfolgung wegen einer Straftat oder Ordnungswidrigkeit nach sich zieht.

4. Fazit

Die Verweigerung einer nach § 81 c Abs. 1 StPO angeordneten körperlichen Untersuchung kommt auf der Grundlage des § 81 c Abs. 3 StPO i.V.m. § 55

---

hält; nunmehr auch KMR-*Bosch* § 81 c Rn. 24.

[305] Dazu oben 1. Teil IV 3 b.

[306] Da Zufallsfunde im Rahmen der bloßen körperlichen Untersuchung nach § 81 c Abs. 1 StPO die Einleitung eines Ermittlungsverfahrens nicht rechtfertigen, bedarf es bei einer solchen eines Untersuchungsverweigerungsrechtes nach § 81 c Abs. 3 StPO i.V.m. § 55 Abs. 1 2. Alt. StPO nicht; vgl. auch oben 1. Teil B IV 3 a aa.

Abs. 1 StPO nicht in Betracht, denn für auskunftsverweigerungsberechtigte Zeugen bekommt ein Untersuchungsverweigerungsrecht nur dann praktische Relevanz, wenn auf der Grundlage der bei einer Untersuchungsmaßnahme aufgefundenen Zufallsfunde die Einleitung eines Ermittlungsverfahrens gegen den Zeugen selbst oder seinen Angehörigen zulässig ist. Der Einleitung eines Ermittlungsverfahrens aufgrund von Zufallsfunden, welche anlässlich einer körperlichen Untersuchung gemäß § 81 c Abs. 1 StPO aufgefunden wurden, steht jedoch die Vorschrift des § 81 c Abs. 5 S. 2 StPO i.V.m. § 81 a Abs. 3 StPO entgegen.

Die Frage, ob auch nach § 55 Abs. 1 StPO auskunftsverweigerunsgberechtigte Zeugen berechtigt sind, eine Blutprobenentnahme oder DNA-Analyse gemäß § 81 c Abs. 3 StPO zu verweigern, lässt sich allein durch Auslegung des Wortlautes dieser Vorschriften und der Gesetzessystematik nicht eindeutig beantworten. Hierfür bedarf es vielmehr der Heranziehung der Schutzzwecke des Untersuchungs- und des Auskunftsverweigerungsrechtes aus § 55 Abs. 1 StPO. In diesem Zusammenhang hat die nähere Beleuchtung des § 55 Abs. 1 StPO unter dem Blickwinkel der vom Gesetzgeber mit dieser Vorschrift verfolgten Intentionen gezeigt, dass im Rahmen der teleologischen Auslegung zwischen den beiden Tatbestandsalternativen des § 55 Abs. 1 StPO zu unterscheiden ist, da diese der Erreichung unterschiedlicher Ziele dienen.

So wird mit dem Auskunftsverweigerungsrecht aus § 55 Abs. 1 1. Alt. StPO die Ausdehnung des nemo-tenetur-Prinzips auf die Zeit, bevor der Zeuge selbst zum Beschuldigten wird, bezweckt. Diese Schutzrichtung ist jedoch unvereinbar mit den Intentionen des § 81 c Abs. 3 StPO, der primär dem Schutz besonderer Beziehungen zwischen dem Zeugen und dem Angeklagten dient. Neben dem Sinn und Zweck des § 81 c Abs. 3 StPO sprechen gegen ein Untersuchungsverweigerungsrecht für die von § 55 Abs. 1 1. Alt. StPO erfassten Fälle die Vorschriften des § 81 a StPO und § 81 e StPO, die schon körperliche Untersuchungen, Blutprobenentnahmen und die Durchführung einer DNA-Analyse am Beschuldigten gestatten, ohne dass diesem ein Weigerungsrecht diesbezüglich eingeräumt wird. Wenn aber bereits der Beschuldigte verpflichtet ist, ihn möglicherweise selbst belastende Maßnahmen unter den Voraussetzungen der § 81 a Abs. 1 S. 2 StPO und § 81 e StPO einschränkungslos zu dulden, muss dies erst recht für den Zeugen gelten, für den diese Maßnahmen lediglich die Gefahr nach sich ziehen, selbst wegen einer Straftat oder Ordnungswidrigkeit verfolgt zu werden.

Demgegenüber muss das Untersuchungsverweigerungsrecht aus § 81 c Abs. 3 StPO auch für Zeugen gelten, bei denen die Entnahme einer Blutprobe oder die Durchführung einer DNA-Analyse für einen ihrer Angehörigen oder Lebenspartner i.S. des § 52 Abs. 1 StPO die Gefahr der Einleitung eines

Ermittlungsverfahrens mit sich bringen würde. Denn § 55 Abs. 1 2. Alt. StPO dient der Ausweitung des Schutzbereiches von § 52 StPO auf die Zeit, bevor der dort genannte Angehörige des Zeugen Beschuldigter in einem Strafverfahren wird. Der mit § 81 c Abs. 3 StPO bezweckte Schutz des Zeugnisverweigerungsrechtes aus § 52 StPO vor einer Umgehung im Wege der Blutprobenentnahme oder DNA-Analyse beim Zeugen kann nur dann wirksam erreicht werden, wenn das Untersuchungsverweigerungsrecht bereits vor der Einleitung eines Ermittlungsverfahrens gegen den Verwandten, Verlobten oder Lebenspartner Anwendung findet. Allein eine konsequente Ausweitung des Anwendungsbereiches von § 81 c Abs. 3 StPO auf die Fälle des § 55 Abs. 1 S. 2 StPO wird den hinter diesen Vorschriften und hinter dem Zeugnisverweigerungsrecht aus § 52 StPO stehenden gesetzgeberischen Zielsetzungen gerecht.[307]

V. Gesamtfazit

Zusammenfassend bleibt festzuhalten, dass die Frage der Anwendbarkeit der Regelung des § 81 c Abs. 3 StPO auf die Zeugnisverweigerungsrechte der §§ 52, 53, 53 a, 54 und 55 StPO anhand der mit diesen Normen verfolgten Schutzzwecke zu bestimmen ist. Die schutzzweckorientierte Auslegung dieser Vorschriften hat dabei gezeigt, dass sowohl die Zeugnisverweigerungsrechte der §§ 52, 53, 53 a und 54 StPO als auch das Auskunftsverweigerungsrecht aus § 55 Abs. 1 2. Alt. StPO den Probanden bei Vorliegen ihrer Voraussetzungen zur Untersuchungsverweigerung gemäß § 81 c Abs. 3 StPO berechtigen, sofern - was bei den nach §§ 53, 53 a, 54 StPO weigerungsberechtigten Personen nicht immer der Fall ist - eine körperliche Untersuchung, eine Blutprobenentnahme, eine Abstammungsuntersuchung oder eine DNA-Analyse tatbestandlich als zulässiges Zwangsmittel in Betracht kommt bzw. - in den Konstellationen des § 55 Abs. 1 2. Alt. StPO -

---

[307] So im Ergebnis auch LR[24]-*Dahs* § 81 c Rn. 38, der jedoch auf den - insoweit nicht erforderlichen - Zumutbarkeitsgedanken zurückgreift. Dass der Rückgriff auf den unbestimmten Rechtsbegriff der Zumutbarkeit zur Problemlösung für die Erzielung sachgerechter Ergebnisse aber nicht erforderlich ist, zeigt der hier entwickelte Lösungsweg, der mit dem Sinngehalt und dem Wortlaut der § 55 Abs. 1 StPO und § 81 c Abs. 3 StPO zu vereinbarende Resultate zulässt, ohne dass es hierfür der Heranziehung eines auslegungsbedürftigen unbestimmten Rechtsbegriffes bedarf.

die Einleitung eines Ermittlungsverfahrens wegen des Untersuchungsergebnisses möglich ist. Demgegenüber hat der nach § 55 Abs. 1 1. Alt. StPO weigerungsberechtigte Zeuge kein Recht, die körperliche Untersuchung gemäß § 81 c Abs. 3 StPO zu verweigern.

C. Das Untersuchungsverweigerungsrecht bei einer Mehrzahl von Beschuldigten

I. Einleitung

In der vorangegangenen Untersuchung wurde das Untersuchungsverweigerungsrecht aus § 81 c Abs. 3 StPO zunächst unter dem Blickwinkel seiner Herleitung aus den strafprozessualen Zeugnisverweigerungsrechten der §§ 52, 53, 53 a, 54 und 55 StPO beleuchtet. Dabei wurde stets davon ausgegangen, dass sich das Verfahren, in welchem der Zeuge auftritt, lediglich gegen einen Beschuldigten richtet. Weitere, den Umfang des Untersuchungsverweigerungsrecht beeinflussende Aspekte ergeben sich jedoch, wenn der Zeuge nicht nur einem, sondern einer Mehrzahl von Beschuldigten gegenüber steht. So stellt sich bei einer Mehrzahl von Beschuldigten beispielsweise die Frage, ob der nach § 81 c Abs. 3 StPO untersuchungsverweigerungsberechtigte Zeuge, den nur mit einem von mehreren Mitbeschuldigten die zur Verweigerung der Untersuchung berechtigende besondere Beziehung verbindet, auch hinsichtlich derjenigen Beschuldigten, zu denen eine solche Beziehung nicht besteht, zur Verweigerung der körperlichen Untersuchung berechtigt ist.
Da jedoch nicht nur Zeugen und Beschuldigte, sondern auch Beschuldigte eines Verfahrens untereinander in einem Verhältnis stehen können, welches sie, sofern sie sich in prozessualen Rolle eines Zeugen befänden, zur Aussageverweigerung berechtigen würde, stellt sich in diesem Zusammenhang des Weiteren die Frage, ob beim Vorliegen der Voraussetzungen des § 81 c Abs. 3 StPO unter Umständen auch Beschuldigte zur Untersuchungsverweigerung berechtigt sind oder ob ihre derzeitige prozessuale Rolle der Geltendmachung dieses Rechtes entgegensteht.
Diese mit dem Untersuchungsverweigerungsrecht bei einer Mehrzahl von Beschuldigten zusammenhängenden Probleme sollen nachfolgend näher dargestellt und untersucht werden, wobei zunächst auf die Frage eingegangen werden soll, ob § 81 c Abs. 3 StPO den Zeugen zur Untersuchungsverweigerung auch hinsichtlich derjenigen Mitbeschuldigten berechtigt, die mit ihm nicht durch ein zur Zeugnisverweigerung berechtigendes Verhältnis verbunden sind.

II. Die Erstreckung des Untersuchungsverweigerungsrechtes des Zeugen aus § 81 c Abs. 3 StPO auf Mitbeschuldigte, die nicht Träger zur Untersuchungsverweigerung berechtigender Eigenschaften sind

1. Einleitung

Die StPO enthält keine Vorschrift, die Aufschluss darüber gibt, wie zu verfahren ist, wenn der Zeuge nur hinsichtlich eines von mehreren Mitbeschuldigten die zur Untersuchungsverweigerung berechtigenden Voraussetzungen erfüllt.
Der Rechtsprechung kann hinsichtlich dieses Problems ebenfalls keine Lösung entnommen werden, denn sie hat sich - soweit ersichtlich - bis zum gegenwärtigen Zeitpunkt noch nicht dazu geäußert, ob das Untersuchungsverweigerungsrecht eines Zeugen, das ihm hinsichtlich eines von mehreren Mitbeschuldigten eingeräumt ist, auf die übrigen Beschuldigten, welche die zur Untersuchungsverweigerung berechtigenden Eigenschaften nicht besitzen, zu erstrecken sei.
Aber auch innerhalb der Literatur erfährt diese Frage wenig Aufmerksamkeit[1] und wird von den Autoren, die sich ihr widmen, zumeist lediglich mit einem Verweis auf die im Rahmen des § 52 StPO angebotenen Lösungsvorschläge beantwortet.[2] Demgemäß sollen die innerhalb des Zeugnisverweigerungsrechtes aus § 52 StPO zur Frage, ob der Zeuge bezüglich der nichtangehörigen Beschuldigten zur Zeugnisverweigerung berechtigt ist, entwickelten Lösungen auch innerhalb von § 81 c Abs. 3 StPO Anwendung finden. Da nach heute nahezu einhelliger Ansicht[3] das Zeugnisverweige-

---

[1] So wird gerade in den Lehrbüchern zum Strafprozessrecht auf dieses Problem nicht eingegangen; vgl. z.B. *Rüping*, Strafverfahren, Rn. 270; *Gössel*, Strafverfahrensrecht, S. 231; *Kühne*, Strafprozeßrecht, Rn. 949; *Roxin*, Strafverfahrensrecht, § 33 Rn. 26; *Schäfer*, Praxis des Strafverfahrens, Rn. 397; *Krey*, Strafverfahrensrecht, Bd. II, Rn. 422 ff.; *Fezer*, Strafprozeßrecht I, Fall 7 Rn. 73 ff.; *Hellmann*, Strafprozeßrecht, II § 4 Rn. 89; ebenso *Schlüchter*, Strafverfahren, Rn. 197 ff., obwohl diese das Untersuchungsverweigerungsrecht vergleichsweise ausführlich behandelt.

[2] So LR^{24}-*Dahs* § 81 c Rn. 30; *Kleinknecht/Meyer-Goßner* § 81 c Rn. 23; KK-*Senge* § 81 c Rn. 10; KMR-*Bosch* § 81 c Rn. 21; SK-*Rogall* § 81 c Rn. 47; HK-*Lemke* § 81 c Rn. 20; *Eisenberg*, Beweisrecht, Rn. 1670.

[3] Vgl. nur LR^{24}-*Dahs* § 52 Rn. 20 m.w.N.; a.A. jedoch *Otto*, NStZ 1991, 220; früher ebenso *Fuchs*, NJW 1959, 14 (17 f.); *Beling*, JW 1925, 1001 f.

rungsrecht auf alle nichtangehörigen Mitbeschuldigten[4] des Zeugenangehörigen zu erstrecken ist, hätte dies zur Folge, dass der zu untersuchende Zeuge stets berechtigt wäre, die Untersuchung gemäß § 81 c Abs. 3 StPO auch hinsichtlich der Beschuldigten zu verweigern, bezüglich derer kein zur Zeugnisverweigerung berechtigendes Verhältnis besteht. Gegen diese Ansicht spricht aber schon die Tatsache, dass bei der alleinigen Bezugnahme auf die im Rahmen des Zeugnisverweigerungsrechtes aus § 52 StPO entwickelten Lösungen der Umstand außer Acht gelassen wird, dass - folgt man der hier vertretenen Auffassung - zur Untersuchungsverweigerung nach § 81 c Abs. 3 StPO nicht nur das Zeugnisverweigerungsrecht aus § 52 StPO, sondern auch die Aussageverweigerungsrechte der §§ 53, 53 a, 54 und 55 StPO berechtigen.[5] Hinzu kommt, dass kein Vertreter dieser Ansicht eine Begründung für die von ihm vorgeschlagene Heranziehung der zu diesem Problem bei § 52 StPO gefundenen Lösung gibt. Nachfolgend soll daher nicht nur untersucht werden, ob und in welchem Umfang das Untersuchungsverweigerungsrecht aus § 81 c Abs. 3 StPO i.V.m. § 52 StPO bzw. § 55 Abs. 1 2. Alt. StPO auf nichtangehörige Mitbeschuldigte Anwendung findet, sondern auch erörtert werden, ob sich das Untersuchungsverweigerungsrecht aus §§ 53, 53 a StPO auf etwaige Mitbeschuldigte erstreckt, die mit dem Zeugen kein Vertrauensverhältnis der in §§ 53, 53 a StPO bezeichneten Art verbindet, bzw. ob der Zeuge auch hinsichtlich derjenigen Mitbeschuldigten nach § 81 c Abs. 3 StPO i.V.m. § 54 StPO untersuchungsverweigerungsberechtigt ist, die keinen unmittelbaren Bezug zum schützenswerten Amtsgeheimnis haben. Da die Norm des § 81 c Abs. 3 StPO - wie oben erläutert - stets auf die Voraussetzungen des ihm jeweils zugrunde liegenden Zeugnisverweigerungsrechtes Bezug nimmt, müssen diese Fragen folglich auch in Abhängigkeit von der Erstreckbarkeit des im konkreten Fall zur Untersuchungsverweigerung berechtigenden Zeugnisverweigerungsrechtes beurteilt werden.[6]

---

[4] Strittig ist insofern aber, nach welchen Kriterien der Begriff des Mitbeschuldigten in diesem Zusammenhang zu bestimmen ist; dazu ausführlich unten 1. Teil C II 2 b aa.

[5] Dabei verkennt die Verfasserin freilich nicht, dass die ausschließliche Bezugnahme auf § 52 StPO dem Umstand geschuldet ist, dass die meisten Autoren ohnehin allein Zeugen mit einem Zeugnisverweigerungsrecht aus § 52 StPO als zur Untersuchungsverweigerung nach § 81 c Abs. 3 StPO berechtigt ansehen. Zur Anwendbarkeit des § 81 c Abs. 3 StPO auf die Fälle der §§ 53, 53 a, 54 und 55 StPO ausführlich oben 1. Teil B.

[6] Ausführlich dazu unten 1. Teil C II 2, 3, 4 und 5.

2. Erstreckbarkeit des Untersuchungsverweigerungsrechtes aus § 81 c Abs. 3 StPO i.V.m. § 52 StPO auf nichtangehörige Mitbeschuldigte

a) Einleitung

Das Problem der Erstreckung des Untersuchungsverweigerungsrechtes aus § 81 c Abs. 3 StPO i.V.m. § 52 StPO auf nichtangehörige Mitbeschuldigte dürfte von nicht geringer praktischer Relevanz sein. So werden gerade unter dem Gesichtspunkt der immer stärker angestrebten Verfahrensökonomie die Ermittlungsverfahren von Beschuldigten ein und derselben Straftat verbunden bzw. die Beschuldigten gemeinschaftlich angeklagt. Dies wirft dann die hier in Rede stehende Frage auf, ob der Zeuge nur bezüglich des mit ihm verwandten Beschuldigten zur Verweigerung der körperlichen Untersuchung, Blutprobenentnahme oder DNA-Analyse nach § 81 c Abs. 3 StPO i.V.m. § 52 StPO berechtigt ist oder ob er die Durchführung dieser prozessualen Zwangsmaßnahmen auch verweigern darf, wenn dieses nicht allein zugunsten des Angehörigen, sondern auch zu Gunsten des Mitbeschuldigten wirkt.

Beispiel: Hier kann auf das bereits im Rahmen der Erörterung der Anwendbarkeit des § 81 c Abs. 3 StPO auf die Fälle des § 55 StPO angeführte Beispiel[7] verwiesen werden, wobei vorliegend davon auszugehen ist, dass neben dem Nichtangehörigen auch der Vater des mutmaßlich sexuell missbrauchten Kindes (§ 174, §§ 176, 176 a StGB) bereits Beschuldigter ist.[8] Die Untersuchung der Geschlechtsorgane dieses Kindes sowie die DNA-Analyse an den gefundenen Spermaspuren könnte sowohl die Schuld der an dem Missbrauch beteiligten Nichtangehörigen des Kindes als auch die Täterschaft des ebenfalls in dieser Sache beschuldigten Vaters des Kindes beweisen. Liegen in diesem Fall keine anderen Beweismittel vor und verweigert das Kind unter Berufung auf sein Zeugnisverweigerungsrecht aus § 52 Abs. 1 Nr. 1 StPO die Untersuchung gemäß § 81 c Abs. 3 StPO, wäre unter Umständen die Verurteilung der nichtangehörigen Mitbeschuldigten einzig davon abhängig, ob sich das Untersuchungsverweigerungsrecht des Kindes auf sie erstreckt oder ob es hinsichtlich der Erforschung ihrer Tatbeiträge zur Duldung der Untersuchung bzw. DNA-Analyse verpflichtet bleibt, was ja zugleich möglicherweise auch die Tatbeteiligung des Zeugenangehörigen offenbaren könnte.

Dieses Beispiel verdeutlicht, dass die Beantwortung der Frage nach der Erstreckbarkeit des Untersuchungsverweigerungsrechtes aus § 81 c Abs. 3

---

[7] Siehe dazu oben 1. Teil B in Fn. 230.

[8] Vgl. auch oben 1. Teil B 3 a cc.

StPO i.V.m. § 52 StPO auf nichtangehörige Mitbeschuldigte bisweilen prozessentscheidende Bedeutung haben kann. Dies gilt freilich aber nur dann, wenn die Anordnung der Untersuchung gegen nichtangehörige Beschuldigte in diesen Fällen nicht bereits durch eine andere Vorschrift der Strafprozessordnung ausgeschlossen ist. Einen wirksamen Schutz bietet dem Zeugen und seinem beschuldigten Verwandten oder Lebenspartner in diesen Konstellationen möglicherweise bereits das dem Zeugen nach hier vertretener Auffassung[9] bei der Gefahr der Belastung eines Angehörigen einzuräumende Untersuchungsverweigerungsrecht aus § 81 c Abs. 3 StPO i.V.m. § 55 Abs. 1 2. Alt. StPO. So wäre der Zeuge berechtigt nach § 81 c Abs. 3 StPO i.V.m. § 55 Abs. 1 2. Alt StPO die zur Prüfung der Strafbarkeit eines nichtangehörigen Mitbeschuldigten angeordnete körperliche Untersuchung, Blutsprobenentnahme oder Genomanalyse insgesamt zu verweigern, sobald diese die Belastung des beschuldigten Angehörigen zur Folge hätte. Demgegenüber bliebe der Zeuge zur Duldung derjenigen Untersuchungshandlungen verpflichtet, die lediglich zur Belastung der nichtangehörigen Mitbeschuldigten führen würden. Einem derartigen Rückgriff steht aber bereits der Umstand entgegen, dass - nach der von einem Teil der Literatur vertretenen, vorzugswürdigen Auffassung -[10] das Auskunftsverweigerungsrecht aus § 55 Abs. 1 2. Alt. StPO durch das Zeugnisverweigerungsrecht aus § 52 StPO und damit auch ein mögliches Untersuchungsverweigerungsrecht aus § 81 c Abs. 3 StPO i.V.m. § 55 Abs. 1 2. Alt. StPO durch das Recht zur Untersuchungsverweigerung nach § 81 c Abs. 3 StPO i.V.m. § 52 StPO verdrängt wird, sofern der Angehörige des Zeugen bereits formell Beschuldigter in dem Verfahren ist. Denn § 81 c Abs. 3 StPO i.V.m. § 55 Abs. 1 2. Alt. StPO findet als bloße Erweiterung des Schutzbereiches des Untersuchungsverweigerungsrechtes aus § 81 c Abs. 3 StPO i.V.m. § 52 StPO auf die Zeit, bevor der Angehörige des Zeugen zum Beschuldigten eines Verfahrens wird, keine Anwendung mehr, wenn gegen den Angehörigen bezüglich der den Hintergrund der Untersuchung bildenden Straftat bereits ein Ermittlungsverfahren eingeleitet wurde.[11] In diesem Fall ist ausschließlich Raum für ein Untersuchungsverweigerungsrecht aus § 81 c Abs. 3 StPO i.V.m. § 52 StPO, so dass zu erörtern bleibt, inwieweit sich dieses auf den nichtangehörigen Beschuldigten erstreckt. Dies gilt aber letztlich auch dann,

---

[9] Siehe dazu oben 1. Teil B IV, insbesondere 3 b cc (2).

[10] *Kleinknecht/Meyer-Goßner* § 55 Rn.1; *Geerds*, FS-Stock, S. 171 (177, Fn. 130). Siehe dazu bereits oben 1. Teil B IV 3 b bb in Fn. 284.

[11] Dazu bereits ausführlich oben a.a.O.

wenn man der Gegenauffassung[12] folgt, wonach die Weigerungsrechte aus § 52 StPO und § 55 Abs. 1 2. Alt. StPO auf wesentlich voneinander abweichenden gesetzgeberischen Gründen beruhen und deshalb nebeneinander bestehen. Denn von den Vertretern dieser Ansicht wird die Gewährung eines Untersuchungsverweigerungsrechtes in den von § 55 StPO erfassten Fällen generell abgelehnt,[13] so dass bei konsequenter Verfolgung dieser Ansicht ein Rückgriff auf ein Untersuchungsverweigerungsrecht aus § 81 c Abs. 3 StPO i.V.m. § 55 Abs. 1 2. Alt StPO ebenfalls nicht möglich ist.

b) Erstreckbarkeit des Zeugnisverweigerungsrechtes aus § 52 StPO auf nichtangehörige Mitbeschuldigte

Ob sich das Untersuchungsverweigerungsrecht aus § 81 c Abs. 3 StPO i.V.m. § 52 StPO des mit einem Beschuldigten verwandten Zeugen auch auf die nichtangehörigen Mitbeschuldigten erstreckt, ist davon abhängig, ob sich das diesem Untersuchungsverweigerungsrecht zugrunde liegende Zeugnisverweigerungsrecht aus § 52 StPO auch auf nichtangehörige Mitbeschuldigte des mit dem Zeugen verwandten Beschuldigten Anwendung findet.[14] Denn die Bezugnahme des Untersuchungsverweigerungsrechtes in § 81 c Abs. 3 S. 1 StPO auf die Voraussetzungen des ihm jeweils zugrunde liegenden Zeugnisverweigerungsrechtes begründet ein Abhängigkeitsverhältnis, welches zur Folge hat, dass der Zeuge nur dann befugt sein kann, auch hinsichtlich derjenigen Beschuldigten, mit welchen ihn kein zur Zeugnisverweigerung berechtigendes Verhältnis verbindet, die körperliche Untersuchung zu verweigern, wenn das Zeugnisverweigerungsrecht, auf dem das Untersuchungsverweigerungsrecht beruht, sich auch auf diese Mitbeschuldigten erstreckt. Demgemäß bleibt zunächst die Frage zu beantworten, ob das an

---

[12] BGHSt 11, 213 (216); BGH NStZ 1988, 561 (562); KMR-*Paulus* § 55 Rn. 4; KK-*Senge* § 55 Rn. 11; zur Kritik an dieser Auffassung siehe bereits oben 1. Teil B IV 3 b bb in Fn. 284.

[13] So u.a. KK-*Senge* § 81 c Rn. 10.

[14] Davon geht offensichtlich auch ein großer Teil der Literaturvertreter aus, wenn sie hinsichtlich der Anwendbarkeit des Untersuchungsverweigerungsrechtes aus § 81 c Abs. 3 StPO i.V.m. § 52 StPO auf nichtangehörige Mitbeschuldigte lediglich auf die von ihnen zur Frage der Erstreckbarkeit des Zeugnisverweigerungsrechtes aus § 52 StPO auf Mitbeschuldigte entwickelten Lösungen verweisen; vgl. diesbezüglich LR[24]-*Dahs* § 81 c Rn. 30; *Kleinknecht/Meyer-Goßner* § 81 c Rn. 23; KMR-*Bosch* § 81 c Rn. 23; KK-*Senge* § 81 c Rn. 10.

verwandtschaftliche Beziehungen anknüpfende Zeugnisverweigerungsrecht aus § 52 StPO dem Zeugen auch die Verweigerung der Aussage hinsichtlich nichtangehöriger Mitbeschuldigter des mit ihm im Sinne dieser Vorschrift verwandten Beschuldigten gestattet.

In Literatur und Rechtsprechung wird, soweit ersichtlich, diese Frage heute - zu Recht - nahezu einhellig positiv beantwortet.[15] So bleibt der mit § 52 StPO bezweckte Schutz des Zeugen vor einer Konfliktslage[16] „illusorisch“[17], sofern der Zeuge zwar die Aussage verweigern darf, wenn sie der Überführung seines Angehörigen dienen soll, er jedoch bezüglich der nicht mit ihm verwandten Mitbeschuldigten des Angehörigen zu einer Aussage verpflichtet bleibt.[18] Der Zeuge würde unter Umständen in der ständigen Befürchtung aussagen, durch sein Zeugnis gegen den nichtangehörigen tatbeteiligten Mitbeschuldigten auch seinen Verwandten - zumindest indirekt - mitzubelasten.[19] Dies könnte zur Folge haben, dass der Zeuge letztendlich doch noch in eine Zwangslage zwischen Aussagepflicht einerseits und dem Bestreben, den Angehörigen zu schützen andererseits gerät, die aber vermittels des Zeugnisverweigerungsrechtes gerade vermieden werden sollte.[20] Daher muss sich das Zeugnisverweigerungsrecht aus § 52 StPO auch auf die nichtangehörigen Mitbeschuldigten des mit dem Zeugen verwandten Beschuldigten erstrecken.

Besteht hinsichtlich dieses Ergebnisses in Rechtsprechung und Literatur noch Einigkeit, so ist bereits umstritten, wie der Begriff des Mitbeschuldig-

---

[15] So z.B. BGHSt 38, 96 (98); BGHSt 34, 138 (139); BGHSt 34, 215 (216) m.w.N. zur Rspr.; LR[25]-*Dahs* § 52 Rn. 20; *Kleinknecht Meyer-Goßner* § 52 Rn. 11; KK-*Senge* § 52 Rn. 6; KMR-*Paulus* § 52 Rn. 6 f.; *Pfeiffer* § 81 c Rn. 3; HK-*Lemke* § 81 c Rn. 20; *Eisenberg*, Beweisrecht, Rn. 1251; *Schöneborn*, ZStW 86 (1974), 921 ff.; *ders.*, NJW 1974, 535 (536); *Dahs/Langkeit*, StV 1992, 492 ff.; *Prittwitz*, Der Mitbeschuldigte, S. 104; *ders.*, NStZ 1986, 64; *Rengier*, Zeugnisverweigerungsrechte, S. 237; *ders.*, StV 1988, 465 (466); *Schlothauer*, Zeugnisverweigerungsrechte, S. 81; *Bialek*, Zeugnisverweigerungsrecht aus persönlichen Gründen, S. 86; *Schlüchter*, Strafverfahren, Rn. 484; *Roxin*, Strafverfahrensrecht, § 26 Rn. 16; *Hellmann*, Strafprozeßrecht, IV § 3 Rn. 27; *Kühne*, Strafprozeßrecht, Rn. 812.

[16] Siehe dazu oben 1. Teil B I 3.

[17] So *Schöneborn*, NJW 1974, 535 (536)

[18] RG GA 1891, 343 (344); *Gollwitzer*, JR 1993, 215; *Dahs/Langkeit*, StV 1992, 492 (493); *Schöneborn*, NJW 1974, 535 (536).

[19] *Wegner*, JW 1925, 370; *Hauser*, Zeugenbeweis im Strafprozeß, S. 137; *Rengier*, Zeugnisverweigerungsrechte, S. 237.

[20] Vgl. auch *Schöneborn*, ZStW 86 (1974), 920 (923, 930); *Hauser*, Zeugenbeweis im Strafprozeß, S. 137.

ten in diesem Zusammenhang zu bestimmen ist. Die Art und Weise der Definition der Mitbeschuldigteneigenschaft ist jedoch - wie sich nachfolgend zeigen wird - maßgeblich für den Umfang der Erstreckung des Zeugnisverweigerungsrechtes. Daher soll zunächst anhand der zu diesem Problem gegenwärtig vertretenen Theorien der Begriff des Mitbeschuldigten i.S. des § 52 StPO definiert werden. Dabei stellt sich insbesondere die Frage, ob für die Begründung der Mitbeschuldigteneigenschaft innerhalb des § 52 StPO bereits die gemeinsame Tatausführung ausreichend ist[21] oder ob noch weitere Voraussetzungen erfüllt sein müssen, damit der Zeuge auch im Hinblick auf nichtangehörige Beschuldigte zur Aussageverweigerung berechtigt ist.

aa) Bestimmung des Mitbeschuldigtenbegriffes im Rahmen des § 52 StPO

Bei der Suche nach einem den Intentionen des § 52 StPO entsprechenden Mitbeschuldigtenbegriff ist zunächst eine strenge Trennlinie zur Diskussion um die Bestimmung des Mitbeschuldigtenbegriffes innerhalb des so genannten „Rollentauschproblems“[22] zu ziehen. Denn das Rollentauschproblem betrifft, im Unterschied zur hier zu untersuchenden Thematik, nicht die eventuelle Erstreckung des Zeugnisverweigerungsrechtes auf nichtangehörige Mitbeschuldigte, sondern vielmehr die Frage, ob die bloße Abtrennung des Verfahrens gegen einen von mehreren Mitbeschuldigten die Versetzung desselben in den Zeugenstand zur Folge hat oder aber seine Mitbeschuldigtenstellung unberührt lässt.[23] Diese beiden Problemkreise und die zu ihnen vertretenen unterschiedlichen Mitbeschuldigtenbegriffe sind demzufolge deutlich auseinanderzuhalten,[24] der Terminus des „Mitbeschuldigten“ hat

---

[21] So z.B. *Peters*, Vhdlg. 46. DJT, Bd. I, Teil 3 A, S. 91 (117); *Gössel* S. 210; ebenso damals noch *Rengier*, Zeugnisverweigerungsrechte, S. 238.

[22] Das so genannte „Rollentauschproblem“ betrifft die Frage, ob die Trennung von Verfahren allein zu dem Zweck zulässig ist, den bisherigen Mitbeschuldigten als Zeugen gegen die verbleibenden Mitbeschuldigten zu vernehmen; vgl. dazu KK-*Senge* vor § 48 Rn. 9; LR[25]-*Dahs* vor § 48 Rn. 34. Zu den Kriterien für die Bestimmung der Mitbeschuldigteneigenschaft in diesem Zusammenhang näher unten 1. Teil C III 1 a in Fn. 99.

[23] Vgl. dazu u.a. *Gerlach*, JR 1969, 149; *Lenckner*, FS-Peters, S. 333 (344); *Prittwitz*, Der Mitbeschuldigte, S. 29; *Alsberg/Nüse/Meyer*, Beweisantrag, S. 182 ff.

[24] *W. Schmidt*, Mitbeschuldigten- und Zeugenrolle, S. 94; *Schöneborn*, ZStW 86 (1974), 921 (930); *Rengier*, StV 1988, 465 (467); unklar insoweit *Spelthahn*, Zeugnisverweigerungsrecht, S. 69 ff., die offenbar keine strikte Trennung zwischen dem zum Rollentauschproblem und dem innerhalb des § 52 StPO vertretenen Mitbeschuldigtenbegriff vornimmt.

innerhalb des § 52 StPO eine vollkommen eigenständige Bedeutung.[25]

Zum gegenwärtigen Zeitpunkt werden in Rechtsprechung und Literatur bezüglich der Bestimmung des Mitbeschuldigtenbegriffes im Rahmen des § 52 StPO im wesentlichen vier unterschiedliche Lösungsansätze vertreten, die sich vor allem an der Frage scheiden, ob für die Begründung der Mitbeschuldigteneigenschaft allein die gemeinsame Tatausführung genügt oder weitere Voraussetzungen erfüllt sein müssen. Dabei werden zum einen die an vorwiegend materiellen Gesichtspunkten orientierten so genannten materiellen Mitbeschuldigtenbegriffe[26] mit dem von *Peters*[27] verwendeten rein „materiellen" Mitbeschuldigtenbegriff sowie dem erstmals von *Prittwitz*[28] zur Diskussion gestellten „eingeschränkt-materiellen" Mitbeschuldigtenbegriff und zum anderen die formell ausgerichteten Interpretationen, wie der von der derzeit h.M.[29] favorisierte „formell-materielle" und der nunmehr vom 1. Senat des BGH[30] entwickelte rein „formelle" Mitbeschuldigtenbegriff, angeführt.

(1) Rein materieller Mitbeschuldigtenbegriff

Nach Auffassung der Verfechter[31] eines allein anhand materieller Kriterien

---

[25] *Rengier*, StV 1988, 465 (467).

[26] Die hier verwendeten Bezeichnungen der einzelnen Beschuldigtenbegriffe orientieren sich im wesentlichen an den von *Prittwitz*, Der Mitbeschuldigte, S. 61 ff., 104 ff., vorgeschlagenen Termini.

[27] In: Vhdlg. 46. DJT, Bd. I, Teil 3 A, S. 91 (117).

[28] In: Der Mitbeschuldigte, S. 104 ff.; *ders.*, NStZ 1986, 64 ff.; ihm folgend *Rengier*, StV 1988, 465 (467), wohingegen er wohl noch 1979 (in: Zeugnisverweigerungsrechte, S. 237 f.) von einem rein materiellen Mitbeschuldigtenbegriff ausging; einen eingeschränkt-materiellen Mitbeschuldigtenbegriff favorisiert auch *Schlothauer*, Zeugnisverweigerungsrechte, S. 91; ähnlich, insoweit jedoch nicht ganz eindeutig auch *Kühne*, Strafprozeßrecht, Rn. 812.

[29] Vgl. nur BGHSt 34 (139); 34 , 215 (216) m.w.N. zur Rspr.; ebenso KK-*Senge* § 52 Rn. 6; *Kleinknecht/Meyer-Goßner* § 52 Rn. 11; LR[25]-*Dahs* § 52 Rn. 20; HK-*Lemke* § 52 c Rn. 7; *Eisenberg*, Beweisrecht, Rn. 1251; *Gollwitzer*, JR 1993, 215 ff; *Pelchen*, NStZ 1987, 287; *Otto*, NStZ 1991, 220 f.; *Roxin*, Strafverfahrensrecht, § 26 Rn. 16; *Schlüchter*, Strafverfahren, Rn. 484; *Beulke*, Strafprozeßrecht, Rn. 192; *Hellmann*, Strafprozeßrecht, IV § 3 Rn. 27.

[30] Vgl. hierzu die Dokumentation bei *Widmaier*, NStZ 1992, 195 ff., zu BGHSt 38, 96 ff., sowie *Fischer*, JZ 1992, 570.

[31] Ein rein materieller Mitbeschuldigtenbegriff wird, soweit ersichtlich, im Rahmen des § 52 StPO nur von *Peters*, Vhdlg. 46. DJT, Bd. I, Teil 3 A, S. 91 (117); *Gössel*, Strafver-

zu bestimmenden Mitbeschuldigtenbegriffes sind Mitbeschuldigte im Sinne des § 52 StPO stets allein diejenigen Personen, gegen welche sich der Verdacht der Beteiligung an derselben Straftat richtet, wobei es nicht darauf ankommen soll, ob bereits ein Ermittlungsverfahren gegen sie eingeleitet wurde. Demnach ist der Zeuge nach dieser Ansicht hinsichtlich eines jeden Tatbeteiligten bzw. der Tatbeteiligung Verdächtigen zur Zeugnisverweigerung berechtigt, gleichgültig ob dieser bezüglich der gemeinschaftlich begangenen Tat bereits formell Beschuldigter ist.[32]
Gegen eine nur an das materielle Kriterium der gemeinsamen Tatbeteiligung geknüpfte Bestimmung des Mitbeschuldigtenbegriffes im Rahmen des § 52 StPO spricht aber schon die Tatsache, dass der Terminus des „Beschuldigten" prozessualer Natur ist.[33] Er kann nur durch prozessrechtliche Vorgänge begründet oder aufgehoben werden.[34] Des Weiteren verbliebe bei Verwendung eines rein materiellen Mitbeschuldigtenbegriffes kaum noch ein Anwendungsbereich für das Auskunftsverweigerungsrecht aus § 55 Abs. 1 2. Alt. StPO, da der Zeuge bezüglich jedes Tatbeteiligten zur Zeugnisverweigerung gemäß § 52 StPO berechtigt wäre.[35] Die Vorschrift des § 55 Abs. 1 2. Alt. StPO würde unter diesen Voraussetzungen nur noch dann eingreifen, wenn der Zeuge bei der Aussage in einem Verfahren gegen einen nicht mit ihm verwandten Beschuldigten Gefahr liefe, seinen Angehörigen hinsichtlich einer vollkommen anderen Straftat, die nicht Gegenstand des Verfahrens gegen den Nichtangehörigen ist, zu belasten. Zöge die Aussage des Zeugen für die ihm im Sinne des § 52 StPO nahestehende Person aber die Gefahr der Strafverfolgung bezüglich einer auch dem Nichtangehörigen vorgeworfenen Tat nach sich, so wäre stets bereits § 52 StPO einschlägig.[36] Eine derartige Beschneidung des Anwendungsbereiches von § 55 Abs. 1 2. Alt. StPO

---

fahrensrecht, S. 210, und wohl auch von *Spelthahn*, Zeugnisverweigerungsrecht, S. 148 ff., vertreten, wobei die Auffassung der letztgenannten Autorin nicht ganz eindeutig zuordenbar ist. Andere Autoren gehen zwar innerhalb des Rollentauschproblems von einem rein materiellen Mitbeschuldigtenbegriff aus, machen die Definition des Mitbeschuldigten im Sinne des § 52 StPO aber auch von formellen Kriterien abhängig; so z.B. *Roxin*, Strafverfahrensrecht, § 26 Rn. 5 f. sowie § 26 Rn. 16.

[32] *Peters*, Vhdlg. 46. DJT, Bd. I, Teil 3 A, S. 91 (117).

[33] BGHSt 38, 96 (97); *Otto*, NStZ 1991, 220 (221); *Gollwitzer*, JR 1993, 215 (216).

[34] *Otto*, NStZ 1991, 220 (221).

[35] *Otto*, NStZ 1991, 220 (221); ebenso *Schöneborn*, ZStW 89 (1974), 921 (932 f.), der diesbezüglich treffend bemerkt, dass „die materiellrechtliche Definierung des Beschuldigtenbegriffes in § 52 StPO ein rechtspolitisches Anliegen, nämlich § 55 Abs. 1 2. Alt. in § 52 StPO aufgehen zu lassen, schon de lege lata zu realisieren sucht."

[36] Ebenso *Otto*, NStZ 1991, 220 (221).

widerspricht jedoch dem Sinn dieser Vorschrift. Denn diese verdankt ihre Entstehung, wie bereits ausführlich dargelegt,[37] der Absicht des Gesetzgebers, den Schutz des § 52 StPO zwar auf die Zeit vor einer formellen Beschuldigung des mit dem Zeugen verwandten Tatbeteiligten auszudehnen, ihn zu diesem Zeitpunkt aber noch nicht in vollem Umfang, sondern lediglich partiell zu gewähren. Bevor gegen den Angehörigen des Zeugen ein Ermittlungsverfahren eingeleitet wurde, bedarf weder der Zeuge selbst, noch der Angehörige des sich aus einem umfassenden Schweigerecht ergebenden umfangreichen Schutzes. Vielmehr soll mit § 55 Abs. 1 2. Alt. StPO der Zeuge und seine Familie zu diesem Zeitpunkt nur durch ein begrenztes Aussageverweigerungsrecht geschützt werden, welches dem Zeugen nur die Verweigerung der Auskunft auf seinen Angehörigen belastende Fragen, nicht jedoch des gesamten Zeugnisses gestattet.[38]

(2) Eingeschränkt-materieller Mitbeschuldigtenbegriff

Die aufgezeigten Unzulänglichkeiten der rein materiellen Beschuldigtentheorie werden ausgeräumt, macht man mit *Prittwitz*[39] und anderen[40] die Begründung der Mitbeschuldigtenstellung innerhalb des § 52 StPO neben der Beteiligung an der gleichen Tat im prozessualen Sinne auch von der diesbezüglichen Einleitung eines Ermittlungsverfahrens gegen den Angehörigen des Zeugen und die anderen Tatbeteiligten abhängig. Demgemäß wird der nichtangehörige Täter oder Teilnehmer der auch dem Verwandten des Zeugen vorgeworfenen Tat erst dann zu einem Mitbeschuldigten, auf den sich das Zeugnisverweigerungsrecht des § 52 StPO erstreckt, wenn sowohl er als auch der Angehörige hinsichtlich ihrer Tatbeiträge bereits formell Beschuldigte sind.[41] Mithin ist der Zeuge aus § 52 StPO auch in Verfahren gegen Nichtangehörige zur Zeugnisverweigerung berechtigt, sobald ein Familienmitglied der in § 52 StPO bezeichneten Art an der den Gegenstand des Verfahrens bildenden Tat beteiligt war und gegen die Tatbeteiligten

---

[37] Dazu oben 1. Teil B IV 3 b bb.

[38] Ebenso auch *Schlothauer*, Zeugnisverweigerungsrechte, S. 92, der in dem Umstand, dass § 55 StPO im Gegensatz zu § 52 StPO voraussetzt, dass erst die Aussage selbst die Einleitung eines Ermittlungsverfahrens gegen den tatbeteiligten Angehörigen heraufbeschwört, ebenfalls ein Argument gegen einen rein materiell orientierten Beschuldigtenbegriff sieht.

[39] In: Der Mitbeschuldigte, S. 65, 113 ff.; *ders.*, NStZ 1986, 64 f.

[40] *Rengier*, StV 1988, 465 (467); *Schlothauer*, Zeugnisverweigerungsrechte, S. 91.

[41] *Prittwitz*, Der Mitbeschuldigte, S. 115; *ders.*, NStZ 1986, 64 (66); *Rengier*, StV 1988, 465 (467); *Schlothauer*, Zeugnisverweigerungsrechte, S. 9; vgl. auch *Spelthahn*, Zeugnisverweigerungsrecht, S. 147.

bereits ein Ermittlungsverfahren eingeleitet ist. Bei der Verwendung einer eingeschränkt-materiellen Definition des Mitbeschuldigtenbegriffes wird folglich im Gegensatz zum rein materiellen Mitbeschuldigtenbegriff zum einen die Begründung der Beschuldigteneigenschaft innerhalb des § 52 StPO an einen prozessualen Vorgang geknüpft und zum anderen § 55 Abs. 1 2. Alt. StPO der vom Gesetzgeber vorgesehene Anwendungsbereich belassen.[42] Denn § 55 Abs. 1 2. Alt. StPO bleibt bei der Heranziehung des eingeschränkt-materiellen Beschuldigtenbegriffes auch dann anwendbar, wenn der nichtangehörige Beschuldigte und der Verwandte des Zeugen die untersuchte Tat gemeinschaftlich begangen haben und gegen den Angehörigen noch kein Ermittlungsverfahren eingeleitet wurde.

(3) Formell-materieller Mitbeschuldigtenbegriff

Fraglich erscheint, ob - wie dies von der derzeit h.M.[43] gefordert wird - die Erstreckung des Zeugnisverweigerungsrechtes aus § 52 StPO auf Tatbeteiligte, welche mit dem Zeugen kein Verwandtschaftsverhältnis im Sinne des § 52 StPO verbindet, zudem eine zumindest zeitweise Verbindung ihres Verfahrens mit dem Verfahren des Zeugenangehörigen voraussetzt. Nach Auffassung der Vertreter dieser formell-materiellen Beschuldigtentheorie ist Mitbeschuldigter im Sinne des § 52 StPO demzufolge jeder Täter oder Teilnehmer an der dem Angehörigen des Zeugen vorgeworfenen Tat, dessen Verfahren zumindest zeitweise mit dem Strafverfahren gegen den Verwandten des Zeugen verbunden war.[44] Dabei leuchtet das von den Vertretern dieser Ansicht angeführte Argument, allein die zeitweise Führung eines einheitlichen Verfahrens gegen die Tatbeteiligten mache diese zu Mitbeschuldigten,[45] zunächst ein. Bei näherer Betrachtung werden jedoch die Schwächen dieser Ansicht offenbar: So wird bei der Verwendung eines formell-materiellen Mitbeschuldigtenbegriffes die Beantwortung der Frage, ob der Zeuge gemäß § 52 StPO einschränkungslos zur Verweigerung der gesamten Aussage berechtigt oder aber gemäß § 55 Abs. 1 2. Alt. StPO lediglich zur partiellen Auskunftsverweigerung befugt ist, von der oftmals zufälligen oder allein an Zweckmäßigkeitserwägungen orientierten Verbin-

---

[42] *Schlothauer*, Zeugnisverweigerungsrechte, S. 91.

[43] BGHSt 34, 138 (139), sowie BGHSt 34, 215 (216) m.w.N. zur Rspr.; KK-*Pelchen* § 52 Rn. 6; *Kleinknecht/Meyer-Goßner* § 52 Rn. 11, LR[25]-*Dahs* § 52 Rn. 19; *Eisenberg*, Beweisrecht, Rn. 751; *Gollwitzer*, JR 1993, 215 ff.; *Pelchen*, NStZ 1987, 287; *Otto*, NStZ 1991, 220 ff.; *Roxin*, Strafverfahrensrecht, § 26 Rn. 16; *Schlüchter*, Strafverfahren, Rn. 484.

[44] Vgl. die Nachweise in der vorigen Fn.

[45] LR[25]-*Dahs* § 52 Rn. 20 ff. m.w.N.

dung oder Trennung der Verfahren abhängig gemacht.[46]
Des Weiteren hätte die Definition des Mitbeschuldigtenbegriffes nach der formell-materiellen Theorie eine den Intentionen des Gesetzgebers zuwiderlaufende Ausweitung des Anwendungsbereiches von § 55 Abs. 1 2. Alt. StPO zur Folge. Denn wenn der Zeuge in einem Verfahren gegen seinen Angehörigen im Hinblick auf die Täterschaft oder Teilnahme eines nichtangehörigen Tatbeteiligten vernommen wird, wäre er, sofern gegen diesen Beteiligten noch kein Ermittlungsverfahren eingeleitet wurde, nur zur Auskunftsverweigerung nach § 55 Abs. 1 2. Alt. StPO berechtigt, wenn die Gefahr der Belastung des bereits formell beschuldigten Angehörigen besteht. Dies steht aber im Widerspruch zu dem Umstand, dass § 55 Abs. 1 2. Alt. StPO nur so lange Anwendung finden soll, wie gegen Angehörigen des Beschuldigten hinsichtlich der untersuchten Tat noch kein Ermittlungsverfahren eingeleitet wurde. Sobald der Angehörige des Zeugen bezüglich dieser Tat die prozessuale Rolle eines Beschuldigten innehat, soll nach dem Willen des Gesetzgebers allein das Zeugnisverweigerungsrecht aus § 52 StPO zur Anwendung kommen.[47]
Gegen die von der h.M. für die Begründung der Mitbeschuldigteneigenschaft im Rahmen des § 52 StPO geforderte prozessuale Gemeinsamkeit der Verfahren spricht aber insbesondere die Tatsache, dass es bei einer Aussage des Zeugen gegen den nichtangehörigen Tatbeteiligten im Hinblick auf die Gefährdung der Schutzgüter des § 52 StPO keinen Unterschied macht, ob das Verfahren, in welchem er aussagen soll, mit dem in der gleichen Sache gegen seine Angehörigen betriebenen Verfahren jemals verbunden war oder nicht. So besteht sowohl der mögliche Konflikt des Zeugen zwischen der Wahrheitspflicht und dem Bestreben den beschuldigten Angehörigen, nicht durch die Aussage zu gefährden, als auch die Gefahr der Belastung der Beziehungen zwischen dem Zeugen und seinem Angehörigen sowie des innerfamiliären Friedens völlig unabhängig von dem Umstand eines einheitlichen Verfahrens gegen die Tatbeteiligten.
Von diesen Überlegungen gehen offenbar auch die Vertreter des formell-

---

[46] So *Schlothauer*, Zeugnisverweigerungsrechte, S. 89, der zudem zu bedenken gibt, dass die Entscheidung der Staatsanwaltschaft, die Verfahren zu verbinden oder von einer Verbindung abzusehen, in der Absicht, das Entstehen eines Zeugnisverweigerungsrechtes für den Angehörigen eines Beschuldigten zu ermöglichen oder zu vereiteln, nicht einmal angreifbar wäre. Auch *Gollwitzer*, JR 1993, 215 (216), als ein Vertreter des formell-materiellen Beschuldigtenbegriffes kritisiert, dass das Kriterium der Verfahrensverbindung auf Zufälligkeiten beruht; unter Bezugnahme auf das Praktikabilitätsargument will er trotzdem weiterhin am Erfordernis der prozessualen Gemeinsamkeit festhalten. Vgl. zum Ganzen auch *Spelthahn*, Zeugnisverweigerungsrecht, S. 145.

[47] Dazu bereits ausführlich oben 1. Teil B IV 3 b bb in Fn. 284.

materiellen Beschuldigtenbegriffes aus. Nur so lässt es sich erklären, dass von ihnen auch nach der Trennung des gemeinsamen Verfahrens das Fortbestehen der Mitbeschuldigteneigenschaft i. S. des § 52 StPO gefordert wird.[48] Der dann jedoch nur konsequent erscheinende Schluss, die Entstehung der Mitbeschuldigteneigenschaft überhaupt nicht an das Erfordernis eines gemeinsamen Verfahrens zu knüpfen, wird von ihnen jedoch nicht gezogen.[49] Die Vorschrift des § 52 StPO muss den Nichtbeschuldigten, soll er seinen Schutzzwecken[50] gerecht werden, demzufolge auch dann zur Zeugnisverweigerung gegen den ebenfalls tatbeteiligten Nichtangehörigen berechtigen, wenn sein Verfahren zu keinem Zeitpunkt mit dem Verfahren des mit dem Zeugen verwandten Beschuldigten verknüpft war.[51]
Für die Notwendigkeit einer prozessualen Gemeinsamkeit für die Entstehung einer Mitbeschuldigtenbeziehung streitet auch nicht das von Rechtsprechung[52] und Literatur[53] hierfür angeführte Argument der „Rechtsklarheit".[54] Danach sei es dem Richter nur möglich „verläßlich festzustellen, ob und aus welchem Grund ein Weigerungsrecht in Betracht kommt"[55], wenn das Verfahren gegen den Angehörigen des Zeugen zumindest zeitweise mit dem der anderen Tatbeteiligten verbunden war. Dem Gericht bliebe sonst „ohne sein Verschulden verborgen, daß eine Belehrung nach § 52 StPO notwendig sein könnte."[56] Denn gemäß der eingeschränkt-materiellen Beschuldigtentheorie genügt für die Begründung der Mitbeschuldigteneigenschaft innerhalb des § 52 StPO nicht allein die Beteiligung des Zeugenangehörigen an der dem Nichtangehörigen vorgeworfenen Straftat. Vielmehr müssen die Tatbeteiligten diesbezüglich bereits die prozessuale Stellung eines Beschuldigten innehaben. Voraussetzung dafür ist aber stets ein Willensakt der zuständigen

---

[48] Vgl. diesbezüglich die Nachweise in Fn. 43.

[49] Vgl. nur *Schöneborn*, ZStW 86 (1974), 921 (923, 930), der weiterhin auf dem Erfordernis einer zeitweisen prozessualen Gemeinsamkeit besteht.

[50] Zu den Schutzzwecken des § 52 StPO bereits ausführlich oben 1. Teil B I 3.

[51] *Schlothauer*, Zeugnisverweigerungsrechte, S. 86 f.; *Prittwitz*, NStZ 1986, 64 (65).

[52] BGH NJW 1974, 758; BGHSt 34, 138 (140).

[53] *Schöneborn*, ZStW 86 (1974), 921 (932); *W. Schmidt*, Mitbeschuldigten- und Zeugenrolle, S. 90 f.

[54] So auch *Schlothauer*, Zeugnisverweigerungsrechte, S. 89 f.; *Prittwitz*, NStZ 1986, 64 (67); *Rengier*, StV 1988, 465 (467).

[55] BGHSt 34, 138 (140).

[56] BGH NJW 1974, 758; i.d.S. auch *Schöneborn*, ZStW 86 (1974), 921 (932); *W. Schmidt*, Mitbeschuldigten- und Zeugenrolle, S. 90 f.

Strafverfolgungsbehörde,[57] der die Einleitung eines Ermittlungsverfahrens zur Folge hat. Für den Richter bzw. die Ermittlungsbehörde dürfte mithin unschwer feststellbar sein, ob gegen die Tatbeteiligten hinsichtlich der untersuchten Tat bereits ein Ermittlungsverfahren eingeleitet wurde und dem Zeugen damit ein Zeugnisverweigerungsrecht gegenüber allen Tatbeteiligten zusteht oder nicht.[58]
Gegen die von der h.M. verlangte zumindest zeitweilige Verfahrensverbindung spricht nicht zuletzt auch der dieser Forderung immanente innere Widerspruch, der hervortritt, sobald man das Verbindungserfordernis unter dem Blickwinkel der von einigen Vertretern[59] eben dieser Ansicht zum Problem der Anwendbarkeit des § 81 c Abs. 3 StPO auf die Fälle des § 55 StPO propagierten Auffassung beleuchtet. So lässt sich insbesondere die Auffassung, der Zeuge sei, wenn das gegen seinen Angehörigen gerichtete Ermittlungsverfahren zu keinem Zeitpunkt mit dem Verfahren der anderen tatbeteiligten Beschuldigten verbunden war, durch § 55 StPO in ausreichendem Maße geschützt,[60] nicht mit der Versagung eines Untersuchungsverweigerungsrechtes für lediglich nach § 55 Abs. 1 2. Alt. StPO aussageverweigerungsberechtigte Zeugen vereinbaren.[61] Der Zeuge wäre zwar unter Umständen bei seiner Aussage noch nach § 55 Abs. 1 2. Alt. StPO in gleicher Weise geschützt, wenn das Verfahren, in dem der Zeuge zur Aussage aufgefordert ist, mit dem in der selben Sache gegen seinen Angehörigen betriebenen Verfahren verbunden ist, wie wenn die Verfahren nicht miteinander verbunden wären. Denn aus § 55 Abs. 1 2. Alt StPO ergibt sich bisweilen das Recht, die gesamte Aussage zu verweigern. Sofern jedoch die körperliche Untersuchung dieses Zeugen angeordnet wird, ist der Zeuge schlechter gestellt, wenn die Verfahren niemals verbunden waren, da § 55 Abs. 1 2. Alt. StPO nach Ansicht von *Schlüchter*[62] und *Schäfer*[63] gerade kein Untersuchungsverweigerungsrecht begründet. Wurde jedoch, wenn auch nur kurz-

---

[57] Vgl. BGHSt 34, 138 (140), BGHSt 10, 8 (12).

[58] Näher dazu *Rengier*, StV 1988, 465 (467); *Schlothauer*, Zeugnisverweigerungsrechte, S. 91; *Prittwitz*, Der Mitbeschuldigte, S. 115; *ders.*, NStZ 1986, 64 (65); *Spelthahn*, Zeugnisverweigerungsrecht, S. 146.

[59] Vgl. z.B. *Schlüchter*, Strafverfahren, Rn. 484, Rn. 197 in Fn. 101; *Schäfer*, Praxis des Strafverfahrens, Rn. 397, 962.

[60] *Schlüchter*, Strafverfahren, Rn. 484; *Schäfer*, Praxis des Strafverfahrens, Rn. 962.

[61] *Schlüchter*, Strafverfahren, Rn. 197 in Fn. 101; *Schäfer*, Praxis des Strafverfahrens, Rn. 397.

[62] In: Strafverfahren, Rn. 197 in Fn. 101.

[63] In: Praxis des Strafverfahrens, Rn. 397.

zeitig ein einheitliches Verfahren gegen die Tatbeteiligten geführt, so wäre der Zeuge nach dieser Ansicht gemäß § 81 c Abs. 3 StPO i.V.m. § 52 StPO zur Untersuchungsverweigerung hinsichtlich aller Tatbeteiligten berechtigt. Für die von der h.M. geforderte zumindest zeitweise Verbindung der gegen die Tatbeteiligten bezüglich der gemeinschaftlich begangenen Tat geführten Verfahren besteht mithin weder ein Bedürfnis noch ist sie mit den Intentionen des Gesetzgebers oder den von ihren Verfechtern in anderem Zusammenhang vertretenen Auffassungen vereinbar.

(4) Formeller Mitbeschuldigtenbegriff

Alle Argumente, welche oben gegen die von der h.M. als Voraussetzung für die Begründung der Mitbeschuldigteneigenschaft innerhalb des § 52 StPO geforderte zeitweilige prozessuale Gemeinsamkeit vorgebracht wurden, sprechen zugleich gegen die Einführung eines vom 1. Senat des BGH[64] und - diesem folgend - einigen Literaturvertretern[65] vorgeschlagenen rein formellen Mitbeschuldigtenbegriffes für § 52 StPO. Nach dieser Ansicht sollten die gegenwärtig von der h.M. zum Rollentauschproblem und zum Zeugnisverweigerungsrecht aus § 52 StPO vertretenen Mitbeschuldigtenbegriffe in der Weise harmonisiert werden,[66] dass der Mitbeschuldigtenbegriff auch innerhalb des § 52 StPO anhand rein formeller Kriterien zu bestimmen ist.[67] Die Vorschrift des § 52 StPO finde demgemäß nur dann noch Anwendung, „wenn und solange die Verfahren gegen Angehörige eines Zeugen und Dritte

---

[64] Siehe dazu die Anfrage des 1. Senates vom 25.02.1991 beim 2., 3., 4. und 5. Strafsenat des BGH zum Urteil vom 29.10.1991 (BGHSt 38, 96 ff.) in der Dokumentation von *Widmaier*, NStZ 1992, 195 f. Der 1. Senat hat in diesem Urteil die Erstreckung des Zeugnisverweigerungsrechtes aus § 52 StPO auf Mitbeschuldigte für den Fall verneint, dass der Angehörige hinsichtlich der gemeinschaftlich begangen Tat bereits rechtskräftig abgeurteilt ist. Dieser Auffassung ist der 4. Senat in seinem Urteil vom 13.02.1992 (NJW 1992, 1118 f.) gefolgt, wonach dem Zeugen im Falle des Todes seines Angehörigen kein Zeugnisverweigerungsrecht mehr hinsichtlich der Mitbeschuldigten zustehe; ebenso *Rogall*, JZ 1996, 944 (951); *Beulke*, Strafprozeßrecht, S. 192; *Hellmann*, Strafprozeßrecht, IV § 3 Rn. 27; *Roxin*, Strafverfahrensrecht, § 26 Rn. 16; *Schäfer*, Praxis des Strafverfahrens, Rn. 962.

[65] *Fischer*, JZ 1992, 570; *Roxin*, Strafverfahrensrecht, § 26 Rn. 16; einem rein formellen Mitbeschuldigtenbegriff stimmt in diesem Zusammenhang wohl auch *Schäfer*, Praxis des Strafverfahrens, Rn. 962, zu.

[66] So der 1. Senat des BGH; vgl. die Dokumentation von *Widmaier*, NStZ 1992, 196 (199); wie der BGH auch *Fischer*, JZ 1992, 570 (574).

[67] So der 1. Senat des BGH; vgl. die Dokumentation von *Widmaier*, NStZ 1992, 196 (199); i.d.S. auch *Fischer*, JZ 1992, 570 (574).

gemeinsam geführt werden."[68]
Die Hinwendung des 1. Strafsenates des BGH und einiger Autoren zu einer rein formellen Definition des Mitbeschuldigten in § 52 StPO ist das Resultat der Auffassung, § 52 StPO diene in erster Linie dem Schutz der Wahrheitsfindung, der Schutz des Zeugen und des mit ihm verwandten Beschuldigten bzw. Angeklagten sowie der Schutz ihres familiären Beziehungsgeflechtes spiele daneben eine nur untergeordnete Rolle.[69] In Verkennung der Tatsache, dass eine dieser Ansicht zugrunde liegende Orientierung an inquisitorischen Beweisregeln mit dem Grundsatz der freien Beweiswürdigung unvereinbar ist,[70] stellt sich der erste Strafsenat damit gegen die Entscheidung des Großen Senates vom 08.12.1958,[71] in welcher dieser der Vorschrift des § 52 StPO den Schutzzweck der Wahrheitsfindung ausdrücklich abgesprochen hat. Zwar kritisieren die Vertreter dieser Ansicht zu Recht,[72] dass es mit dem durch § 52 StPO bezweckten Schutz des Familienfriedens im Hinblick auf die von der Rechtskreistheorie bezüglich des § 55 StPO vorgenommenen Einschränkungen unvereinbar wäre, wenn der Zeuge sich bei von vornherein getrennten Verfahren allenfalls auf § 55 Abs. 1 2. Alt. StPO berufen könnte. Des Weiteren stellen die Vertreter dieser Meinung auch zutreffend fest, dass die Verbindung und die Trennung von Verfahren regelmäßig von Zufälligkeiten abhängig sind und somit auch der Zeugenschutz bei Verwendung eines formell-materiellen Beschuldigtenbegriffes zufallsbestimmt ist.[73] Da jedoch von ihnen die Vorschrift des § 52 StPO allein auf den Schutzzweck der Wahrheitsfindung zurückgeführt wird, ziehen sie den unzutreffenden Schluss, dass eine Lösung dieser Probleme nur in der Verwendung eines rein

---

[68] 1. Senat des BGH in der Dokumentation von *Widmaier*, NStZ 1992, 196 (199).

[69] 1. Senat des BGH; Dokumentation von *Widmaier*, NStZ 1992, 196 (198); i.d.S. auch *Fischer*, JZ 1992, 570 (573 f.).

[70] Vgl. diesbezüglich bereits die Ausführungen zur Anwendbarkeit des § 81 c Abs. 3 StPO auf die Fälle des § 52 StPO (oben 1. Teil B I 3 a dd). Es wurde dort ausgeführt, dass die Argumentation, § 52 StPO bewahre Angehörige des Beschuldigten als typischerweise unzuverlässige Zeugen vor Falschaussagen und den Richter, Aussagen von zweifelhaftem Wert seinem Urteil zugrunde zu legen, auf der für das Inquisitionsverfahren typischen Einteilung in taugliche und untaugliche Zeugen beruht. Diese aber kann im modernen Strafverfahren mit dem ihm immanenten Grundsatz der freien Beweiswürdigung keinen Bestand haben.

[71] BGHSt 12, 235 ff.

[72] Vgl. hinsichtlich der Auffassung des 1. Senates die Dokumentation bei *Widmaier*, NStZ 1992, 196 (198); ebenso *Fischer*, JZ 1992, 570 (573).

[73] Dokumentation bei *Widmaier*, NStZ 1992, 196 (198); so auch *Fischer*, JZ 1992, 570 (573); *Gollwitzer*, JR 1993, 215 (216).

formellen Beschuldigtenbegriffes liegen könne, wobei sie offenbar die Verwendung eines eingeschränkt materiellen Beschuldigtenbegriffes als Lösung für die aufgezeigten Probleme übersehen.

Nicht zu überzeugen vermag auch die von den Vertretern dieser Ansicht[74] aufgestellte Behauptung, es habe bisher noch niemand die Unteilbarkeit des Zeugnisverweigerungsrechtes erwogen, wenn die Verfahren gegen den Angehörigen des Zeugen und die anderen tatbeteiligten Beschuldigten zu keinem Zeitpunkt verstrickt waren. Somit sei auch, entgegen der Ansicht der Vertreter eines formell-materiellen Beschuldigtenbegriffes, die Gewährung eines Zeugnisverweigerungsrechtes nach Trennung der Verfahren nicht mehr notwendig, vielmehr solle der Zeuge das Zeugnis hinsichtlich nicht mit ihm verwandter Mitbeschuldigter nur noch verweigern dürfen, wenn die Verfahren gegen seinen Angehörigen und die anderen Mitbeschuldigten noch verbunden seien. Der erste Senat des BGH und *Fischer* verkennen dabei aber, dass die mit der Verwendung eines formell-materiellen Beschuldigtenbegriffes verbundenen Widersprüche vermieden werden können, wenn der Terminus des Mitbeschuldigten in diesem Zusammenhang anhand des eingeschränkt materiellen Mitbeschuldigtenbegriffes bestimmt wird. Denn Inhalt des eingeschränkt materiellen Beschuldigtenbegriffes ist gerade die Unteilbarkeit des Zeugnisverweigerungsrechtes auch bei Nichtverbindung der gegen den Zeugenangehörigen und gegen den anderen Tatbeteiligten gerichteten Verfahren, um die Durchsetzung des mit § 52 StPO bezweckten Schutzes des Zeugen vor einer Konfliktslage und des Familienfriedens zu gewährleisten.[75] Da nach Auffassung der Verfechter eines eingeschränkt-materiellen Mitbeschuldigtenbegriffes für die Erstreckbarkeit des Zeugnisverweigerungsrechtes aus § 52 StPO auf nichtangehörige Tatbeteiligte lediglich notwendig ist, dass sowohl gegen den Zeugenangehörigen als auch gegen den anderen Tatbeteiligten bereits ein Ermittlungsverfahren eingeleitet wurde, diese jedoch zu keinem Zeitpunkt miteinander verbunden gewesen sein müssen, ist bei Verwendung des eingeschränkt-materiellen Mitbeschuldigtenbegriffes das Zeugnisverweigerungsrecht aus § 52 StPO auch bei der Führung getrennter Verfahren gegen die Tatbeteiligten unteilbar.

bb) Fazit

Die Beleuchtung der verschiedenen Theorien zur Definition des Mitbeschul-

---

[74] Hinsichtlich des 1. Senates des BGH vgl. die Dokumentation bei *Widmaier*, NStZ 1992, 196 (199); ebenso *Fischer*, JZ 1992, 570 (573).

[75] Vgl. oben 1. Teil B I 3 a aa und bb.

digtenbegriffes im Rahmen des § 52 StPO hat ergeben, dass derzeit allein die eingeschränkt-materielle Theorie zu sachgerechten Ergebnissen führt und mit den Intentionen des § 52 StPO vereinbar ist. Demzufolge sind die in § 52 StPO genannten Personen zur Verweigerung des Zeugnisses hinsichtlich Nichtangehöriger berechtigt, wenn diese Täter oder Teilnehmer einer auch dem Verwandten des Zeugen vorgeworfenen Straftat sind und sowohl gegen sie als auch den Zeugenangehörigen diesbezüglich bereits ein Ermittlungsverfahren eingeleitet worden ist.[76]

c) Konsequenzen für die Erstreckbarkeit des Untersuchungsverweigerungsrechtes aus § 81 c Abs. 3 StPO i.V.m. § 52 StPO auf nichtangehörige Mitbeschuldigte

Die hinsichtlich der Erstreckbarkeit des Zeugnisverweigerungsrechtes aus § 52 StPO auf nichtangehörige Mitbeschuldigte erarbeitete Lösung kann aufgrund der Bezugnahme des Untersuchungsverweigerungsrechtes aus § 81 c Abs. 3 StPO auf das Zeugnisverweigerungsrecht aus § 52 StPO für die Beantwortung der Frage, ob sich das Untersuchungsverweigerungsrecht aus § 81 c Abs. 3 StPO i.V.m. § 52 StPO auch auf nicht mit dem Zeugen verwandte Mitbeschuldigte des Zeugenangehörigen erstreckt, übertragen werden. Demgemäß sind nach § 81 c Abs. 3 StPO i.V.m. § 52 StPO untersuchungsverweigerungsberechtigte Zeugen auch befugt, die Untersuchung ihres Körpers bzw. die Entnahme einer Blutprobe nach § 81 c Abs. 1, 2 StPO bzw. die Durchführung einer DNA-Analyse nach § 81 e StPO zu verweigern, wenn diese der Feststellung der Schuld nichtangehöriger Mitbeschuldigter ihres Verwandten dienen sollen. Der Begriff des Mitbeschuldigten in diesem Sinne ist dabei anhand der eingeschränkt materiellen Theorie zu bestimmen, so dass der Zeuge bezüglich jeden Täters oder Teilnehmers an der auch dem Zeugenangehörigen innerhalb eines Strafverfahrens vorgeworfenen Tat die Untersuchung gemäß § 81 c Abs. 3 StPO i.V.m. § 52 StPO verweigern darf, sofern gegen ihn diesbezüglich bereits ein Ermittlungsverfahren eingeleitet wurde.[77]

---

[76] Ebenso *Prittwitz*, Der Mitbeschuldigte, S. 115; *ders.*, NStZ 1986, 64 (66); *Rengier*, StV 1988, 465 (467); *Schlothauer*, Zeugnisverweigerungsrechte, S. 91.

[77] Für die Erstreckung des Untersuchungsverweigerungsrechtes aus § 81 c Abs. 3 StPO i.V.m. § 52 StPO auf nichtangehörige Mitbeschuldigte spricht sich ebenfalls die ganz h.M. aus, wobei nach ihrer Auffassung - ausgehend von einem (hier abgelehnten) formell-materiellen Mitbeschuldigtenbegriff - die Mitbeschuldigteneigenschaft durch die gemein-

Nicht ausreichend ist in diesem Zusammenhang ein bloßes Verwertungsverbot hinsichtlich des beschuldigten Zeugenangehörigen mit der Folge, dass der Zeuge hinsichtlich der nichtangehörigen Mitbeschuldigten zur Duldung der körperlichen Untersuchung, Blutprobenentnahme und DNA-Analyse gemäß § 81 c StPO und § 81 e StPO verpflichtet bleibt, die Ergebnisse jedoch nicht in die Urteilsfindung gegen den Verwandten einbezogen werden dürfen. Denn auch die indirekte Belastung des an der Tat beteiligten Angehörigen kann die familiären Beziehungen stören, selbst wenn die Aussage nicht gegen den Zeugenangehörigen verwendet wird.[78]

3. Erstreckbarkeit des Untersuchungsverweigerungsrechtes aus § 81 c Abs. 3 StPO i.V.m. § 53, 53 a StPO auf Mitbeschuldigte, die mit dem Zeugen kein berufliches Vertrauensverhältnis verbindet

a) Einleitung

Auch die Frage, inwieweit sich das auf dem besonderen Beruf des Zeugen beruhende Untersuchungsverweigerungsrecht aus § 81 c Abs. 3 StPO i.V.m. §§ 53, 53 a StPO auf Mitbeschuldigte erstreckt, die mit dem Zeugen kein berufliches Vertrauensverhältnis verbindet, kann nur in Abhängigkeit der Behandlung dieses Problems innerhalb der §§ 53, 53 a StPO selbst beantwortet werden. Denn in diesem Zusammenhang gilt ebenfalls der Grundsatz, dass sich die Befugnis des Zeugen zur Untersuchungsverweigerung hinsichtlich Mitbeschuldigter danach richtet, ob der Zeuge berechtigt ist, das Zeugnis ihnen gegenüber auch dann zu verweigern, wenn sie keine zur Zeugnisverweigerung berechtigende Beziehung verbindet.[79]

---

schaftliche Begehung einer Tat und die zumindest zeitweise Verbindung der gegen den Zeugenangehörigen und die anderen Tatbeteiligten diesbezüglich eingeleiteten Ermittlungsverfahren begründet wird; vgl. etwa LR[24]-*Dahs* § 81 c Rn. 30; *Kleinknecht/Meyer-Goßner* § 81 c Rn. 23; KK-*Senge* § 81 c Rn. 10; KMR-*Bosch* § 81 c Rn. 23; *Eisenberg*, Beweisrecht, Rn. 1670.

[78] Vgl. dazu *Schöneborn*, ZStW 86 (1974), 921 (923); *Rengier*, Zeugnisverweigerungsrechte, S. 237.

[79] Siehe dazu bereits oben 1. Teil C II 2 b.

b) Erstreckbarkeit des Zeugnisverweigerungsrechtes aus §§ 53, 53 a StPO auf Mitbeschuldigte, die mit dem Zeugen kein berufliches Vertrauensverhältnis verbindet

Das Recht, das Zeugnis im Strafverfahren gemäß § 53 StPO[80] zu verweigern, ist im Unterschied zum Weigerungsrecht aus § 52 StPO gegenständlich auf Tatsachen begrenzt, welche den in § 53 StPO genannten Personen aufgrund der in ihrer beruflichen Stellung wurzelnden besonderen Vertrauensstellung anvertraut wurden oder bekannt geworden sind. Der Grund für die Beschränkung dieses Weigerungsrechtes liegt in dem mit § 53 StPO bezweckten Schutz des Vertrauensverhältnisses zwischen den Angehörigen der in dieser Vorschrift aufgeführten Berufe und ihren Patienten bzw. Mandanten, welches für eine sinnvolle Ausübung dieser Berufe notwendig ist.[81] Denn das mit § 53 StPO verfolgte gesetzgeberische Ziel ist die Bewahrung dieses Vertrauensverhältnisses vor einer Beeinträchtigung infolge der Veröffentlichung der dem Zeugen bei der Berufsausübung anvertrauten oder bekannt gewordenen Tatsachen. Demgemäß bilden den Anknüpfungspunkt für die Befreiung von der Aussagepflicht auch die dem Berufsgeheimnisträger in dieser Eigenschaft anvertrauten oder bekannt gewordenen Tatsachen. Dies hat zur Folge, dass es für die Befugnis zur Zeugnisverweigerung nach § 53 StPO allein darauf ankommt, ob durch die Aussage die Offenbarung eines Berufsgeheimnisses droht.[82] Da die Notwendigkeit des Schutzes der anvertrauten bzw. bekannt gewordenen Tatsachen vor ihrer Veröffentlichung aber unabhängig davon besteht, ob der Zeuge sie im Verfahren gegen den Patienten bzw. Mandanten oder einen anderen Beschuldigten preisgeben soll, muss der Zeuge zur Zeugnisverweigerung nach § 53 StPO auch dann berechtigt sein, wenn er hinsichtlich dieser Tatsachen gegen einen (Mit-) Beschuldigten aussagen soll, mit welchem ihn kein zur Zeugnisverweigerung berechtigendes Vertrauensverhältnis verbindet.[83] Das Recht zur Zeugnisverweigerung nach § 53 StPO ist folglich in diesem Sinne „unteilbar“.[84] Die Vorschrift des § 53 StPO gewährt somit den Angehörigen bestimmter Berufsgruppen das Recht zur Aussageverweigerung, ohne dass es darauf ankommt, ob sich das Verfahren in dem der Berufsausübende als Zeuge aussagen soll, gegen die

---

[80] Alle Ausführungen zu § 53 StPO beziehen sich auch auf § 53 a StPO.

[81] Ausführlich hierzu siehe oben 1. Teil B II 3.

[82] BGHSt 33, 148 (152).

[83] BGHSt 33, 148 (152); KMR-*Paulus* vor § 48 Rn. 87; *Kleinknecht/Meyer-Goßner* § 53 Rn. 7; KK-*Senge* § 53 Rn. 1; *Hanack*, JR 1986, 35 (36); *Rogall*, NStZ 1985, 374 (376).

[84] BGHSt 33, 148 (152); *Kleinknecht/Meyer-Goßner* § 53 Rn. 7; KK-*Senge* § 53 Rn. 1.

Person richtet, welche die anvertrauten oder bekannt gewordenen Tatsachen betreffen, oder ob es sich bei dem Beschuldigten um einen „am Verfahren unbeteiligter Dritten“[85] handelt.[86]

c) Konsequenzen für die Erstreckbarkeit des Untersuchungsverweigerungsrechtes aus § 81 c Abs. 3 StPO i.V.m. § 53, 53 a StPO auf Mitbeschuldigte, die mit dem Zeugen kein berufliches Vertrauensverhältnis verbindet

Die zum Problem der Erstreckbarkeit des Zeugnisverweigerungsrechtes aus § 53 StPO aufgezeigte Lösung kann - wie bereits erläutert -[87] zur Beantwortung der Frage nach der Befugnis von Berufsgeheimnisträgern zur Untersuchungsverweigerung im Hinblick auf Beschuldigte, mit welchen sie kein berufliches Vertrauensverhältnis i.S. des § 53 StPO verbindet, herangezogen werden. Demgemäß sind die von der Vorschrift des § 53 StPO erfassten Berufsausübenden zur Verweigerung der Blutprobenentnahme[88] bezüglich anvertrauter oder bekannt gewordener Berufsgeheimnisse auch dann befugt, wenn die Untersuchung in Bezug auf Beschuldigte erfolgen soll, die mit dem Zeugen kein zur Untersuchungsverweigerung gemäß § 81 c Abs. 3 StPO i.V.m. § 53 StPO berechtigendes Verhältnis verbindet.[89]

---

[85] So zutreffend BGHSt 33, 148 (152).

[86] *Kleinknecht/Meyer-Goßner* § 53 Rn. 7; KMR-*Paulus* vor § 48 Rn. 87.

[87] Dazu oben 1. Teil C II 3 a.

[88] Hinsichtlich der körperlichen Untersuchung nach § 81 c Abs. 1 StPO und der DNA-Analyse nach § 81 e StPO ist ein Untersuchungsverweigerungsrecht, wie bereits oben (1. Teil B II 3) erläutert, nicht erforderlich.

[89] Das Zeugnisverweigerungsrecht aus § 53 StPO besteht demgemäß entgegen der Auffassung von *Hanack*, JR 1986, 35 (36), hinsichtlich des „am Verfahren unbeteiligten Dritten“ nicht nur analog der bei § 52 StPO h.M. nach Abtrennung der gemeinsamen Verfahren, sondern auch dann, wenn die Verfahren niemals verbunden waren. Die in § 53 StPO aufgeführten Berufsausübenden sind somit zur Zeugnisverweigerung auch dann berechtigt, wenn die Person, welche die anvertrauten oder bekannt gewordenen Tatsachen betreffen, „unbeteiligter Dritter“ ist, deren Verfahren zu keinem Zeitpunkt mit dem für die Zeugenaussage maßgeblichen Verfahren verbunden war.

4. Erstreckbarkeit des Untersuchungsverweigerungsrechtes aus § 81 c Abs. 3 StPO i.V.m. § 54 StPO auf Mitbeschuldigte, die nicht in unmittelbarer Beziehung zum Amtsgeheimnis stehen

Auch das Zeugnisverweigerungsrecht aus § 54 StPO, welches die Grundlage des Untersuchungsverweigerungsrechtes aus § 81 c Abs. 3 StPO i.V.m. § 54 StPO bildet, wird wie die Weigerungsrechte aus den §§ 53, 53 a StPO durch den Vernehmungsgegenstand bestimmt. Die Vorschrift des § 54 StPO räumt dem Amtsgeheimnisträger im Unterschied zu § 52 StPO ebenfalls keine umfassende Schweigebefugnis ein, sondern ist vielmehr auf Tatsachen begrenzt, die der Amtsverschwiegenheit unterfallen. Das Recht, die Aussage gemäß § 54 StPO zu verweigern, kann somit gleichermaßen nicht auf den Beschuldigten, hinsichtlich dessen die Zeugenaussage erfolgen soll, beschränkt werden.[90] Denn die Erteilung bzw. die Verweigerung der Aussagegenehmigung erfolgt stets in Bezug auf ein Amtsgeheimnis, nicht jedoch im Hinblick auf einen bestimmten Beschuldigten. Maßgebend für die Genehmigungserteilung ist daher in erster Linie der Gegenstand der Aussage und nicht die Person des Beschuldigten.[91] Demgemäß kann das zur Frage der Erstreckbarkeit des Zeugnisverweigerungsrechtes aus §§ 53, 53 a StPO erarbeitete Ergebnis zur Beantwortung der Frage nach der Befugnis des Amtsgeheimnisträgers zur Zeugnisverweigerung hinsichtlich der Mitbeschuldigten, auf welche sich das Amtsgeheimnis nicht unmittelbar bezieht, übertragen werden: Danach ist eine Beschränkung der Genehmigung zur Aussage bzw. körperlichen Untersuchung auf einen von mehreren Mitbeschuldigten nicht möglich, sofern die Aussage oder Untersuchung die Preisgabe der geheimzuhaltenden Tatsachen zur Folge hätte. Denn der Schutz des Amtsgeheimnisses durch die Vorschriften des § 54 StPO bzw. des § 81 c Abs. 3 StPO i.V.m. § 54 StPO muss umfassend erfolgen, da bereits die Veröffentlichung der geheimzuhaltenden Tatsachen nur hinsichtlich eines von mehreren Mitbeschuldigten die Vereitelung der mit diesen Vorschriften verfolgten Schutzzwecke[92] zur Folge hätte, so dass die Genehmigung zur körperlichen Untersuchung unabhängig von der Person des Beschuldigten nur umfassend verweigert werden kann.

Der Zeuge ist mithin befugt, im Falle der Verweigerung der Untersuchungs-

---

[90] Ebenso KMR-*Paulus* vor § 48 Rn. 87.

[91] Dabei kann natürlich das Amtsgeheimnis gerade in der Person des Beschuldigten liegen, wobei auch in diesen Fällen die Verweigerung der Aussagegenehmigung an den Gegenstand der Aussage geknüpft ist, der mit der Person des Beschuldigten verbunden ist.

[92] Zu den Schutzzwecken von § 54 StPO vgl. oben 1. Teil B III 3 b aa.

genehmigung durch die zuständige Stelle die körperliche Untersuchung oder Blutprobenentnahme[93] hinsichtlich aller Beschuldigten einer Straftat - unabhängig von einer prozessualen Gemeinsamkeit der Verfahren - zu verweigern, sofern diese mit der Offenbarung eines Amtsgeheimnisses verbunden ist.

5. Erstreckbarkeit des Untersuchungsverweigerungsrechtes aus § 81 c Abs. 3 StPO i.V.m. § 55 Abs. 1 2. Alt. StPO auf nichtangehörige „Mitbeschuldigte"

Ob und in welchem Umfang das Untersuchungsverweigerungsrecht aus § 81 c Abs. 3 StPO i.V.m. § 55 Abs. 1 2. Alt. StPO auf nichtangehörige Tatbeteiligte[94] Anwendung findet, wäre ebenfalls wieder anhand der Behandlung des Problems innerhalb des ihm zugrunde liegenden Weigerungsrechtes aus § 55 Abs. 1 2. Alt. StPO zu beurteilen.
Es erscheint jedoch fragwürdig, ob eine Erstreckung des Auskunftsverweigerungsrechtes aus § 55 Abs. 1 2. Alt. StPO auf Tatbeteiligte des Zeugenangehörigen ihrem Sinn und Zweck nach überhaupt erforderlich ist. Denn die Vorschrift des § 55 Abs. 1 2. Alt. StPO berechtigt den Angehörigen eines Zeugen, die Auskunft auf jede Frage zu verweigern, die seinen Angehörigen in die Gefahr der Verfolgung wegen einer Straftat oder Ordnungswidrigkeit bringt, wobei es unerheblich ist, gegen welchen Beschuldigten der Zeugen aussagen soll und ob dieser Beteiligter an der dem Angehörigen des Zeugen vorgeworfenen Straftat ist. Maßgeblich ist vielmehr nur das Thema der Aussage.[95] Da die Vorschrift des § 55 Abs. 1 2. Alt. StPO auch eingreift wenn durch die Aussage des Zeugen nur eine mittelbare Belastung seines

---

[93]Zum Umfang des Untersuchungsverweigerungsrechtes eines Amtsträgers vgl. oben 1. Teil B III 3 b bb.

[94] Die Verwendung des Begriffes des Mitbeschuldigten wäre in diesem Zusammenhang irreführend, da § 55 Abs. 1 2. Alt. StPO bzw. § 81 c Abs. 3 i.V.m. § 55 Abs. 1 2. Alt. StPO nur Anwendung findet, wenn der Zeuge nicht in einem Verfahren gegen seinen Angehörigen aussagen bzw. untersucht werden soll. Denn in diesem Fall ist der Zeuge bereits gemäß § 52 StPO zur Zeugnisverweigerung bzw. gemäß § 81 c Abs. 3 i.V.m. § 55 Abs. 1 2. Alt. StPO zur Untersuchungsverweigerung berechtigt; dazu ausführlich oben 1. Teil C II. Daher soll nachfolgend nur von den *Tatbeteiligten* die Rede sein.

[95] KMR-*Paulus* vor § 48 Rn. 87.

Lebenspartners oder Verwandten droht,[96] ist eine Erstreckung dieses Zeugenrechtes auf andere Tatbeteiligte nicht erforderlich. Demgemäß erübrigt sich auch die Frage, ob sich das Untersuchungsverweigerungsrecht aus § 81 c Abs. 3 StPO i.V.m. § 55 Abs. 1 2. Alt. StPO auf Tatbeteiligte erstreckt. Denn der Zeuge ist stets zur Verweigerung der Untersuchungsmaßnahme befugt, wenn dies seinen Angehörigen in die Gefahr der Verfolgung wegen einer Straftat oder Ordnungswidrigkeit bringt, unabhängig von der Tatsache, gegen welchen Beschuldigten sich das der Untersuchung zugrunde liegende Verfahren richtet.

6. Fazit

Zusammenfassend kann festgestellt werden, dass sich das Recht eines Zeugen, die körperliche Untersuchung, Blutprobenentnahme oder DNA-Analyse gemäß § 81 c Abs. 3 StPO i.V.m. § 52 StPO zu verweigern, nicht nur auf den Beschuldigten an einer Straftat erstreckt, mit welchem den Zeugen ein zur Zeugnis- und Untersuchungsverweigerung berechtigendes Verhältnis verbindet. Vielmehr ist der Zeuge zur Untersuchungsverweigerung stets auch hinsichtlich derjenigen Mitbeschuldigten befugt, die nicht Angehörige des Beschuldigten sind. Das Untersuchungsverweigerungsrecht aus § 81 c Abs. 3 StPO i.V.m. § 52 StPO erstreckt sich dabei gemäß dem eingeschränkt-materiellen Mitbeschuldigtenbegriff, der in Anlehnung der zu diesem Problem innerhalb des § 52 StPO entwickelten Lösungen hier entsprechend heranzuziehen ist, auf jeden Beteiligten an der auch dem beschuldigten Zeugenangehörigen vorgeworfenen Straftat, gegen den diesbezüglich bereits ein Ermittlungsverfahren eingeleitet wurde.
Die Untersuchungsverweigerungsrechte aus § 81 c Abs. 3 StPO i.V.m. § 53, 53 a StPO bzw. § 54 StPO berechtigen wegen ihrer Verknüpfung mit einem bestimmten Beweisthema den Zeugen auch zur Verweigerung der körperlichen Untersuchung[97] oder Blutprobenentnahme, wenn die Untersuchung in Bezug auf Beschuldigte erfolgen soll, die mit dem Zeugen kein zur Untersuchungsverweigerung berechtigendes Verhältnis verbindet.
Dies gilt auch für das Recht zur Untersuchungsverweigerung gemäß § 81 c

[96] LR[25]-*Dahs* § 55 Rn. 11; KK-*Senge* § 55 Rn. 10; *Kleinknecht/Meyer-Goßner* § 55 Rn. 7.

[97] So jedenfalls das Untersuchungsverweigerungsrecht aus § 81 c Abs. 3 StPO i.V.m. § 54 StPO.

Abs. 3 StPO i.V.m. § 55 Abs. 1 2. Alt. StPO, da dieses ebenfalls beweisthemabezogen ist und den Zeugen stets zur Verweigerung der Untersuchungsmaßnahme berechtigt, wenn diese seinen Angehörigen in die Gefahr der Verfolgung wegen einer Straftat oder Ordnungswidrigkeit bringt, unabhängig von dem Umstand, gegen welchen Tatbeteiligten sich das Verfahren richtet.

III. Das Untersuchungsverweigerungsrecht für Beschuldigte, die mit ihrem Mitbeschuldigten in einer zur Zeugnisverweigerung berechtigenden Weise verbunden sind

1. Befugnis beschuldigter Angehöriger und Berufsgeheimnisträger zur Untersuchungsverweigerung nach § 81 c Abs. 3 i.V.m. § 52 bzw. §§ 53, 53 a StPO[98]

a) Einleitung

Richtet sich das Strafverfahren gegen eine Mehrzahl von Beschuldigten, so wirft diese Konstellation neben der eben behandelten Frage nach der Berech-

---

[98] Sofern in diesem Abschnitt lediglich auf das Untersuchungsverweigerungsrecht aus § 81 c Abs. 3 StPO i.V.m. § 52 StPO bzw. das Zeugnisverweigerungsrecht aus § 52 StPO Bezug genommen wird, betreffen diese Ausführungen gleichermaßen das Untersuchungsverweigerungsrecht aus § 81 c Abs. 3 StPO i.V.m. §§ 53, 53 a StPO bzw. das Zeugnisverweigerungsrecht aus §§ 53, 53 a StPO. Da sowohl das Zeugnisverweigerungsrecht aus § 52 StPO als auch das Zeugnisverweigerungsrecht aus den §§ 53, 53 a StPO auf einer besonderen Beziehung zwischen dem Zeugen und dem Beschuldigten beruhen, ergeben sich - unabhängig von der gegenständlichen Begrenztheit des letztgenannten Zeugnisverweigerungsrechtes - bei diesen Zeugnisverweigerungsrechten und mithin auch bei den auf ihnen beruhenden Untersuchungsverweigerungsrechten die gleichen Probleme und es gelten grundsätzlich dieselben Lösungsansätze. Da das Zeugnisverweigerungsrecht aus den §§ 53, 53 a StPO im Unterschied zu dem Weigerungsrecht aus § 52 StPO jedoch nicht allein an ein bestimmtes Verhältnis zwischen dem Zeugen und dem Beschuldigten geknüpft ist, sondern überdies einen bestimmten Aussagegegenstand voraussetzt, ergeben sich hinsichtlich dieses Aussageverweigerungsrechtes jedoch einige Besonderheiten, auf die unten (1. Teil C III 1 b bb) näher eingegangen wird. Zur Frage der Untersuchungsverweigerungsberechtigung von Mitbeschuldigten gemäß § 81 c Abs. 3 StPO i.V.m. § 54 StPO siehe ausführlich unten 1. Teil C III 2.

tigung des Zeugen zur Aussageverweigerung im Hinblick auf Mitbeschuldigte, die mit ihm kein zur Zeugnisverweigerung berechtigendes Verhältnis verbindet, noch eine weitere bislang wenig beachtete Problematik auf. Dies ist der Fall, wenn Mitbeschuldigte zueinander in einem Verhältnis stehen, welches sie hinsichtlich ihres jetzigen Mitbeschuldigten zur Zeugnis- bzw. Untersuchungsverweigerung berechtigen würde, falls sich einer von ihnen in der prozessualen Rolle eines Zeugen befände.
Der Terminus des Mitbeschuldigten ist dabei nach heute h.M. in diesem Zusammenhang anhand rein formeller Kriterien zu bestimmen.[99] Damit sind

---

[99] Vgl. dazu etwa BGH NJW 1985, 76 f.; LR[25]-*Dahs* vor § 48 Rn. 31 ff.; KK-*Senge* vor § 48 Rn. 7; *Kleinknecht/Meyer-Goßner* vor § 48 Rn. 21. Nach Auffassung der h.M. sind die Beschuldigten nur solange Mitbeschuldigte, wie ihre Verfahren gemeinsam geführt werden. Sofern die Verfahren jedoch von vornherein zu keinem Zeitpunkt verbunden waren oder später wieder getrennt wurden, stehen sich die Beschuldigten, auch wenn sie der Täterschaft oder Teilnahme an derselben Tat beschuldigt werden, als Zeugen gegenüber. Nach der h.M. ist es daher zulässig, Tatbeteiligte hinsichtlich der anderen Beteiligten als Zeugen zu vernehmen, solange oder sobald die gegen sie eingeleiteten Ermittlungsverfahren getrennt geführt werden.
Nach Ansicht einiger Literaturvertreter (so z.B. *Peters*, Vhdlg. 46. DJT, Bd. I, Teil 3 A; S. 91 [117]) ist die Mitbeschuldigten- bzw. Zeugeneigenschaft in diesem Zusammenhang hingegen ausschließlich nach materiellen Gesichtspunkten zu bestimmen. Demgemäß sei für die Beantwortung der Frage, wann ein Mitbeschuldigtenverhältnis vorliege, nur die Täterschaft oder Beteiligung an der gleichen Tat im prozessualen Sinn entscheidend. Gegen diese Argumentation spricht aber schon die Vorschrift des § 60 Abs. 1 Nr. 2 StPO (vgl. diesbezüglich *Schöneborn*, ZStW 86 [1974], 921 [927]; LR[25]-*Dahs* vor § 48 Rn. 33), da sich aus diesem Vereidigungsverbot der Schluss ziehen lässt, dass Zeuge auch sein kann, wer der Teilnahme an der zu untersuchenden Tat verdächtig ist.
Eine Entscheidung dieses Streites ist aber - anders als innerhalb des Problems der Erstreckbarkeit des Untersuchungsverweigerungsrechtes eines Zeugen auf nichtangehörige Mitbeschuldigte - in diesem Zusammenhang nicht notwendig. Denn im Rahmen der hier in Rede stehenden Problematik hat die Definition des Mitbeschuldigten, sofern die Voraussetzungen des § 81 c Abs. 3 StPO bei einem der Beschuldigten gegeben sind, keinen Einfluss auf den Umfang des Untersuchungsverweigerungsrechtes. Während hinsichtlich der Frage der Erstreckbarkeit des Untersuchungsverweigerungsrechtes auf Mitbeschuldigte die Auslegung des Mitbeschuldigtenbegriffes den Anwendungsbereich des § 81 c Abs. 3 StPO beeinflusste - je nach Art der Bestimmung des Mitbeschuldigtenbegriffes variiert der Kreis der Personen, bezüglich derer der Zeuge zur Verweigerung der Untersuchung berechtigt ist - kommt eine derartige Bedeutung der Bestimmung der Mitbeschuldigteneigenschaft innerhalb des Problems der Untersuchungsverweigerungsberechtigung von Beschuldigten nicht zu. Denn wenn den Verfahrensbeteiligten in der Rolle eines Zeugen ohnehin das Recht zusteht, die Untersuchung zu verweigern, ist die Frage, unter welchen Bedingungen sich die Verfahrensbeteiligten als Zeugen oder Beschuldigte gegenüber stehen, ohne Bedeutung. Vielmehr ist in diesem Zusammenhang für den Umfang des Untersuchungsverweigerungsrechtes allein maßgeblich, ob Beschuldigte im Hinblick auf ihren Mitbeschuldigten überhaupt zur Untersuchungsverweigerung berechtigt sind. Unter

Mitbeschuldigte in diesem Sinn alle formell Beschuldigten, deren Verfahren gemeinsam geführt werden.

Die praktische Relevanz der Problematik der Berechtigung von Beschuldigten zur Untersuchungsverweigerung im Hinblick auf ihren mitbeschuldigten Angehörigen soll nachstehendes *Beispiel* verdeutlichen.

Die 21-jährige A hat ein Kind zur Welt gebracht. Es besteht der Verdacht, dass ihr leiblicher Bruder B der Erzeuger des Kindes ist. Aus diesem Grund wird gegen A und B ein Ermittlungsverfahren wegen des Verdachtes der Begehung einer Straftat nach § 173 Abs. 2 S. 2 StGB eingeleitet. Eine Blutentnahme mit anschließender Abstammungsuntersuchung und DNA-Analyse soll klären, ob B tatsächlich der Vater des Kindes ist. A und B möchten diese Untersuchung verweigern, um den jeweils anderen, nicht zu belasten.[100]

Sofern nur gegen den B ein Ermittlungsverfahren eingeleitet worden wäre, stünde der A als zur Zeugnisverweigerung gemäß § 52 Abs. 1 Nr. 3 StPO befugter Zeugin nach § 81 c Abs. 3 StPO das Recht zu, die angeordnete körperliche Blutprobenentnahme und DNA-Analyse zu verweigern. Sobald jedoch auch die A in dieser Sache zur Beschuldigten wird und beide Verfahren verbunden werden, ist sie nach § 81 a StPO bzw. § 81 e StPO verpflichtet, die Untersuchung ihres Körpers bzw. eine Blutprobenennahme oder DNA-Analyse einschränkungslos zu dulden. Dies wirft die Frage auf, ob die bloße Einleitung eines gemeinsamen Ermittlungsverfahrens tatsächlich zur Folge haben soll, dass die Untersuchung der in einer zur Untersuchungsverweigerung berechtigenden Weise miteinander verbundenen Mitbeschuldigten allein nach Maßgabe des § 81 a StPO durchzuführen ist, mit der Konsequenz der unbedingten Verpflichtung zur Duldung aller Untersuchungshandlungen, oder ob die Mitbeschuldigten auch in dieser prozessualen Rolle zur Untersuchungsverweigerung nach § 81 c Abs. 3 StPO befugt bleiben. In der Rechtsprechung und dem überwiegenden Teil der strafprozessualen Literatur[101] wird dieses Problem und die sich aus ihm ergeben-

---

diesen Voraussetzungen hat mithin die Frage der Interpretation des Mitbeschuldigtenbegriffes keinen Einfluss auf die Befugnis von Mitbeschuldigten zur Untersuchungsverweigerung.

[100] Vgl. im Übrigen die eindrucksvollen Beispiele von *Mitsch*, FS-Lenckner, S. 721 (733).

[101] Soweit ersichtlich, nimmt bislang ausschließlich *Mitsch*, FS-Lenckner, S 721 (732 ff.), zu diesen Konstellationen und den aus ihnen resultierenden Problemen in umfassender Form Stellung. Zum Problem der Befugnis von Mitbeschuldigten zur Zeugnisverweigerung siehe jedoch bereits *Fuchs*, NJW 1959, 14 ff.

den Schwierigkeiten nicht erörtert, obwohl sowohl die bereits von *Mitsch*[102] dargestellten als auch das oben angeführte Beispiel verdeutlichen, dass es sich hierbei nicht um eine rein akademische Frage handelt, sondern diese vielmehr erhebliche praktische Relevanz und prozessentscheidende Bedeutung haben kann.

Sofern man der hier vertretenen Auffassung folgt, wonach die Vorschrift des § 81 c Abs. 3 StPO auch in den von §§ 53, 53 a StPO erfassten Fällen zur Untersuchungsverweigerung berechtigt, stellt sich die oben dargestellte Problematik jedoch nicht nur dann, wenn der eine Mitbeschuldigte ein von § 52 StPO berücksichtigter Angehöriger des anderen Mitbeschuldigten ist, sondern auch, wenn die Mitbeschuldigten ein berufliches Vertrauensverhältnis der in den §§ 53, 53 a StPO bezeichneten Art verbindet. Die praktische Relevanz von Situationen, in welchen die Blutprobenentnahme eines Berufsgeheimnisträgers zugleich geeignet ist, diesen selbst zu belasten, als auch Tatsachen hervorzubringen, die ihm in seiner beruflichen Eigenschaft durch seinen Mitbeschuldigten anvertraut worden sind, belegt das bereits oben [103] dargestellte *Beispiel*:

> Der Rechtsanwalt des Beschuldigten, welcher die zweite mitgebrachte Tablette durch seinen Selbstversuch vernichtete, ist nunmehr der Strafvereitelung gemäß § 258 Abs. 1 StGB wegen der Beseitigung eines seinen Mandanten belastenden Beweismittels beschuldigt.[104] Das gegen ihn gerichtete Ermittlungsverfahren wurde mit dem seines Mandanten verbunden. Es stellt sich mithin für den Rechtsanwalt die Frage, ob er auch in seiner jetzigen prozessualen Rolle eines Beschuldigten noch berechtigt ist, zugunsten seines Mandanten die Blutprobenentnahme zu verweigern, oder ob er zur Duldung dieser Maßnahme gemäß § 81 a Abs. 1 S. 2 StPO uneingeschränkt verpflichtet ist.

Dieses Beispiel verdeutlicht, dass die Beantwortung der Frage nach der Befugnis eines Beschuldigten zur Untersuchungsverweigerung im Hinblick auf seinen Mitbeschuldigten unabhängig von dem Umstand, welches Zeugnisverweigerungsrecht dem Untersuchungsverweigerungsrecht zugrunde

---

[102] In: FS-Lenckner, S. 721 (733).

[103] Siehe dazu das zur Darstellung der praktischen Relevanz eines Untersuchungsverweigerungsrechtes aus § 81 c Abs. 3 StPO i.V.m. §§ 53, 53 a StPO angeführte Beispiel, in welchem der Rechtsanwalt des Beschuldigten die zweite vom Beschuldigten aus einem afrikanischen Land mitgebrachte Tablette einnahm, um deren Wirkung im Selbstversuch zu überprüfen (1. Teil B II 3 b cc).

[104] Die Beseitigung belastender Beweismittel begründet u.U. eine Strafbarkeit gemäß § 258 StGB auch des Verteidigers; vgl. *Tröndle/Fischer* § 258 Rn. 7 a.

liegt, den Verlauf und den Ausgang eines Strafverfahrens erheblich beeinflussen kann. Daher soll nachfolgend versucht werden, eine sowohl den Interessen des Mitbeschuldigten, der sich in der Zeugenrolle auf ein Untersuchungsverweigerungsrecht berufen könnte, als auch den Belangen der anderen Verfahrensbeteiligten, und dabei insbesondere dem Interesse des Staates an einer effektiven Strafverfolgung, gerecht werdende Lösung zu finden.

b) Lösungsversuch durch den Blick auf andere strafprozessuale Vorschriften

Zunächst soll untersucht werden, ob im Rahmen anderer strafprozessualer Zwangsmaßnahmen bereits durch den Gesetzgeber Regelungen geschaffen wurden, die eine Antwort auf die grundsätzliche Frage geben, ob der Beschuldigte befugt ist, von Rechten Gebrauch zu machen, die ihm in der prozessualen Rolle eines Zeugen bezüglich seines Mitbeschuldigten zustünden. Zudem sollen die von Literatur und Rechtsprechung zu ähnlich gelagerten Problemen entwickelten Lösungsvorschläge analysiert und die Möglichkeit ihrer analogen Anwendung im Rahmen der körperlichen Untersuchung nach § 81 a StPO bzw. § 81 c StPO und § 81 e StPO geprüft werden.

aa) Heranziehung der zu § 52 StPO entwickelten Lösungsansätze

Bereits bei der Betrachtung des Zeugnisverweigerungsrechtes aus § 52 StPO unter dem Gesichtspunkt seiner Anwendbarkeit auf Mitbeschuldigte zeigt sich, dass die Frage, ob Mitbeschuldigten auf der Zeugenrolle beruhende Weigerungsrechte auch nach der Einleitung eines gegen sie gerichteten Ermittlungsverfahrens erhalten bleiben, keine spezifische Schwierigkeit des Untersuchungsverweigerungsrechtes ist. Auch in der Rolle der Aussageperson kann sich für den Beschuldigten unter Umständen die Frage stellen, ob er berechtigt ist, hinsichtlich seines angehörigen Mitbeschuldigten das Zeugnis gemäß § 52 StPO zu verweigern,[105] wie das von *Fuchs*[106] dargelegte

---

[105] Das gleiche gilt im Übrigen auch für die nach §§ 53, 53 a StPO aussageverweigerungsberechtigten Berufsausübenden (vgl. BVerfGE 32, 378 [381]). Nicht nachvollziehbar erscheint daher, warum in der Literatur auf dieses Problem nur im Rahmen des Zeugnisverweigerungsrechtes naher Angehöriger, nicht jedoch innerhalb der §§ 53, 53 a StPO

Beispiel deutlich macht.
Das Meinungsbild in der Literatur zur prozessualen Behandlung dieser Fälle hat sich seit Einführung der StPO stark gewandelt. So ging zunächst noch eine größere Anzahl von Autoren davon aus, dass die Verbindung von Verfahren für die Beschuldigten keinen Einfluss auf die in ihrer Person begründeten prozessualen Rechte habe, so dass Mitbeschuldigte auch bei einer gemeinsamen Führung ihrer Verfahren untereinander zur Zeugnisverweigerung berechtigt blieben.[107] Insbesondere *Beling* vertrat dabei nachdrücklich die Auffassung, eine gegen mehrere Personen gerichtete Anklage lasse diese zu passiven Streitgenossen werden, sei für sie aber nicht mit der Verkürzung bereits bestehender Rechte verbunden.[108] Vielmehr bestünden seiner Meinung nach die persönlichen Aussageverweigerungsrechte eines Mitbeschuldigten auch in dieser prozessualen Rolle fort.[109]
Heute wird die Frage nach der Zeugnisverweigerungsberechtigung eines mit seinem Mitbeschuldigten verwandten Beschuldigten hingegen von der ganz überwiegenden Ansicht verneint.[110] Begründet wird diese Entscheidung

---

eingegangen wird.

[106] In: NJW 1959, 14 f. In dem von *Fuchs* geschilderten Beispiel war der Ehemann wegen Kindesmisshandlung angeklagt. Die Ehefrau verweigerte als einzige Tatzeugin in der Hauptverhandlung die Aussage. Die hinzugezogenen Sachverständigen konnten nur bekunden, dass die festgestellten Verletzungen des Kindes mit „großer Wahrscheinlichkeit" auf die Misshandlungen zurückgehen würden. Gegen die Ehefrau wurde entsprechend dem Antrag der Staatsanwaltschaft Haftbefehl wegen des Verdachtes der Mittäterschaft erlassen. In der Untersuchungshaft belastete die Ehefrau ihren Mann. Auch im Rahmen der Hauptverhandlung hielt sie ihre Aussage aufrecht, nachdem der Ehemann aus dem Sitzungsraum entfernt wurde. Der Täter wurde allein aufgrund der Aussage seiner Ehefrau zu einer Freiheitsstrafe verurteilt.

[107] *Beling*, Reichsstrafprozeßrecht, S. 130; *Binding*, Grundriss Strafprozessrecht, S. 157, sowie *Gerland*, Strafprozeß, S. 94.

[108] *Beling*, Reichsstrafprozeßrecht, S. 130.

[109] *Beling*, Reichsstrafprozeßrecht, S. 296 in Fn. 1.

[110] BGHSt 3, 149; LR[25]-*Dahs* § 52 Rn. 3; KK-*Senge* § 52 Rn. 3; *Eisenberg*, Beweisrecht, Rn. 1250; *Schütz*, NJW 1959, 975 (976); *Kohlhaas*, LM Nr. 3 zu § 52; a.A. soweit ersichtlich lediglich *Mitsch*, FS-Lenckner S. 721 ff.; für die Berücksichtung des Zeugnisverweigerungsrechtes bei Beschuldigten auch *Fuchs*, NJW 1959, 14 ff., jedoch mit der Konsequenz, dass im Falle der Zeugnisverweigerungsberechtigung eines Beschuldigten die Verfahren getrennt werden müssen; widersprüchlich insoweit *Meyer-Goßner*, der zwar der Auffassung von *Mitsch* hinsichtlich der Erforderlichkeit der Beachtung eines Untersuchungsverweigerungsrechtes in diesem Zusammenhang folgt, jedoch auf die von *Mitsch* geforderte notwendige Konsequenz der Einräumung eines Zeugnisverweigerungsrechtes aus § 52 StPO für Mitbeschuldigte nicht eingeht; vgl. diesbezüglich *Kleinknecht*/

lediglich mit dem Hinweis, der mitbeschuldigte Angehörige bedürfe überhaupt keines Zeugnisverweigerungsrechtes, da er als Beschuldigter gemäß §§ 136 Abs. 1, 243 Abs. 4 StPO ohnehin zu keiner Aussage verpflichtet sei.[111] Dabei übersehen diese Autoren jedoch, dass die mit der Beschuldigtenstellung verbundene Aussagefreiheit der Situation eines Beschuldigten, der sich einerseits zugleich entlasten und damit aussagen, andererseits aber seinen verwandten Mitbeschuldigten durch sein Schweigen schützen will, keinesfalls immer gerecht wird, wohingegen die „zusätzliche" Einräumung der Befugnis zur Zeugnisverweigerung nach § 52 StPO für diese Beschuldigten derartige Konflikte aufzulösen und zu sachgerechten Ergebnissen zu führen vermag. Dies ist bereits von *Mitsch*[112] überzeugend dargelegt worden, der insbesondere auf die prekäre Lage unschuldiger Mitbeschuldigter aufmerksam macht, die sich durch die drohende Verurteilung gedrängt fühlen könnten, eine offensive Verteidigungsstrategie anzuwenden und möglicherweise den anderen Mitbeschuldigten zu belasten, um sich zu entlasten.

Des Weiteren widerlegt ein Blick auf einige § 52 StPO für andere strafprozessuale Zwangsmaßnahmen ergänzenden Vorschriften, wie beispielsweise die des § 81 c Abs. 3 StPO,[113] die von der h.M. vertretene Auffassung, der Beschuldigte sei, auch wenn ihn mit seinem Mitbeschuldigten ein zur Zeugnisverweigerung berechtigendes Verhältnis verbinde, durch die Vorschriften über seine Aussagefreiheit aus §§ 136 Abs. 1, 243 Abs. 4 StPO hinreichend geschützt. Denn die Vorschriften über die körperliche Untersuchung von Beschuldigten enthalten keine dem § 136 Abs. 1 StPO bzw. § 243 Abs. 4 StPO äquivalente Norm, die dem Beschuldigten die gleichen Rechte wie einem zeugnisverweigerungsberechtigten Zeugen einräumt. Mithin ist der Beschuldigte bei der Untersuchung seines Körpers bzw. der Blutprobenentnahme oder DNA-Analyse gegenüber dem Zeugen keineswegs gleich oder gar besser gestellt. Vielmehr verpflichten die §§ 81 a und 81 e StPO den Beschuldigten jede nach dieser Vorschrift zulässige Untersuchungshandlung zu dulden, wohingegen es zeugnisverweigerungsberechtigten Probanden gestattet ist, nach § 81 c Abs. 1 bzw. Abs. 2 StPO und § 81 e StPO zulässige Untersuchungen gemäß § 81 c Abs. 3 S. 1 StPO zu verweigern.

Meyer-Goßner § 52 Rn. 10 f. sowie § 81 c Rn. 23. Näher dazu unten 1. Teil C III 1 c cc.

[111] LR[25]-*Dahs* § 52 Rn. 3; KK-*Senge* § 52 Rn. 3; KMR-*Paulus* § 52 Rn. 3; *Eisenberg*, Beweisrecht, Rn. 1250.

[112] In: FS-Lenckner, S. 721 (722); ebenso *Fuchs*, NJW 1959, 14 ff.

[113] Ebenfalls hier zu nennen ist die Vorschrift des § 97 Abs. 1 Nr. 1 StPO.

Dem Beschuldigten wird - folgt man der h.M. - somit durch die Strafprozessordnung nicht nur zugemutet, weitaus einschneidendere Untersuchungen als der Zeuge zu dulden,[114] ihm wird mit § 81 a StPO auch das Recht abgesprochen, der Belastung seiner selbst sowie der mit ihm durch ein verwandtschaftliches bzw. ein berufliches Vertrauensverhältnis verbundenen Mitbeschuldigten mit der Verweigerung der Untersuchung, Blutprobenentnahme oder DNA-Analyse entgegenzutreten. Einem in die Beschuldigtenrolle gewechselten Zeugen ist demzufolge im Hinblick auf die körperliche Untersuchung mit einem Verweis auf § 136 Abs. 1 StPO zur Beantwortung der Frage nach der Geltung seiner Zeugnisverweigerungsrechte in seiner jetzigen prozessualen Position wenig geholfen.

bb) Heranziehung der Vorschrift des § 97 Abs. 2 S. 3 StPO

Durch die Regelung des § 97 StPO werden nach § 52 StPO bzw. §§ 53, 53 a StPO zeugnisverweigerungsberechtigte Personen unter bestimmten Voraussetzungen von der in § 94 StPO statuierten Verpflichtung zur Duldung des strafprozessualen Zwangsmittels der Beschlagnahme befreit. Mit dieser Entbindung von der Pflicht zur unbedingten Duldung einer Beschlagnahme soll die Umgehung der Aussageverweigerungsrechte aus den §§ 52, 53 und 53 a StPO im Wege der Beschlagnahme von schriftlichen Mitteilungen zwischen dem Beschuldigten und dem Zeugnisverweigerungsberechtigten bzw. die Beschlagnahme von Aufzeichnungen oder anderen Gegenständen, auf die sich das Zeugnisverweigerungsrecht nach § 53 Abs. 1 Nr. 1 bis 3 b StPO erstreckt, verhindert werden.[115] Der Gesetzgeber ist damit dem Grundsatz gefolgt, dass der Hand nicht entrissen werden dürfe, was der Mund nicht zu offenbaren brauche.[116] Anders als der Beschuldigte, der zur Duldung der Beschlagnahme aller als Beweismittel für die Untersuchung bedeutsamen Gegenstände verpflichtet ist, brauchen demnach die nach §§ 52, 53, 53 a StPO weigerungsberechtigten Zeugen die Beschlagnahme der in § 97 StPO aufgeführten Sachen nicht hinzunehmen, so dass sie sich - wie im Rahmen der körperlichen Untersuchung - auch innerhalb dieser strafprozessualen Zwangsmaßnahme in einer besseren Position als der Beschuldigte befinden.

---

[114] So hat der Beschuldigte, im Gegensatz zum Zeugen, - wenn auch nur geringfügige - Eingriffe in seinen Körper zu dulden; LR[24]-*Dahs* § 81 a Rn. 22 ff.

[115] Vgl. u.a. BGHSt 38, 144 (146), mit Anm. *Lackner*, NStZ 1992, 331; *Kleinknecht/ Meyer-Goßner* § 97 Rn. 1; KK-*Nack* § 97 Rn. 1; LR[24]-*Schäfer* § 97 Rn. 1 und *Frommel*, StV 1992, 114; siehe auch *Hahn*, Motive, S. 124.

[116] LR[24]-*Schäfer* § 97 Rn. 1.

Denn das Schweigerecht des Beschuldigten wird nicht durch ein Beschlagnahmeverbot flankiert.
Auch in diesem Zusammenhang stellt sich daher die Frage, wie die nach §§ 52, 53 oder 53 a StPO Aussageverweigerungsberechtigten zu behandeln sind, wenn sie in die Beschuldigtenrolle wechseln. Hat die Einleitung eines Ermittlungsverfahrens gegen diese Zeugen den Wegfall des aus dem Zeugnisverweigerungsrecht resultierenden Beschlagnahmeverbotes zur Folge oder darf der nunmehr Beschuldigte aufgrund der Tatsache, dass ihn eine durch die § 52 StPO oder §§ 53, 53a StPO geschützte Beziehung mit dem Mitbeschuldigten verbindet, die Beschlagnahme der in § 97 StPO bezeichneten Gegenstände weiterhin verweigern? Diese Frage hat der Gesetzgeber - im Unterschied zu den im Rahmen der körperlichen Untersuchung und der Aussage eines Mitbeschuldigten getroffenen Regelungen - positiv-gesetzlich beantwortet. So folgt aus der Vorschrift des § 97 Abs. 2 Satz 3 StPO, der schon *tatverdächtige* Zeugen vom Beschlagnahmeverbot des § 97 Abs. 1 und Abs. 2 S. 1, 2 StPO ausnimmt, dass die Befugnis zeugnisverweigerungsberechtigter Personen zur Verweigerung der Beschlagnahme erlischt, sobald diese in die Rolle eines Beschuldigten wechseln.[117] Der Gesetzgeber hat damit innerhalb der Beschlagnahme die Zwitternatur des gleichsam zeugnisverweigerungsberechtigten Beschuldigten zu Ungunsten des Zeugenrechtes aufgelöst. Denn sobald auf den zeugnisverweigerungsberechtigten Zeugen selbst der Verdacht der Tatbeteiligung fällt bzw. ein Ermittlungsverfahren gegen ihn eingeleitet wird, verliert dieser seine privilegierte Stellung nach § 97 StPO und wird denjenigen Beschuldigten gleichgestellt, die kein zur Zeugnisverweigerung berechtigendes Verhältnis der in den §§ 52, 53 oder 53 a StPO beschriebenen Art mit ihren Mitbeschuldigten verbindet.

Dieser Gedanke des § 97 Abs. 2 S. 3 StPO soll nunmehr offenbar auch auf andere strafprozessuale Zwangsmaßnahmen übertragen werden. So wurde und wird etwa von einigen Autoren in analoger Anwendung des § 97 Abs. 2 S. 3 StPO eine Begrenzung des von ihnen[118] befürworteten Verbotes der

[117] LR[23]-*Meyer* § 97 Rn. 5; *Schlüchter*, Strafverfahren, Rn. 302.1; *Kleinknecht/Meyer-Goßner* § 97 Rn. 4 m.w.N. auch zur gegenteiligen Auffassung.

[118] KK-*Nack* § 100 a Rn. 31 ff.; *Rudolphi*, FS-Schaffstein, S. 433 ff.; *Gross-Spreitzer*, Grenzen der Telefonüberwachung, S. 75 ff., 91 ff. sowie 112 ff. So halten jedenfalls *Rudolphi* und *Nack* die Überwachung des Fernmeldeverkehrs bei allen nach §§ 53, 53 StPO Zeugnisverweigerungsberechtigten grundsätzlich für unzulässig, wobei sie ihre Auffassung mit den teilweise gravierenden Eingriffen in rechtlich geschützte Vertrauensbeziehungen und Geheimsphären sowie den damit verbundenen Einschränkungen des Grundrechtes auf freie Berufsausübung und einer Einschränkung der Möglichkeit der Wahrnehmung bestimmter öffentlicher Aufgaben, wie z.B. im Rahmen der Gesundheits-

Überwachung des Telefonverkehrs gemäß §§ 100 a f. StPO auf diejenigen Zeugnisverweigerungsberechtigten gefordert, die nicht im Verdacht stehen, an der dem Beschuldigten vorgeworfenen Straftat beteiligt gewesen zu sein.[119] Sofern der nach § 53 Abs.1 Nr. 1, 3 StPO weigerungsberechtigte Zeuge selbst hinsichtlich der durch die Telefonüberwachung zu untersuchenden Tat verdächtig oder beschuldigt sei, werde das grundsätzlich bestehende Anordnungsverbot durchbrochen, so dass dann die Überwachung seines Fernmeldeverkehrs zulässig sei.[120] Begründet wird diese Ausnahme vom grundsätzlich befürworteten Anordnungsverbot mit dem Argument, die Vorschrift des § 97 Abs. 2 S. 3 StPO zeige, dass die Geheimnissphäre der in § 53 Abs. 1 Nr. 1 und 3 StPO genannten Berufsangehörigen keinen „totalen Rundumschutz" genieße.[121]

Mit der Einfügung des § 100 d Abs. 3 S. 4 StPO hat nun auch der Gesetzgeber den in § 97 Abs. 2 S. 3 StPO enthaltenen Rechtsgedanken auf eine weitere strafprozessuale Maßnahme der Beweisgewinnung übertragen. So schränkt § 100 d Abs. 3 S. 4 StPO das in § 100 d Abs. 3 S. 1 StPO enthaltene Verbot der akustischen Wohnraumüberwachung in den Fällen des § 53 Abs. 1 StPO ein, sofern die zur Verweigerung des Zeugnisses Berechtigten einer Teilnahme oder einer Begünstigung, Strafvereitelung oder Hehlerei verdächtig sind.[122] Der Wortlaut des § 97 Abs. 2 S. 3 StPO ist dabei bewusst vom

---

und Rechtspflege, die mit einer derartigen Maßnahme einhergehen können, begründen. *Gross-Spreitzer* hingegen will ein generelles Anordnungsverbot lediglich für Geistliche i.S. des § 53 Nr. 1 StPO und für nach § 53 Nr. 4 StPO weigerungsberechtigte Abgeordnete anerkennen.

[119] KK-*Nack* § 100 a Rn. 31; *Rudolphi*, FS-Schaffstein, S. 433 (444); anders aber *Gross-Spreitzer* (a.a.O.), die keine derartige Einschränkung befürwortet.

[120] Die Überwachung von Gesprächen zwischen dem Verteidiger und dem Beschuldigten soll jedoch nur in den Fällen „echter" Beteiligung, d.h. bei dem Verdacht der Mittäterschaft, Anstiftung oder Beihilfe des Verteidigers zulässig sein. Anderenfalls gehe die Regelung des § 148 StPO, wonach der Kontakt zwischen Verteidiger und Beschuldigtem durch die Strafprozessordnung geschützt sei, vor; vgl. dazu BGHSt 33, 347 (349), mit Anm. *Welp*, NStZ 1986, 294 (296 f.), und *Rieß*, JR 1987, 77 ff.; KK-*Nack* § 100 a Rn. 30. Die Überwachung des Fernmeldeverkehrs nach § 53 Abs. 1 Nr. 4 StPO weigerungsberechtigter Abgeordneter sei ebenfalls stets ausgeschlossen, da § 97 Abs. 2 S. 3 StPO auf sie keine Anwendung finde, so KK-*Nack* § 100 a Rn. 32; *Rudolphi*, FS-Schaffstein, S. 433 (444).

[121] *Rudolphi*, FS-Schaffstein, S. 433 (444).

[122] In diesem Zusammenhang soll jedoch die Regelung des § 148 StPO Beachtung finden, so dass die akustische Wohnraumüberwachung bei Gesprächen des Beschuldigten mit seinem Verteidiger nur dann zulässig ist, wenn der Verteidiger der „echten" Beteiligung

Gesetzgeber in die Regelung des § 100 d Abs. 3 S. 4 StPO übernommen worden.[123]

Es erscheint aber zweifelhaft, ob die offensichtliche Tendenz der Übertragung des Regelungsgehaltes von § 97 Abs. 2 S. 3 StPO auf andere Zeugenrechte als der Beschlagnahme mit dem Schutzzweck der strafprozessualen Weigerungsrechte des Zeugen vereinbar ist.[124] Diese Zweifel gründen sich zum einen auf den Umstand, dass die Ratio der Vorschrift des § 97 Abs. 2 S. 3 StPO selbst als fragwürdig erscheint. Nicht tragfähig ist jedenfalls die von einigen Autoren[125] vertretene Ansicht, diese Regelung habe ihren Ursprung in dem Grundsatz, dass ein zwischen „Straftätern" bzw. „Rechtsbrechern" bestehendes Vertrauensverhältnis einen Schutz durch die Strafprozessordnung nicht verdiene. Denn diese Begründung kollidiert bereits mit der dem deutschen Strafprozessrecht immanenten Unschuldsvermutung, mit der sich die Verwendung derartiger Bezeichnungen für Tatverdächtige oder Beschuldigte wohl kaum vereinbaren lässt.[126] Auch die Argumentation von *P. Schmitt*[127], die Familie bzw. die innerfamiliäre Kommunikation sei nicht mehr schützenswert, wenn der Beschuldigte sie zur Vorbereitung, Durchführung oder Sicherung der Vorteile einer Straftat missbrauche, kann nicht überzeugen, da sie auf der unzutreffenden Annahme beruht, die Vorschrift des § 97 Abs. 1 StPO diene primär dem Schutz der Interessen des Beschuldigten.[128]

---

an der dem Beschuldigten vorgeworfenen Straftat verdächtig ist; so KK-*Nack* § 100 c Rn. 27; *Dittrich*, NStZ 1998, 336; vgl. dazu auch Fn. 120.

[123] So wies der Rechtsausschuss in seiner Beschlussempfehlung zu dieser Regelung (BT-Drucks. 13/9661) ausdrücklich darauf hin, dass der einzufügende § 100 d Abs. 3 S. 4 StPO der Vorschrift des § 97 Abs. 2 S. 3 StPO entspreche.

[124] Gegen die Anwendbarkeit des in § 97 Abs. 2 S. 3 StPO enthaltenen Rechtsgedankens im Rahmen anderer strafprozessualer Zwangsmaßnahmen als der Beschlagnahme wendet sich ausdrücklich *Welp*, NStZ 1986, 294 (296), der der Ansicht ist, § 97 Abs. 2 S. 3 StPO sei eine „Sonderregelung für die Beschlagnahme *gegenständlicher* Beweismittel und kann daher nicht als Ausdruck eines *allgemeinen* Rechtsgedanken interpretiert werden, der das Recht strafprozessualer Zwangsmaßnahmen insgesamt durchzöge."

[125] LR[24]-*Schäfer* § 97 Rn. 3; *Krekeler*, NStZ 1987, 199 (202); *Amelung*, DNotZ 1984, 195 (211), *Fezer*, JuS 1978, 765 (768); ebenso *Weigend*, Vhdlg. 62. DJT, Bd. I, S. C 1 (C 115 f.), der trotz vorgetragener eigener Zweifel an dieser Begründung festhalten will.

[126] Vgl. diesbezüglich Art. 6 MRK; ebenso *Mitsch*, FS-Lenckner, S 721 (733, Fn. 58).

[127] In: Berücksichtigung der Zeugnisverweigerungsrechte, S. 94 ff.

[128] Oben (1. Teil B I 3 b) ist bereits ausführlich erläutert worden, dass § 97 StPO der Ergänzung der Zeugnisverweigerungsrechte und damit vor allem dem Schutz des Zeugen

Den Hintergrund der Ausnahme vom Beschlagnahmeverbot nach § 97 Abs. 2 S. 3 StPO näher zu beleuchten, würde jedoch den Rahmen der Arbeit sprengen. Verwiesen sei hier nur auf die sich bei der Anwendung dieser Norm auf taubstumme Zeugen, welche gemäß § 52 StPO oder §§ 53, 53 a StPO zeugnisverweigerungsberechtigt sind, ergebenden Widersprüche, die ausreichend sind, um Zweifel an der Ratio des § 97 Abs. 2 S. 3 StPO hervorzurufen.[129] So sind die von diesen Personen für die innerfamiliäre oder berufliche Kommunikation verwendeten schriftlichen Notizen im Falle eines gegen sie gerichteten Tatverdachtes gemäß § 97 Abs. 2 S. 3 StPO vom Beschlagnahmeverbot des § 97 Abs. 1 StPO ausgenommen, auch wenn dies ihre einzige Kommunikationsmöglichkeit ist. Eine tragfähige Begründung für eine derartige Benachteiligung dieser Zeugen gegenüber Zeugnisverweigerungsberechtigten ohne ein solches Handicap ist in keiner Weise ersichtlich.

Neben den grundsätzlichen Zweifeln an der Dogmatik des § 97 Abs. 2 S. 3 StPO sprechen zum anderen aber auch noch weitere Argumente gegen die Heranziehung des in dieser Vorschrift enthaltenen Rechtsgedankens zur Beantwortung der Frage, ob der mit seinem Mitbeschuldigten in einer zur Zeugnisverweigerung berechtigenden Weise verbundene Beschuldigte auch in dieser prozessualen Rolle zur Verweigerung der körperlichen Untersuchung gemäß § 81 c Abs. 3 StPO befugt ist.[130] Denn die Übertragung der Regelung des § 97 Abs. 2 S. 3 StPO für die Lösung dieses Problems wäre nur dann möglich, wenn sich aus den Vorschriften über die körperliche Untersuchung selbst keine Antwort herleiten ließe. Eine dem § 97 Abs. 2 S. 3 StPO vergleichbare ausdrückliche Regelung der in Rede stehenden Problematik enthält § 81 c Abs. 3 StPO zwar nicht,[131] zu fragen bleibt jedoch, ob allein hieraus schon ohne weiteres die analoge Anwendbarkeit des § 97 Abs. 2 S. 3 StPO im Rahmen des Untersuchungsverweigerungsrechtes folgt. Für die entsprechende Heranziehung der Vorschrift aus dem Beschlagnahmerecht ist es zwar ohne Belang, ob die in den §§ 81 a ff. StPO unzweifelhaft bestehende Regelungslücke als unbewusste Lücke oder als vom Gesetzgeber

---

vor einer Konfliktslage zwischen der Pflicht zur Duldung der Beschlagnahme und dem Bestreben, den Angehörigen zu schützen, sowie dem Schutz des familiären Friedens dient; für das Zeugnisverweigerungsrecht aus §§ 53, 53 a StPO vgl. auch 1. Teil B II 3 b cc.

[129] Siehe dazu auch *Mitsch*, FS-Lenckner, S. 721 (737).

[130] Gegen eine über die Beschlagnahme hinausgehende Bedeutung des § 97 Abs. 2 S. 3 StPO spricht sich auch *Welp*, NStZ 1986, 294 (296 f.) aus; vgl. bereits oben Fn. 124.

[131] Siehe dazu bereits oben in diesem Abschnitt.

bewusst offengelassene Frage anzusehen ist.[132] Hat jedoch der Gesetzgeber - wie hier - die Übernahme einer Vorschrift sehenden Auges abgelehnt, wird man mit der analogen Anwendung des § 97 Abs. 2 S. 3 StPO eher zurückhaltend sein müssen. Dabei spricht für ein bewusstes Nichtzurückgreifen auf die Vorschrift des § 97 Abs. 2 S. 3 StPO, dass bereits die 1877 in Kraft getretene RStPO eine Regelung zur Beschlagnahmefreiheit sowie deren Wegfall bei dem Verdacht - und somit auch der Beschuldigung -[133] der Täterschaft,[134] Teilnahme, Begünstigung und Hehlerei des Zeugen hinsichtlich der dem Beschuldigten vorgeworfenen Tat enthielt,[135] das strafprozessuale Zwangsmittel der körperlichen Untersuchung von Beschuldigten oder Zeugen jedoch erst im Jahr 1933 durch Art. 2 Nr. 4 des Ausführungsgesetzes zu dem Gesetz gegen gefährliche Gewohnheitsverbrecher und über Maßregeln der Sicherung und Besserung (AGGewVerbrG) vom 24.11.1933[136] in die StPO aufgenommen wurde.[137] Die Befugnis für zeugnisverweigerungsberechtigte Zeugen, derartige Maßnahmen zu verweigern, wurde dann durch das VereinhG im Jahr 1950[138] eingefügt.[139] Es spricht angesichts dieser zeitlichen Abfolge viel dafür, dass dem Gesetzgeber bei der Normierung des Untersuchungsverweigerungsrechtes die Möglichkeit des Wechsels eines zeugnisverweigerungsberechtigten Zeugen in die Beschuldigtenrolle und die sich hieraus hinsichtlich des möglichen Fortbestehens des Zeugnis- und Untersuchungsverweigerungsrechtes und der sich hieraus ergebenden Unklarheiten

---

[132] Auch eine vom Gesetzgeber bewusst offen gelassene Frage ist als ausfüllungsbedürftige, planwidrige Regelungslücke anzusehen; vgl. dazu *Canaris*, Feststellung von Lücken, S. 134.

[133] Siehe dazu oben in diesem Abschnitt.

[134] Von der Vorschrift des § 97 Abs. 2 S. 3 StPO wird entgegen ihrem Wortlaut auch die (mit-) täterschaftliche Begehung erfasst; siehe LR[24]-*Schäfer* § 97 Rn. 25.

[135] Die Vorschrift des § 97 StPO hatte bei Erlass der RStPO im Jahr 1877 folgenden Wortlaut: „Schriftliche Mittheilungen zwischen dem Beschuldigten und denjenigen Personen, die wegen ihres Verhältnisses zu ihm nach §§. 51, 52 zur Verweigerung des Zeugnisses berechtigt sind, unterliegen der Beschlagnahme nicht, falls sie sich in den Händen der letzteren Personen befinden und diese nicht einer Theilnahme, Begünstigung oder Hehlerei verdächtig sind."; vgl. RGBl. S. 253.

[136] RGBl. I S. 995.

[137] Die Einfügung der Vorschrift des § 81 e StPO, wonach auch die Durchführung einer DNA-Analyse an Körpermaterial des Zeugen zulässig ist, erfolgte jedoch erst mit dem Strafverfahrensänderungsgesetz-DNA-Analyse vom 17.03.1997, BGBl. I S. 534.

[138] BGBl. S. 455.

[139] Ausführlich zum Ganzen siehe auch die Ausführungen in der Einführung unter II.

bekannt waren. Die Tatsache, dass trotz der im Rahmen der Beschlagnahmefreiheit insoweit geschaffenen Regelung das Untersuchungsverweigerungsrecht § 81 c StPO ohne eine Einschränkung im Hinblick auf tatverdächtige Zeugen und Beschuldigte ausgestaltet wurde, lässt den Schluss zu, dass der Gesetzgeber für das Untersuchungsverweigerungsrecht absichtlich keine dem § 97 Abs. 2 S. 3 StPO vergleichbare Norm eingefügt hat. Eine Begrenzung des Untersuchungsverweigerungsrechtes auf Zeugnisverweigerungsberechtigte, die weder der Täterschaft oder Teilnahme an der zu untersuchenden Tat noch der Begünstigung oder Hehlerei verdächtig oder beschuldigt sind, unterblieb offensichtlich willentlich. Zu bedenken ist außerdem, dass eine derartige Regelung auch anlässlich der vielfältigen Änderungen des Untersuchungsverweigerungsrechtes nicht in die StPO aufgenommen wurde.[140] Dies spricht ebenfalls dafür, dass der Gesetzgeber von einer Begrenzung des Untersuchungsverweigerungsrechtes i.S. des § 97 Abs. 2 S. 3 StPO bewusst Abstand genommen hat.
Für die Auffassung, dass eine dem § 97 Abs. 2 S. 3 StPO entsprechende Einschränkung in das Untersuchungsverweigerungsrecht willentlich nicht eingefügt wurde, streitet auch die unterschiedlich weite Fassung der Schutzbereiche des § 81 c Abs. 3 StPO und des § 97 Abs. 1 i.V.m. Abs. 2 S. 1 StPO. So knüpft § 81 c Abs. 3 StPO die Befugnis zur Untersuchungsverweigerung lediglich an das Recht des Nichtbeschuldigten zur Zeugnisverweigerung. Voraussetzung für die Gewährung eines Untersuchungsverweigerungsrechtes ist mithin grundsätzlich allein eine sich aus den §§ 52 bis 55 StPO[141] ergebende Berechtigung zur Aussageverweigerung. Für das Eingreifen des Beschlagnahmeverbotes aus § 97 Abs. 1 StPO genügt demgegenüber die bloße Befreiung des Zeugen von der Pflicht zur Aussage gemäß §§ 52, 53 oder 53 a StPO nicht. Vielmehr ist außerdem erforderlich, dass sich die Beschlagnahmeanordnung auf einen der in § 97 Abs. 1 Nr. 1 - 3 StPO genannten Gegenstände bezieht, der sich zudem gemäß § 97 Abs. 2 S. 1 StPO im Gewahrsam des Zeugnisverweigerungsberechtigten bzw. in den Fällen des § 97 Abs. 2 S. 2 und 3 StPO im Gewahrsam einer Krankenanstalt oder anerkannten Beratungsstelle befinden muss. Mithin sind bereits die Grenzen für den Wegfall der Beschlagnahmeduldungspflicht weitaus enger gezogen worden als die tatbestandlichen Grenzen des Untersuchungsverweigerungsrechtes, womit der Kreis der von § 81 c Abs. 3 StPO Begünstigten von

[140] So wurde das Untersuchungsverweigerungsrecht beispielsweise durch das 1. StVRG vom 09.12.1974 (BGBl. I S. 3393) vollkommen neu gefasst.

[141] So jedenfalls, wenn man der hier vertreten Ansicht folgt, wonach § 81 c Abs. 3 StPO sowohl auf die Fälle des § 52 StPO als auch auf die Fälle der §§ 53, 53 a, 54 und 55 Abs. 1 2. Alt. StPO Anwendung findet.

vornherein wesentlich größer ist als der Kreis der dem Beschlagnahmeverbot des § 97 Abs. 1 i.V.m. Abs. 2 S. 1 StPO unterfallenden Zeugen.[142] Dieses erkennbare Bestreben der Legislative, den Anwendungsbereich des Untersuchungsverweigerungsrechtes gegenüber dem Beschlagnahmeverbot aus § 97

---

[142] Unklar erscheint jedoch, aus welchem Grund der Schutzbereich des Beschlagnahmeverbotes aus § 97 StPO gegenüber den Zeugnisverweigerungsrechten so erheblich eingeengt wurde. Fragwürdig ist dies vor allem hinsichtlich des Beschlagnahmeverbotes für Angehörige des Beschuldigten. So gestattet die Vorschrift § 52 StPO den dort genannten Beschuldigtenverwandten, die gesamte Aussage zu verweigern, das Aussageverweigerungsrecht ist nicht auf einen bestimmten Aussagegegenstand beschränkt. Dies gilt auch für das § 52 StPO im Rahmen der körperlichen Untersuchung ergänzende Untersuchungsverweigerungsrecht aus § 81 c Abs. 3 StPO. Auch das Recht zur Untersuchungsverweigerung der Angehörigen des Beschuldigten ist, da es ausschließlich an die Befugnis zur Zeugnisverweigerung nach § 52 StPO anknüpft, nicht auf die Verweigerung *bestimmter* Spuren oder Folgen einer Straftat begrenzt. Vielmehr sind die in § 52 StPO genannten Personen zur Verweigerung der gesamten Untersuchung, Blutprobenentnahme oder DNA-Analyse berechtigt. Im Rahmen der Aussage und der körperlichen Untersuchung wird somit dem Zeugen umfassend Schutz gewährt, er wird vor jeglichem Zwang, den angehörigen Beschuldigten zu belasten, bewahrt. Demgegenüber erfasst das Beschlagnahmeverbot lediglich *schriftliche Mitteilungen* zwischen dem nach § 52 StPO Weigerungsberechtigten und dem Beschuldigten, wobei nach Ansicht von *Schäfer*, in: LR[24] § 97 Rn. 40, hierunter auch auf einem Bild- oder Tonträger aufgezeichnete Mitteilungen fallen sollen. Der Angehörige des Zeugen ist jedoch nicht berechtigt, die Herausgabe anderer in seinem Gewahrsam befindlicher, zur Überführung des Beschuldigten möglicherweise beitragende Gegenstände zu verweigern. Obwohl entsprechend dem Grundsatz „Was der Mund nicht zu offenbaren braucht, darf auch der Hand nicht entrissen zu werden" (so *Dünnebier*, Sonderstellung der Presse im Strafverfahren, S. 39 [44]; ebenso LR[24]-*Schäfer* § 97 Rn. 1) Zweck auch des Beschlagnahmeverbotes aus § 97 StPO die Durchsetzung des Zeugnisverweigerungsrechtes aus § 52 StPO innerhalb der strafprozessualen Zwangsmaßnahme der Beschlagnahme ist, sind die Schutzbereiche des auf der Angehörigenbeziehung beruhenden Beschlagnahmeverbotes auf der einen sowie des Zeugnis- und Untersuchungsverweigerungsrechtes auf der anderen Seite somit keineswegs deckungsgleich. Denn der Schutzbereich des Beschlagnahmeverbotes ist im Gegensatz zum Schutzbereich der anderen Weigerungsrechte des Zeugen nicht umfassend, sondern eben nur auf bestimmte Konstellationen begrenzt. Es würde jedoch zu weit führen, nach den genauen Ursachen für die Tatsache zu forschen, dass § 97 Abs. 1 Nr. 1 i.V.m. Abs. 2 S. 1 StPO dem angehörigen Zeugen im Unterschied zum Zeugnis- und Untersuchungsverweigerungsrecht keinen umfassenden, sondern nur einen begrenzten Schutz gewährt und der oben zitierte Grundsatz im Beschlagnahmeverbot mithin keinen vollständigen Widerklang gefunden hat, obwohl die Konfliktslage des Zeugen bei der Beschlagnahme von Gegenständen, die zwar keine Mitteilung sind, aber dennoch mit der Straftat des Angehörigen im Zusammenhang stehen, keineswegs geringer sein wird. Auf die sich aus der Einschränkung des Beschlagnahmeverbotes durch die Vorschrift des § 97 Abs. 2 S. 3 StPO insoweit ergebenden besonderen Widersprüche ist oben bereits hingewiesen worden.

Abs. 1 i.V.m. Abs. 2 S. 1 StPO erheblich zu erweitern, kann daher ebenfalls gegen die Annahme, eine dem § 97 Abs. 2 S. 3 StPO vergleichbare Regelung sei zwar auch innerhalb der körperlichen Untersuchung gewollt, vom Gesetzgeber jedoch schlicht „vergessen" worden, angeführt werden.

c) Problemlösung im Wege der Auslegung der Vorschriften über die körperliche Untersuchung

Die Frage, ob auch Beschuldigte zur Untersuchungsverweigerung befugt sind, welche mit ihrem Mitbeschuldigten in einer zur Zeugnisverweigerung berechtigenden Weise verbunden sind, ließ sich - wie gezeigt - nicht unter Heranziehung der zu diesem Problem im Rahmen anderer strafprozessualer Zwangsmaßnahmen getroffenen gesetzlichen Lösungen bzw. diesbezüglich von der Literatur angebotener Lösungsvorschläge beantworten. Daher ist nunmehr - unter Abwägung der gegenläufigen Interessen der Prozessbeteiligten - nach einer sachgerechten Lösung innerhalb der Vorschriften über die körperliche Untersuchung und den ihnen zugrunde liegenden gesetzgeberischen Intentionen zu suchen.

aa) Die Pflicht zur körperlichen Untersuchung des Mitbeschuldigten nach § 81 a StPO

In diesem Zusammenhang liegt es zunächst nahe, für die Suche nach einer Lösung für dieses Problem ausschließlich die Vorschrift des § 81 a StPO heranzuziehen.[143] Dies erscheint auf den ersten Blick auch zwingend, regelt doch § 81 a StPO die körperliche Untersuchung bereits Beschuldigter, und auch der mit seinem Mitbeschuldigten in einer zur Untersuchungsverweigerung berechtigenden Weise verbundene Beschuldigte ist ja in erster Linie Beschuldigter im Sinne dieser Norm.
Die Vorschrift des § 81 a Abs. 2 StPO gestattet es dem ermittelnden Richter bzw. der Staatsanwaltschaft oder ihren Hilfsbeamten, die körperliche Unter-

[143] Aus der Tatsache, dass weder im Schrifttum noch von der Rechtsprechung - soweit ersichtlich - problematisiert wird, ob die körperliche Untersuchung solcher Beschuldigten allein nach § 81 a StPO zu erfolgen hat oder § 81 c Abs. 3 StPO auch auf sie Anwendung findet, muss wohl die Schlussfolgerung gezogen werden, dass sich die ganz herrschende Meinung gegenwärtig stillschweigend für die erstgenannte Lösung entschlossen hat; vgl. auch *Mitsch*, FS-Lenckner, S. 721 (734 in Fn. 50).

suchung von Beschuldigten, ohne Rücksicht auf deren Einverständnis, anzuordnen. Den zuständigen Ermittlungspersonen wird damit ein Instrument in die Hand gegeben, das es ihnen ermöglicht, ungeachtet der Belange des Beschuldigten das Interesse der Allgemeinheit an der raschen und umfassenden Aufklärung einer Straftat zu verfolgen. Dem Interesse des Staates und der Allgemeinheit, potentielle Straftäter schnellstmöglich und in einem effektiven Verfahren zu überführen, wird in § 81 a StPO Vorrang eingeräumt vor dem Interesse des Beschuldigten am Schutz seiner Intimsphäre und körperlichen Integrität sowie seinem möglichen Bestreben, in keiner Weise, auch nicht im Wege der bloßen Duldung von Untersuchungshandlungen, zu seiner Überführung beizutragen. Da das staatliche Strafverfolgungsinteresse innerhalb des § 81 a StPO durch den Gesetzgeber gegenüber den Individualinteressen des Beschuldigten als höherwertig eingestuft wurde, könnte der Schluss gezogen werden, die Einleitung eines Ermittlungsverfahrens ist für die betroffene Person mit der ausnahmslosen Verpflichtung zur Duldung von Untersuchungsmaßnahmen verbunden, die durch die Vorschrift des § 81 a Abs. 1 StPO gedeckt sind. Dies hätte dann auch den Wegfall des Untersuchungsverweigerungsrechtes für Personen zur Folge, die mit einem anderen Beschuldigten desselben Verfahrens in einer zur Zeugnisverweigerung berechtigenden Weise verbunden sind. Die besonderen Interessen dieser Beschuldigten blieben dann jedoch unberücksichtigt, obwohl der Wechsel der prozessualen Rolle wohl kaum zu ihrem Wegfall führen wird.[144] Für Beschuldigte, die hinsichtlich ihres Mitbeschuldigten in der prozessualen Rolle eines Zeugen untersuchungsverweigerungsberechtigt wären, würde die ausschließliche Anwendung der Vorschrift des § 81 a StPO bedeuten, dass neben eine durch die Pflicht zur Duldung der selbstbelastenden Untersuchung verursachte Zwangslage noch diejenigen Interessenkonflikte treten, vor welchen die in den §§ 52, 53 und 53 a genannten Personen mithilfe des § 81 c Abs. 3 StPO bewahrt werden sollten.[145] Daher spricht einiges gegen eine uneingeschränkte Pflicht dieser Mitbeschuldigten zur Duldung der Untersuchung nach § 81 a StPO.

Neben der unzureichenden Berücksichtigung der sich aus der besonderen Beziehung des Beschuldigten zu seinem Mitbeschuldigten ergebenden

---

[144] Näher dazu unten 1. Teil C III 1 c bb und cc.

[145] Entgegen der innerhalb des Zeugnisverweigerungsrechtes aus § 52 StPO entwickelten gegenteiligen Auffassung des BGH (vgl. BGHSt 3, 149 [152]), ist mithin keineswegs ausgeschlossen, dass auch der Beschuldigte eines Verfahrens in einen Konflikt geraten kann zwischen Duldungspflicht und dem Bedürfnis, die nächsten Angehörigen zu schützen; vgl. diesbezüglich *Fuchs*, NJW 1959, 14 ff.; *Mitsch*, FS-Lenckner, S. 721 (722); näher dazu unten 1. Teil C III 1 c bb und cc.

Belange lassen sich darüber hinaus noch weitere Argumente gegen die alleinige Zuordnung der körperlichen Untersuchung dieser Personen zur Vorschrift des § 81 a StPO anführen. So ist das Entstehen bzw. der Wegfall des Rechtes, die Untersuchung gemäß § 81 c Abs. 3 StPO zu verweigern, für diese Personen mitunter allein von prozessökonomischen Erwägungen abhängig. Denn anders als bei der Frage nach der Befugnis eines Zeugen zur Zeugnis- bzw. Untersuchungsverweigerung hinsichtlich mehrerer Beschuldigter ist die Mitbeschuldigteneigenschaft in diesem Zusammenhang nach überwiegender Ansicht[146] allein anhand des formellen Kriteriums des gemeinsamen Verfahrens zu bestimmen. Mitbeschuldigte in diesem Sinn, und damit zur Duldung jeglicher Untersuchungshandlung verpflichtet, die auf der Grundlage der § 81 a StPO bzw. § 81 e StPO angeordnet wurde, sind damit alle Beschuldigten, deren Strafverfahren gemeinsam geführt werden, wobei eine gemeinsame Tatbeteiligung nicht erforderlich ist. Dies hat zur Folge, dass die Befugnis zur Untersuchungsverweigerung des mit seinem Mitbeschuldigten im Sinne der §§ 52, 53 und 53 a StPO verbundenen Beschuldigten allein von der Verbindung oder Trennung der gegen die Beschuldigten geführten Verfahren abhängig ist. Ob die Verfahren getrennt geführt oder miteinander verbunden werden, unterliegt jedoch oftmals rein prozessökonomischen Erwägungen oder Zufälligkeiten,[147] womit in der Konsequenz auch die Befugnis, die körperliche Untersuchung gemäß § 81 c Abs. 3 StPO verweigern zu dürfen oder aber zu ihrer Duldung gemäß § 81 a StPO verpflichtet zu sein, bisweilen allein vom Zufall abhängt. Der Gedanke, dass das Bestehen oder Nichtbestehen eines Beweisverbotes bloßen Zufälligkeiten unterworfen sein soll, erscheint jedoch „unerträglich".[148] Zudem bestünde die Gefahr, dass die Trennung und Verbindung von Verfahren in diesen Fällen durch Missbrauchs- und Willkürakte seitens der Ermittlungsbeamten bestimmt wird. Denn wenn das Recht zur Untersuchungsverweigerung allein an die getrennte Führung der Verfahren gegen die in der Zeugenrolle weigerungsberechtigten Beschuldigten gekoppelt ist, werden Manipulationen dergestalt, dass Verfahren einzig zu dem Zweck getrennt oder verbunden werden, ein Untersuchungsverweigerungsrecht zu schaffen oder entfallen zu

---

[146] Vgl. die Nachweise oben in Fn. 99; a.A. *Lenckner*, FS-Peters, S. 333 (336); *Schlüchter*, Strafverfahren, Rn. 478; *Roxin*, Strafverfahrensrecht, § 26 Rn. 5.

[147] Siehe dazu bereits oben 1. Teil C II 2 b aa (3), insbesondere auch in Fn. 46.

[148] So hinsichtlich der Berechtigung zur Zeugnisverweigerung gemäß § 52 StPO *Fuchs*, NJW 1959, 14 (16); *Beling*, Reichsstrafprozeßrecht, S. 296; *W. Schmidt*, Mitbeschuldigten- und Zeugenrolle, S. 82. Ebenso *Mitsch*, FS-Lenckner, S. 721 (727), der darauf hinweist, dass der Entscheidung über die äußere Verfahrensgestaltung dadurch eine Tragweite zukommt, die ihr nicht gebührt.

lassen, nicht zu vermeiden sein. Ist beispielsweise der Ermittlungsperson daran gelegen zu verhindern, dass ein Zeuge gegen den seinerseits bereits ein Ermittlungsverfahren eingeleitet ist, im Verfahren gegen seinen beschuldigten Angehörigen von seinem Untersuchungsverweigerungsrecht Gebrauch macht, so braucht sie lediglich die Verbindung der beiden Verfahren zu forcieren. Sollte der Zeuge noch nicht in einem Verfahren verstrickt sein, genügt die Aufnahme von Ermittlungen gegen ihn und die anschließende Verbindung des Verfahrens mit dem Verfahren des bereits beschuldigten Verwandten, vorausgesetzt freilich, es lässt sich ein entsprechender Anfangsverdacht begründen. Diese Konstellationen stellen sich gleichsam als „umgekehrter Fall“[149] des bereits erwähnten Rollentauschproblems[150] dar. Im Gegensatz zum *eigentlichen* Problem des Rollentausches besteht hier jedoch nicht die Gefahr der missbräuchlichen *Trennung* von Verfahren, vielmehr ist in diesem Zusammenhang die Vornahme von Verfahrens*verbindungen* zu befürchten, allein zu dem Zweck, den untersuchungsverweigerungsberechtigten Zeugen in die Beschuldigtenrolle zu drängen, um ihn ungehindert nach § 81 a StPO körperlich zu untersuchen. Zutreffend weist in diesem Zusammenhang aber bereits *Schöneborn*[151] darauf hin, dass eine Verfahrensweise, deren ausschließlicher Sinn in der prozessualen Schlechterstellung des (Mit-)Beschuldigten liegt, als Versuch der Umgehung der gesetzlichen Vorschriften unzulässig sein muss. Daher sollten nach der Ansicht von

---

[149] Ebenso *Prittwitz*, Der Mitbeschuldigte, S. 31.

[150] Wie oben (1. Teil C III 1 a) bereits erläutert, ist nach allgemeiner Ansicht ausschließlich die prozessuale Gemeinsamkeit für die Beantwortung der Frage ausschlaggebend, wann Beschuldigte zu Mitbeschuldigten werden. Da nach der h.M. (vgl. SK-*Rogall* vor § 48 Rn. 38 m.w.N.) Zeugen- und Beschuldigtenrolle unvereinbar sind, können nach dieser Ansicht Beschuldigte, deren Verfahren gemeinsam geführt werden, gegenüber ihren Mitbeschuldigten keine Zeugenaussage abgeben. Entfällt jedoch die Klammer der Verfahrensverbindung, kann der Beschuldigte nach dieser Auffassung als Zeuge im Verfahren gegen seinen ehemaligen Mitbeschuldigten aussagen. Er unterliegt dann, soweit ihm kein Zeugnisverweigerungsrecht zusteht, der Zeugnispflicht. Dieser Umstand birgt die Gefahr, dass z.B. ein Verfahren gegen Beschuldigte, denen die Beteiligung an derselben Tat vorgeworfen wird, getrennt wird, um die Tatbeteiligten gegeneinander als Zeugen zu vernehmen. Diese *manipulative* Rollenvertauschung soll nur dann unzulässig sein, wenn die Verfahrenstrennung einzig zu dem Zweck geschieht, den ehemaligen Mitbeschuldigten zu demselben Tatgeschehen, das auch ihm zur Last gelegt wird, zu vernehmen; vgl. dazu BGHSt 10, 8 (11 f.); BGH JR 1969, 148 f.; BGH bei Dallinger MDR 1971, 897; BGH StV 1984, 186; 361 f.; *Kleinknecht/Meyer-Goßner* vor § 48 Rn. 22; LR[25]-*Dahs* vor § 48 Rn. 34; *Lenckner*, FS-Peters, S. 333 f.; *Grünwald*, FS-Klug, S. 493 ff.; *Prittwitz*, Der Mitbeschuldigte, S. 29 ff.

[151] In: ZStW 86 (1974), 921 (924 f.).

Fuchs[152] Verfahren getrennt werden, wenn anderenfalls die Umgehung eines Beweisverbotes droht. Denn in einer solchen Umgehung eines Beweisverbotes liege ein zur Trennung der Verfahren verpflichtender Verstoß gegen § 261 StPO. Der von *Fuchs* vorgeschlagene Weg erweist sich jedoch als nicht gangbar, da die Aufstellung eines Trennungsgebotes für den Fall, dass ein Beschuldigter hinsichtlich seines Mitbeschuldigten als Zeuge zur Untersuchungsverweigerung berechtigt wäre, mit der bereits kritisierten Überbewertung der äußeren Verfahrensgestaltung verbunden wäre.[153] Zudem betrifft § 261 StPO lediglich die Beweiswürdigung im Rahmen der Hauptverhandlung, so dass unklar erscheint, woraus sich eine Trennungsverpflichtung für nichtrichterliche Ermittlungspersonen innerhalb des Ermittlungsverfahrens ergeben soll.

bb) Möglichkeit der generellen Gewährung eines Untersuchungsverweigerungsrechtes aus § 81 c Abs. 3 StPO für Mitbeschuldigte

Da die alleinige Heranziehung des § 81 a StPO keine befriedigende Antwort auf die Frage nach der Befugnis zur Untersuchungsverweigerung von Mitbeschuldigten zu geben vermag, soll nunmehr untersucht werden, ob sich eine sachgerechte Lösung dieses Problems erzielen lässt, wenn Beschuldigten, die mit ihrem Mitbeschuldigten ein Verwandtschaftsverhältnis i.S. des § 52 Abs. 1 StPO bzw. ein berufliches Vertrauensverhältnis i.S. der §§ 53, 53 a StPO verbindet, das generelle Recht eingeräumt wird, die körperliche Untersuchung gemäß § 81 c Abs. 3 StPO zu verweigern.

So besteht die bei der ausschließlichen Anwendung des § 81 a StPO kritisierte Gefahr der manipulativen Verbindung von Verfahren zur Verhinderung der Untersuchungsverweigerung nicht, wenn diesen Beschuldigten auch im Fall der gemeinsamen Verfahrensführung das Recht eingeräumt wird, im Hinblick auf ihren Mitbeschuldigten angeordnete Untersuchungshandlungen gemäß § 81 c Abs. 3 StPO zu verweigern. Denn der zuständigen

---

[152] In: NJW 1959, 14 (16). *Fuchs* bezieht sich dabei auf das Zeugnisverweigerungsrecht aus § 52 StPO und vertritt die Auffassung, dass eine Trennung der Verfahren zu erfolgen habe, sofern einer der Beschuldigten in der Rolle eines Zeugen zur Zeugnisverweigerung gemäß § 52 StPO berechtigt wäre.

[153] Siehe dazu oben in diesem Abschnitt der Arbeit; ähnlich auch *Mitsch*, FS-Lenckner, S. 721 (726 f.), der zudem darauf hinweist, dass die gemeinsame Führung der Verfahren aus prozessökonomischer Sicht oftmals notwendig ist.

Ermittlungsperson wäre damit die Möglichkeit genommen, durch die Verbindung von Verfahren Beschuldigte an der Verweigerung der körperlichen Untersuchung nach § 81 c Abs. 3 StPO in Bezug auf andere Beschuldigte, die vormals in einem anderen Verfahren verfolgt wurden, zu hindern. Zudem würde somit dem Vorwurf der Boden entzogen, das Bestehen oder Nichtbestehen eines Untersuchungsverweigerungsrechtes sei bisweilen allein von Zufälligkeiten abhängig. Die Entscheidung für das Fortbestehen des Untersuchungsverweigerungsrechtes auch nach der Einleitung eines Ermittlungsverfahrens gegen den Weigerungsberechtigten hätte außerdem den Vorzug, den Interessen dieser Beschuldigten, die sich aus seiner besonderen Beziehung zu seinem Mitbeschuldigten ergeben, gerecht zu werden, welche bei einer lediglich an die Voraussetzungen des § 81 a StPO geknüpften Untersuchung seines Körpers vollkommen unberücksichtigt blieben. So befinden sich diese Beschuldigten in der besonderen Situation, dass in ihrer Person die Interessen eines Beschuldigten und die Interessen eines Zeugnisverweigerungsberechtigten kollidieren. Denn der Wechsel der prozessualen Rolle ändert wohl nur selten etwas an ihrem Bestreben, den Angehörigen weder mittels einer Aussage noch durch ihren Körper zu belasten. Neben die auferlegte Pflicht zur Selbstbelastung tritt somit zudem der Konflikt, mit der erzwungenen Duldung der Untersuchung, Blutprobenentnahme oder DNA-Analyse möglicherweise zur Überführung des mitbeschuldigten Angehörigen bzw. Mandanten oder Patienten beizutragen.[154] Die familiären Bindungen und mithin der Familienfrieden sind nicht weniger gefährdet, wenn der ehemalige Zeuge nun als Beschuldigter seinen Angehörigen durch die Duldung einer Untersuchung belastet,[155] der Konflikt des Berufsgeheimnisträgers nicht geringer, wenn er als Zeuge zwar die Belastung des Hilfesuchenden mithilfe des Zeugnis- und Untersuchungsverweigerungsrechtes vermeiden konnte, ihm § 136 StPO auch als Beschuldigter noch die Aussageverpflichtung erspart, er aber nun gemäß § 81 a StPO gezwungen ist, die in seinem Blut befindlichen belastenden Tatsachen preiszugeben.
Fraglich erscheint jedoch, ob sich die aus diesen Umständen vordergründig aufdrängende Einräumung eines generellen Untersuchungsverweigerungsrechtes für Mitbeschuldigte mit den Intentionen des § 81 c Abs. 3 StPO vereinbaren lässt. Dies ist im Ergebnis zu verneinen, da es praktisch zunächst kaum möglich ist, die Untersuchung eines Körpers von vornherein

---

[154] Auf die besondere Konfliktslage dieser Beschuldigten hat ebenfalls bereits *Mitsch*, FS-Lenckner, S. 721 (728 f.), hingewiesen.

[155] Vgl. auch *Fuchs*, NJW 1959, 14 (15), der zu bedenken gibt, dass die durch § 52 StPO geschützten Interessen des Zeugen auch nach dessen Wechsel in die Beschuldigtenrolle bestehen bleiben.

nur auf die Tatsachen zu beschränken, die den zu Untersuchenden selbst belasten. Die körperliche Untersuchung könnte bei Einräumung eines Untersuchungsverweigerungsrechtes von diesen Beschuldigten mithin nur ganzheitlich verweigert werden, was freilich zur Folge hätte, dass auch die körperliche Untersuchung und Blutprobenentnahme hinsichtlich der dem Beschuldigten selbst zur Last gelegten Tat unmöglich wäre. Daraus würde sich dann jedoch die Konsequenz ergeben, dass der Beschuldigte es selbst in der Hand hätte, die Untersuchung seines Körpers und somit eine zur Aufklärung einer Straftat und seiner Überführung nach § 81 a StPO zulässige strafprozessuale Zwangsmaßnahme zu verhindern. Dieses Ergebnis lässt sich indessen mit den Intentionen des § 81 c Abs. 3 StPO nicht mehr in Einklang bringen. Denn das Untersuchungsverweigerungsrecht dient, sofern es auf § 52 StPO beruht, nur dem Zweck, den zu Untersuchenden vor einem Interessenkonflikt zu bewahren zwischen der Untersuchungsduldungspflicht aus § 81 c Abs.1, Abs. 2 StPO und § 81 e StPO einerseits und dem Bestreben, den Angehörigen nicht zu belasten sowie seine familiären Bindungen und den Familienfrieden vor Störungen zu schützen, andererseits.[156] Sind die §§ 53 bzw. 53 a StPO Grundlage des Untersuchungsverweigerungsrechtes aus § 81 c Abs. 3 StPO, liegt der Schutzzweck dieses Zeugenrechtes in der Sicherung des zwischen Hilfesuchendem und Berufsgeheimnisträger bestehenden Vertrauensverhältnisses.[157] Keinesfalls aber soll eine Gruppe von Beschuldigten aufgrund ihrer besonderen Beziehung i.S. §§ 52, 53, 53 a StPO zu einem Mitbeschuldigten gegenüber anderen Beschuldigten, die ein solches Verhältnis zu ihren Mitbeschuldigten nicht aufweisen, privilegiert werden, indem ihnen eine eventuelle Selbstbezichtigung als Folge der Untersuchung ihres Körpers erspart wird. Denn es entspricht nicht der Ratio des § 81 c Abs. 3 StPO, diesen Beschuldigten die Möglichkeit zu geben, durch die Verweigerung der körperlichen Untersuchung eine gegen ihre Person gerichtete Strafverfolgung zu erschweren oder sich dieser unter Umständen vollkommen zu entziehen.[158] Einer anderen Interpretation des Untersuchungsverweigerungsrechtes stünde § 81 a StPO entgegen, denn durch diese Vorschrift wird die zur Überführung des Beschuldigten selbst angeordnete Untersuchung unter den dort genannten Voraussetzungen von der Rechtsordnung *einschränkungslos* gebilligt. Ausnahmen von diesem Grundsatz läßt § 81 a StPO gegenwärtig nicht, auch nicht für Einzelfälle, zu; sind die tat-

[156] Siehe dazu bereits ausführlich oben 1. Teil B I 3.

[157] Dazu ebenfalls bereits ausführlich oben 1. Teil B II 3.

[158] Dies wurde hinsichtlich des potentiellen Beschuldigten i.S. des § 55 I 1. Alt. StPO oben bereits eingehend erläutert; siehe oben 1. Teil B IV 3 b cc (1).

bestandlichen Anforderungen des § 81 a StPO erfüllt, hat der Beschuldigte - auch wenn er mit seinem Mitbeschuldigten in einer zur Zeugnisverweigerung berechtigenden Weise verbunden ist - keine Möglichkeit, sich der Untersuchung zu entziehen. Der Wortlaut des § 81 a StPO als Auslegungsgrenze[159] würde umgangen, sofern man diesen Beschuldigten allein wegen ihres besonderen Verhältnisses zu ihrem Mitbeschuldigten trotzdem ein Untersuchungsverweigerungsrecht in vollem Umfang einräumen würde.
Gegen die uneingeschränkte Gewährung eines Untersuchungsverweigerungsrechtes für in der Zeugenrolle weigerungsberechtigte Beschuldigte spricht des Weiteren, dass diese Lösung zwar den Belangen des Beschuldigten gerecht wird, das Interesse des Staates und der Allgemeinheit an einer effizienten Strafverfolgung aber vollkommen unberücksichtigt lässt.

cc) Schaffung eines Ausgleiches der widerstreitenden Belange durch die Gewährung eines partiellen Verwertungsverbotes

Als Ergebnis lässt sich daher festhalten, dass weder die ausschließliche Zuordnung der körperlichen Untersuchung Beschuldigter, welche mit ihrem Mitbeschuldigten ein zur Zeugnisverweigerung berechtigendes Verhältnis verbindet, zu § 81 a StPO noch die Einräumung eines Untersuchungsverweigerungsrechtes nach § 81 c Abs. 3 StPO[160] zu einem praktikablen Resultat geführt hat, welches die mit diesen Normen verfolgten, gegenläufigen Interessen in Einklang bringt.
Die insoweit gegenläufigen Aspekte der genannten Normen werden jedoch berücksichtigt, sofern man die körperliche Untersuchung dieser Beschuldigter zwar grundsätzlich der Vorschrift des § 81 a StPO zuordnet, den Beschuldigten dabei jedoch das Recht einräumt, vom Untersuchungsverweigerungsrecht aus § 81 c Abs. 3 StPO Gebrauch zu machen. Die bereits aufgezeigten Schwierigkeiten, die sich aus dem Umstand ergeben, dass die körperliche Untersuchung oder Blutprobenentnahme nur selten auf diejenigen körperlichen Merkmale zu begrenzen ist, welche im Zusammenhang mit der dem zu Untersuchenden zur Last gelegten Straftat stehen, lassen sich dabei vermeiden, sofern die Differenzierung auf die Ebene der Beweisverwertung verschoben wird. Demgemäß erfolgt die körperliche Untersuchung von Beschuldigten, die mit ihren Mitbeschuldigten ein Verwandtschaftsverhält-

---

[159] *Larenz,* Methodenlehre, S. 343.

[160] Soweit nachfolgend allein auf die §§ 81 a, 81 c Abs. 3 StPO Bezug genommen wird, gelten die Ausführungen freilich auch für die DNA-Analyse nach § 81 e StPO und das entsprechende Weigerungsrecht aus § 81 e Abs. 1 S. 2 StPO.

nis i.S. des § 52 StPO bzw. ein berufliches Vertrauensverhältnis i.S. der §§ 53, 53 a StPO verbindet, grundsätzlich nach § 81 a StPO, wobei die Beschuldigten entsprechend dieser Vorschrift zur einschränkungslosen Duldung der Untersuchungshandlungen verpflichtet sind. Im Rahmen der nachfolgenden Verwertung der gewonnenen Untersuchungsergebnisse ist in Abwägung der gegenläufigen Interessen des § 81 a StPO und des § 81 c Abs. 3 StPO zu differenzieren:[161] Sofern die Untersuchungsergebnisse der Urteilsfindung gegen den Untersuchten selbst zugrunde gelegt werden sollen, ist ihre Verwertung ohne Abstriche möglich. Damit wird dem in § 81 a StPO postulierten Vorrang des staatlichen Strafverfolgungsinteresses gegenüber dem Bestreben des Beschuldigten, sich nicht durch die Duldung der Untersuchung belasten zu müssen, genüge getan. Sobald die Untersuchungsergebnisse jedoch gegen einen Beschuldigten verwendet werden sollen, der Angehöriger i.S. des § 52 Abs. 1 StPO oder Mandant bzw. Patient i.S. der §§ 53, 53 a StPO seines Mitbeschuldigten ist, müssen die Schutzzwecke des § 81 c Abs. 3 StPO Beachtung finden. Dies hat zur Folge, dass die Verwertung der Untersuchungsergebnisse gegen den Mitbeschuldigten in diesem Fall von der Zustimmung des untersuchten Beschuldigten abhängig sein muss. Nur wenn dieser nach der Belehrung über seine Befugnis zur Verweigerung der Zustimmung in die Verwertung der Untersuchungsergebnisse gegen seinen Mitbeschuldigten einwilligt, dürfen diese der Urteilsfindung gegen den Mitbeschuldigten zugrunde gelegt werden. Diese Vorgehensweise verhindert, dass diese Beschuldigten in einen Konflikt geraten zwischen der Untersuchungsduldungspflicht und dem Bestreben, den Mitbeschuldigten nicht zu belasten, da es ihnen freigestellt ist, sich für oder gegen die Verwertung der Untersuchungsergebnisse im Hinblick auf einen Mitbeschuldigten, mit dem sie ein zur zeugnisverweigerungsberechtigendes Verhältnis verbindet, zu entscheiden. Die durch die Vorschriften der §§ 52, 53 und 53 a StPO geschützten Familienbindungen bzw. beruflichen Vertrauensbeziehungen bleiben bei dieser Vorgehensweise geschont.

Die Differenzierung zwischen den einzelnen (Mit-)Beschuldigten auf der Ebene der Verwertung der gewonnenen Untersuchungsergebnisse trägt allen in diesen Konstellationen kollidierenden Interessen Rechnung, indem sie sowohl die Belange des Staates an einer effektiven Strafverfolgung durch körperliche Untersuchungen aus § 81 a StPO als auch den mit § 81 c Abs. 3 StPO bezweckten Schutz des Zeugen vor einer Konfliktslage berücksichtigt. Mit der Verlagerung des Untersuchungsverweigerungsrechtes auf die Ebene

---

[161] So auch von *Mitsch*, FS-Lenckner, S. 721 (735), vorgeschlagen; ebenso nunmehr *Kleinknecht/Meyer-Goßner* § 81 c Rn. 23; ablehnend hingegen KMR-*Bosch* § 81 c Rn. 22.

der Beweisverwertung entfällt auch die Gefahr der willkürlichen oder zufälligen Einflussnahme auf die Berechtigung zur Untersuchungsverweigerung im Wege einer Verfahrenstrennung oder -verbindung. Denn der Beschuldigte bleibt nämlich auch bei der gemeinsamen Führung der Verfahren berechtigt, der Verwertung der Untersuchungsergebnisse gegen seinen Mitbeschuldigten zu widersprechen.

Die Berücksichtigung des Untersuchungsverweigerungsrechtes bei der Verwertung der Untersuchungsbefunde steht im Übrigen auch nicht im Widerspruch zu dem von der Rechtsprechung und Literatur gegenwärtig nahezu apodiktisch vertretenen Grundsatz von der prinzipiellen Unvereinbarkeit von Beschuldigten- und Zeugenrolle,[162] wonach der Beschuldigte in dieser Eigenschaft weder zugleich Zeuge in eigener Sache noch hinsichtlich seines Mitbeschuldigten sein könne.[163] Die h.M. begründet diesen, von ihr als „Wesensprinzip des deutschen Strafverfahrens"[164] bezeichneten Grundsatz vor allem mit dem Hinweis auf die völlige Unvereinbarkeit der Pflichten eines Zeugen mit dem in § 136 Abs. 1 StPO bzw. § 243 Abs. 4 StPO verankerten Recht des Beschuldigten, sich nicht selbst belasten zu müssen.[165] Diese Auffassung gründet offenbar auf der Annahme, dass die gleichzeitige Ausübung der Zeugenrolle für den Beschuldigten ausschließlich mit Nachteilen verbunden ist,[166] was es dementsprechend zu verhindern gelte. Misst

---

[162] RGSt 6, 279 (280); 52, 139; BGHSt 10, 8 (10); BGH JR 1969, 148 (149); LR^{25}-*Dahs* vor § 48 Rn. 12, 17 f.; *Kleinknecht/Meyer-Goßner* vor § 48 Rn. 20 f., obwohl er sich hinsichtlich eines Untersuchungsverweigerungsrechtes für Mitbeschuldigte der hier vertretenen Auffassung anschließt (vgl. *Kleinknecht/Meyer-Goßner* § 81 c Rn. 23); KMR-*Paulus* vor § 48 Rn. 42 f.; *Eb. Schmidt*, Lehrkomm., vor § 48 Rn. 3; KK-*Senge* vor § 48 Rn. 7; SK-*Rogall* vor § 48 Rn. 35; *Lenckner*, FS-Peters, S. 333; *Fuchs*, NJW 1959, 14 (15 f.); einschränkend gegenwärtig - soweit ersichtlich - lediglich *Mitsch*, FS-Lenckner, S. 721 ff.; a.A. früher ebenfalls *Beling*, Reichsstrafprozeßrecht, S. 130; *Binding*, Grundriss Strafprozessrecht, S. 157; *Gerland*, Strafprozeß, S. 94.

[163] Für das Zeugnisverweigerungsrecht aus § 52 StPO hat dies bereits *Mitsch*, FS-Lenckner, S. 721 ff., dargelegt.

[164] SK-*Rogall* vor § 48 Rn. 35.

[165] BGHSt 10, 8 (10); BGH NJW 1964, 1034; 1969, 148; SK-*Rogall* vor § 48 Rn. 35; *Gössel*, Strafverfahrensrecht, S. 202; AK-*Kühne* vor § 48 Rn. 13; *ders.*, Strafprozeßrecht, Rn. 802.

[166] Diesen Schluss legt zumindest der Umstand nahe, dass zur Untermauerung dieses Prinzips ausschließlich mit Vorschriften argumentiert wird, welche den Zeugen im Hinblick auf den Beschuldigten schlechter stellen, wie beispielsweise der strafbewehrten (§ 153 StGB) Pflicht des Zeugen zur wahrheitsgemäßen Aussage oder der grundsätzlichen Vereidigungsmöglichkeit von Zeugen gemäß § 59 StPO.

man somit den Grundsatz von der Unvereinbarkeit der Beschuldigten- und Zeugenrolle an der für ihn angeführten Begründung, dürften mithin diejenigen Rechte des Zeugen, welche den Zeugen gegenüber einem Beschuldigten besser stellen, nicht mit ihm kollidieren.[167] Die Einräumung der Befugnis für den Beschuldigten, das ihm in der Position eines Zeugen hinsichtlich seines jetzigen Mitbeschuldigten gemäß § 81 c Abs. 3 StPO zustehende Recht zur Untersuchungsverweigerung auf der Ebene der Beweisverwertung auszuüben, ist jedoch keine Beschneidung, sondern vielmehr eine Erweiterung der Beschuldigtenrechte, womit ein Verstoß gegen dieses „Wesensprinzip" des deutschen Strafprozesses aus dem Blickwinkel seiner Ratio nicht vorliegt. Denn im Unterschied zur Aussage- oder Eidespflicht des Zeugen läuft die Wahrnehmung des Untersuchungsverweigerungsrechtes als einem Zeugen*recht* den Interessen des Beschuldigten nicht zuwider. Folgt man der hier vertretenen Ansicht, nach welcher dem Beschuldigten lediglich die Befugnis eingeräumt wird, der Verwertung der Untersuchungsergebnisse gegen seinen Mitbeschuldigten zu widersprechen, liegt auch keine Kollision von Beschuldigtenpflichten und Zeugenrechten vor. Denn die Möglichkeit, einer Verwertung der bereits gewonnenen Untersuchungsergebnisse gegen seine Mitbeschuldigten entgegenzutreten, befreit den Beschuldigten nicht davon, die aus § 81 a StPO folgende Pflicht zur Duldung der Untersuchung seines Körpers sowie die anschließende Einbeziehung der ermittelten Ergebnisse in die Aufklärung der ihm zur Last gelegten Tat einschränkungslos hinnehmen zu müssen.

Entgegen der - gegenwärtig noch - undifferenzierten Aussage der Verfechter des so genannten „Wesensprinzipes des deutschen Strafprozesses" können sich demnach prozessuale Rechte des Zeugen, wie das Untersuchungsverweigerungsrecht aus § 81 c Abs. 3 StPO,[168] unter Umständen durchaus im Einklang sowohl mit den Rechten als auch den Pflichten eines Beschuldigten befinden. Dies ist offenbar auch der Grund für die Tatsache, dass die Rechtsprechung[169] die Ablehnung eines Zeugnisverweigerungsrechtes für Beschuldigte, die mit ihrem Mitbeschuldigten ein verwandtschaftliches Ver-

---

[167] Treffend bemerkt *Mitsch*, FS-Lenckner, S. 721 (728), hierzu, dass die materielle Interessenlage, auf der das „Wesensprinzip des Strafprozesses" beruht und das Prinzip selbst nicht identisch seien. Vielmehr entfalte dieser Grundsatz in seiner gegenwärtig vertretenen Form über seine materielle Grundlage hinaus auch dann Wirkung, wenn die Zeugenrolle den Beschuldigten besser stellt.

[168] Oder die Zeugnisverweigerungsrechte aus §§ 52, 53, 53 a StPO, vgl. *Mitsch*, FS-Lenckner, S. 721 ff.

[169] BGHSt 3, 149 (152); zustimmend: *Kohlhaas*, LM Nr. 3 zu § 52; *Schütz*, NJW 1959, 975 ff.

hältnis der in § 52 StPO bezeichneten Art verbindet, vor allem auf das Argument stützt, es fehle den Beschuldigten bereits an der für § 52 StPO typischen Zwangslage. Kann diese Behauptung aber bereits hinsichtlich der Aussage des (Mit-)Beschuldigten in seiner besonderen Position nicht überzeugen,[170] so hat sie in Bezug auf die körperliche Untersuchung dieser Beschuldigten erst recht keinen Bestand. Die allen Beschuldigten durch die Vorschriften des § 81 a StPO und § 81 e StPO auferlegte Pflicht zur Duldung körperlicher Untersuchungen kann für diejenigen Beschuldigten, welche mit ihrem Mitbeschuldigten eine besondere Beziehung i.S. der §§ 52, 53, 53a StPO verbindet, nämlich die gleiche schwere Konfliktslage zur Folge haben, wie sie für den Zeugen entsteht, dessen Körper gemäß § 81 c Abs. 1 und 2 StPO sowie § 81 e StPO nach Tatfolgen oder Spuren untersucht werden soll, die seinen beschuldigten Angehörigen bzw. einen Hilfesuchenden i.S. der § 53, 53 a StPO belasten. Denn diese Beschuldigten werden - in gleicher Weise wie der Zeuge - gezwungen, entgegen ihrem natürlichen Bedürfnis bzw. ihrer beruflichen Verpflichtung, zur Überführung ihres Angehörigen bzw. ihres Mandanten oder Patienten beizutragen.[171]

---

[170] Vgl. *Fuchs*, NJW 1959, 14 (15); *Mitsch*, FS-Lenckner, S. 721 ff.

[171] Gegen die Anwendbarkeit dieser Lösung auf die Untersuchungsverweigerungsrechte aus § 81 c Abs. 3 StPO i.V.m. §§ 53, 53 a StPO scheinen auf den ersten Blick die selben Bedenken zu sprechen, die einer Übertragung dieser Lösung auf das Recht zur Untersuchungsverweigerung aus § 81 c Abs. 3 StPO i.V.m. § 54 StPO entgegen stehen; dazu unten 1. Teil C III 2. Denn im Unterschied zum Untersuchungsverweigerungsrecht aus § 81 c Abs. 3 StPO i.V.m. § 52 StPO sind die Weigerungsrechte aus § 81 c Abs. 3 StPO i.V.m. §§ 53, 53 a StPO - wie das Weigerungsrecht aus § 81 c Abs. 3 StPO i.V.m. § 54 StPO - auf einen bestimmten Aussagegegenstand begrenzt, da die in diesen Vorschriften genannten Berufsangehörigen nur hinsichtlich ihrer Berufsgeheimnisse zur Untersuchungsverweigerung berechtigt sind. Anders als bei dem Untersuchungsverweigerungsrecht eines Amtsgeheimnisträgers sind die mit dem Weigerungsrecht aus § 81 c Abs. 3 StPO i.V.m. §§ 53, 53 a StPO verfolgten Schutzzwecke jedoch nicht bereits mit der Untersuchung selbst und der damit verbundenen Aufdeckung des Berufsgeheimnisses durch den Untersuchenden vereitelt. Zwar schützen die Vorschriften der §§ 53, 53 a StPO auch das den dort genannten Personen anvertraute oder bekannt gewordene Berufsgeheimnis vor der Offenbarung gegen über Dritten. Dieser Schutzweck ist auch bereits durch die körperliche Untersuchung selbst verletzt, was angesichts des insoweit anzunehmenden Vorrangs der §§ 81 a, e StPO allerdings hinzunehmen ist. Zumindest der mit den §§ 53, 53 a StPO aber ebenfalls bezweckte Schutz des Vertrauensverhältnisses zwischen Berufsausübendem und Patienten oder Mandanten kann allerdings durch die Einräumung der Möglichkeit, die Verwertung der Untersuchungsergebnisse gegen diese Personen zu verhindern, noch erreicht werden. Denn wenn der Berufsgeheimnisträger der Verwertung der Untersuchungsergebnisse widerspricht, hat er das ihm entgegengebrachte Vertrauen nicht verletzt, da die ihm anvertrauten oder bekannt gewordenen Tatsachen zur Urteilsfindung gegen seinen Patienten bzw. Mandanten nicht herangezogen werden

Bei der Anwendung der hier vorgeschlagenen Differenzierung auf der Ebene der Beweisverwertung besteht auch nicht die Gefahr eines beständigen Wechsel dieser Beschuldigten zwischen Zeugen- und Beschuldigtenrolle zur Wahrnehmung eines Zeugnis- bzw. Untersuchungsverweigerungsrechtes. Denn der mit seinem Mitbeschuldigten in einer zur Zeugnisverweigerung berechtigenden Weise verbundene Beschuldigte ist und bleibt danach in erster Linie Beschuldigter. Gleichwohl diesem Beschuldigten ein Untersuchungsverweigerungsrecht nach § 81 c Abs. 3 StPO zusteht, ist er als Beschuldigter verpflichtet, die Untersuchung seines Körpers nach § 81 a StPO und die Verwertung der dabei aufgefundenen Untersuchungsergebnisse gegen sich selbst zu dulden. Denn die Vorschrift des § 81 c Abs. 3 StPO räumt ihm in diesem Zusammenhang lediglich das Recht ein, zu entscheiden, ob die Untersuchungsergebnisse auch zur Grundlage der weiteren Ermittlungen gegen seinen Mitbeschuldigten gemacht werden dürfen. Das Recht zur Verweigerung der Zustimmung zur Verwertung der Untersuchungsergebnisse gegen seinen Mitbeschuldigten ist für diese Beschuldigten jedoch nicht mit einem Wechsel in die Zeugenrolle verbunden. Vielmehr tritt er weiterhin allein in der prozessualen Rolle eines Beschuldigten im Verfahren auf; stimmt er der Beweisverwertung zu, fließen die Ergebnisse einer Beschuldigtenuntersuchung i.S. des § 81 a StPO bzw. § 81 e StPO und nicht einer Zeugenuntersuchung nach § 81 c Abs. 1 und 2 StPO oder § 81 e StPO in die Urteilsfindung gegen den Mitbeschuldigten ein.

Von der hier befürworteten Vereinbarkeit der Ausübung bestimmter Zeugen*rechte* mit der Beschuldigtenrolle, geht in einem anderen Zusammenhang offenbar auch der BGH aus:[172] So ist nach Ansicht des BGH sowohl die Verlesung eines Vernehmungsprotokolls eines Mitbeschuldigten[173] als auch die Vernehmung der richterlichen Verhörsperson[174] über die in dieser Rolle getätigte Aussage unzulässig, sobald der frühere Mitbeschuldigte, dessen Verfahren abgetrennt wurde und der nunmehr gegen seinen ehemaligen Mitbeschuldigten als Zeuge aussagen soll, von einem ihm zustehenden Zeugnisverweigerungsrecht Gebrauch macht. Dadurch erhält das Zeugnisverweigerungsrecht des ehemals Mitbeschuldigten nachträglich und rückwirkend Geltung für die Zeit, in welcher den jetzigen Zeugen und den wei-

dürfen. Das einer der in den §§ 53, 53 a StPO genannten Personen entgegengebrachte Vertrauen wird dem Beschuldigten unter diesen Umständen somit nicht zum Verhängnis.

[172] Vgl. hierzu auch *Mitsch*, FS-Lenckner, S. 721 (722 ff.).

[173] BGHSt 10, 186 ff.

[174] BGH NStZ 1997, 351 (535).

terhin Beschuldigten neben der zur Zeugnisverweigerung berechtigenden Beziehung noch ein gemeinsames Verfahren verband, das sie zu Mitbeschuldigten machte. Bedauerlichweise wird dieser begrüßenswerte Gedanke durch den BGH nicht weiter verfolgt. Denn er müsste bei einer konsequenten Weiterführung die Einräumung der Möglichkeit zur Zeugnis- und damit auch Untersuchungsverweigerung in der oben bezeichneten Form auch für Beschuldigte hinsichtlich ihres Mitbeschuldigten zur Folge haben, wenn die Voraussetzungen des § 81 c Abs. 3 StPO i.V.m. § 52 StPO bzw. §§ 53, 53 a StPO vorliegen.[175]

2. Befugnis beschuldigter Amtsgeheimnisträger zur Untersuchungsverweigerung nach § 81 c Abs. 3 StPO i.V.m. § 54 StPO

a) Einleitung

Nach der Diskussion der Befugnis von (Mit-)Beschuldigten zur Untersuchungsverweigerung nach § 81 c Abs. 3 StPO i.V.m. § 52 StPO bzw. §§ 53, 53 a StPO bleibt in diesem Zusammenhang nunmehr noch zu erörtern, ob bzw. inwieweit auch der Beschuldigte, der in der Rolle eines Zeugen nach § 81 c Abs. 3 StPO i.V.m. § 54 StPO zur Verweigerung der Untersuchung berechtigt wäre, in seiner jetzigen prozessualen Rolle zur Wahrnehmung dieses Rechtes befugt ist.

Die vorangegangene Untersuchung hat bereits gezeigt, dass nach § 54 StPO zeugnisverweigerungsberechtigte Personen grundsätzlich zur Verweigerung der Untersuchung ihres Körpers oder der Entnahme einer Blutprobe bzw. DNA-Analyse berechtigt sind, sofern diese zur Offenbarung eines an ihrem

[175] Konsequenterweise muss dem Beschuldigten nach der hier vorgeschlagenen Lösung auch dann ein Recht, der Verwertung des Untersuchungsergebnisses zu widersprechen, zustehen, wenn bei dessen Untersuchung die Gefahr entstehen könnte, dass eine momentan noch überhaupt noch nicht ins Blickfeld der Strafverfolgungsbehörden geratene Person (künftiger bzw. potentieller Mitbeschuldigter) aus dem Kreis der in § 52 Abs. 1 StPO genannten Personen in Straftatverdacht geraten könnte. Zwar ist diese nach dem hier vertretenen eingeschränkt-materiellen Mitbeschuldigtenbegriff kein „Mitbeschuldigter". Jedoch folgt das Recht, die Verwertung der gewonnenen Untersuchungsergebnisse zu untersagen, aus dem Untersuchungsverweigerungsrecht gemäß § 81 c Abs. 3 i.V.m. § 55 Abs. 1 2. Alt. StPO. Dass auch das so genannte Auskunftsverweigerungsrecht aus § 55 Abs. 1 2. Alt. StPO zur Untersuchungsverweigerung berechtigt, wurde oben (1. Teil B IV) näher erläutert.

Körper bzw. in ihrem Blut befindlichen Amtsgeheimnisses führen und die Genehmigung zur Untersuchung durch den zuständigen Dienstvorgesetzten noch nicht vorliegt oder nicht erteilt wird.[176] Im Unterschied zu den auf den §§ 52, 53 oder 53 a StPO beruhenden Untersuchungsverweigerungsrechten ist das Recht zur Untersuchungsverweigerung aus § 81 c Abs. 3 StPO i.V.m. § 54 StPO nicht an eine besondere Beziehung zwischen dem Zeugen und einem Beschuldigten des Verfahrens geknüpft, vielmehr ist für die Einräumung dieses Untersuchungsverweigerungsrechtes allein entscheidend, ob die angeordnete körperliche Untersuchung bzw. Blutprobenentnahme die Aufdeckung eines geheimhaltungsbedürftigen Amtsgeheimnisses zur Folge hat. Demzufolge stellt sich in diesem Zusammenhang auch nicht die Frage, ob Beschuldigte zur Untersuchungsverweigerung hinsichtlich ihres Mitbeschuldigten gemäß § 81 c Abs. 3 StPO i.V.m. § 54 StPO befugt sind, denn auch in der Zeugenrolle wäre ihre Berechtigung zur Untersuchungsverweigerung nicht an die Beziehung zu einem Beschuldigten gebunden.[177] Es ist daher vielmehr zu fragen, ob zur Verschwiegenheit verpflichtete Beschuldigte zur Untersuchungsverweigerung nach § 81 c Abs. 3 StPO i.V.m. § 54 StPO berechtigt sind, sofern die Untersuchung ihres Körpers zum Zweck der Auffindung von Spuren oder Folgen einer Straftat angeordnet wurde, welche die Qualität eines Amtsgeheimnisses haben. Denn für die Gewährung eines Untersuchungsverweigerungsrechtes aus § 81 c Abs. 3 i.V.m. § 54 StPO wird lediglich vorausgesetzt, dass die Untersuchung ein Amtsgeheimnis i.S. des § 54 StPO zu Tage bringen könnte, welches weder eine Mitteilung im dienstlichen Verkehr noch offenkundig ist.
Wegen der Verknüpfung des Untersuchungsverweigerungsrechtes aus § 81 c Abs. 3 StPO i.V.m. § 54 StPO mit dem ihm zugrunde liegenden Zeugnisverweigerungsrecht aus § 54 StPO ist auch hier zunächst die Behandlung dieses Problems innerhalb des § 54 StPO zu beleuchten.

b) Zeugnisverweigerungsrecht aus § 54 StPO für Beschuldigte

Im Gegensatz zu den strafprozessualen Zeugnisverweigerungsrechten der §§ 52, 53, 53 a StPO enthalten die § 54 StPO ausfüllenden Vorschriften positiv-

---

[176] Siehe dazu ausführlich oben 1. Teil B III, insbesondere unter 3.

[177] Demgegenüber sind die Untersuchungsverweigerungsrechte aus § 81 c Abs. 3 StPO i.V.m. § 52 StPO bzw. aus § 81 c Abs. 3 StPO i.V.m. §§ 53, 53 a StPO an eine Beziehung des Zeugen zum Beschuldigten geknüpft; siehe diesbezüglich ausführlich oben 1. Teil B I und II.

gesetzliche Regelungen für den Fall, dass nicht ein Zeuge, sondern ein Beschuldigter sich in einer nach § 54 StPO zur Zeugnisverweigerung berechtigenden Situation befindet. So ist z.B. nach §§ 62 Abs. 3 BBG, 39 Abs. 4 BRRG, 14 Abs. 2 S. 3 SoldG, 46, 71 DRiG die jeweils zuständige Dienststelle befugt, auch dem Beschuldigten oder Angeklagten eines Strafverfahrens die Erteilung einer Aussagegenehmigung zu verwehren, wenn dieser Gefahr läuft, durch seine Aussage ein von § 54 StPO geschütztes Amtsgeheimnis zu offenbaren.[178] Allerdings sind die Voraussetzungen für die Genehmigungsversagung gegenüber einem Beschuldigten oder Angeklagten eines Strafverfahrens besonders eng gefasst. So darf die Aussagegenehmigung, auch wenn die zur Verweigerung einer Genehmigung berechtigenden Gründe vorliegen, Beschuldigten oder Angeklagten nur verweigert werden, wenn die dienstlichen Rücksichten es *unabweisbar* erfordern. Die zuständige Dienststelle ist mithin befugt, dem Beschuldigten eines Verfahrens die Genehmigung zur Aussage zu verweigern, sofern die Aussage der Verschwiegenheitspflicht des Beschuldigten unterfallende Tatsachen betreffen würde und sie dem Wohl des Bundes oder eines deutschen Landes erhebliche Nachteile bereiten bzw. die Erfüllung öffentlicher Aufgaben ernstlich gefährden oder erheblich erschweren würde und die dienstlichen Rücksichten dies unabweisbar erfordern. Dies hat zur Folge, dass Beschuldigte in gleicher Weise wie Zeugen zur Aussageverweigerung im Strafverfahren berechtigt sind, wobei jedoch der Umfang des Zeugnisverweigerungsrechtes in diesem Fall weiter sein dürfte als das Schweigerecht des Beschuldigten.

c) Konsequenzen für die Befugnis des Beschuldigten zur Untersuchungsverweigerung gemäß § 81 c Abs. 3 StPO i.V.m. § 54 StPO

Aufgrund der Kongruenz des Untersuchungsverweigerungsrechtes mit dem ihm zugrundeliegenden Zeugnisverweigerungsrecht sind die innerhalb des § 54 StPO heranzuziehenden Vorschriften auch bei der Beantwortung der

---

[178] Ausführlich dazu *Battis*, BBG, § 62 Rn. 6; *Plog*, BBG, Bd. I, § 62 Rn. 8; GKÖD-*Zängl*, Bd. I, Teil 2 a, § 62 Rn. 4.
Während die h.M. davon ausgeht, dass bei der Vernehmung eines zur Amtsverschwiegenheit verpflichteten Zeugen das ihn vernehmende Gericht bzw. die Staatsanwaltschaft oder die Polizeibehörde zur Einholung der Aussagegenehmigung verpflichtet ist (zur Kritik an dieser Ansicht vgl. oben 1. Teil III 1 a in Fn. 168), muss jedenfalls der zur Verschwiegenheit verpflichtete Beschuldigte oder Angeklagte selbst bei der zuständigen Dienststelle um Genehmigungserteilung nachsuchen, wenn er glaubt, durch die Aussage seine Pflicht zur Amtsverschwiegenheit zu verletzen; vgl. dazu LR[25]-*Dahs* § 54 Rn. 15.

Frage nach der Gewährung eines Untersuchungsverweigerungsrechtes aus § 81 c Abs. 3 StPO i.V.m. § 54 StPO für Beschuldigte zu berücksichtigen. Der Einräumung eines Untersuchungsverweigerungsrechtes für Beschuldigte für den Fall, dass die Untersuchung ihres Körpers oder die Entnahme einer Blutprobe mit der Gefahr der Entdeckung eines unabweisbar geheimzuhaltenden Amtsgeheimnissen verbunden ist, steht auch hier de lege lata die Norm des § 81 a StPO entgegen. Eine fehlende Aussagegenehmigung ließe die Pflicht zur Duldung einer körperlichen Untersuchung gemäß § 81 a StPO daher nicht entfallen. Mit dieser Vorschrift ließe sich gegenwärtig auch in diesem Zusammenhang allenfalls eine Beachtung des Untersuchungsverweigerungsrechtes aus § 81 c Abs. 3 StPO i.V.m. § 54 StPO auf der Ebene der Verwertung der bei der Untersuchung des Beschuldigten oder Angeklagten gewonnenen Untersuchungsergebnisse vereinbaren, wie sie bereits für die Untersuchungsverweigerungsrechte aus § 81 c Abs. 3 StPO i.V.m. § 52 StPO bzw. § 81 c Abs. 3 StPO i.V.m. §§ 53, 53 a StPO für Mitbeschuldigte[179] vorgeschlagen wurde. Gegen diese Lösung spricht jedoch, dass im Unterschied zu den auf einer besonderen Beziehung der Beschuldigten zueinander beruhenden Untersuchungsverweigerungsrechten aus § 81 c Abs. 3 StPO i.V.m. § 52 StPO bzw. § 81 c Abs. 3 StPO i.V.m. §§ 53, 53 a StPO der mit dem Weigerungsrecht aus § 81 c Abs. 3 StPO i.V.m. § 54 StPO bezweckte Schutz des Amtsgeheimnisses nicht erst mit der Einführung der bei der körperlichen Untersuchung des Amtsgeheimnisträgers gewonnenen Ergebnisse in das Verfahren vereitelt wird, sondern bereits mit der Untersuchung des Körpers oder der Entnahme der Blutprobe selbst. Denn schon die Vornahme der Untersuchungshandlungen und nicht erst die Verwertung ihrer Ergebnisse im Verfahren führt zur Offenlegung des nach dienstlichen Rücksichten unabweisbar geheimzuhaltenden Amtsgeheimnisses. Der wirksame Schutz des Amtsgeheimnisses vor der Preisgabe durch Beschuldigte im Rahmen des strafprozessualen Zwangmittels der körperlichen Untersuchung erfordert damit die Einräumung der Befugnis für den Beschuldigten, die Vornahme der Untersuchungshandlungen selbst und nicht erst die Verhinderung der Verwertung ihrer Ergebnisse zu gestatten. Dem aber steht nach der derzeitigen Rechtslage der insoweit eindeutige Wortlaut der Vorschrift des § 81 a StPO entgegen, die auch keine Ausnahme von der allen Beschuldigten eines Strafverfahrens auferlegten Pflicht zur Duldung körperlicher Untersuchungen zugunsten des Amtsgeheimnisses zulässt. Angesichts der mit den oben genannten Vorschriften verfolgten Zielrichtung, dem Schutz besonders wichtiger Amtsgeheimnisse aus wichtigen öffentlichen Interessen, spricht einiges dafür, die körperliche Untersuchung in einem solchen Fall

---

[179] Vgl. diesbezüglich oben 1. Teil C III 1 c cc.

nicht anordnen zu dürfen. Es ist allerdings Sache des Gesetzgebers dafür zu sorgen, dass die zum Schutz des Amtsgeheimnisses erlassenen Vorschriften auch innerhalb des strafprozessualen Institutes der körperlichen Untersuchung Beachtung finden.

3. Fazit

Die Schutzzwecke des Untersuchungsverweigerungsrechtes und der ihm zugrundeliegenden Zeugnisverweigerungsrechte stehen einer Beschränkung des Anwendungsbereiches dieses Weigerungsrechtes auf Personen, die sich im Zeitpunkt der Untersuchungsanordnung in der faktischen Rolle eines Zeugen befinden, entgegen. Denn die von § 81 c Abs. 3 StPO erfasste innere Konfliktslage des zu Untersuchenden besteht in gleicher Weise, wenn dieser als Beschuldigter mit seinem Mitbeschuldigten in einer zur Zeugnisverweigerung berechtigenden Weise verbunden ist, wie wenn er hinsichtlich seiner „Mitbeschuldigten" in einem nicht verbundenen als Zeuge in ihrem Verfahren auftritt. Da der Einräumung des Rechtes, die Untersuchung ihres Körpers zu verweigern, für diese Beschuldigten die Vorschriften des § 81 a StPO und § 81 e StPO entgegen stehen, wonach Beschuldigte zur uneingeschränkten Duldung der im Verfahren gegen sie angeordneten Untersuchung verpflichtet sind, kann das Untersuchungsverweigerungsrecht die gebotene Berücksichtigung nur auf der Ebene der Beweisverwertung finden. Demgemäß sind Beschuldigte, die mit ihrem Mitbeschuldigten ein zur Zeugnisverweigerung berechtigendes Verhältnis i.S. der §§ 52, 53, 53 a StPO verbindet, zur Duldung sämtlicher gemäß § 81 a StPO und § 81 e StPO angeordneter Untersuchungshandlungen sowie der Verwertung der dabei gewonnenen Ergebnisse gegen sich selbst verpflichtet. Die Verwertung der Ergebnisse gegen den Mitbeschuldigten ist jedoch von ihrer Zustimmung abhängig.
Dies gilt jedoch nicht für Beschuldigte, welchen ein Untersuchungsverweigerungsrecht nach § 81 c Abs. 3 StPO i.V.m. § 54 StPO zustünde, da bereits die Vornahme der Untersuchungshandlungen, und nicht erst die Verwertung ihrer Ergebnisse im Verfahren, zur Offenlegung des nach dienstlichen Rücksichten unabweisbar geheimzuhaltenden Amtsgeheimnisses führt. In diesem Fall konnte die Arbeit keine eindeutige Lösung des Konfliktes zwischen Duldungspflicht des Beschuldigten und Geheimhaltungsinteresse des Staates aufzeigen. Es ist daher Sache des Gesetzgebers, für den Schutz des Amtsgeheimnisses innerhalb der körperlichen Untersuchung von Be-

schuldigten zu sorgen.

IV. Gesamtfazit

Die Untersuchung zum Untersuchungsverweigerungsrecht bei einer Mehrzahl von Beschuldigten hat zunächst gezeigt, dass nach § 52 StPO weigerungsberechtigte Zeugen berechtigt sind, die Untersuchung gemäß § 81 c Abs. 3 StPO i.V.m. § 52 StPO auch hinsichtlich der derjenigen Mitbeschuldigten zu verweigern, mit welchen sie kein Angehörigenverhältnis im Sinne des § 52 StPO verbindet, wobei sich dieses Recht gemäß dem eingeschränkt-materiellen Mitbeschuldigtenbegriff, der in Anlehnung der zu diesem Problem innerhalb des § 52 StPO entwickelten Lösungen hier entsprechend heranzuziehen ist, auf jeden Beteiligten an der auch dem beschuldigten Zeugenangehörigen vorgeworfenen Straftat, gegen den diesbezüglich bereits ein Ermittlungsverfahren eingeleitet wurde, erstreckt. Außerdem hat sich gezeigt, dass die Untersuchungsverweigerungsrechte aus § 81 c Abs. 3 StPO i.V.m. § 53, 53 a StPO bzw. § 54 StPO wegen ihrer Verknüpfung mit einem bestimmten Beweisthema den Zeugen auch zur Verweigerung der körperlichen Untersuchung oder Blutprobenentnahme berechtigen, wenn die Untersuchung bezüglich Beschuldigter erfolgen soll, die mit dem Zeugen kein zur Untersuchungsverweigerung berechtigendes Verhältnis verbindet. Dasselbe gilt auch für das Recht zur Untersuchungsverweigerung gemäß § 81 c Abs. 3 StPO i.V.m. § 55 Abs. 1 2. Alt. StPO. Auch dieses ist beweisthemabezogen, so dass der Zeuge das Recht hat, die Untersuchung zu verweigern, wenn diese seinen Angehörigen in die Gefahr der Verfolgung wegen einer Straftat oder Ordnungswidrigkeit bringt, unabhängig von dem Umstand, gegen welchen Tatbeteiligten sich das Verfahren richtet.

Befindet sich ein Beschuldigter in der faktischen Rolle eines Zeugen hat er eine Untersuchung gemäß § 81 a StPO und § 81 e StPO und die Verwertung der Untersuchungsergebnisse gegen sich selbst zu dulden. Verbindet ihn jedoch mit seinem Mitbeschuldigten ein zur Zeugnisverweigerung berechtigendes Verhältnis im Sinne der §§ 52, 53, 53 a StPO, ist die Verwertung der Ergebnisse der Untersuchung gegen seinen Mitbeschuldigten von seiner Zustimmung abhängig. Dies kann jedoch nicht für einen Beschuldigte gelten, welchem ein Untersuchungsverweigerungsrecht nach § 81 c Abs. 3 StPO i.V.m. § 54 StPO zustünde, da hier bereits die Vornahme der Untersuchung zur Offenlegung zu schützenden Amtsgeheimnisses führt. In diesem Fall ist es Sache des Gesetzgebers, für den Schutz des Amtsgeheimnisses zu sorgen.

Zweiter Teil

Der gegenständliche Anwendungsbereich des Untersuchungsverweigerungsrechtes

A. Methodik der Darstellung

Nach der Beleuchtung des *persönlichen* Anwendungsbereiches des Untersuchungsverweigerungsrechtes soll nunmehr der Umfang des *gegenständlichen* Anwendungsbereiches von § 81 c Abs. 3 S. 1 StPO untersucht werden. In diesem Zusammenhang wird zunächst auf die insoweit relativ unproblematische Einbeziehung von Blutprobenentnahmen und Abstammungsuntersuchungen nach § 81 c Abs. 2 StPO in den Bereich des Untersuchungsverweigerungsrechtes eingegangen, um sodann die mit dieser Problematik in Zusammenhang stehende Frage nach der Berechtigung des zur Zeugnisverweigerung befugten Nicht- bzw. Mitbeschuldigten[1] zur Verweigerung der molekulargenetischen Untersuchungen (DNA-Analyse) zu erörtern. Im Folgenden widmet sich dieser Teil der Arbeit dem Untersuchungsverweigerungsrecht in Fällen einfacher körperlicher Untersuchungen nach § 81 c Abs. 1 StPO, wobei dem Problem der Gewährung eines Untersuchungsverweigerungsrechtes bei Augenscheinseinnahmen nach § 86 StPO und körperlichen Durchsuchungen i.S. von § 103 StPO besondere Aufmerksamkeit geschenkt wird. Im letzten Kapitel problematisiert die Abhandlung dann abschließend noch die Frage nach der Notwendigkeit und der Anwendbarkeit der Regelungen über das Recht zur Untersuchungsverweigerung bei so genannten Glaubwürdigkeitsuntersuchungen an Zeugen.

---

[1] Soweit nachfolgend lediglich vom zur Verweigerung der Untersuchung berechtigten Nichtbeschuldigten oder Zeugen die Rede ist, finden diesbezügliche Ausführungen auch auf Beschuldigte Anwendung, die hinsichtlich eines oder mehrerer Mitbeschuldigter ein Recht zur Zeugnis- und folglich auch zur Untersuchungsverweigerung hätten, sofern sie sich nicht in der Beschuldigten-, sondern in der Zeugenrolle befänden. Diese dürfen zwar die Untersuchung als solche nicht verweigern, ihnen steht aber hinsichtlich dieser Mitbeschuldigten auf der Ebene der Beweisverwertung das Recht zu, der Verwertung der gewonnenen Erkenntnisse zu widersprechen; zum Ganzen siehe oben 1. Teil C III.

B. Blutprobenentnahmen und Abstammungsuntersuchungen gemäß § 81 c Abs. 2 S. 1 StPO

I. Blutprobenentnahmen

Gemäß § 81 c Abs. 3 S.1 StPO ist es dem zur Zeugnisverweigerung berechtigten Zeugen gestattet, neben der Untersuchung seines Körpers nach § 81 c Abs. 1 StPO die *Entnahme von Blutproben* zu verweigern. Die nähere Bestimmung des in § 81 c Abs. 3 S. 1 StPO verwendeten Begriffes der *Blutprobenentnahme* ist unproblematisch. Er bezieht sich unzweifelhaft auf die in § 81 c Abs. 2 S. 1 StPO als körperlicher Eingriff für zulässig erklärte Entnahme einer Blutprobe aus dem Blutkreislauf des weigerungsberechtigten Zeugen. Unerheblich ist dabei, zu welchem Zweck die Blutprobe entnommen werden soll. So kommt beispielsweise die Entnahme einer Blutprobe bei Zeugen zur Untersuchung von Verkehrsstrafsachen am Unfallopfer[1] oder, um die Infizierung mit einer Krankheit als Tatfolge festzustellen,[2] in Betracht. Der im Verfahren gegen den Beschuldigten nach §§ 52, 53, 53 a oder 54 StPO zeugnis- bzw. nach § 55 Abs. 1 2. Alt StPO auskunftsverweigerungsberechtigte Zeuge ist mithin befugt, jedwede Entnahme einer Blutprobe aus seinem Körper zu verhindern.[3]

---

[1] KK-*Senge* § 81 c Rn. 5; SK-*Rogall* § 81 c Rn. 34.

[2] LR[24]-*Dahs* § 81 c Rn. 23; SK-*Rogall* § 81 c Rn. 34; siehe dazu das oben (1. Teil B II 3 b cc) angeführte Beispiel. Eine Blutentnahme, die allerdings zur Feststellung einer Infizierung des Zeugen mit dem HIV-Virus angeordnet werden soll, wird bereits als unzumutbar angesehen werden müssen, so dass es für den Zeugen nicht erforderlich ist, sich zur Verhinderung einer Blutentnahme, die zu einem derartigen Zweck erfolgen soll, des Untersuchungsverweigerungsrechtes zu bedienen; näher dazu *Mayer*, JR 1990, 358 (363); a.A. KK-*Senge* § 81 c Rn. 7; *Kleinknecht/Meyer-Goßner* § 81 c Rn. 17; HK-*Lemke* § 91 c Rn. 19.

[3] So jedenfalls für das Untersuchungsverweigerungsrecht aus § 81 c Abs. 3 S. 1 i.V.m. § 52 StPO die einhellige Auffassung in der Literatur; anstelle vieler: LR[24]-*Dahs* § 81 c Rn. 30.

II. Abstammungsuntersuchungen

Problematischer stellt sich bereits die Anwendbarkeit des Untersuchungsverweigerungsrechtes auf nach § 81 c Abs. 2 S. 1 StPO angeordnete Abstammungsuntersuchungen dar.
Der Wortlaut des § 81 c Abs. 3 S. 1 StPO spricht lediglich von der Befugnis des Zeugen, Untersuchungen und Blutprobenentnahmen aus den gleichen Gründen wie das Zeugnis zu verweigern. Die in § 81 c Abs. 2 S. 1 StPO explizit als zulässige Maßnahme am Körper des Zeugen aufgeführte Abstammungsuntersuchung wird in § 81 c Abs. 3 S. 1 StPO hingegen nicht ausdrücklich erwähnt. Hieraus den Schluss zu ziehen, der zeugnisverweigerungsberechtigte Zeuge sei zwar berechtigt, sich der Untersuchung seines Körpers zur Auffindung von Spuren oder Folgen einer Straftat bzw. der Blutprobenentnahme, nicht jedoch einer Abstammungsuntersuchung zu entziehen, ginge jedoch fehl. Denn die alleinige Erwähnung der Untersuchung und Blutprobenentnahme in § 81 c Abs. 3 S. 1 StPO ist zunächst auf den Umstand zurückzuführen, dass man zum Zeitpunkt der Einführung des Untersuchungsverweigerungsrechtes im Jahre 1950[4] zur Durchführung einer Abstammungsuntersuchung neben anthropologisch-erbbiologischen Untersuchungen die Entnahme einer Blutprobe nach § 81 c Abs. 2 S.1 StPO als erforderlich ansah. Überwiegend wird daher in der Literatur auch zum gegenwärtigen Zeitpunkt noch davon ausgegangen, dass die Anordnung der Durchführung einer Abstammungsuntersuchung immer auch die Anordnung der Blutprobenentnahme zum Zweck dieser Untersuchung umfasst.[5] Demgemäß war und ist es insoweit ausreichend, lediglich die Verweigerung der Blutprobenentnahme durch den Zeugen in § 81 c Abs. 3 S.1 StPO für zulässig zu erklären. Die erbbiologischen Untersuchungen *am* Körper des Zeugen, wie Messungen, Fingerabdrücke o.ä.,[6] waren und sind nämlich ohnedies vom Untersuchungsbegriff des § 81 c Abs. 1 StPO erfasst. Andere Maßnahmen als die Entnahme einer Blutprobe oder Untersuchungen am Körper des Zeugen erlaubt § 81 c Abs. 1, 2 StPO zur Durchführung einer Abstammungsuntersuchung ohnehin nicht.
Somit ist der nach §§ 52, 53, 53 a, 54 oder 55 Abs. 1 2. Alt. StPO zeugnisverweigerungsberechtigte Nichtbeschuldigte grundsätzlich auch zur Verwei-

---

[4] VereinhG vom 12.09.1950 (BGBl. I S. 455).

[5] LR[24]-*Dahs* § 81 c Rn. 23; KK-*Senge* § 81 c Rn. 5; *Kleinknecht/Meyer-Goßner* § 81 c Rn. 18; a.A. SK-*Rogall* § 81 c Rn. 32.

[6] Näher LR[24]-*Dahs* § 81 c Rn. 23.

gerung solcher körperlicher Untersuchungen bzw. Blutprobenentnahmen gemäß § 81 c Abs. 3 S. 1 StPO berechtigt, die der Feststellung seiner Abstammung dienen. Dabei besteht jedoch in diesem Zusammenhang kein praktischer Anwendungsbereich für Untersuchungsverweigerungsrechte aus § 81 c Abs. 3 S. 1 StPO i.V.m. §§ 53, 53 a, oder 54 StPO, da die Abstammung des Berufsgeheimnisträgers kein dem Schutzbereich der §§ 53, 53 a StPO unterfallendes Berufsgeheimnis darstellt bzw. die Abstammung nicht von der Verschwiegenheitspflicht des § 54 StPO erfasst ist.[7]

III. Fazit

Das Untersuchungsverweigerungsrecht aus § 81 c Abs. 3 S. 1 StPO findet auf die in § 81 c Abs. 2 StPO genannten strafprozessualen Zwangsmaßnahmen der Blutprobenentnahme und der Abstammungsuntersuchung grundsätzlich Anwendung, auch wenn dies hinsichtlich der letztgenannten Maßnahme nicht eindeutig aus dem Wortlaut des § 81 c Abs. 3 StPO hervorgeht. Hinsichtlich möglicher Abstammungsuntersuchungen besteht für ein Untersuchungsverweigerungsrecht aus § 81 c Abs. 3 S. 1 StPO i.V.m. §§ 53, 53 a StPO bzw. § 54 StPO jedoch kein Anwendungsbereich, da insoweit der Schutzbereich der entsprechenden Zeugnisverweigerungsrechte nicht betroffen ist.

---

[7] Hierzu siehe oben 1. Teil B II 3 b aa und III 3 a cc.

C. Molekulargenetische Untersuchungen (DNA-Analyse)[1] gemäß § 81 e StPO

I. Problemdarstellung

Die durch das Strafverfahrensänderungsgesetz - DNA-Analyse vom 17.03.1997[2] eingeführte Vorschrift des § 81 e StPO gestattet gemäß Abs. 1 S. 2 molekulargenetische Untersuchungen an nach § 81 c StPO erlangtem Material, soweit diese zur Feststellung der Abstammung oder der Tatsache, ob aufgefundenes Spurenmaterial von dem Beschuldigten oder dem Verletzten stammt, erforderlich sind.[3] Entgegen der Auffassung *Senges*[4], der davon ausgeht, dass die Gewinnung von Untersuchungsmaterial beim Zeugen nur gemäß § 81 c Abs. 2 StPO möglich sei, bezog sich der Gesetzgeber[5] dabei nicht lediglich auf im Wege der Blutprobenentnahme nach § 81 c Abs. 2 StPO erlangtes Material, sondern auch auf Proben vom Körper des Zeugen, welche diesem anlässlich einer Untersuchung nach § 81 c Abs. 1 S. 1 StPO abgenommen wurden.[6] Nach der ausdrücklichen Klarstellung in der Begrün-

---

[1] Zum medizinischen Hintergrund der DNA-Analyse im Strafverfahren vgl. *Kimmich/Spyra/Steinke*, NStZ 1993, 23 ff.; *Satzger*, JZ 2001, 639 (640 f.).

[2] BGBl. I S. 534.

[3] Problematisch ist in diesem Zusammenhang, ob die durch das Strafverfahrensänderungsgesetz - DNA-Analyse eingefügte Vorschrift auch die Durchführung so genannter Massentests gestattet, wie sie in letzter Zeit immer häufiger zur Überführung mutmaßlicher Sexualstraftäter angewendet werden. Unklar ist dabei zum einen die generelle Zulässigkeit derartiger „freiwilliger" Massentests und zum anderen, ob die zur Teilnahme an dem Test aufgeforderten Personen bereits als Beschuldigte oder noch als „andere Personen als Beschuldigte" anzusehen sind; eingehend dazu *Satzger*, JZ 2001, 639 ff., der die Zulässigkeit derartiger Massentests verneint; kritisch ebenfalls *Kühne*, Strafprozeßlehre, Rn. 490; *Beulke*, Strafprozeßrecht, Rn. 242.

[4] In: NJW 1997, 2409.

[5] So wird auch im Gesetzentwurf der Bundesregierung (BT-Dr. 13/667 S. 1) ausdrücklich auf den gesamten § 81 c StPO und nicht lediglich auf § 81 c Abs. 2 StPO Bezug genommen.

[6] Für die Durchführung einer molekulargenetischen Untersuchung bedarf es nicht notwendig der Entnahme einer Blutprobe nach § 81 c Abs. 2 S. 1 StPO. Vielmehr sind derartige Untersuchungen mittlerweile bereits anhand kleinster Proben von Haut oder Haar des Zeugen möglich, die unproblematisch auch durch Maßnahmen gewonnen werden können, die der Suche nach Spuren oder Tatfolgen *am* Körper des Zeugen dienen; vgl. SK-*Rogall* § 81 e Rn. 7 f.; *Rath/Brinkmann*, NJW 1999, 2697 (2699); *Kimmich/Spyra/*

dung zum Entwurf der Bundesregierung - der insoweit mit dem jetzigen Gesetzeswortlaut übereinstimmt - wurde mit dem uneingeschränkten Verweis auf den gesamten § 81 c StPO bezweckt, *„daß die dem Schutz des Betroffenen dienenden Vorkehrungen der Abs. 3, 4 und 6 bei der Entnahme des Materials zu beachten sind.“*[7] Damit wird klargestellt, dass § 81 c Abs. 3 S. 1 StPO auch im Rahmen der Anordnung molekulargenetischer Untersuchungen Anwendung findet, mithin es zur Zeugnisverweigerung berechtigten Zeugen gestattet ist, körperliche Untersuchungen bzw. Blutprobenentnahmen zu verweigern, die mit dem Ziel der Durchführung einer DNA-Analyse vorgenommen werden sollen.[8] Diese Erstreckung des Untersuchungsverweigerungsrechtes auf molekulargenetische Untersuchungen ist die notwendige Konsequenz aus dem Regelungsgehalt des § 81 c Abs. 3 S. 1 StPO sowie dem Schutzzweck dieses Zeugenrechtes. Da § 81 c Abs. 3 S. 1 StPO die ausdrückliche Befugnis des zeugnisverweigerungsberechtigten Zeugen statuiert, sowohl die körperliche Untersuchung als auch die Blutprobenentnahme und damit auch die Abstammungsuntersuchung abzulehnen, muss dies auch gelten, wenn die Untersuchung bzw. Entnahme einer Blutprobe der Durchführung einer molekulargenetischen Untersuchung dient, vermittels derer beispielsweise die Abstammung des Zeugen festgestellt werden soll. Anderenfalls würde das Weigerungsrecht des § 81 c Abs. 3 S. 1 StPO unterlaufen. Der mit dieser Vorschrift verfolgte Schutzzweck, den zur Zeugnisverweigerung berechtigten Zeugen vor dem Zwang zu bewahren, durch die Darbietung seines Körpers seinen Angehörigen zu belasten bzw. Berufsgeheimnisse preiszugeben, würde ausgehebelt, sofern der Zeuge die nach der Ausübung seines Weigerungsrechtes unzulässige körperliche Untersuchung bzw. Blutprobenentnahme doch dulden müsste, wenn sie zum Zweck der Erstellung einer DNA-Analyse erfolgen soll.

Bei weiterer Betrachtung des § 81 e StPO stellt sich zudem die Frage, ob das Untersuchungsverweigerungsrecht unter Umständen auch zur Anwendung kommen kann oder muss, wenn gemäß § 81 e Abs. 1 S. 1 StPO eine molekulargenetische Untersuchung an Material durchgeführt werden soll, welches bei einer körperlichen Untersuchung des Beschuldigten nach § 81 a StPO

Steinke, NStZ 1993, 23 (25).

[7] BT-Dr. 13/667 S. 7.

[8] SK-*Rogall* § 81 e Rn. 8; *Kleinknecht/Meyer-Goßner* § 81 e Rn. 6; HK-*Lemke* § 81 e Rn. 4; KMR-*Bosch* § 81 e Rn. 7; *Eisenberg*, Beweisrecht, Rn. 1687 a. Der Alternativentwurf der SPD-Fraktion (BT-Dr. 13/3116) sah sogar eine ausdrückliche Klarstellung der Anwendbarkeit des § 81 c Abs. 3 StPO innerhalb des Gesetzestextes des § 81 e StPO vor, auf welche dann aber verzichtet wurde.

erlangt wurde. So wäre die Gewährung eines Untersuchungsverweigerungsrechtes möglicherweise dann denkbar, wenn die angeordnete molekulargenetische Untersuchung zur Feststellung der Tatsache dienen soll, ob am Körper des Beschuldigten aufgefundenes Spurenmaterial von dem Verletzten stammt. Der Verletzte i.S. des § 81 e Abs. 1 S. 1 StPO wird dabei in einer Vielzahl von Fällen zugleich auch Zeuge in einem Strafverfahren sein, so dass auf ihn dann § 81 c StPO Anwendung findet.

Beispiel: Die Ehefrau des Beschuldigten, der einer an ihr begangenen Vergewaltigung (§ 177 Abs. 1, 2 Nr. 1 StGB) verdächtig ist, verweigert nach anfänglicher Aussagebereitschaft gegenüber der zu Hilfe gerufenen Polizei nunmehr sowohl die Aussage bezüglich des Verhaltens ihres Mannes als auch die Untersuchung ihres Körpers auf Spuren oder Folgen der möglichen Vergewaltigung. Daraufhin wird die körperliche Untersuchung des Beschuldigten angeordnet, um an seinen Geschlechtsteilen möglicherweise befindliches Scheidensekret aufzufinden und dann mittels einer molekulargenetischen Untersuchung festzustellen, ob dieses von seiner Ehefrau stammt.[9]

Für die Erstreckung des Untersuchungsverweigerungsrechtes auf molekulargenetische Untersuchungen, mit welchen festgestellt werden soll, ob am Beschuldigten aufgefundenes Material vom zeugnisverweigerungsberechtigten Verletzten stammt, spräche auch hier wieder das Argument einer möglichen Umgehung des Untersuchungsverweigerungsrechtes bei Fortbestehen der Untersuchungsduldungspflicht aus § 81 c Abs. 1, 2 StPO. Das ausgeübte Untersuchungsverweigerungsrecht könnte in einigen Fällen dadurch umgangen werden, dass nunmehr die nicht mittels der Untersuchung des Zeugen zu erlangende Information durch eine DNA-Analyse beschafft wird, die an Material seines Körpers durchgeführt wird, welches nunmehr dem Körper

---

[9] Das für die Erstellung des Gutachtens erforderliche Vergleichsmaterial könnte beispielsweise aus einer der Ehefrau in einem anderen ebenfalls anhängigen Strafverfahren entnommenen Blutprobe herrühren. Die Heranziehung dieser Blutprobe als Vergleichsmaterial ist gemäß § 81 c Abs. 5 S. 2 StPO i.V.m. § 81 a Abs. 3 StPO zulässig, da dem Zeugen bzw. Beschuldigten entnommene Blutproben oder Körperzellen nicht nur in dem der Entnahme zugrundeliegenden, sondern auch in anderen anhängigen Strafverfahren verwendet werden dürfen. Die Verwendung des ohne Belehrung über das Untersuchungsverweigerungsrecht gemäß § 81 c Abs. 3 S. 2 2. Hs. StPO erlangten Körpermaterials ist jedenfalls dann möglich, wenn man mit einer verbreiteten Auffassung in der Literatur von der Unanwendbarkeit des § 252 StPO auf die Fälle des § 81 c Abs. 3 StPO ausgeht; so LR[24]-*Dahs* § 81 c Rn. 36; *Kleinknecht/Meyer-Goßner* § 252 Rn. 6; SK-*Schlüchter* § 252 Rn. 20; KMR-*Bosch* § 81 c Rn. 27 (vgl. aber auch KMR-*Paulus* § 252 Rn. 27-30); *Alsberg/Nüse/Meyer*, Beweisantrag, S. 467; a.A. *Eb. Schmidt*, Lehrkomm., Nachtrag I, § 81 c Rn. 17; *Geppert*, Jura 1988, 363 (365); *Rengier*, Jura 1981, 299 (304).

des Beschuldigten anhaftet und dort aufgefunden wurde.
Der Gewährung eines Untersuchungsverweigerungsrechtes bei molekulargenetischen Untersuchungen nach § 81 e Abs. 1 S. 1 StPO, die dem eben dargestellten Zweck dienen, steht jedoch bereits der Wortlaut des § 81 e Abs. 1 S. 2 StPO und die mit der Schaffung dieser Vorschrift verfolgte Intention des Gesetzgebers entgegen. Danach soll § 81 c Abs. 3 StPO zwar bei DNA-Analysen an gemäß § 81 c StPO zu erlangendem Material Beachtung finden. Weder der Wortlaut des § 81 e Abs. 1 StPO noch die amtliche Begründung dieser Vorschrift sprechen jedoch von der Erforderlichkeit der Beachtung dieser Zeugenschutzvorschrift, wenn am Körper des Beschuldigten aufgefundenes Körpermaterial des Zeugen molekulargenetisch überprüft werden soll.
Auch Sinn und Zweck des Untersuchungsverweigerungsrechtes erzwingen keine Ausdehnung des § 81 c Abs. 3 StPO auf derartige Konstellationen. Zwar kann für den zeugnisverweigerungsberechtigten Zeugen eine Konfliktslage auch entstehen, wenn eine Belastung des Beschuldigten durch eine DNA-Analyse von Körpermaterial des Zeugen, welches bei einer Untersuchung nach § 81 a StPO am Körper des Beschuldigten entdeckt wurde, droht. Jedoch entspricht es nicht mehr dem Regelungsgehalt des § 81 c Abs. 3 StPO, den Zeugen vor in solcher Weise entstandenen inneren Konflikten zu schützen. Durch das Untersuchungsverweigerungsrecht soll der zur Verweigerung des Zeugnisses berechtigte Zeuge lediglich davor bewahrt werden, mit dem Körper zu bekunden, was er mit dem Mund nicht auszusagen braucht. Ihm soll es also erspart werden, Angehörige durch Darbietung des eigenen Körpers zu belasten bzw. auf diesem Wege anvertraute oder der Amtsverschwiegenheit unterliegende Geheimnisse preiszugeben. Dies ist jedoch bei den vorliegend untersuchten Konstellationen gerade nicht der Fall. Vielmehr belastet sich hierbei der Beschuldigte durch die ihm gemäß § 81 a StPO auferlegte Pflicht zur Duldung der Untersuchung seines Körpers im gewissen Maße selbst. Nicht der zeugnisverweigerungsberechtigte Zeuge, sondern der Beschuldigte selbst muss seinen Körper zur Auffindung ihn belastenden Materials darbieten. Die möglicherweise dabei für den Zeugen entstehende Konfliktslage muss dieser zwangsläufig hinnehmen. Denn das Untersuchungsverweigerungsrecht will ihn keinesfalls vor sämtlichen Situationen innerhalb eines Strafverfahrens schützen, in denen durch seinen Körper verursachte bzw. von diesem herrührende Spuren oder Indizien die Überführung des Beschuldigten zur Folge haben können, hinsichtlich dessen ein Zeugnisverweigerungsrecht besteht. So stünde ihm unzweifelhaft auch kein Untersuchungsverweigerungsrecht zu, wenn die molekulargenetische Untersuchung möglicherweise von ihm stammender Blutspuren angeordnet würde, die anlässlich einer gemäß § 102 StPO durch-

geführten Durchsuchung des Beschuldigten entdeckt wurden. Die in derartigen Fällen unter Umständen für den Zeugen entstehenden Konflikte entsprechen nicht mehr denjenigen, vor denen § 81 c Abs. 3 StPO ihn zu schützen sucht. Das Strafverfahrensrecht will zwar die einem Beschuldigten auf bestimmte Art besonders verpflichteten Zeugen vor inneren Zwangslagen bewahren, die durch einen Zwang zu seiner Belastung innerhalb des Strafverfahrens entstehen können. Der Gesetzgeber beabsichtigte mit der Schaffung des Untersuchungsverweigerungsrechtes hingegen keineswegs, dem Zeugen ein Mittel an die Hand zu geben, welches es ihm ermöglicht, die Verwendung jedwedes von ihm selbst möglicherweise schon bei der Tat verursachten belastenden Beweismaterials gegen den Beschuldigten zu verhindern.
Aus den eben genannten Gründen ist der zur Zeugnisverweigerung berechtigte Zeuge - von wenigen Ausnahmen abgesehen - auch nicht befugt, die molekulargenetische Untersuchung gemäß § 81 e Abs. 2 StPO von ihm stammendem Spurenmaterials zu verhindern, das aufgefunden, sichergestellt oder beschlagnahmt wurde. Die Zulässigkeit der strafprozessualen Zwangsmaßnahme einer Sicherstellung oder Beschlagnahme richtet sich allein nach den §§ 94 ff. StPO. Demgemäß kann sich für den Nichtbeschuldigten ein Recht, die Durchführung einer molekulargenetischen Untersuchung an im Wege einer Sicherstellung oder Beschlagnahme erlangtem Material zu verweigern, allein aus § 97 StPO oder gegebenenfalls aus § 96 StPO ergeben. Die bloße Tatsache, dass es sich bei dem sichergestellten oder beschlagnahmten Untersuchungsmaterial um ehemalige Körperbestandteile des untersuchungsverweigerungsberechtigten Zeugen handelt, führt nicht zur Erstreckung des § 81 c Abs. 3 S. 1 StPO auf derartige Konstellationen. Die bei der Sicherstellung oder Beschlagnahme für den Zeugen möglicherweise entstehenden inneren Konflikte sind vom Schutzbereich des Untersuchungsverweigerungsrechtes ebenfalls nicht mehr erfasst, da der Zeuge hierbei - im Gegensatz zu einer körperlichen Untersuchung - nicht gezwungen ist, seinen Körper für die Gewinnung von Untersuchungsmaterials zur Verfügung zu stellen, das den Beschuldigten eventuell belastet.

Eine andere rechtliche Beurteilung ist in diesem Zusammenhang jedoch bisweilen dann erforderlich, wenn *aufgefundenes*[10], vom Körper des Zeugen stammendes Material gemäß § 81 e Abs. 2 StPO molekulargenetisch untersucht werden soll. So müssen DNA-Analysen an aufgefundenem Material

---

[10] Nach SK-*Rogall* § 81 e Rn. 13 hat der Begriff des aufgefundenen Materials keine eigenständige Bedeutung, da die Beschaffung des Spurenmaterials auch im Falle des Auffindens stets eine Sicherstellung voraussetzt.

unzulässig sein, die vor der Belehrung des Zeugen über sein Untersuchungsverweigerungsrecht bzw. nach der Ausübung des Weigerungsrechtes aus § 81 e Abs. 1 S. 2 StPO i.V.m. § 81 c Abs. 3 StPO durch den Berechtigten allein zu Zweck angeordnet werden, dieses Zeugenschutzrecht zu umgehen. Dies gilt aber freilich nur, wenn die Ermittlungsbehörde die „Auffindung" des Untersuchungsmaterials vor der Belehrung oder nach der Ausübung des Weigerungsrechtes durch Zeugen *absichtlich* herbeigeführt hat. Eine absichtliche Herbeiführung einer Situation, die dem Auffinden von Körpermaterial des Zeugen zum Zweck der Durchführung einer molekulargenetischen Untersuchung dient, läge beispielsweise dann vor, wenn der Zeuge, der sein Untersuchungsverweigerungsrecht bereits ausgeübt hat, von der Ermittlungsbehörde noch einmal zu einer an sich nicht mehr erforderlichen Vernehmung einbestellt wird, wobei diese lediglich als Vorwand dient, um Material vom Körper des Zeugen „aufzufinden".

> *Beispiel*: Die Ehefrau eines der Vergewaltigung in der Ehe verdächtigen Beschuldigten[11] wird nachdem sie bereits die körperliche Untersuchung und Blutprobenentnahme gemäß § 81 e Abs. 1 S. 2 StPO i.V.m. § 81 c Abs. 3 StPO verweigert hat, noch einmal zu einer Vernehmung geladen. Dies geschieht allein mit dem Ziel, durch von ihr gerauchte Zigarettenkippen, verlorene Haare oder auch nur einen kräftigen Händedruck[12] Substanzen ihres Körpers zu erhalten, die mit ihrer DNA versehen sind.[13]

Eine molekulargenetische Untersuchung von auf diese Weise „aufgefundenen" Materials würde die Aushebelung des § 81 c Abs. 3 S. 1 StPO zur Folge haben und eine zielgerichtete Umgehung des mit dem Untersuchungsverweigerungsrecht verfolgten Schutzzwecks bedeuten. Aus diesem Grund muss sich das Untersuchungsverweigerungsrecht aus § 81 e Abs. 1 S. 2 StPO i.V.m. § 81 c Abs. 3 StPO auch auf molekulargenetische Untersuchungen an Körpermaterial des weigerungsberechtigten Zeugen erstrecken,

---

[11] Siehe dazu obiges Bsp. im selben Abschnitt.

[12] Die DNA eines Menschen ist mittlerweise bereits in geringsten Körperspuren oder -ausscheidungen feststellbar und für Untersuchungen verwertbar; vgl. dazu *Rath/Brinkmann*, NJW 1999, 1697 (1699).

[13] Nach der Auffassung einiger Vertreter des Schrifttums soll jedoch die Untersuchung und Verwertung von Spurenmaterial bereits ohne weiteres unzulässig sein, das vom Zeugen oder Beschuldigten in bewusster Umgehung der in den §§ 81 a, 81 c StPO aufgestellten Untersuchungsvoraussetzungen und Weigerungsrechte, z.B. im Wege des absichtlich herbeigeführten „Auffindens", gewonnen wurde; vgl. dazu ausführlich *Eisenberg*, Beweisrecht, Rn. 1687 f.; ebenso *Kleinknecht/Meyer-Goßner* § 81 f Rn. 9; SK-*Rogall* § 81 e Rn. 17; a.A. jedoch KK-*Senge* § 81 e Rn. 7.

dessen Auffindung allein mit dem Ziel arrangiert wurde, die vorherige Verweigerung der körperlichen Untersuchung bzw. Blutprobenentnahme durch den Zeugen zu umgehen. Vor der Durchführung der DNA-Analyse an dem so gewonnenen Spurenmaterial wäre der Betroffene daher zu hören und entsprechend zu belehren.

Selbstverständlich unanwendbar bleibt das Untersuchungsverweigerungsrecht - aus den zum sichergestellten bzw. beschlagnahmten Material genannten Gründen - auf zufällig aufgefundenes Material, das vom Körper des Zeugen herrührt. Dies gilt ebenfalls für Spurenmaterial, welches vor der Belehrung bzw. nach der Untersuchungsverweigerung des Zeugen aufgefunden, von diesem jedoch bereits zu einem früheren Zeitpunkt abgegeben bzw. ausgeschieden wurde, ohne dass die Gewinnung des Materials von den Ermittlungspersonen im Wege absichtlichen manipulativen Vorgehens zum Zwecke der Umgehung des Weigerungsrechtes initiiert wurde.

II. Fazit

Das Untersuchungsverweigerungsrecht findet grundsätzlich auch auf die molekulargenetische Untersuchung an Körpermaterial des zeugnisverweigerungsberechtigten Zeugen nach § 81 e StPO Anwendung. Dies gilt jedoch grundsätzlich dann nicht, wenn die DNA-Analyse an Körperbestandteilen des Zeugen, die anlässlich einer körperlichen Untersuchung des Beschuldigten bei diesem aufgefunden wurden, oder an sonst aufgefundenem, sichergestelltem oder beschlagnahmten Körpermaterial des Zeugen durchgeführt werden soll. Eine Ausnahme bildet insoweit lediglich der Fall, dass die Situation der Auffindung von Körpermaterial des Zeugen durch die zuständige Ermittlungsperson absichtlich zum Zwecke der Umgehung des Untersuchungsverweigerungsrechtes herbeigeführt wurde.

D. Untersuchungen auf Spuren oder Folgen einer Straftat gemäß § 81 c Abs. 1 StPO, Augenscheinseinnahmen gemäß § 86 StPO und Durchsuchungen gemäß § 103 StPO

I. Problemdarstellung

Gemäß § 81 c Abs. 3 S. 1 StPO ist der zeugnisverweigerungsberechtigte Zeuge befugt, neben der Entnahme von Blutproben auch *Untersuchungen* zu verweigern. Neben der Abstammungsuntersuchung[1] umfasst der in § 81 c Abs. 3 S. 1 StPO verwendete Begriff der Untersuchung vor allem Untersuchungen am Körper des Zeugen, die der Auffindung von Spuren oder Folgen einer Straftat dienen (§ 81 c Abs. 1 StPO). Unstreitig ist insoweit, dass hiervon körperliche Untersuchungen erfasst werden, die auf der Grundlage des § 81 c Abs. 1 StPO ausdrücklich angeordnet wurden.

In Rechtsprechung und Literatur herrscht jedoch Uneinigkeit darüber, ob der untersuchungsverweigerungsberechtigte Zeuge auch befugt ist, die richterliche[2] Augenscheinseinnahme i.S. des § 86 StPO an seinem Körper zu verweigern. Von der überwiegenden Ansicht wird die Anwendbarkeit des § 81 c Abs. 3 S. 1 StPO auf am Körper des Zeugen nach § 86 StPO durchgeführte

---

[1] Dazu oben 2. Teil B II.

[2] Die Vorschrift des § 86 StPO regelt allein die richterliche Augenscheinseinnahme im Strafverfahren. Das Gericht kann dabei die Augenscheinseinnahme auch auf Augenscheinsgehilfen übertragen, die dann für das Gericht die Augenscheinseinahme durchführen. Sofern jedoch nichtrichterliche Personen, wie der Staatsanwalt oder ein Polizeibeamter, eine Besichtigung durchführen, ohne Augenscheinsgehilfen zu sein, stellt dies keine Augenscheinseinahme i.S. des § 86 StPO dar, so dass diese Personen über ihre Beobachtungen als Zeugen zu vernehmen sind (vgl. *Kleinknecht/Meyer-Goßner* § 86 Rn. 18; *Dähn*, JZ 1978, 640). Sofern also der Polizeibeamte oder der Staatsanwalt bei der Vernehmung die Narbe auf der Stirn des Zeugen betrachtet, stellt dies demnach zwar keine Augenscheinseinnahme i.S. des § 86 StPO dar. Allerdings wird man derartige Besichtigungen im hier interessierenden Zusammenhang ebenfalls wie Augenscheinseinnahmen behandeln müssen, da anderenfalls eine Umgehung des auch auf Augenscheinseinnahmen anwendbaren Untersuchungsverweigerungsrechtes (siehe dazu unten 2. Teil D II 1 b) durch die Besichtigung seitens eines Staatsanwaltes oder Polizeibeamten droht, zumal diese ihr weiteres Vorgehen - etwa die Bejahung hinreichenden Tatverdachtes gemäß § 170 Abs. 1 StPO durch die Staatsanwaltschaft - vielfach gerade auch von der Inaugenscheinnahme des Zeugen und der nachfolgenden Anfertigung entsprechender Vermerke abhängig machen werden.

Augenscheinseinnahmen abgelehnt.[3] Nur wenige Literaturvertreter[4] wollen hingegen das Untersuchungsverweigerungsrecht auch auf die Fälle einer Augenscheinseinnahme am Zeugen erstreckt sehen. Für ihre ablehnende Haltung bleiben die Vertreter des Schrifttums jedoch sämtlichst eine eigene Begründung schuldig[5]. Verwiesen[6] wird diesbezüglich stets ausschließlich auf den Beschluss des OLG Hamm vom 25.07.1974[7], in welchem es zur Nichtanwendbarkeit des § 81 c Abs. 3 StPO auf die Fälle richterlicher Augenscheinseinnahme in der Hauptverhandlung heißt: „Die in § 81 c StPO normierten Einschränkungen dienen dem Schutze der persönlichen Freiheitsrechte des einzelnen, insbesondere dem Recht auf körperliche Unversehrtheit. Solche Rechte werden durch die Einnahme richterlichen Augenscheins, die sich darauf beschränkt, ohne jede nähere Untersuchung die äußere Gestalt eines Menschen wahrzunehmen, nicht beeinträchtigt."[8]

Neben einer denkbaren, von der herrschenden Ansicht allerdings verworfenen Erstreckung des Untersuchungsverweigerungsrechtes auf die Fälle der Augenscheinseinahme nach § 86 StPO könnte ebenfalls die Gewährung eines Untersuchungsverweigerungsrechtes für am Körper des Zeugen stattfindende Durchsuchungen nach § 103 StPO in Betracht kommen.[9] Dies

---

[3] So ausdrücklich OLG Hamm MDR 1974, 1036; LR[24]-*Dahs* § 81 c Rn. 30; *Kleinknecht/Meyer-Goßner* § 81 c Rn. 23; KK-*Senge* § 81 c Rn. 10; AK-*Wassermann* § 81 c Rn. 15; KMR-*Bosch* § 81 c Rn. 21; *Pfeiffer* § 81 c Rn. 3; *Eisenberg*, Beweisrecht, Rn. 1670 a; *Kohlhaas*, Körperliche Untersuchung, S. 46; *Schäfer*, Praxis des Strafverfahrens, Rn. 394.

[4] *Rogall*, MDR 1975, 813 ff.; *ders.*, in: SK § 81 c Rn. 48; *Eb. Schmidt*, Lehrkomm., § 86 c Rn. 13.

[5] Vgl. LR[24]-*Dahs* § 81 c Rn. 30; *Kleinknecht/Meyer-Goßner* § 81 c Rn. 23; KK-*Senge* § 81 c Rn. 10; AK-*Wassermann* § 81 c Rn. 15; *Eisenberg*, Beweisrecht, Rn. 1670 a; ähnlich KMR-*Bosch* § 81 c Rn. 21, der die Anwendbarkeit des § 81 c StPO mit dem Hinweis ablehnt, der Augenschein nach § 86 StPO sei keine körperliche Untersuchung.

[6] So LR[24]-*Dahs* § 81 c Rn. 30; *Kleinknecht/Meyer-Goßner* § 81 c Rn. 23; KK-*Senge* § 81 c Rn. 10; AK-*Wassermann* § 81 c Rn. 15; *Eisenberg*, Beweisrecht, Rn. 1670 a; ebenso *Kohlhaas*, Körperliche Untersuchung, S. 46, der sich auf die wörtliche Wiedergabe der vom OLG Hamm MDR 1974, 1036, diesbezüglich angeführten Begründung beschränkt.

[7] In: MDR 1974, 1036.

[8] Zur Kritik an dieser Begründung siehe unten (2. Teil D II 1 b) und *Rogall*, MDR 1975, 813 ff.

[9] Nach allgemeiner Auffassung sind körperliche Durchsuchungen Unverdächtiger nach § 103 StPO zulässig: RGSt 42, 440; LR[24]-*Schäfer* § 103 Rn. 13; *Kleinknecht/Meyer-Goßner* § 103 Rn. 3; KK-*Nack* § 103 Rn. 3; SK-*Rudolphi* § 103 Rn. 5; KMR-*Müller* § 103 Rn. 7; HK-*Lemke* § 103 Rn. 4. Dies wird z.T. mit dem Argument begründet, dass § 81 c StPO

jedenfalls dann, wenn die Durchsuchung am unbekleideten Körper[10] des Zeugen stattfinden soll. Soweit ersichtlich, hat diese Problematik bisher weder in der Rechtsprechung noch in der Literatur Beachtung gefunden, obwohl ihr nicht geringe Bedeutung in der Praxis zukommen dürfte, da § 103 StPO sowohl die Durchsuchung des Körpers zur Verfolgung von Spuren einer Straftat als auch zur Beschlagnahme bestimmter Gegenstände zulässt. Einige Literaturvertreter prüfen zwar, welche Bedeutung Zeugnisverweigerungsrechte innerhalb des § 103 StPO haben. Nach ihrer einhelligen Auffassung sollen aber Durchsuchungen grundsätzlich auch bei zeugnisverweigerungsberechtigten Personen zulässig sein,[11] soweit diese nicht zu dem Zweck vorgenommen werden, schriftliche Mitteilungen, Aufzeichnungen oder andere Gegenstände aufzuspüren, welche nach § 97 StPO von der Beschlagnahme ausgenommen sind.[12]

II. Eigener Lösungsansatz

Der Wortlaut des § 81 c Abs. 3 StPO spricht lediglich vom Recht des Zeugnisverweigerungsberechtigten, Untersuchungen und Blutprobenentnahmen

---

sogar die einschneidendere körperliche Untersuchung zulasse; vgl. LR^{24}-*Schäfer* § 103 Rn. 13; *Kleinknecht/Meyer-Goßner* § 103 Rn. 3; SK-*Rudolphi* § 103 Rn. 5; kritisch dazu AK-*Amelung* § 103 Rn. 7; *Geerds*, FS-Dünnebier, S. 171 (175, Fn. 23). Andere hingegen verweisen darauf, dass § 103 StPO inhaltlich an § 102 StPO anknüpfe, wie auch die Formulierung „andere Personen" zeige, und damit vom gleichen Begriff der Durchsuchung ausgehe wie § 102 StPO; so SK-*Rudolphi* § 103 Rn. 5; KMR-*Müller* § 103 Rn. 7; HK-*Lemke* § 103 Rn. 4; *Geerds*, FS-Dünnebier, S. 171 (193); *Hellmann*, Strafprozeßrecht, II § 4 Rn. 97.

[10] Zur Frage, ob die Suche am unbekleideten Körper der Durchsuchung oder Untersuchung zuzuordnen ist, näher unten 2. Teil D II 2.

[11] LR^{24}-*Schäfer* § 103 Rn. 10; *Kleinknecht/Meyer-Goßner* § 103 Rn. 7; KMR-*Müller* § 103 Rn. 3; KK-*Nack* § 103 Rn. 7; HK-*Lemke* § 103 Rn. 6; *Creifelds*, GA 1960, 65 (70); *Haffke*, NJW 1974, 1983 (1984).

[12] So die ganz h.M., vgl. nur BGH NJW 1973, 2035 ff.; KG NJW 1984, 1133; LG Köln NJW 1981, 1746 f.; LR^{24}-*Schäfer* § 103 Rn. 11; *Kleinknecht/Meyer-Goßner* § 103 Rn. 7; SK-*Rudolphi* § 103, Rn. 8; KK-*Nack* § 103 Rn. 7; HK-*Lemke* § 103 Rn. 6; AK-*Amelung* § 103 Rn. 10; KMR-*Müller* § 103 Rn. 3; *Eb. Schmidt*, Lehrkomm., § 103 Rn. 11; *Groß*, StV 1996, 559 (563); *Jarass*, NJW 1981, 193 (197); *Haffke*, NJW 1974, 1983 (1984).

zu verweigern. Nicht erwähnt ist eine Berechtigung dieser Zeugen zur Verweigerung einer Augenscheinseinnahme i.S. § 86 StPO an ihrem Körper bzw. der Durchsuchung ihres unbekleideten Körpers nach § 103 StPO. Daher soll zunächst versucht werden, jeweils den Begriffsumfang der körperlichen Untersuchung, des Augenscheins sowie der Durchsuchung zu bestimmen, ihre Unterschiede herauszuarbeiten und diese strafprozessualen Zwangmittel - soweit möglich - voneinander abzugrenzen. Erst wenn die Bedeutung der Termini des Augenscheins und der Durchsuchung bestimmt ist, kann überprüft werden, inwieweit sich diese strafprozessualen Zwangsmaßnahmen voneinander abgrenzen lassen bzw. ob die Augenscheinseinnahme und die körperliche Durchsuchung dem in § 81 c Abs. 1 StPO verwendeten Untersuchungsbegriff unterfallen.

1. Anwendbarkeit des Untersuchungsverweigerungsrechtes bei der Augenscheinseinnahme am Körper des Zeugen nach § 86 StPO

a) Abgrenzung zwischen Augenscheinseinnahme und körperlicher Untersuchung

Der Begriff des Augenscheins wird überwiegend als jede sinnliche Wahrnehmung im Wege des Sehens, Hörens, Riechens, Schmeckens oder Fühlens definiert.[13] Zumeist erfolgt jedoch eine Einschränkung dergestalt, dass vom Augenscheinsbeweis i.S. § 86 StPO nur Beweisaufnahmen erfasst werden sollen, die nicht als Zeugen-, Sachverständigen- oder Urkundenbeweis gesetzlich besonders geregelt sind.[14] Als Augenscheinsobjekt kommt dabei

---

[13] LR[24]-*Dahs* § 86 Rn. 1; *Kleinknecht/Meyer-Goßner* § 86 Rn. 1; KK-*Senge* § 86 Rn. 1; HK-*Lemke* § 86 Rn. 1; KMR-*Paulus* vor § 72 Rn. 49; Eb. *Schmidt*, Lehrkomm., § 86 Rn. 6; *Geppert*, Jura 1996, 307 (306); BGHSt 18, 51 (53); ebenso bereits *Voß*, GS Bd. 79 (1912); 432 ff., *Roß*, Augenschein im Strafprozeß, S. 9; anders *Wenskat*, Augenschein, S. 15 f.; *Robert*, Augenschein, S. 27.

[14] LR[24]-*Dahs* § 86 Rn. 1; *Kleinknecht/Meyer-Goßner* § 86 Rn. 1; KK-*Senge* § 86 Rn. 1; KMR- *Paulus* vor § 72 Rn. 49; HK-*Lemke* § 86 Rn. 1; *Dähn*, JZ 1978, 640 (641). *Geppert*, Jura 1996, 307 (306), differenziert dabei zwischen selbständigem und unselbständigem Augenschein: nur ersterer sei von § 86 StPO erfasst und kennzeichne sich dadurch, dass der Augenschein erstrebter Hauptzweck der Beweisaufnahme sei, wohingegen in allen anderen Fällen die Augenscheinseinnahme nur als Hilfsmittel eines anderen Beweismittels eingesetzt werde und demzufolge nicht Gegenstand des Augenscheinsbeweises sei, sondern den Regeln des entsprechenden Hauptbeweismittels folge.

alles sinnlich Wahrnehmbare in Betracht, was der Richter zur Überzeugungsbildung für geeignet hält.[15] Hierzu zählen neben Sachen jeder Art, Gebäuden, Örtlichkeiten und Vorgängen unter anderem auch Personen.[16]
In der Rechtsprechung und der Literatur wird jedoch bei der Beantwortung der Frage, ob der äußere Anblick von Personen, die in der Hauptverhandlung vernommen werden, dem Augenscheinsbeweis unterfällt, differenziert. So sollen während Hauptverhandlung hinsichtlich des Angeklagten oder Zeugen vom Tatrichter aufgenommene Eindrücke, die zu den *nicht aufgesuchten Wahrnehmungen* des Richters gehören, nicht unter der Begriff der Augenscheinseinnahme i.S. des § 86 StPO fallen. Zu den nicht aufgesuchten Wahrnehmungen seien dabei anlässlich der Vernehmung des Angeklagten oder Zeugen beim Richter entstandene Sinneseindrücke zu zählen, die das Mienenspiel, den Gesichtsausdruck bzw. Erröten oder Erbleichen der Person betreffen;[17] mithin beim Zeugen oder Angeklagten wahrnehmbare Umstände, die von seiner Aussage abhängig sind und damit geeignet sein können, einen Hinweis auf die Wahrheit oder Unwahrheit der von ihm gemachten Aussage zu geben.[18]
Diese von der h.M. vorgenommene Trennung überzeugt. Denn bloße unwillkürliche körperliche Reaktionen des Vernommenen auf die ihm durch den Richter gestellten Fragen stehen im unmittelbaren Zusammenhang mit der Aussage. Sie werden von der Vernehmungsperson lediglich angelegentlich des Verhörs, gewissermaßen als dessen Begleiterscheinung wahrgenommen. Daher ist es legitim, bezüglich dieser visuellen Feststellungen des Richters, die es ihm gegebenenfalls ermöglichen, Rückschlüsse auf die Glaubwürdigkeit der Aussageperson zu ziehen, von *nicht aufgesuchten* Wahrnehmungen zu sprechen. Allein diese enge Verknüpfung dieser Wahrnehmungen mit der

---

[15] RGSt 47, 235 (237); BGH NJW 1960; 2156; *Kleinknecht/Meyer-Goßner* § 86 Rn. 7; LR[24]-*Dahs* § 86 Rn. 7; KMR- *Paulus* vor § 72 Rn. 50.

[16] OLG Bremen MDR 1970, 165; OLG Hamm MDR 1974, 1036; OLG Zweibrücken MDR 1992, 1173; LR[24]-*Dahs* § 86 Rn. 7; *Kleinknecht/Meyer-Goßner* § 86 Rn. 7; KMR-*Paulus* vor § 72 Rn. 50; AK-*Kirchner* § 86 Rn. 2; HK-*Lemke* § 86 Rn. 6; *Eb. Schmidt*, Lehrkomm., § 86 Rn. 5; *Geppert*, Jura 1996, 307 (308); *Rogall*, MDR 1975, 813; *Voß*, GS Bd. 79 (1912), 432 (433); *Kohler* GA 1912, 212 (213); *Schilling*, Schutz des Augenscheinsbeweises, S. 32; *Roß*, Augenschein im Strafprozeß, S. 9; *Meinl*, Augenscheinseinnahme, S. 17.

[17] BGHSt 5, 355 (356); RGSt 39, 303 (304); OLG Zweibrücken MDR 1992, 1173; LR[24]-*Dahs* § 86 Rn. 21; *Kleinknecht/Meyer-Goßner* § 86 Rn. 14; KMR-*Paulus* vor § 72 Rn. 58; HK-*Lemke* § 86 Rn. 12; *Geppert*, Jura 1996, 307 (308); *Hanack*, JR 1989, 255 (256); *Wenskat*, Augenschein, S. 23; a.A. *Rogall*, Der Beschuldigte als Beweismittel, S. 33.

[18] BGHSt 5, 355 (356); KMR-*Paulus* vor § 72 Rn. 58.

Aussage hat ihre Untrennbarkeit und damit die Zuordnung der nicht aufgesuchten Wahrnehmungen zur Vernehmung zur Folge.[19] Entgegen einer verbreiteten Auffassung in der Rechtsprechung[20] und Literatur[21] sind demgemäß andere als unmittelbar mit der Vernehmung verbundene bzw. auf ihr beruhende körperliche Merkmale der Aussageperson *aufgesuchte Wahrnehmungen* des Richters, welche dem in § 86 StPO verwendeten Augenscheinsbegriff unterfallen.[22] So besteht insbesondere zwischen der Aussage des Vernommenen und seiner Größe, seiner Haarfarbe, der Ähnlichkeit mit einer anderen Person oder seiner sonstigen körperlichen Beschaffenheit keine untrennbare Verbindung. Diese individuellen Körpermerkmale sind vielmehr unabhängig von der Aussage des Betroffenen vorhanden. Demgemäß kann auch die Betrachtung einer sichtbaren Narbe am Körper der Aussageperson durch den Richter nicht mehr vom Vernehmungsbegriff umfasst sein.[23] Der bloße Umstand, dass die Narbe von der Vernehmungsperson bei der Vernehmung wahrgenommen wird, hat nicht zur Folge, dass ihre Wahrnehmung mit der Aussage in einem notwendigen Zusammenhang steht. Die Betrachtung der Narbe kann im Gegenteil vollkommen losgelöst von einer Aussage des Beschuldigten oder Zeugen erfolgen. Gerade die Einordnung der Wahrnehmung so besonderer Körpermerkmale wie einer Narbe in die Vernehmung der Beweisperson zeigt, dass eine derartig weite Auslegung des Vernehmungsbegriffes zu willkürlichen Ergebnissen führt. Denn oftmals ist es von Zufällen abhängig, ob ein bestimmtes körperliches Merkmal einer Person durch den Richter ohne weiteres bei ihrer Vernehmung wahrgenommen werden kann oder es beispielsweise durch die Bekleidung des Vernommenen verdeckt wird.[24] Die während der Vernehmung durch den Richter vorgenommene Betrachtung und Wahrnehmung äußerer Erscheinungs-

---

[19] Ähnlich *Geppert*, Jura 1996, 307 (308), der von nicht aufgesuchten Wahrnehmungen und damit einem „unselbständigen" Augenschein nur sprechen will, wenn der Augenschein lediglich als Hilfsmittel eines anderen Beweismittels eingesetzt wird.

[20] BGH bei Dallinger MDR 1974, 367 (368); OLG Zweibrücken MDR 1992, 1173; RGSt 39, 303 (304).

[21] LR[24]-*Dahs* § 86 Rn. 21; KK-*Senge* § 86 Rn. 1; *Alsberg/Nüse/Meyer*, Beweisantrag, S. 236; *Wenskat,* Augenschein, S. 23.

[22] Ebenso KMR-*Paulus* vor § 72 Rn. 58; *Geppert*, Jura 1996, 307 (308).

[23] So aber unzutreffend der BGH bei Dallinger MDR 1974, 367 f., welcher die Betrachtung der von einer Schnittverletzung herrührenden Narbe an der Hand des Beschuldigten den nicht aufgesuchten Wahrnehmungen zurechnet.

[24] Ähnlich *Hanack*, JR 1989, 255 (256), nach dessen Auffassung zur Vernehmung nur gehören kann, was für den Betrachter auch ohne jede Mitwirkung des Betroffenen stets evident ist.

merkmale des Zeugen, die nicht auf seiner Vernehmung beruhen, unterfallen damit dem Augenscheinsbegriff des § 86 StPO.
Auch die Untersuchung des Körpers eines Beschuldigten oder Zeugen ist, sofern sie sich auf die Körperoberfläche und natürliche Körperöffnungen beschränkt und keine Eingriffe vorgenommen werden, eine Betrachtung und Wahrnehmung äußerer Erscheinungsmerkmale des Zeugen. In jeder Untersuchung am Körper des Beschuldigten oder Zeugen ist mithin immer auch die Einnahme eines Augenscheines enthalten.[25] Demgemäß stellt sich die Frage, ob und mithilfe welcher Unterscheidungsmerkmale körperliche Untersuchung und Augenschein voneinander abgrenzbar sind. Diesbezüglich sind verschiedene Abgrenzungsmöglichkeiten denkbar, die im Folgenden näher beleuchtet werden sollen: Im Rahmen der körperlichen Untersuchung eines Zeugen nach § 81 c StPO böte sich als Abgrenzungskriterium zunächst der *Zweck* der Betrachtung der Körperbeschaffenheit des Betroffenen an. Sofern die Betrachtung des äußeren Zustandes des Körpers eines Zeugen durch den Richter dem Zweck der Auffindung von Spuren oder Folgen einer Straftat i.S. des § 81 c Abs. 1 StPO dient, wäre vom Vorliegen einer körperlichen Untersuchung auszugehen. Denn genau dies sind die von § 81 c StPO erfassten Fälle strafprozessualer Zwangsmaßnahmen. Eine bloße Augenscheinseinnahme nach § 86 StPO wäre somit immer dann gegeben, wenn die Besichtigung des Körpers des Zeugen durch den Richter nicht in der Absicht erfolgt, Spuren oder Folgen einer Straftat aufzufinden oder zu betrachten, sondern anderen Zielen dient. Eine derartige, am Zweck der Betrachtung des Körpers orientierte Unterscheidung zwischen körperlicher Untersuchung und bloßer Augenscheinseinnahme am Körper des Zeugen würde eine klare und eindeutige Abgrenzung dieser Zwangmittel ermöglichen. Sie versagt jedoch, sobald das Objekt der richterlichen Besichtigung nicht Zeuge, sondern Beschuldigter ist. Da die körperliche Untersuchung Beschuldigter durch § 81 a StPO nicht auf die Suche nach Spuren oder Folgen einer Straftat beschränkt ist, kann eine körperliche Untersuchung bei diesen Personen auch dann gegeben sein, wenn die Betrachtung ihres Körpers anderen als den im Spurengrundsatz des § 81 c Abs. 1 StPO festgelegten Zwecken dient. Nach allgemeiner Auffassung bestimmt sich jedoch der Begriff der körperlichen

---

[25] *Eb. Schmidt*, Lehrkomm., § 81 a Rn. 3; *ders.*, NJW 1962, 664; *Rogall*, ZStW 105 (1993), 588 (603); *ders.*, MDR 1975, 813 (814); *Geerds*, GA 1965, 321 (336); *Köhler*, Augenschein, Durchsuchung, Untersuchung, S. 33 ff., 55; *Roß*, Augenschein im Strafprozeß, S. 56; einige Vertreter der Literatur sprechen daher auch davon, dass bei der körperlichen Untersuchung der Körper des Beschuldigten bzw. des Zeugen zum Augenscheinsobjekt gemacht wird; so *Kleinknecht/Meyer-Goßner* § 81 a Rn. 1; KK-*Senge* § 81 a Rn. 1; HK-*Lemke* § 81 a Rn. 1; ähnlich AK-*Wassermann* § 81 a Rn. 1; KMR-*Paulus* § 81 a Rn. 2; LR[24]-*Dahs* § 81 a Rn. 16.

Untersuchung innerhalb der Strafprozessordnung einheitlich,[26] so dass sein Umfang unabhängig von der prozessualen Stellung des Untersuchungsobjektes bestimmbar sein muss. Der Identität des Untersuchungsbegriffes in den §§ 81 a ff. StPO widerspricht im Übrigen auch nicht der vom Gesetzgeber in den § 81 c Abs. 1 StPO aufgenommene Spurengrundsatz. Denn dieser begrenzt nicht bereits den Begriffsumfang der körperlichen Untersuchung, sondern erst deren Zulässigkeit bei Nichtbeschuldigten. Die Beschränkung der Statthaftigkeit körperlicher Untersuchungen auf solche, die der Erforschung bestimmter Spuren oder Folgen von Straftaten dienen, erfolgte dabei allein im Interesse des Schutzes des allgemeinen Persönlichkeitsrechtes des Zeugen.[27] Diese Begrenzungsfunktion des Spurengrundsatzes greift jedoch erst ein, wenn überhaupt eine körperliche Untersuchung nach § 81 c Abs. 1 StPO und nicht eine bloße Augenscheinseinnahme i.S. § 86 StPO angeordnet wurde. Dies bedeutet, dass der Spurengrundsatz des § 81 c Abs. 1 StPO nicht bereits für die Beantwortung der Frage, ob sich die vorzunehmende Besichtigung des Zeugenkörpers als körperliche Untersuchung oder Augenscheinseinnahme darstellt, herangezogen werden kann; er kommt vielmehr erst zur Anwendung, wenn sich der Richter oder die Ermittlungsbehörde für die Durchführung einer körperlichen Untersuchung nach § 81 c StPO entschieden haben. Eine Abgrenzung von körperlicher Untersuchung und Augenschein nach dem Zweck der Besichtigung der äußeren Körpermerkmale des Zeugen durch den Richter in der Hauptverhandlung ist somit nicht möglich.

Ebenso wenig hilfreich für die Unterscheidung dieser strafprozessualen Zwangsmaßnahmen ist der in der Literatur häufig zu findende Hinweis, hinsichtlich der Augenscheinseinnahme am Körper einer Person stünden die §§ 81 a ff. StPO gegenüber § 86 StPO im Verhältnis der Spezialität.[28] Der Verweis auf ein mögliches Spezialitätsverhältnis der körperlichen Untersuchung im Hinblick auf die Augenscheinseinnahme i.S. von § 86 StPO bietet

---

[26] So wird in den Kommentierungen zu § 81 c StPO hinsichtlich der Definition des Untersuchungsbegriffes zumeist auf die zu § 81 a StPO erfolgte Begriffsbestimmung Bezug genommen; vgl. ausdrücklich KK-*Senge* § 81 c Rn. 3; *Eb. Schmidt*, Lehrkomm., Nachtrag I, § 81 c Rn. 2; KMR-*Bosch* § 81c Rn. 2; SK-*Rogall* § 81 c Rn. 10; indirekt nehmen Bezug LR[24]-*Dahs* § 81 c Rn. 2; HK-*Lemke* § 81 c Rn. 1.

[27] So SK-*Rogall* § 81 c Rn. 23, und *Dzendzalowski*, Körperliche Untersuchung, S. 47 ff. *Dünnebier*, JZ 1952, 427 (428), hingegen führt den Spurengrundsatz in § 81 c Abs. 1 StPO allein auf die früher vor Einfügung des § 81 a StPO im Jahre 1933 vereinzelt vorgenommene Herleitung der Zulässigkeit körperlicher Untersuchungen an Beschuldigten und Nichtbeschuldigten aus den Durchsuchungsvorschriften der §§ 102, 103 StPO zurück.

[28] LR[24]-*Dahs* § 86 Rn. 2; HK-*Lemke* § 86 Rn. 6; *Eb. Schmidt*, Lehrkomm., § 86 Rn. 2, 5; *Kleinknecht/Meyer-Goßner* § 86 Rn. 7; ähnlich *Geppert*, Jura 1996, 307 (308).

keine Anhaltspunkte für die vorliegend zu beurteilende Frage, anhand welcher Kriterien diese Rechtsinstitute voneinander unterschieden werden können. Auch die bei einigen Literaturvertretern[29] zu findende - an sich zutreffende -[30] Feststellung, bei der körperlichen Untersuchung handele es sich um Augenschein am menschlichen Körper, ist insoweit nicht ergiebig, da mit ihr gerade nicht erklärt wird, wann vom Vorliegen des einen oder des anderen strafprozessualen Zwangsmittels auszugehen ist bzw. welche Gesichtspunkte zu ihrer Abgrenzung heranzuziehen sind.
Nach Auffassung von *Schlüchter*[31] und *Rogall*[32] setzt die körperliche Untersuchung im Gegensatz zur Augenscheinseinnahme eine *erforschende* Tätigkeit voraus. Das zu Erforschende müsse erst noch erschlossen werden. Was sich dem Richter - wie beispielsweise eine Narbe auf der Stirn - offen darbiete, seiner Wahrnehmung mithin ohne weiteres zugänglich sei, könne nicht Gegenstand einer *Untersuchung* sein. Ähnlich argumentieren diejenigen Autoren, welche körperliche Untersuchung und Augenschein danach abgrenzen wollen, ob die zu besichtigende Körperstelle - gewöhnlich - bekleidet oder unbekleidet ist.[33]
Eine Differenzierung anhand derartiger Kriterien sieht sich aber unter Um-

---

[29] AK-*Wassermann* § 81 a Rn. 1; KMR-*Paulus* § 81 a Rn. 2; HK-*Lemke* § 81 a Rn. 1. KK-*Senge* § 81 a Rn. 1 spricht davon, dass der Körper nach § 81 a StPO zum „Augenscheinsobjekt" gemacht werden kann; ebenso *Wenskat*, Augenschein, S. 22, 25; *Eser*, ZStW 86 (1974), Beiheft 6, 136 (146); a.A. KMR-*Bosch* § 81 c Rn. 21, der sich auf den bloßen Hinweis beschränkt, der Augenschein nach § 86 StPO sei keine körperliche Untersuchung, ohne dies jedoch näher zu begründen.

[30] Dazu oben in diesem Abschnitt.

[31] In: Strafverfahren, Rn. 172.

[32] In: SK, § 81 a Rn. 22; *ders.*, ZStW 105 (1993), 588 (603).

[33] *Köhler*, Augenschein, Durchsuchung, Untersuchung, S. 33, bezeichnet als wesentliches Abgrenzungsmerkmal der Untersuchung gegenüber der Augenscheinseinnahme am Körper die Ermittlung bzw. Besichtigung von „etwas am Körper Befindlichen, was gewöhnlich verborgen ist." Kennzeichnend für die Untersuchung sei im Gegensatz zur Augenscheinseinnahme zudem, dass sie für die Erlangung eines Ergebnisses zumeist einen zusammengesetzten Akt erfordere. Zunächst müsse nämlich der betreffende Körperteil entblößt werden, sodann bedürfe es des Aufsuchens der in Frage kommenden Stelle, wobei unter Umständen noch die Verwendung eines Hilfsmittels erforderlich sei. Erst danach könne die betreffende Stelle besichtigt oder Augenschein eingenommen werden. Ähnlich *Pollmann*, Besichtigung des Körpers, S. 18; anders bereits *Beling*, ZStW 15 (1895), 471 (472), der davon ausgeht, dass es für die Definition der körperlichen Untersuchung keinen Unterschied machen könne, ob diese sich auf „Körperteile erstrecke, die gewöhnlich verhüllt getragen werden und zum Zwecke der Untersuchung erst entblößt werden müssen, oder nicht".

ständen dem Vorwurf der Willkür ausgesetzt. Angesichts der in der heutigen Gesellschaft vertretenen vielfältigen Lebens- und damit auch Bekleidungsformen ist es geradezu unmöglich, festzulegen, welche Körperpartien „gewöhnlich" bedeckt oder freiliegend sind. So sind bei den in Deutschland in großer Zahl lebenden Frauen moslemischen Glaubens z.T. erhebliche Teile des Körpers, ja sogar ihres Kopfes, *gewöhnlich* verhüllt, wohingegen es für einen großen Teil der übrigen Bevölkerung mittlerweile zur Normalität geworden ist, sich, jedenfalls in den Sommermonaten, sehr leicht und wenig bekleidet in der Öffentlichkeit zu bewegen. Zudem wäre es unter Umständen von der jeweils herrschenden Jahreszeit abhängig, ob die zu besichtigende Körperstelle gerade bedeckt oder unbedeckt ist.[34]

Als ebenso arbiträr stellt sich die Abgrenzung nach dem Grad der erforderlichen Intensität der Betrachtung bzw. der Notwendigkeit des Suchens nach dem bestimmten Merkmal am jeweiligen Körperteil dar. Die Unterscheidung zwischen körperlicher Untersuchung und Augenschein am Körper einer Person kann nicht davon abhängig sein, ob das interessierende körperliche Charakteristikum groß ist und für jedermann sofort sichtbar oder klein und an eher versteckter Stelle befindlich. Wie rechtfertigt sich die Zuordnung der Betrachtung einer kleinen Narbe auf dem behaarten Teil des Kopfes eines Zeugen zur körperlichen Untersuchung i.S. § 81 c StPO mit den damit verbundenen Rechten - insbesondere aus § 81 c Abs. 3 StPO - und im Gegensatz dazu, die Subsumtion der Besichtigung der von einer großen Verletzung herrührenden Narbe auf der Stirn des Zeugen unter die Augenscheinseinnahme i.S. von § 86 StPO? Demgemäß ermöglichen auch diese Abgrenzungsmodelle keine eindeutige Grenzziehung zwischen der körperlichen Untersuchung auf der einen und der Augenscheinseinnahme am Körper auf der anderen Seite.

Auch *Rogall*[35] erkennt im Ergebnis an, dass die Abgrenzung zwischen körperlicher Untersuchung und Augenscheinseinnahme nicht allein von der Bekleidung der zu besichtigenden Person abhängig sein kann und schlägt daher vor, als weiteres Unterscheidungskriterium die Notwendigkeit sachkundiger Hilfe heranzuziehen. So werde der Bereich einfacher Augenscheinseinnahme verlassen und der Bereich der körperlichen Untersuchung erreicht, sofern zur Ermittlung der Beschaffenheit des Körpers sachkundige

---

[34] So bereits *Rosenmeyer*, GS 63 (1904), 41 (44), der zur damals strittigen Abgrenzung der körperlichen Untersuchung von der Durchsuchung darauf verwies, dass es keinen Unterschied machen könne, ob sich die Narbe am Kopf oder einer bedeckten Stelle des Körpers befinde: „Man denke doch nur daran, daß in der Zeit des ersten französischen Kaiserreichs die Frauen auch auf der Straße ausgeschnitten gingen."

[35] In: SK, § 81 a Rn. 22.

Maßnahmen oder Feststellungsverfahren angewandt werden müssten. Seiner Auffassung nach liegt demnach eine körperliche Untersuchung i.S. der §§ 81 a ff. StGB nur dann vor, wenn die Besichtigung der gesuchten besonderen körperlichen Merkmale nur mit Hilfe einer sachkundigen Person möglich sei. Der Gesetzgeber habe, wie sich aus den Begründungen zu frühen, die Einfügung der körperlichen Untersuchung in die StPO betreffenden Entwürfen ergebe, bei der Aufnahme der körperlichen Untersuchung in die Strafprozessordnung eine Verknüpfung dieses strafprozessualen Zwangmittels mit dem Sachverständigenbeweis bezweckt.[36]

Dieser These *Rogalls* stehen jedoch die Vorschriften der §§ 81 a Abs. 1 S. 2 und 81 c Abs. 2 S. 2 StPO sowie des § 81 d StPO entgegen. Nach § 81 a Abs. 1 S. 2 StPO sind die Entnahmen von Blutproben oder andere körperliche Eingriffe von einem Arzt vorzunehmen. Für andere körperliche Untersuchungen sieht § 81 a StPO eine derartige Einschränkung ersichtlich nicht vor.[37] Ähnlich ist die im Rahmen von § 81 c StPO für die körperliche Untersuchung von Zeugen getroffene Regelung. So sind nach § 81 c Abs. 2 S. 2 StPO die Untersuchungen und Blutprobenentnahmen stets nur von einem Arzt vorzunehmen. Dabei sind mit dem Begriff der „Untersuchung" aber lediglich die in § 81 c Abs. 2 S. 1 StPO aufgeführten Abstammungsuntersuchungen gemeint, wie sich aus der systematischen Einfügung des Arztvorbehaltes in den Abs. 2 des § 81 c StPO ergibt.[38] Untersuchungen auf Spuren oder Folgen einer Straftat sind demgemäß nicht notwendig von einem Arzt bzw. einer sachkundigen Personen vorzunehmen. Für eine derartige Auslegung der §§ 81 a Abs. 1 S. 2 bzw. 81 c Abs. 2 S. 2 StPO spricht nicht zuletzt auch § 81 d StPO. Diese Vorschrift ist, unabhängig von der prozessualen Stellung der zu untersuchenden Person, auf jede körperliche Untersuchung im Strafprozess, mithin sowohl auf Untersuchungen nach § 81 a StPO

---

[36] Ebenda, Rn. 24.

[37] § 81 a Abs. 1 S. 2 StPO bezieht sich lediglich auf körperliche Untersuchungen, die mit Eingriffen in den Körper verbunden sind, nicht jedoch auf Untersuchungen am Körper des Beschuldigten; vgl. AK-*Wassermann* § 81 a Rn. 3; HK-*Lemke* § 81 a Rn. 14; KMR-*Paulus* § 81 a Rn. 6; *Schlüchter,* Strafverfahren, Rn. 173.1; ebenso auch SK-*Rogall* § 81 a Rn. 53 ff., der zwar anregt, bestimmte komplizierte körperliche Untersuchungen am Körper des Beschuldigten zur Sicherung der Qualität des Untersuchungsergebnisses ebenfalls einem Arzt zu übertragen, den in § 81 a Abs. 1 S. 2 StPO statuierten Arztvorbehalt aber ebenfalls grundsätzlich ausschließlich auf körperliche Untersuchungen bezieht, die mit Eingriffen in den Körper verbunden sind; ähnlich LR[24]-*Dahs* § 81 a Rn. 30.

[38] So ausdrücklich auch SK-*Rogall* § 81 c Rn. 39, nach dessen Auffassung sich der Arztvorbehalt des § 81 c Abs. 2 S. 2 StPO lediglich auf die in § 81 c Abs. 2 S. 1 StPO geregelten Abstammungsuntersuchungen bezieht; vgl. auch AK-*Wassermann* § 81c Rn. 8; *Kleinknecht/Meyer-Goßner* § 81 c Rn. 18.

als auch nach § 81 c StPO anwendbar.[39] Danach schreibt § 81 d StPO die Übertragung der körperlichen Untersuchung einer Frau, auf eine *Frau* oder einen *Arzt* vor, sofern diese das Schamgefühl der zu untersuchenden Frau verletzen könnte. Im Umkehrschluss bedeutet dies, dass im Gegensatz zur Auffassung *Rogalls* der Begriff der körperlichen Untersuchung keineswegs stets bereits die Beauftragung einer sachverständigen Person, respektive eines Arztes, beinhaltet.[40] Nach dem in § 81 d StPO zu Tage getretenen Willen des Gesetzgebers ist die Untersuchung, vorausgesetzt, sie ist z.B. wegen der Eindeutigkeit der zu besichtigenden Körpermerkmale auch ohne besonderen Sachverstand möglich, vielmehr nur dann von einem Arzt vorzunehmen, wenn das Schamgefühl der zu untersuchenden Person dies erfordert, wobei nach der Regelung des § 81 d StPO selbst in diesen Fällen bereits die Beauftragung einer gleichgeschlechtlichen,[41] nicht unbedingt sachverständigen Person ausreichend sein kann. Das bedeutet, dass selbst bei der möglichen Verletzung des Schamgefühls der zu Untersuchenden nicht immer die Hinzuziehung eines Arztes notwendig ist, da die Vorschrift in diesen Fällen *alternativ* die bloße Vornahme der Untersuchung durch eine Frau vorsieht. Mithin wird insbesondere durch § 81 d StPO die These *Rogalls* von der engen Verknüpfung zwischen dem strafprozessualen Zwangsmittel der körperlichen Untersuchung und dem Sachverständigenbeweis widerlegt. Die körperliche Untersuchung eines Beschuldigten oder Zeugen nach § 81 a StPO bzw. § 81 c StPO muss keineswegs stets von einem Sachverständigen vorgenommen werden, sie kann vielmehr auch während der Hauptverhandlung vom Richter durchgeführt werden. Die von *Rogall* zur Untermauerung seiner Auffassung u.a. herangezogene Begründung zu § 81 des Entwurfs einer Strafprozeßordnung von 1909[42] kann demgegenüber als

---

[39] Vgl. nur LR[24]-*Dahs* § 81 d Rn. 2; AK-*Wassermann* § 81 d Rn. 1; KK-*Senge* § 81 d Rn. 1; KMR-*Bosch* § 81 d Rn. 1.

[40] So auch *Geerds*, FS-Dünnebier, S. 171 (188 in Fn. 88).

[41] Zwar soll nach dem Wortlaut des § 81 d StPO nur bei der körperlichen Untersuchung einer Frau ein Arzt oder eine andere Frau hinzugezogen werden, allerdings gilt nach h.M. in Anbetracht von Art. 3 GG über den Wortlaut von § 81 d StPO hinaus der allgemeine Grundsatz, dass körperliche Untersuchungen - außer von einem Arzt - nicht von Angehörigen des jeweils anderen Geschlechts durchgeführt werden sollen; vgl. LR[24]-*Dahs* § 81 d Rn. 2; *Kleinknecht/Meyer-Goßner* § 81 d Rn. 1; AK-*Wassermann* § 81 d Rn. 1; *Eisenberg*, Beweisrecht, Rn. 1685; *Kohlhaas*, Körperliche Untersuchungen, S. 58; a.A. HK-*Lemke* § 81 d Rn. 2, nach dessen Ansicht sich ein Anspruch des Mannes auf die Vornahme der Untersuchung durch einen Arzt lediglich aus dem in Art. 1 Abs. 1 GG verankerten Grundsatz des Schutzes der Menschenwürde ergebe.

[42] Verhandlungen des Reichstages, 12. Legislaturperiode, II. Session, Bd. 270, DrS 7; zitiert nach SK-*Rogall* § 81 a Rn. 24.

Begründung zu einer nicht Gesetz gewordenen Vorschrift nicht über den gegenwärtigen Gesetzeswortlaut gestellt werden. Demgemäß ist die Abgrenzung des Untersuchungsbegriffes vom Augenschein am Körper anhand der Frage, ob die Hinzuziehung einer sachverständigen Person erforderlich ist, ebenfalls ungeeignet.

Die vorstehend erfolgte Darstellung der gegenwärtig zur Abgrenzung der körperlichen Untersuchung von der Augenscheinseinnahme am Körper entwickelten Lösungen hat ergeben, dass aufgrund der aufgezeigten Unzulänglichkeiten keines dieser Unterscheidungsmodelle praktikabel ist. Eine genaue, mit den Anforderungen der Strafprozessordnung in Einklang zu bringende Abgrenzung zwischen körperlicher Untersuchung und Augenschein am Körper ist mithin gegenwärtig nicht möglich.[43] Vielmehr gehen die körperliche Untersuchung des Beschuldigten oder Zeugen und die Einnahme des Augenscheines an ihrem Körper fließend ineinander über, so dass eine exakte Grenzziehung zwischen ihnen ist nicht möglich.[44]

---

[43] Begründet ist dieses Resultat in der Entstehungsgeschichte der §§ 81 a, c StPO. Wie oben in der Einführung (unter II) bereits dargestellt, beruht die Schaffung des § 81 a StPO im Jahr 1933 - der zum damaligen Zeitpunkt sowohl die Untersuchung des Beschuldigten als auch des Zeugen regelte - auf dem Umstand, dass körperliche Untersuchungen im Strafprozess zwar für notwendig befunden wurden, jedoch unklar und umstritten war, ob diese dem Augenschein i.S. § 86 StPO oder der Durchsuchung gemäß §§ 102, 103 StPO zuzuordnen sind. So war insbesondere das Reichsgericht der Auffassung, die körperliche Untersuchung setze sich aus Augenscheinseinnahme und Durchsuchung am Körper zusammen; vgl. RGSt 14, 189 ff. Demgemäß enthält die körperliche Untersuchung i.S. §§ 81 a ff. StPO nunmehr sowohl Elemente des Augenscheins als auch der Durchsuchung (dazu unten 2. Teil D II 2 a). Ausführlich zu den historischen Hintergründen der begrifflichen Verquickung von körperlicher Untersuchung und Augenschein *Eb. Schmidt*, Lehrkomm., § 86 Rn. 1.

[44] Problematisch ist dieses Ergebnis aber jedenfalls im Hinblick auf die unterschiedlichen Voraussetzungen für die Durchführung von körperlicher Untersuchung bzw. Augenscheinseinnahme. So ist die Einnahme eines Augenscheins am Körper nach § 86 StPO uneingeschränkt möglich, wohingegen die Besichtigung des Körpers eines Beschuldigten gemäß § 81 a StPO nur zur Feststellung von Tatsachen zulässig ist, die für das Verfahren von Bedeutung sind. Die körperliche Untersuchung eines Zeugen i.S. § 81 c StPO setzt zudem voraus, dass sie diesem nach Würdigung aller Umstände zugemutet werden kann (§ 81 c Abs. 4 StPO) und zur Erforschung der Wahrheit festgestellt werden muss, ob sich am Körper des Zeugen eine bestimmte Spur oder Folge einer Straftat befindet. Diesen Widerspruch aufzulösen ist jedoch Sache des Gesetzgebers. An ihm liegt es, eine klare Trennlinie zwischen körperlicher Untersuchung und Augenscheinseinnahme beispielsweise in der Weise zu schaffen, dass die Besichtigung des Körpers eines Beschuldigten oder Zeugen vollständig dem Anwendungsbereich des § 86 StPO entzogen wird. Aufgabe dieser Arbeit ist es lediglich, die gegenwärtige Rechtslage darzustellen und ihr ent-

b) Konsequenzen der fehlenden Abgrenzbarkeit von Augenscheinseinnahme und körperlicher Untersuchung auf den Anwendungsbereich des Untersuchungsverweigerungsrechtes

Die Konsequenzen dieses nahtlosen Überganges von Augenscheinseinnahme und körperlicher Untersuchung für das Untersuchungsverweigerungsrecht aus § 81 c Abs. 3 S. 1 StPO müssen sich auch hier wieder an den Schutzzwecken dieses, dem Zeugenschutz dienenden Rechtes orientieren. Der mit der Einführung des § 81 c Abs. 3 S. 1 StPO in erster Linie verbundene Gedanke, dem zeugnisverweigerungsberechtigten Zeugen zu ersparen, mit dem Körper bekunden zu müssen, was er mit dem Mund nicht auszusagen braucht, erfordert eine Ausdehnung des Untersuchungsverweigerungsrechtes auf Fälle, in denen die Besichtigung des Körpers nicht auf der Grundlage des § 81 c StPO angeordnet wird, sondern nach § 86 StPO erfolgen soll. Dies gilt auch, sofern nicht nach § 52 StPO, sondern nach §§ 53, 53 a oder 54 StPO Weigerungsberechtigte gezwungen werden sollen, auf diese Weise das ihnen anvertraute Berufsgeheimnis bzw. ein Amtsgeheimnis doch preisgeben zu müssen. Denn auch bei der bloßen Inaugenscheinnahme seines äußeren Erscheinungsbildes wird der Zeuge gezwungen, mit dem Körper zu verraten, was er mit dem Mund nicht auszusagen braucht, und gerät damit in eben jene Zwangslage, vor der ihn § 81 c Abs. 3 S. 1 StPO zu schützen sucht. Dabei kann es für das Entstehen derartiger Konfliktslagen keinen Unterschied machen, ob der Zeuge sich für die Besichtigung der entsprechenden Körperstelle erst noch entkleiden muss oder diese auf Anhieb und ohne weiteres sichtbar ist. Stets erbringt er vermittels seines Körpers Beweis gegen den Beschuldigten und trägt möglicherweise so zu dessen Überführung bei. Der Zeuge muss demgemäß aus § 81 c Abs. 3 S. 1 StPO ebenso berechtigt sein, die Einnahme eines Augenscheines nach § 86 StPO an seinem Körper zu verweigern, wie er befugt ist, sich der körperlichen Untersuchung i.S. § 81 c StPO zu entziehen.[45]

Soweit das OLG Hamm demgegenüber in seinem - vielzitierten -[46] Beschluss vom 25.07.1974[47] die Gewährung eines Untersuchungsverweigerungsrechtes

---

sprechende Lösungen zu finden, die mit den Intentionen des Untersuchungsverweigerungsrechtes in Einklang stehen.

[45] Ebenso *Rogall*, MDR 1975, 813 ff.; *ders.*, in: SK § 81 c Rn. 48; wohl auch *Eb. Schmidt*, Lehrkomm., § 86 Rn. 13.

[46] Dazu oben Fn 6.

[47] In: MDR 1974, 1036.

für Fälle der Augenscheinseinnahme am Körper des Zeugen versagt, weist diese Entscheidung gravierende Unzulänglichkeiten auf.[48] Das Gericht stützt seine ablehnende Haltung vor allem auf das Argument, § 81 c StPO regele lediglich die Zulässigkeit von Untersuchungen, welche jedoch mindestens eine nähere Betrachtung der zu untersuchenden Personen voraussetzen würden.[49] Zudem dienten die in § 81 c StPO gemachten Einschränkungen dem Schutz der persönlichen Freiheit des Einzelnen und der körperlichen Unversehrtheit, die aber durch eine bloße Augenscheinseinnahme nicht berührt werden würden. Dieser Hinweis auf den Sinn des § 81 c StPO ist aber, wie *Rogall* treffend formuliert, „ebenso richtig wie neben der Sache liegend“[50]. Denn den Schutz der körperlichen Unversehrtheit und damit persönlichen Freiheit des Nichtbeschuldigten sollen zwar die Abs. 1, 2, 4, 6 und in einem gewissen Maß auch Abs. 5 des § 81 c StPO gewährleisten. Der für die Frage der Gewährung eines Untersuchungsverweigerungsrechtes bei Augenscheinseinnahmen nach § 86 StPO relevante Abs. 3 des § 81 c StPO bezweckt hingegen den Schutz des Zeugen vor einer Konfliktslage zwischen der Pflicht zur Duldung der Untersuchung und dem Drang den angehörigen Beschuldigten nicht zu belasten bzw. das anvertraute Geheimnis nicht öffentlich zu machen.[51] Die Aufnahme des Untersuchungsverweigerungsrechtes in die Vorschrift über die körperliche Untersuchung von Zeugen erfolgte jedoch nicht zu dem Zweck, zeugnisverweigerungsberechtigten Zeugen hinsichtlich ihrer körperlichen Unversehrtheit einen größeren Schutz zu gewähren, als Zeugen, denen kein Untersuchungsverweigerungsrecht zusteht.

Der hier vertretenen Lösung könnte entgegengehalten werden, eine derart weite Auslegung des Untersuchungsverweigerungsrechtes begegne Anwendungsschwierigkeiten in der Praxis und sei deshalb abzulehnen. Dies wäre beispielsweise hinsichtlich solcher Zeugen der Fall, die zwar aussagen, jedoch die Inaugenscheinnahme in ihrem Gesicht befindlicher körperlicher Merkmale, wie Narben usw., nach § 81 c StPO verweigern. Da der Richter im Rahmen einer mündlichen Verhandlung diese Zeugen auch ansehen

---

48 Ausführlich dazu *Rogall* in seiner Anmerkung zu diesem Beschluss in: MDR 1975, 813 f.

49 Insofern wurde oben (2. Teil D II 1 a) bereits erläutert, dass sich eine Abgrenzung zwischen körperlicher Untersuchung und Augenscheinseinnahme anhand der Intensität der Betrachtung des Körpers aufgrund ihrer Willkürlichkeit verbietet.

50 In: MDR 1975, 813 (814).

51 Dazu ausführlich oben 1. Teil B I 3.

muss, um sich z.B. vermittels nicht aufgesuchter Wahrnehmungen ein Bild von ihrer Glaubwürdigkeit zu verschaffen, nimmt er zwangsläufig auch die in ihrem Gesicht befindlichen körperlichen Auffälligkeiten wahr. Dieser Einwand greift jedoch nicht durch, wenn man in derartigen Konstellationen dem Untersuchungsverweigerungsrecht - in ähnlicher Weise wie bei der Untersuchungsverweigerung von Mitbeschuldigten untereinander bereits vorgeschlagen -[52] lediglich die Wirkung eines Beweisverwertungsverbotes zukommen lässt. Dies bedeutet, daß die Besichtigung des äußeren Erscheinungsbildes eines Zeugen, der von seinem Recht aus § 81 c Abs. 3 StPO Gebrauch macht, auch dann zulässig bleibt, wenn die Augenscheinsperson dabei dem Untersuchungsverweigerungsrecht unterfallende besondere körperliche Merkmale des Zeugen in Augenschein nimmt, sofern sie aus anderen Gründen, wie beispielsweise der Beurteilung der Glaubwürdigkeit des Zeugen, erforderlich ist. Allerdings dürfen die dabei festgestellten Wahrnehmungen, welche über die Glaubwürdigkeitsbeurteilung hinaus die Körperbeschaffenheit des Aussagenden betreffen, nicht zur Grundlage der Urteilsfindung gegen den Beschuldigten gemacht werden. Demgemäß ist die Verwertung dieser aus der Augenscheinseinnahme gewonnenen Erkenntnisse im Urteil unzulässig.
Dies hat aber zur Folge, dass es bei der auch für den zeugnisverweigerungsberechtigten Zeugen bestehenden Erscheinenspflicht[53] auch dann verbleibt, wenn dieser von seinem Recht Gebrauch machen will, die Augenscheinseinnahme nach § 81 c Abs. 3 StPO zu verweigern. Denn bei der Anwendung der hier vorgeschlagenen Lösung besteht für den Nichtbeschuldigten nicht die Gefahr, durch bloßes Befolgen der Erscheinenspflicht die Augenscheinseinnahme an seinem Körper zu dulden und damit möglicherweise zur Überführung des Beschuldigten beizutragen. Der zur Zeugnisverweigerung befugte Zeuge bleibt damit auch dann zum Erscheinen vor dem Gericht bzw. nach § 161 a Abs. 1 S. 1 StPO vor der Staatsanwaltschaft[54] verpflichtet, wenn er beabsichtigt die Augenscheinseinnahme an seinem Körper nach § 81 c Abs. 3 StPO zu verweigern, da dies lediglich das Verbot nach sich zieht, die bei der Inaugenscheinsnahme gewonnenen Erkenntnisse im Urteil bzw. im Strafverfahren zu verwerten. Der zur Zeugnisverweigerung berechtigte

---

[52] Näher dazu oben 1. Teil C III.

[53] Die Berechtigung zur Zeugnisverweigerung entbindet den Zeugen - anders als im Zivilprozess (vgl. § 386 Abs. 3 ZPO) - grundsätzlich nicht von der Verpflichtung, vor Gericht bzw. nach § 161 a Abs. 1 S. 1 StPO vor der Staatsanwaltschaft zu erscheinen; vgl. BGHSt 21, 12 ff.; SK-*Rogall* vor § 48 Rn. 126; AK-*Kühne* vor § 48 Rn. 19; KMR-*Paulus* vor § 48 Rn. 26; *Schlüchter*, Strafverfahren, Rn. 482; *Geppert*, Jura 1991, 132 f.

[54] Vgl. insoweit die Ausführungen oben in Fn. 2.

Nichtbeschuldigte ist demgemäß bei seiner Vernehmung durch den vernehmenden Richter, Staatsanwalt oder Polizeibeamten gemäß § 81 c Abs. 3 S. 2 2. Hs. StPO i.V.m. § 52 Abs. 3 StPO über sein Recht zu belehren, der Verwertung der von der Vernehmungsperson gemachten, nicht aufgesuchten Wahrnehmungen, die seine Körperbeschaffenheit betreffen, zu widersprechen.

2. Anwendbarkeit des Untersuchungsverweigerungsrechtes bei Durchsuchungen am Körper des Zeugen gemäß § 103 StPO

a) Abgrenzung zwischen Durchsuchung und körperlicher Untersuchung

Ähnlich wie das eben erläuterte Verhältnis von körperlicher Untersuchung und Augenscheinseinnahme am Körper stellt sich das Verhältnis zwischen körperlicher Untersuchung und der Durchsuchung am Körper i.S. §§ 102, 103 StPO dar. Auch zwischen diesen beiden strafprozessualen Zwangsmitteln kann eine klare Abgrenzung mitunter schwierig sein.

Dem Durchsuchungsbegriff i.S. der §§ 102, 103 StPO unterfallen - wie oben bereits erwähnt -[55] nach h.M. auch Durchsuchungen der Person. Dabei liegt unproblematisch eine körperliche Durchsuchung nach §§ 102, 103 StPO vor, wenn die Durchsuchung sich auf die von der zu durchsuchenden Person am Leib getragenen Bekleidungsgegenstände oder Sachen beschränkt. Probleme bei der Definition der Durchsuchung und Abgrenzungsschwierigkeiten zur körperlichen Untersuchung treten jedoch auf, sobald der unbekleidete Körper des Beschuldigten oder Zeugen zum Gegenstand der Durchsuchung gemacht wird. Dies ist beispielsweise dann der Fall, wenn an der Körperoberfläche oder in natürlichen Körperöffnungen des Beschuldigten bzw. Zeugen nach Beweisgegenständen gesucht werden soll. Hier stellt sich die Frage, wann diese Absuche sich schon als körperliche Untersuchung i.S. der §§ 81 a ff. StPO mit den damit für den Beschuldigten oder Zeugen verbundenen Begünstigungen und Rechten oder noch als Durchsuchung i.S. von §§ 102, 103 StPO darstellt.
Die h.M.[56] knüpft zur Unterscheidung von Durchsuchung am Körper und

[55] Siehe dazu 2. Teil D I.

[56] LR[24]-*Dahs* § 81 a Rn. 16; LR[24]-*Schäfer* § 102 Rn. 34; *Kleinknecht/Meyer-Goßner* § 81 a Rn. 9 a, § 102 Rn. 9; KMR-*Paulus* § 81 a Rn. 11 (anders aber KMR-*Bosch* § 81 c Rn.

körperlicher Untersuchung an den mit der Maßnahme verfolgten Zweck an. Danach soll eine körperliche Untersuchung i.S. der §§ 81 a ff. StPO vorliegen, wenn die Besichtigung des Körpers des Beschuldigten oder Zeugen der Suche nach Auffälligkeiten oder Besonderheiten in oder an seinem unbekleideten Körper selbst dient. Zweck der Suche ist hierbei die körperliche Beschaffenheit an sich. Eine Durchsuchung nach §§ 102, 103 StPO des unbekleideten Körpers sei hingegen gegeben, wenn der Körper mit dem Ziel der Auffindung von Gegenständen an seiner Oberfläche oder in seinen Höhlungen abgesucht wird. Die Abgrenzung zwischen körperlicher Durchsuchung und Untersuchung anhand des von der h.M. vorgeschlagenen Kriteriums des Zweckes der Maßnahme könnte grundsätzlich für eine klare und eindeutige Unterscheidung dieser beiden strafprozessualen Zwangsmaßnahmen geeignet sein. Allerdings unterfiele bei konsequenter Anwendung dieser Auffassung auch die Suche nach Beweismitteln im Körperinneren der Beweisperson - etwa durch die Verabreichung eines Brechmittels zur Hervorbringung im Magen eines Verdächtigen vermuteter Kokainbömbchen - dem Durchsuchungsbegriff. Leider wird dieser nur folgerichtige Schluss von der h.M. - im Unterschied zum OLG Frankfurt[57] - nicht gezogen, sondern die Suche nach Beweismitteln und Einziehungsgegenständen im Körperinnern

---

2); *Eisenberg*, Beweisrecht, Rn. 1630; *Köhler*, Augenschein, Durchsuchung, Untersuchung, S. 28 ff.; *Dallmeyer*, StV 1997, 606 (609); ebenso schon *Mayer*, Augenscheinseinnahme und Durchsuchung, S. 42 ff.; *Pollmann*, Besichtigung, S. 18; einschränkend insoweit SK-*Rogall* § 81 a Rn. 25 ff.; AK-*Amelung* § 102 Rn. 23; *Schlüchter*, Strafverfahren, Rn. 170; unklar *Günther*, Durchsuchung, S. 76, und *Pfeiffer* § 81 a Rn. 3; a.A. LG Trier, NJW 1987, 722, wonach es darauf ankommen soll, ob im Einzelfall die zur Auffindung des Beweismittels notwendige Untersuchung einer Körperöffnung mit einer Verletzungsgefahr verbunden ist; a.A. auch *Staib*, Augenscheinseinnahme und Durchsuchung, S. 49 ff., der zwar auch nach dem Zweck der durchzuführenden Maßnahme abgrenzen will, allerdings die Auffassung vertritt, eine Untersuchung liege immer dann vor, wenn Zweck der Handlung die Verfolgung von Spuren einer Tat ist. Für nichtabgrenzbar hält körperliche Untersuchungen und Durchsuchungen am Körper *Gössel*, Strafverfahrensrecht, S. 61 f.

[57] In: StV 1996, 651 (652). Das OLG ordnete in diesem Urteil die zur Hervorbringung durch den Beschuldigten mutmaßlich verschluckter so genannter „Kokainbömbchen" vorgenommene Verabreichung eines Brechmittels der Durchsuchung i.S. § 102 StPO zu. Zur Begründung führte das Gericht an, die Verabreichung des Brechmittels diente nicht der Feststellung der körperlichen Beschaffenheit des Beschuldigten, sondern der Sicherstellung von Fremdkörpern durch Emission des Mageninhaltes. Dieses Ziel der Sicherstellung eines Beweismittels ähnele aber nicht einer Untersuchung, sondern eher einer Durchsuchung bzw. Beschlagnahme i.S. der §§ 102, 94 ff. StPO. Allerdings ist das Gericht insoweit inkonsequent, als es die bloße *Suche* nach Fremdkörpern im Körperinnern noch der Untersuchung i.S. des § 81 a StPO zuordnen will.

der körperlichen Untersuchung nach §§ 81 a ff. StPO zugeordnet.[58] Dies mag sowohl der Erkenntnis, dass die mit der Suche im Körperinneren verbundenen zwangsweisen Eingriffe in den menschlichen Körper nicht von den §§ 102, 103 StPO gedeckt sind,[59] als auch der Entstehungsgeschichte[60] des § 81 a StPO geschuldet sein.[61] Neben der inkonsequenten Anwendung der von ihr

---

[58] LR[24]-*Dahs* § 81 a Rn. 16; LR[24]-*Schäfer* § 102 Rn. 34; SK-*Rogall* § 81 a Rn. 25 f.; *Eisenberg*, Beweisrecht, Rn. 1631; unklar insoweit *Kleinknecht/Meyer-Goßner* § 81 a Rn. 9, der auf die Suche nach Gegenständen im Körperinneren nicht eingeht; *Schlüchter*, Strafverfahren, Rn. 170, erkennt zwar den mit diesem Vorgehen verbundenen Systembruch, ohne jedoch daraus Schlüsse zu ziehen; a.A. KMR-*Paulus* § 81 a Rn. 11, der insofern folgerichtig auch die Suche nach im Körperinnern versteckten Gegenständen unter den Durchsuchungsbegriff i.S. §§ 102 f. StPO fasst, jedoch mit der Einschränkung, dass dies nur dann der Fall sei, wenn zu ihrer Feststellung und eventuellen Zutageförderung ein Eingriff nicht notwendig sei.

[59] OLG Frankfurt StV 1996, 651 (652); LR[24]-*Dahs* § 81 a Rn. 16; SK-*Rogall* § 81 a Rn. 25; SK-*Rudolphi* § 102 Rn. 9; KMR-*Paulus* § 81 a Rn. 11; *Schlüchter*, Strafverfahren, Rn. 170.

[60] Vor der Einführung des § 81 a StPO war neben der rechtlichen Qualifikation der körperlichen Untersuchung als Augenschein oder Durchsuchung auch die Zulässigkeit körperlicher Eingriffe umstritten, sie wurden jedoch mangels gesetzlicher Grundlage sowohl bei Beschuldigten als auch bei Dritten als unzulässig abgelehnt, vgl. RGSt 64, 162, *Beling*, ZStW 15 (1895), 471 (495); *Wachinger*, JW 1932, 3041 (3044); LR[19]-*Hartung*, § 86 Anm. 3 b; *Staib*, Augenscheinseinnahme und Durchsuchung, S. 53 f. Unter anderem zur gesetzlichen Legitimation körperlicher Eingriffe bei Beschuldigten und Dritten erfolgte die Einführung des § 81 a StPO, der zum damaligen Zeitpunkt neben der Blutprobenentnahme auch andere körperliche Eingriffe beim Zeugen zuließ; vgl. dazu *Schafheutle*, JW 1933, 2794 (2799).

[61] Die oben zitierte Entscheidung des OLG Frankfurt zum Brechmitteleinsatz ist denn auch in der Literatur vor allem mit dem Argument abgelehnt worden, die Einordnung der Suche nach Beweismitteln im Körperinnern in den Durchsuchungsbegriff habe zur Folge, dass derartige Ermittlungsmethoden unzulässig würden, womit aber den Ermittlungsbehörden ein wichtiges und effektives Aufklärungsmittel verloren ginge. So befürchtet *Schäfer*, NJW 1997, 2437 f., durch dieses Urteil sei die Bekämpfung der Betäubungsmittelkriminalität wesentlich erschwert worden. *Rogall*, NStZ 1998, 66 ff., weist ebenfalls auf die große Bedeutung der Verabreichung von Vomitiv- und Purgativmitteln bei der Bekämpfung des intrakorporalen Drogenschmuggels hin und verweist darauf, dass jedenfalls § 81 a StPO ihren Einsatz als körperlichen Eingriff gestatte (i.d.S. auch *Grüner*, JuS 1999, 122 ff.). Zustimmend aber wohl *Dallmeyer*, StV 1997, 606 (609), der die Auffassung vertritt, die Suche nach Beweismitteln im Körperinneren sei ebenso wie zu diesem Zweck erfolgende Ausforschung des Körperäußeren und natürlicher Körperöffnungen keine körperliche Untersuchung i.S. § 81 a StPO. Ebenfalls zustimmend äußerte sich *Weßlau*, StV 1997, 341 ff., die aber auf die vom OLG vorgenommene Abgrenzung zwischen Durchsuchung und Untersuchung nicht eingeht. Ausführlich zum Problem der Brechmittelvergabe an Tatverdächtige zum Zwecke der Sicherstellung von

vorgeschlagenen Unterscheidungskriterien durch die h.M. spricht gegen diese des Weiteren, dass eine eindeutige Feststellung des Untersuchungszweckes und damit eine klare Abgrenzung zwischen körperlicher Untersuchung und Durchsuchung am Körper in der Praxis bisweilen unmöglich ist. Dies ist schon dann der Fall, wenn vor einer eingehenderen Betrachtung des Körpers noch gar nicht feststeht, ob diese zur Feststellung besonderer Merkmale des Körpers selbst oder zur Auffindung von Beweismaterial am Körper führen wird. Schwierigkeiten, eine Maßnahme entweder der körperlichen Untersuchung oder der Durchsuchung am Körper zuzuordnen, entstehen darüber hinaus auch dann, wenn sie sowohl dem Zweck der Auffindung von Beweismaterial als auch der Suche nach Spuren oder Tatfolgen am Körper selbst dient.

Beispiel: Der zu untersuchende Zeuge ist Opfer eines Sprengstoffanschlages geworden. Er soll nunmehr sowohl hinsichtlich der Art und des Umfanges seiner Verletzungen als auch nach Sprengstoffspuren an seiner Körperoberfläche bzw. nach in den Wunden befindlichen Splittern des Sprengkörpers abgesucht werden.[62]

Die von der h.M. favorisierte Abgrenzung der körperlichen Untersuchung von der Durchsuchung am Körper nach dem Zweck der Maßnahme versagt mithin, sobald diese sowohl der Auffindung von Beweismitteln als auch der Feststellung besonderer körperlicher Merkmale, wie z.B. Verletzungsfolgen, dienen soll.
Nicht zuletzt übersehen die Vertreter der h.M., dass zulässiges Ziel einer körperlichen Durchsuchung eines Zeugen nach dem Wortlaut des § 103 StPO nicht nur die Suche nach Beweismitteln zu ihrer Beschlagnahme, sondern auch die Verfolgung von Spuren einer Straftat sein kann. Zwar ist die insoweit bestehende Überschneidung mit der körperlichen Untersuchung i.S. § 81 c StPO wiederum historisch erklärbar,[63] sie zeigt jedoch ebenfalls,

---

Beweismitteln auch *Vetter*, Problemschwerpunkte des § 81 a, passim.

[62] Ähnlich ist die Situation des Tatopfers, welches durch den Stich mit einem Messer oder den Schuss aus einer Pistole verletzt wurde und nun sowohl bezüglich der daraus entstandenen Verletzungen als auch hinsichtlich der möglicherweise in der Wunde verbliebenen Messerspitze oder des oberflächlich feststeckenden Projektils und Schmauchspuren auf der Haut untersucht werden soll.

[63] Wie bereits dargelegt (siehe oben in der Einführung unter II), vertraten das RG (in: RGSt 42, 440) und einige Literaturvertreter (so *Beling*, ZStW 15 [1895], 471 ff.; *Fredershausen*, Augenscheinsobjekte, S. 41) vor Einführung des § 81 a StPO, die Meinung, eine körperliche Untersuchung auch Dritter sei auf der Grundlage der §§ 102, 103 StPO statthaft. Aus diesem Grund lehnten sich die 1933 in die StPO aufgenommenen

dass der Weg der Abgrenzung von Durchsuchung und Untersuchung nach dem Zweck des Vorgehens nicht gangbar ist.
Letztgenannter Kritikpunkt wird auch von *Rogall* erkannt[64] und von ihm zum Anlass genommen, die h.M. wie folgt zu modifizieren: Zwar zeichne sich die Durchsuchung grundsätzlich durch den Zweck aus, Beweismittel und Einziehungsgegenstände aufzufinden und für das Verfahren sicherzustellen, jedoch ordne das Gesetz in § 103 StPO der Durchsuchung auch die Suche nach Spuren und Straftatfolgen zu, deren Wahrnehmung für jeden ohne weiteres möglich seien und entziehe diese zugleich dem Bereich der Augenscheinseinnahme.[65] Nach seiner Auffassung ist damit - wie bei Anwendung der von ihm zur Abgrenzung der körperlichen Untersuchung vom Augenschein vertretenen Ansicht -[66] der Bereich der Untersuchung erreicht, wenn die Absuche des Körpers nach Spuren oder Folgen einer Straftat von einer sachkundigen Person vorgenommen werden muss. Sind die Spuren bzw. Folgen der Straftat jedoch für jeden erkennbar, ohne dass es dafür einer besonderen Vorbildung bedarf, soll die Fahndung nach ihnen dem Bereich der Durchsuchung unterfallen. Gegen diese von *Rogall* empfohlene Abwandlung der von der h.M. vertretenen These sprechen neben den oben dargelegten Argumenten der Inkonsequenz und den Problemen bei ihrer praktischen Handhabung auch die bereits gegen das von ihm propagierte Modell zur Unterscheidung der Augenscheinseinnahme von der körperlichen Untersuchung vorgetragenen Gründe.[67] Wie sich aus den §§ 81 a Abs. 1 S. 2, 81 c Abs. 2 S. 2 StPO sowie § 81 d StPO ergibt, ist die Notwendigkeit der Hinzuziehung eines Arztes oder einer anderen sachkundigen Person eben gerade nicht Voraussetzung für das Vorliegen einer körperlichen Untersuchung, so dass dieses Argument auch hier nicht als Unterscheidungskriterium heranziehbar ist.[68]
Vorzugswürdig erscheint daher die von *Eb. Schmidt*[69] und anderen[70] zur

---

Regelungen über die körperliche Untersuchung auch an die Durchsuchungsvorschriften an; ausführlich dazu *Dünnebier*, JZ 1952, 427 ff.

[64] In: SK, § 81 a Rn. 25.

[65] In: SK, § 81 a Rn. 25 ff.

[66] Dazu oben 2. Teil D II 1 a.

[67] Siehe dazu a.a.O.

[68] Ebenso *Geerds*, FS-Dünnebier, S. 171 (188, Fn. 88).

[69] In: Lehrkomm., Nachtrag I, § 81 a Rn. 5, 13.

[70] AK-*Wassermann* § 81 a Rn. 2; KMR-*Bosch* § 81 c Rn.2; *Rüping*, Strafverfahren, Rn. 261; *Dzendzalowski*, Körperliche Untersuchung, S. 3; *Michallek*, Durchsuchung von

Abgrenzung der Durchsuchung von der Untersuchung vertretene Auffassung. Danach lassen sich die bei der h.M. aufgezeigten Unterscheidungsschwierigkeiten vermeiden, wenn man sämtliche Ermittlungstätigkeiten am Körper einer unbekleideten Person der körperlichen Untersuchung zuordnet. Demnach unterfällt alles, was am unbekleideten Körper des Menschen selbst geschieht, „... ganz gleichgültig, ob am Körper selbst etwas der Beschaffenheit nach Auffälliges oder am Körper oder im Körper etwas seinem Zustande oder seiner Anwesenheit nach Auffälliges entdeckt werden soll ...“[71], der körperlichen Untersuchung i.S. der §§ 81a ff. StPO. Mithin wird auch die Suche nach Beweismitteln am unbekleideten Körper aus dem Bereich der Durchsuchung herausgenommen und dem Bereich der körperlichen Untersuchung zugewiesen, wenn der unbekleidete Leib Gegenstand der Nachforschung ist. Diese Unterscheidung zwischen körperlicher Untersuchung und Durchsuchung am Körper anhand der von *Eb. Schmidt* und anderen vorgeschlagenen Kriterien ermöglicht eine eindeutige und konsequente Abgrenzung zwischen den strafprozessualen Zwangsmitteln Untersuchung und Durchsuchung. Zudem entspricht sie den gesetzlichen Vorgaben der §§ 81 a ff. StPO und §§ 102, 103 StPO.

b) Konsequenzen der gefundenen Lösung auf den Anwendungsbereich des Untersuchungsverweigerungsrechtes

Diese Lösung könnte jedoch auf Bedenken stoßen, wenn man sie unter dem Blickwinkel des hier interessierenden Untersuchungsverweigerungsrechtes betrachtet. Anlass zur Kritik gibt nämlich möglicherweise der Umstand, dass das hier im Anschluss an *Eb. Schmidt* favorisierte Modell zur Unterscheidung der körperlichen Untersuchung von der Durchsuchung am Körper dem Untersuchungsverweigerungsrecht zu einem recht weiten Anwendungsbereich verhilft. Obwohl Beweismittel bei der Suche am - unbekleideten - Körper nicht der Körper des Zeugen selbst, sondern die an oder in ihm befindlichen Gegenstände sind, wäre nach hier vertretener Auffassung der Zeuge auch in diesen Fällen zur Untersuchungsverweigerung berechtigt, da es sich um eine körperliche Untersuchung i.S. des § 81 c StPO handelt. Hiergegen ließe sich einwenden, das Untersuchungsverweigerungsrecht wolle den Zeugen lediglich davor schützen, mit seinem Körper selbst Beweis gegen den Beschuldigten erbringen zu müssen, ihn aber nicht in die Lage versetzen, die Auffindung jeglicher, den Beschuldigten belastender Beweis-

---

Personen, S. 48 f.; i.d.S. wohl auch *Geerds*, FS-Dünnebier, S. 171 ff.

[71] *Eb. Schmidt*, Lehrkomm., Nachtrag I, § 81 a Rn. 13.

mittel zu verhindern. Diese möglichen Bedenken können jedoch nicht durchgreifen. Zwar ist zuzugeben, daß es nicht Sinn und Zweck des § 81 c Abs. 3 StPO ist, dem zeugnisverweigerungsberechtigten Zeugen ein Mittel an die Hand zu geben, seine Person völlig der Beweisfindung im Verfahren gegen den Beschuldigten zu entziehen. Dem kann aber entgegen gehalten werden, dass es hinsichtlich der Intensität einer möglichen Zwangslage für den Zeugen zumeist keinen Unterschied machen wird, ob sein Körper danach abgesucht wird, ob dieser selbst Merkmale aufweist, die aus einer Straftat herrühren, oder die Suche lediglich der Auffindung an seinem Körper befindlicher Beweismittel dient. Auch im letztgenannten Fall ermöglicht er mit der Darbietung seines Körpers zur Absuche die Beweiserbringung gegen den Beschuldigten, der ihm ein Berufsgeheimnis anvertraut hat oder sein Angehöriger ist. Der zeugnisverweigerungsberechtigte Nichtbeschuldigte wird in beiden Fällen gezwungen, durch das Zurverfügungstellen seines Körpers unter Umständen an der Überführung des Beschuldigten mitzuwirken. Angesichts dieser Vergleichbarkeit der Situationen bei der Besichtigung des Körpers zur Entdeckung am Körper befindlicher Beweismittel bzw. zur Feststellung auf einer Straftat beruhender Veränderungen des Leibes selbst ist die Gewährung des Untersuchungsverweigerungsrechtes auch dann sachgerecht, wenn die Besichtigung des unbekleideten Körpers der Auffindung von Beweismitteln dient. Der dadurch bedingte weite Anwendungsbereich des § 81 c Abs. 3 StPO muss im Interesse des Zeugen, auf dessen innere Zwangslage die aus rein dogmatischen Gründen vorgenommene Differenzierung zwischen der Suche nach an seinem Körper befindlichen Beweismitteln und der Fahndung nach körperlichen Merkmalen, welche durch eine Straftat hervorgerufen wurden, zumeist keinen Einfluss hat, hingenommen werden.

Liegt hingegen nach den hier verwendeten Abgrenzungskriterien eine körperliche Durchsuchung des Zeugen vor, d.h. wird er im bekleideten Zustand nach Beweismitteln oder Spuren einer Straftat abgesucht, steht dem Zeugen lediglich das Recht zu, die Durchsuchung unter den in § 97 StPO genannten Voraussetzungen zu verweigern.[72] Mithin ist er in diesen Fällen allein zur

[72] Nach allgemeiner Auffassung dürfen Durchsuchungen nicht zu dem Zweck vorgenommen werden, Gegenstände aufzuspüren, die nach § 97 StPO von der Beschlagnahme ausgenommen sind; vgl. BGH NJW 1973, 2035 ff.; KG NJW 1984, 1133; LG Köln NJW 1981, 1746 f.; LR[24]-*Schäfer* § 103 Rn. 10; *Kleinknecht/Meyer-Goßner* § 103 Rn. 7; HK-*Lemke* § 103 Rn. 6; *Eb. Schmidt*, Lehrkomm., § 103 Rn. 11; KMR-*Müller* § 103 Rn. 3; AK-*Amelung* § 103 Rn. 10; KK-*Nack* § 103 Rn. 7; *Groß*, StV 1996, 559 (563); *Haffke*, NJW 1974, 1983 (1984); *Jarass*, NJW 1981, 193 (197). Die Durchsuchung kann im Ausnahmefall auch dann unzulässig sein, wenn sie der Auffindung eines der in § 96 StPO

Verweigerung der Durchsuchung seines Körpers befugt, wenn diese der Auffindung von Gegenständen dient, welche einem Beschlagnahmeverbot aus § 97 StPO unterliegen. Da der Zeuge bei der Durchsuchung der von ihm am Körper getragenen Kleidung und anderer Gegenstände in keiner Weise genötigt wird, seinen Körper selbst für die Beweisfindung zur Verfügung zu stellen, entsteht für ihn in derartigen Konstellationen auch keine von § 81 c Abs. 3 StPO erfasste Zwangslage, so dass es der Gewährung eines Untersuchungsverweigerungsrechtes hier nicht bedarf.

III. Fazit

Der zeugnisverweigerungsberechtigte Zeuge ist nach der hier vertretenen Auffassung auch berechtigt die Augenscheinseinnahme an seinem Körper gemäß § 81 c Abs. 3 StPO zu verweigern, da eine klare Unterscheidung zwischen der Augenscheinseinnahme nach § 86 StPO und der körperlichen Untersuchung i.S. der §§ 81 a ff. StPO nicht möglich ist. Dabei umfasst der Begriff des Augenscheins i.S. des § 86 StPO jedoch nicht so genannte *nicht aufgesuchte Wahrnehmungen* des Richters, die das äußere Erscheinungsbild des Angeklagten bei seiner Vernehmung betreffen und einen Hinweis auf seine Glaubwürdigkeit geben.

Demgegenüber kann sich der Zeuge bei einer an seinem Körper durchgeführten Durchsuchung nicht auf sein Weigerungsrecht aus § 81 c Abs. 3 StPO berufen. Allerdings sind vom Durchsuchungsbegriff i.S. des § 103 StPO nach der hier vorgeschlagenen Lösungen lediglich Durchsuchungen am bekleideten Zeugen erfasst. Die Suche nach Gegenständen am unbekleideten Körper des Zeugen unterfällt jedoch, unabhängig von dem Umstand, ob sie im oder am Körper erfolgt, stets dem Untersuchungsbegriff i.S. der § 81 a ff. StPO. Demgemäß ist der Zeuge zur Untersuchungsverweigerung nach § 81 c Abs. 3 StPO auch dann berechtigt, wenn an seinem unbekleideten Körper nach Gegenständen gesucht werden soll.

---

aufgeführten Gegenstände dient und diesbezüglich eine Sperrerklärung vorliegt, da diese einer Beschlagnahme entgegensteht (*Kleinknecht/Meyer-Goßner* § 96 Rn. 2).

E. Glaubwürdigkeitsuntersuchungen an Zeugen

I. Einleitung

Den Abschluss dieses Teiles der Arbeit soll die Analyse der Bedeutung des Untersuchungsverweigerungsrechtes aus § 81 c Abs. 3 StPO für Glaubwürdigkeitsuntersuchungen, die an Zeugen durchgeführt werden, bilden. Dabei rückt zunächst die Zulässigkeit von Glaubwürdigkeitsuntersuchungen in den Blick. Sodann wird die Frage beantwortet, ob im Rahmen von Glaubwürdigkeitsuntersuchungen das Untersuchungsverweigerungsrecht Anwendung findet.

II. Die Zulässigkeit von Glaubwürdigkeitsuntersuchungen an Zeugen

Grundsätzlich obliegt dem Tatrichter die Würdigung von Zeugenaussagen.[1] Bisweilen macht sich jedoch die Einholung eines Sachverständigengutachtens über die Glaubwürdigkeit des Zeugen erforderlich, etwa bei Psychosen des Zeugen,[2] langjährigem Suchtverhalten,[3] geistiger Behinderung[4] oder nichtausräumbaren Widersprüchen innerhalb von Zeugenaussagen,[5] wobei selbstverständlich in derartigen Situationen die Hinzuziehung eines Sachverständigen zur Beurteilung der Glaubwürdigkeit keineswegs per se angezeigt ist. Den wohl größten Anwendungsbereich für Glaubwürdigkeitsbeurteilungen durch Sachverständige werden aber Verfahren bilden, in denen Kinder oder Jugendliche als Zeugen vernommen werden. So erging denn

---

[1] BGHSt 3, 52 ff.; BGHSt 8, 130 (131); ausführlich *Nack*, StV 1994, 555 (557) m.w.N.; kritisch dazu *Fischer*, NStZ 1994, 1 (5).

[2] BGH StV 1990, 8.

[3] BGH StV 1991, 405 f.; mit kritischer Anm. *Blau*, StV 1991, 406 ff.

[4] BGHSt 13, 394 ff.

[5] BGHSt 8, 130 (131); BGH bei Holtz MDR 1980, 274.

auch der überwiegende Teil der Judikatur[6] in diesem Zusammenhang in Verfahren, die ein sexualbezogenes Verhalten gegenüber Kindern oder Jugendlichen zum Gegenstand hatten.[7] Für die Gerichte besteht jedoch keine Verpflichtung, in derartigen Fällen stets einen Sachverständigen für die Glaubwürdigkeitsbegutachtung hinzuzuziehen.[8]
Die hier interessierende Frage, ob das Untersuchungsverweigerungsrecht aus § 81 c Abs. 3 StPO auch bei den in Rede stehenden Glaubwürdigkeitsuntersuchungen durch Sachverständige an zeugnisverweigerungsberechtigten Zeugen Anwendung findet, stellt sich jedoch erst, wenn solche Glaubwürdigkeitsuntersuchungen am Zeugen überhaupt zwangsweise, d.h. ohne seine Einwilligung durchführbar sind. Nur in diesem Fall müsste der Zeuge zu ihrer Vermeidung auf sein Untersuchungsverweigerungsrecht zurückgreifen, wenn er befürchtet, eine derartige Untersuchung werde den Beschuldigten belasten.

Beispiel: Der mit dem Beschuldigten verwandte Zeuge befürchtet, den intensiven Befragungen einer Glaubwürdigkeitsuntersuchung nicht gewachsen zu sein und so widersprüchliche Angaben zu machen, die seinen angehörigen Beschuldigten belasten, oder in der Absicht, besonders glaubwürdig zu erscheinen, unfreiwillig Angaben zum Nachteil seines Angehörigen zu machen. Des Weiteren könnte der zum Tatgeschehen teilweise die Aussage verweigernde Angehörige des Beschuldigten Angst haben, bei einer Glaubwürdigkeitsuntersuchung ungewollt aufgrund der geschickten psychologischen Fragestellung des Sachverständigen auch Antworten zu Komplexen zu geben, auf die sich zuvor seine Aussageverweigerung bezog bzw. Hinweise auf andere durch Beschuldigten begangene Taten zu liefern, die noch nicht Gegenstand eines Ermittlungsverfahrens sind. Auch der nach §§ 53, 53 a StPO zeugnisverweigerungsberechtigte Berufsgeheimnisträger könnte befürchten, das ihm anvertraute Berufsgeheimnis, bezüglich dessen er bei der Vernehmung die Aussage verweigert hat, im Zuge einer gezielten und geschickt formulierten Befragung durch den Sachverständigen doch preiszugeben.

Nachdem der BGH[9] zunächst Untersuchungen eines Zeugen auf seine Glaub-

---

[6] Vgl. nur BGHSt 7, 82 ff.; BGHSt 13, 394 ff.; BGHSt 14, 21 ff.; BGHSt 36, 217 f.; BGH StV 1988, 419; BGH StV 1995, 622; BGH JR 1996, 75 f.; BGH NStZ 1996, 275 f.; BGH NStZ 1997, 349 f.

[7] Ausführlicher dazu und zur Methode der Erstellung von Glaubwürdigkeitsgutachten durch Sachverständige: *Eisenberg*, Beweisrecht, Rn. 1861 ff.; siehe auch *Maisch*, MschKrim 1974, 267 ff.; *Cabanis*, NJW 1978, 2329 ff.

[8] So BGHSt 7, 82 (85); BGH NStZ 1981, 400.

[9] BGHSt 7, 82 f.

würdigkeit einschränkungslos als zulässig erachtet hat, wird nunmehr zu Recht einhellig davon ausgegangen, dass eine Verpflichtung des Zeugen, sich Glaubwürdigkeitsuntersuchungen zu unterziehen, grundsätzlich nicht besteht.[10] Dies ergibt sich aus § 81 c Abs. 1 StPO, der hinsichtlich der Art der an Nichtbeschuldigten zwangsweise zulässigen Untersuchungen abschließend ist und dabei Glaubwürdigkeitsuntersuchungen und Untersuchungen hinsichtlich des psychischen Zustandes eines Zeugen nicht erwähnt. Dies gilt selbst dann, wenn sich die Glaubwürdigkeit des Zeugen oder sein psychischer Zustand infolge der Straftat verändert hat.[11] Denn Glaubwürdigkeitsuntersuchungen haben weder den Körper des Zeugen noch Spuren oder Tatfolgen, sondern vielmehr die Beweiseignung seiner Aussage zum Gegenstand und beziehen sich auf im Körperinnern des Zeugen ablaufende geistige Vorgänge.[12] Zu einem anderen Ergebnis hinsichtlich der Statthaftigkeit zwangsweiser Glaubwürdigkeitsuntersuchung an Zeugen gelangt auch nicht, wer mit einigen Vertretern des Schrifttums[13] davon ausgeht, dass es sich bei der Begutachtung der Glaubwürdigkeit weniger um eine körperliche Untersuchung i.S. von § 81 c StPO als vielmehr um eine der Vernehmung ähnliche Situation handelt. Die StPO enthält nämlich innerhalb der die Vernehmung regelnden Vorschriften ebenfalls keine Norm, welche die Begutachtung des Zeugen auf seine Glaubwürdigkeit durch Sachverständige gestattet. Da mithin aufgrund der fehlenden gesetzlichen Ermächtigung Glaubwürdigkeitsuntersuchungen an Zeugen ohne deren Einwilligung ohnehin nicht zulässig sind, besteht auch nicht die Gefahr, dass zeugnisverweigerungsberechtigte Nichtbeschuldigte in eine für § 81 c Abs. 3 StPO typische innere

---

[10] BGHSt 13, 395 (398 f.); BGHSt 14, 21 (23); BGHSt 36, 217 (219); BGH NStZ 1982, 432; LR[24]-*Dahs* § 81 c Rn. 8 ff.; SK-*Rogall* § 81 c Rn. 20; KMR-*Bosch* § 81 c Rn. 12; AK-*Wassermann* § 81 c Rn. 14; *Kleinknecht/Meyer-Goßner* § 81 c Rn. 7; KK-*Nack* § 81 c Rn. 9; *Pfeiffer*, § 81 c Rn. 1; *Eb. Schmidt*, Lehrkomm., Nachtrag I, § 81 c Rn. 8; *ders.*, NJW 1962, 664 (665); *Eisenberg*, Beweisrecht, Rn. 1661; *ders.*, StV 1995, 625; *Janetzke*, NJW 1958, 534 (535); *Heinitz*, JR 1960, 226 (227); *Spendel*, JuS 1964, 471; *Eschke*, NJW 1975, 354; *Meier*, JZ 1991, 638 (642); *Welp*, JR 1996, 76 (77); *Schlüchter*, Strafverfahren, Rn. 203.1; *Roxin*, Strafverfahrensrecht, § 33 Rn. 22; *Kühne*, Strafprozeßlehre, Rn. 492.

[11] LR[24]-*Dahs* § 81 c Rn. 8 f.; AK-*Wassermann* § 81 c Rn. 14; *Eisenberg*, Beweisrecht Rn. 1661.

[12] *Meier*, JZ 1991, 638 (642).

[13] So *Eisenberg*, StV 1995, 625 f.; *Welp*, JR 1996, 76 (78); *Dölling*, NStZ 1997, 77 (78); *Peters*, JR 1970, 68 f., will die Glaubwürdigkeitsuntersuchung weder der körperlichen Untersuchung noch der Vernehmung zuordnen und bezeichnet sie als einen außerhalb des Gesetzes stehenden „Realvorgang“; ähnlich *Weigend*, JZ 1990, 48, der davon spricht, dass sich die Glaubwürdigkeitsuntersuchung im Strafverfahren „... in einer Art rechtsfreiem Raum eingenistet hat.“

Zwangslage geraten. Die grundsätzliche Unmöglichkeit einer zwangsweisen Durchführung der Glaubwürdigkeitsuntersuchung ermöglicht es dem Zeugen, der befürchtet durch diese Untersuchung seinen Angehörigen zu belasten oder ein Berufsgeheimnis preiszugeben, die Untersuchung von vornherein, durch die Nichterteilung seiner Einwilligung zu umgehen. Demgemäß stellt sich die Frage, ob zur Vermeidung von inneren Konflikten zeugnisverweigerungsberechtigter Zeugen bei Glaubwürdigkeitsuntersuchungen ein Untersuchungsverweigerungsrecht zu gewähren ist, grundsätzlich nicht.

Ein möglicher Anwendungsbereich für das Untersuchungsverweigerungsrecht verbleibt jedoch in diesem Zusammenhang, wenn man sich mit der h.M. eines „Tricks“[14] bedient, um Glaubwürdigkeitsbegutachtungen von Zeugen durch Sachverständige auch ohne das Vorliegen einer Einwilligung seitens des Zeugen zu ermöglichen. So gilt nach h.M.[15] das Verbot der zwangsweisen Durchführung von Glaubwürdigkeitsuntersuchungen nur für „Untersuchungen im eigentlichen Sinn“[16]. Die StPO stehe jedoch nicht der Anwesenheit eines Sachverständigen bei der richterlichen Vernehmung des Zeugen in oder außerhalb der Hauptverhandlung und der Erstellung eines Glaubwürdigkeitsgutachtens durch den Sachverständigen auf der Grundlage der bei dieser Vernehmung gewonnenen Erkenntnisse entgegen. Das Gericht soll dabei berechtigt sein, die Begutachtung der Glaubwürdigkeit durch den Sachverständigen durch die Stellung geeigneter Fragen nach Maßgabe des § 80 StPO zu fördern. Der Sachverständige selbst sei allerdings nicht befugt, eigene, für die Erstattung des Gutachtens notwendige Vernehmungen des Zeugen durchzuführen.[17] Er sei nach § 80 Abs. 2 StPO lediglich berechtigt, dem Zeugen im Rahmen der Vernehmung durch den Richter, die Staatsanwaltschaft oder die Polizei einzelne Fragen zu stellen, die eine bessere Beurteilung seiner Glaubwürdigkeit ermöglichen. Gemäß § 68 Abs. 4 StPO

---

[14] *Meier*, JZ 1991, 638 (642).

[15] BGHSt 23, 1 (2); BGH NStZ 1982, 432; BGH StV 1995, 622; LR^{24}-*Dahs* § 81 c Rn. 9 f.; SK-*Rogall* § 81 c Rn. 20; AK-*Wassermann* § 81 c Rn. 14; *Kleinknecht/Meyer-Goßner* § 81 c Rn. 8; KK-*Senge* § 81 c Rn. 9; *Eb. Schmidt*, Lehrkomm., Nachtrag I, § 81 c Rn. 8; *Eschke*, NJW 1975, 354; *Meier*, JZ 1991, 638 (642 f.); *Schlüchter*, Strafverfahren, Rn. 203.2; *Rüping*, Strafverfahren, Rn. 268; *Volk*, Strafprozeßrecht, § 10 Rn. 29; kritisch KMR-*Bosch* § 81 c Rn. 13.

[16] BGHSt 23, 1 (2); LR^{24}-*Dahs* § 81 c Rn. 9 f.; *Eschke*, NJW 1975, 354.

[17] BGHSt 23, 1 (2); LR^{24}-*Dahs* § 81 c Rn. 9; *Kleinknecht/Meyer-Goßner* § 80 Rn. 2; AK-*Wassermann* § 81 c Rn. 14; *Heinitz*, JR 1960, 226 (227); *Eschke*, NJW 1975, 354; *Weigend*, JZ 1990, 48 (49); *Schlüchter*, Strafverfahren, Rn. 203.2; *Roxin*, Strafverfahrensrecht, § 33 Rn. 22.

sei der Zeuge demgegenüber auch verpflichtet, sämtliche seine Glaubwürdigkeit betreffenden Fragen zu beantworten, wobei ihm Fragen nach seinem persönlichen Lebensbereich bzw. solche, die ihm zur Unehre gereichen können, nach § 68 a StPO nur gestellt werden dürfen, wenn sie unerlässlich sind. Entgegen der Auffassung einiger Literaturvertreter[18] stellt diese Vorgehensweise keine Umgehung der Weigerung des Zeugen dar, die Glaubwürdigkeitsuntersuchung zu dulden. Denn mit dem BGH[19] kann dieses Argument mit dem Hinweis entkräftet werden, dass der Zeuge im Rahmen seiner Zeugnispflicht die Prüfung seiner Glaubwürdigkeit dulden muss und es dem zur Prüfung verpflichteten Richter durch die StPO nicht verwehrt ist, sich hierzu eines Sachverständigen zu bedienen. Es ist für den Zeugen insofern unerheblich, ob die Glaubwürdigkeit seiner Person durch den vernehmenden Richter selbst oder einen bei der Vernehmung anwesenden Sachverständigen beurteilt wird, seine Rechte werden hierdurch nicht in ungesetzlicher Weise beeinträchtigt.[20]

Zusammenfassend kann mithin festgestellt werden, dass zwangsweise Glaubwürdigkeitsuntersuchungen an Zeugen nicht von § 81 c StPO gedeckt und somit grundsätzlich unzulässig sind. Mit der StPO vereinbar ist allein die Hinzuziehung eines Sachverständigen zu Vernehmungen des Zeugen und die anschließend auf der Grundlage der dabei gewonnenen Erkenntnisse erfolgte Gutachtenerstellung. Demgemäß bleibt lediglich zu prüfen, ob der zur Zeugnisverweigerung berechtigte Zeuge aus § 81 c Abs. 3 StPO befugt ist, die Anwesenheit eines Sachverständigen bei seiner Vernehmung und die hierauf gestützte Erstellung eines Glaubwürdigkeitsgutachtens zu verhindern. Jedwede andere Erkenntniserhebung zur Glaubwürdigkeitsbegutachtung kann der die Belastung eines Angehörigen bzw. die Preisgabe eines

---

[18] *Dippel*, Stellung des Sachverständigen, S. 178 f.; *Peters*, JR 1970, 68 (69); *Blau*, StV 1991, 406 (407); ebenso OLG Hamm JZ 1957, 186.

[19] BGHSt 23, 1 (2); dieser Rechtsprechung schlossen sich u.a. LR[24]-*Dahs* § 81 c Rn. 9; AK-*Wassermann* § 81 c Rn. 14; *Schlüchter*, Strafverfahren, Rn. 203.2; *Eschke*, NJW 1975, 354, und *Meier*, JZ 1991, 638 (643), an; kritisch KMR-Bosch § 81 c Rn. 13.

[20] Ob allerdings die bloße Beobachtung des Zeugen bei seiner Vernehmung eine hinreichende Basis für die Erstellung eines Glaubwürdigkeitsgutachtens durch den Sachverständigen bietet, wird zu Recht sowohl von der Mindermeinung als auch von der h.M. bezweifelt. Der Sachverständige ist jedoch verpflichtet, bei mangelnder Grundlage, die Erstattung des Gutachtens abzulehnen; vgl. dazu LR[24]-*Dahs* § 81 c Rn. 10; SK-*Rogall* § 81 c Rn. 20; AK-*Wassermann* § 81 c Rn. 14; *Eisenberg*, Beweisrecht, Rn. 1661; *Peters*, JR 1970, 68 f.; *Blau*, StV 1991 406 (407 f.); *Meier*, JZ 1991, 638 (642); *Schlüchter*, Strafverfahren, Rn. 203.2; siehe auch *Volk*, Strafprozeßrecht, § 10 Rn. 29, der derartige Untersuchungen als „im Grunde unseriös" und „wertlos" bezeichnet.

Berufs- oder Amtsgeheimnisses fürchtende Zeuge ohnehin bereits durch die Nichterteilung seiner Einwilligung unmöglich machen.[21]

III. Die Anwendbarkeit des Untersuchungsverweigerungsrechtes bei Glaubwürdigkeitsbegutachtungen des Zeugen durch einen bei der Vernehmung anwesenden Sachverständigen

Gegen eine sich aus § 81 c Abs. 3 StPO ergebende Befugnis des Zeugen, die Anwesenheit eines Sachverständigen bei seiner Vernehmung und dessen anschließende Glaubwürdigkeitsbegutachtung zu verweigern, spricht bereits der Umstand, dass es sich bei dieser Art der Erkenntnisgewinnung nicht um eine Untersuchung i.S. von § 81 c StPO handelt. Der Sachverständige erarbeitet sein Gutachten allein auf der Grundlage des von ihm anlässlich einer *Vernehmung* des Zeugen durch einen Richter, Staatsanwalt oder Polizeibeamten diagnostizierten psychischen Zustandes des Zeugen. Die Situation des Zeugen in einer derartigen, vom Sachverständigen begleiteten Vernehmung entspricht auch nicht der Situation einer körperlichen Untersuchung, so dass sich auch keine Erstreckung bzw. analoge Anwendung des Untersuchungsverweigerungsrechtes auf diese Konstellationen erforderlich macht.

---

[21] Entgegen der von der Rechtsprechung (so BGHSt 13, 394 [398 f.]; BGH StV 1988, 419, unklar hingegen BGHSt 36, 217 [220]) und einem Teil der Literatur (vgl. KK-*Senge* § 81 c Rn. 11; *Heinitz*, JR 1960, 226 [227 f.]) vertretenen Meinung ist der Zeuge über die grundsätzliche Unzulässigkeit von Glaubwürdigkeitsuntersuchungen und sein Recht, die Erteilung seiner Einwilligung zur Durchführung derartiger Untersuchungen zu verweigern, auch dann zu belehren, wenn ihm hinsichtlich des Beschuldigten kein Zeugnis- bzw. Untersuchungsverweigerungsrecht zusteht. Denn die Untersuchung ist nicht nur für Zeugnisverweigerungsberechtigte, sondern auch für alle anderen, in der prozessualen Rolle eines Zeugen befindlichen Probanden freiwillig. Hinzu kommt, dass die Freiwilligkeit der Glaubwürdigkeitsuntersuchung nicht auf verwandtschaftlichen Beziehungen des Zeugen zum Beschuldigten oder seiner besonderen beruflichen Stellung beruht, so dass sich kein stichhaltiger Grund für die von dieser Ansicht getroffene Differenzierung finden lässt. Ausführlich dazu *Welp*, JR 1996, 76 (77); für eine obligatorische Belehrung auch SK-*Rogall* § 81 c Rn. 16; *Kleinknecht/Meyer-Goßner* § 81 c Rn. 7; KMR-*Bosch* § 81 c Rn. 21; *Eisenberg*, Beweisrecht, Rn. 1661; *Alsberg/Nüse/Meier*, Beweisantrag, S. 491; *Fezer*, JZ 1996, 602 (606); *Weigend*, JZ 1990, 48 (49); *Roxin*, Strafverfahrensrecht, § 33 Rn. 22, wohl auch LR[24]-*Dahs* § 81 c Rn. 5; *Bockelmann*, GA 1955, 321 (333), will die Belehrung des Zeugen dagegen nur als nobile offizium ansehen.

Denn der Zeuge erbringt hier nicht mittels seines Körpers Beweis gegen den Beschuldigten, vielmehr sind Gegenstand des Beweises allein seine Antworten auf die ihm durch den Richter, Staatsanwalt oder Polizeibeamten bzw. in Einzelfällen auch durch den Sachverständigen gestellten Fragen. Die bloße Beantwortung von Fragen ist aber nicht der körperlichen Untersuchung vergleichbar, bei welcher der Körper des Zeugen als Augenscheinsobjekt zum Beweismittel wird. Zudem können etwa Zeugen, die befürchten, den Beschuldigten, mit dem sie ein Angehörigenverhältnis verbindet bzw. der ihnen ein Berufsgeheimnis anvertraut hat, bereits durch die Beantwortung von Fragen, welche ihre Glaubwürdigkeit betreffen, zu belasten, die Antwort auf solche Fragen als Bestandteil einer Vernehmung schon nach §§ 52, 53, 53 a oder 54 StPO verweigern. Da der Zeuge berechtigt ist, von seinem Recht zur Zeugnisverweigerung auch nur hinsichtlich eines Teiles der Vernehmung oder einzelner Fragen Gebrauch zu machen, steht ihm dabei auch die Möglichkeit offen, gerade solche Fragen unbeantwortet zu lassen, die ganz gezielt gestellt werden, um seine Glaubwürdigkeit beurteilen zu können. Allerdings können auch Antworten des Zeugen auf tatbezogene Fragen zur Grundlage eines Glaubwürdigkeitsgutachtens gemacht werden. Will dieser die Beurteilung seiner Glaubwürdigkeit durch einen bei der Vernehmung anwesenden Sachverständigen generell vermeiden, steht es dem Zeugen jedoch frei, die Aussage insgesamt zu verweigern.[22]
Mithin gewähren die Zeugnisverweigerungsrechte den durch sie begünstigten Zeugen, die befürchten, eine Glaubwürdigkeitsbegutachtung durch einen bei der Vernehmung anwesenden Sachverständigen werde den Beschuldigten belasten oder Berufs- oder Amtsgeheimnisse öffentlich machen, bereits ausreichenden Schutz, so dass eine Ausdehnung des Untersuchungsverweigerungsrechtes auf diese Konstellationen auch aus dem Gesichtspunkt seines Schutzzweckes nicht erforderlich ist.

[22] Die Möglichkeit der Erstellung eines Glaubwürdigkeitsgutachtens bei der Zeugenaussage stellt sich im Hinblick auf den § 52 StPO damit quasi als Kehrseite der Befugnis des angehörigen Zeugen zur Aussage dar. Da dieser aufgrund des Menschenwürdegrundsatzes berechtigt ist, im Verfahren gegen seinen Angehörigen auszusagen und diesen zu be- oder entlasten (siehe dazu oben 1. Teil B I 3 a cc), muss auch die Überprüfung seiner Glaubwürdigkeit in dieser Form möglich sein.

IV. Fazit

Glaubwürdigkeitsuntersuchungen im eigentlichen Sinn sind mangels gesetzlicher Grundlage nur mit Einwilligung des zu begutachtenden Zeugen zulässig. Der weigerungsberechtigte Zeuge kann somit bereits durch die Verweigerung der Zustimmung eine Glaubwürdigkeitsuntersuchung seiner Person und die daraus resultierende mögliche Belastung seines Angehörigen bzw. die Preisgabe des ihm anvertrauten Berufsgeheimnisses oder eines Amtsgeheimnisses verhindern. Eines Untersuchungsverweigerungsrechtes bedarf der Zeuge zur Verhinderung der Untersuchung damit nicht. Demgemäß erübrigt sich die Frage, ob das Untersuchungsverweigerungsrecht aus § 81 c Abs. 3 StPO auch bei Glaubwürdigkeitsuntersuchungen Anwendung findet.

Sofern der Sachverständige jedoch in zulässiger Weise ein Glaubwürdigkeitsgutachten hinsichtlich eines zeugnisverweigerungsberechtigten Zeugen auf der Grundlage der von ihm bei einer Vernehmung des Zeugen durch den Richter, Staatsanwalt oder Polizeibeamten gemachten Beobachtungen erstellen soll, ist der Zeuge berechtigt, die Beantwortung der seine Glaubwürdigkeit betreffenden Fragen durch partielle Ausübung seines Zeugnisverweigerungsrechtes zu verweigern oder aber insgesamt keine Aussage zu tätigen. Mithin bedarf er auch in diesen Fällen keines Untersuchungsverweigerungsrechtes zur Wahrung seiner Interessen.

Dritter Teil

Zusammenfassung der wesentlichen Resultate der Arbeit

Die eingehende Auseinandersetzung mit dem Recht zur Verweigerung der körperlichen Untersuchung aus § 81 c Abs. 3 StPO hat eine Vielzahl von Fragen aufgeworfen, die sich im Hinblick auf dieses Zeugenrecht und seine Anwendung in der strafprozessualen Praxis stellen. Dabei zeigte sich, dass sowohl für das Problem des persönlichen Anwendungsbereiches des Untersuchungsverweigerungsrechtes als auch für die Frage nach dem Umfang des gegenständlichen Anwendungsbereiches der Vorschrift des § 81 c Abs. 3 StPO zum gegenwärtigen Zeitpunkt in der Wissenschaft und Rechtsprechung keine überzeugenden, die Intentionen dieser Norm und ihre Schutzzwecke hinreichend beachtende Lösungen angeboten werden. Vor allem aber hat die vorliegende Untersuchung die in ihrer Einführung erwähnte These *Weigends*[1] von der Überflüssigkeit des Untersuchungsverweigerungsrechtes aus § 81 c Abs. 3 StPO für einen umfassenden Schutz von Beweispersonen im modernen Strafverfahren widerlegt. Denn sie hat insbesondere gezeigt, dass die strafprozessualen Zeugnisverweigerungsrechte der §§ 52, 53, 53 a, 54 und 55 Abs. 1 2. Alt. StPO ohne eine Ergänzung innerhalb der Beweisgewinnungsmaßnahmen der körperlichen Untersuchung, Blutprobenentnahme, Abstammungsuntersuchung, DNA-Analyse und auch der Augenscheinseinnahme durch ein Untersuchungsverweigerungsrecht den mit ihnen und den sie ergänzenden Beweiserhebungsverboten verfolgten Schutzzwecken nicht gerecht werden können. Die effektive Durchsetzung der vom Gesetzgeber mit den Zeugnisverweigerungsrechten bezweckten Intentionen in möglichst allen strafprozessualen Zwangsmaßnahmen aber und die damit verbundene Sicherung persönlicher Freiheitsrechte an einem Strafverfahren beteiligter Personen muss jedoch - wie auch *Weigend*[2] fordert - gerade angesichts der zunehmenden Beschneidung derartiger Rechte ein vordringliches Ziel sowohl der Wissenschaft als auch der Rechtsprechung und der Legislative sein um eine Rückkehr zum Inquisitionsprozess zu vermeiden.

---

[1] Siehe dazu oben in der Einführung unter I.

[2] In: Vhdlg. 62. DJT, Bd. 1, Teil C, S. C 1 ff.

In diesem Zusammenhang hat die vorliegende Arbeit im Einzelnen zu folgenden Ergebnissen geführt:

I. 1. Nach den Ausführungen im *ersten Teil* ergänzt das Untersuchungsverweigerungsrecht aus § 81 c Abs. 3 StPO die Zeugnisverweigerungsrechte aus den §§ 52, 53, 53 a, 54 und 55 Abs. 1 2. Alt. StPO für die innerhalb des § 81 c Abs. 1 und 2 StPO und § 81 e StPO genannten strafprozessualen Zwangsmaßnahmen der körperlichen Untersuchung, Abstammungsuntersuchung, Blutentnahme und DNA-Analyse.

a) In Bezug auf das auf einer Angehörigenbeziehung zwischen dem Zeugen und dem Beschuldigten beruhende Recht zur Zeugnisverweigerung aus § 52 StPO verschafft die Vorschrift des § 81 c Abs. 3 StPO den Schutzzwecken dieses Zeugenrechtes bei den Beweisgewinnungsmaßnahmen der §§ 81 c Abs. 1 und 2 und 81 e StPO Geltung. Denn die Verhinderung einer Konfliktslage, die sich für einen Zeugen aus dem Umstand ergibt, dass er zu einem Beweisakt gegen seinen beschuldigten Angehörigen gezwungen wird, ist ebenso Intention des § 81 c Abs. 3 StPO wie des § 52 StPO. Des Weiteren dient § 81 c Abs. 3 StPO der Sicherung des mit § 52 StPO verfolgten Schutzes des familiären Friedens und der Familienbande sowie dem Schutz der menschlichen Würde des Zeugen und seines allgemeinen Persönlichkeitsrechtes. In diesem Zusammenhang wird durch das Untersuchungsverweigerungsrecht aus § 81 c Abs. 3 StPO verhindert, dass das Zeugnisverweigerungsrecht aus § 52 StPO - und damit auch seine Schutzzwecke - durch eine körperliche Untersuchung, Blutprobenentnahme, Abstammungsuntersuchung oder DNA-Analyse an einem mit dem Beschuldigten i.S. des § 52 StPO verwandten Zeugen unterlaufen wird.

b) Neben dem Zeugnisverweigerungsberechtigten aus § 52 StPO findet das Recht zur Untersuchungsverweigerung aus § 81 c Abs. 3 StPO auch auf Zeugen Anwendung, welchen ein Recht zur Zeugnisverweigerung nach §§ 53, 53 a StPO zusteht. Allerdings ist der Anwendungsbereich des Untersuchungsverweigerungsrechtes in diesem Zusammenhang eher begrenzt, da es nur dann in Betracht kommt, wenn bei diesen Zeugen die Entnahme einer Blutprobe angeordnet wurde und diese dem Auffinden ihnen anvertrauter oder bekannt gewordener Berufsgeheimnisse dient. Körperliche Untersuchungen nach § 81 c Abs. 1 StPO und Abstammungsuntersuchungen nach § 81 c Abs. 2 StPO sowie DNA-Analysen nach § 81 e StPO sind am Körper dieser Zeugen hingegen von vornherein unzulässig, da es in diesen Fällen bereits am Vorliegen der Tatbestandsvoraussetzungen der Anordnungsgrundlage fehlt. Sofern jedoch bei einem Berufsausübenden i.S. der §§ 53,

53 a StPO die Entnahme einer Blutprobe angeordnet wurde, muss dieser zu ihrer Verweigerung gemäß § 81 c Abs. 3 StPO berechtigt sein, da weder der Wortlaut des § 81 c Abs. 3 StPO noch die Gesetzessytematik gegen die Gewährung eines Untersuchungsverweigerungsrechtes sprechen und die mit §§ 53, 53 a StPO und den sie ergänzenden Normen verfolgten Ziele nur erreicht werden können, wenn die nach §§ 53, 53 a StPO weigerungsberechtigten Zeugen auch zur Verweigerung der Blutprobe befugt sind.

c) Die nach § 54 Abs. 1, 2 StPO weigerungsberechtigte Zeugen sind ebenfalls als zur *Verweigerung des Zeugnisses* befugt i.S. des § 81 c Abs. 3 StPO anzusehen, wofür neben dem Wortlaut des § 54 Abs. 3 StPO auch die gesetzessystematische Stellung dieses Weigerungsrechtes spricht. Maßgebliches Kriterium für die Einbeziehung der von § 54 StPO erfassten Amtsgeheimnisträger in den Kreis der von § 81 c Abs. 3 StPO geschützten Personen ist auch hier der mit dem Zeugnisverweigerungsrecht aus § 54 StPO verfolgte Zweck, der in dem Schutz des Amtsgeheimnisses vor seiner Veröffentlichung im Strafprozess und der Bewahrung des Amtsgeheimnisträgers vor einem Konflikt zwischen der Pflicht zur Verschwiegenheit und der Pflicht zur wahrheitsgemäßen Aussage liegt. Dieser kann für den Fall, dass die Untersuchungsgenehmigung noch nicht erteilt oder die Erteilung durch den zuständigen Dienstvorgesetzten abgelehnt wurde, umfassend nur dann erreicht werden, wenn der Zeuge zur Verweigerung einer körperlichen Untersuchung bzw. der Entnahme einer Blutprobe,[3] welche die Offenbarung eines Amtsgeheimnisses zur Folge hätte, berechtigt ist.

d) Auch die in Rechtsprechung und Literatur umstrittene Frage der Anwendbarkeit des § 81 c Abs. 3 StPO auf die Fälle des § 55 StPO lässt sich nur unter Heranziehung der Schutzzwecke dieser Vorschriften beantworten, da ihr Wortlaut und die Gesetzessystematik allein eine eindeutige Antwort nicht zulassen. Die nähere Beleuchtung der mit § 55 StPO durch den Gesetzgeber verfolgten Intentionen hat dabei gezeigt, dass zwischen den beiden Tatbestandsalternativen dieser Vorschrift zu unterscheiden ist. So dient das Auskunftsverweigerungsrecht aus § 55 Abs. 1 1. Alt. StPO der Ausdehnung des nemo-tenetur-Prinzips auf die Zeit, bevor der Zeuge selbst zum Beschuldigten in einem Strafverfahren wird. Diese Schutzrichtung des § 55 Abs. 1 1. Alt. StPO ist jedoch zum einen unvereinbar mit den Intentionen des des § 81 c Abs. 3 StPO, der primär dem Schutz besonderer Beziehungen

---

[3] Da ein Amtsgeheimnis weder die Abstammung noch die DNA eines Zeugen beeinflusst, kommt die Einräumung eines Untersuchungsverweigerungsrechtes in diesen Fällen nicht Betracht; vgl. dazu oben 1. Teil B III 3 a.

zwischen dem Zeugen und dem Beschuldigten dient. Zum anderen sprechen die Vorschriften der § 81 a StPO und § 81 e StPO gegen die Gewährung eines Untersuchungsverweigerungsrechtes in diesen Fällen, denn wenn bereits der Beschuldigten verpflichtet ist, ihn selbst belastende Maßnahmen unter den Voraussetzungen dieser Vorschriften zu dulden, muss dies erst recht für den Zeugen gelten, für den diese Maßnahmen lediglich die Gefahr nach sich ziehen, wegen einer Straftat oder Ordnungswidrigkeit verfolgt zu werden.
Demgegenüber muss das Untersuchungsverweigerungsrecht aus § 81 c Abs. 3 StPO auf diejenigen Zeugen Anwendung finden, bei welchen die Entnahme einer Blutprobe oder die Durchführung einer DNA-Analyse einen ihrer in § 52 StPO genannten Angehörigen in die Gefahr der Verfolgung wegen einer Straftat oder Ordnungswidrigkeit bringen würde.[4] Denn das Auskunftsverweigerungsrecht aus § 55 Abs. 1 2. Alt. StPO dient der Ausweitung des Schutzbereiches von § 52 StPO auf die Zeit bevor der Angehörige Beschuldigter in einem Strafverfahren wird. Der mit der Vorschrift des § 81 c Abs. 3 StPO bezweckte Schutz des Zeugnisverweigerungsrechtes aus § 52 StPO vor einer Umgehung im Wege der Blutprobenentnahme oder DNA-Analyse beim Zeugen kann aber nur dann wirksam erreicht werden, wenn das Untersuchungsverweigerungsrecht bereits vor der Einleitung eines Ermittlungsverfahrens gegen eine der in § 52 StPO genannten Personen Anwendung findet.

2. Neben dem Problem der grundsätzlichen Anwendbarkeit des Untersuchungsverweigerungsrechtes auf die einzelnen Zeugnisverweigerungsrechte der §§ 52, 53, 53 a, 54 und 55 StPO stellte sich hinsichtlich des persönlichen Anwendungsbereiches dieses Zeugenrechtes des Weiteren die Frage, wie dieser sich bei einer Mehrzahl von Beschuldigten darstellt. In diesem Zusammenhang war zunächst zu untersuchen, ob sich die Berechtigung des Zeugen zur Untersuchungsverweigerung lediglich auf diejenigen Beschuldigten eines Verfahrens bezieht, bezüglich derer die zur Untersuchungsverweigerung berechtigende Beziehung besteht oder ob sie sich auch auf ihre Mitbeschuldigten erstreckt.

a) Bezüglich der nach § 81 c Abs. 3 StPO i.V.m. § 52 StPO untersuchungsverweigerungsberechtigten Zeugen hat die in diesem Zusammenhang vorgenommene Untersuchung ergeben, dass sich ihr Weigerungsrecht auch auf

---

[4] Körperliche Untersuchungen nach § 81 c Abs. 1 StPO und Abstammungsuntersuchungen nach § 81 c Abs. 2 StPO sind in den von § 55 Abs. 1 2. Alt. StPO erfassten Fällen von vornherein unzulässig; vgl. dazu oben 1. Teil B IV 3 a.

die Mitbeschuldigten ihres Angehörigen erstreckt. Der Begriff des Mitbeschuldigten ist dabei anhand des eingeschränkt-materiellen Beschuldigtenbegriffes zu bestimmen, so dass die nach § 81 c Abs. 3 StPO i.V.m. § 52 StPO weigerungsberechtigten Zeugen zur Untersuchungsverweigerung hinsichtlich Nichtangehöriger berechtigt sind, wenn diese Täter oder Teilnehmer einer auch dem Verwandten des Zeugen vorgeworfenen Straftat sind und sowohl gegen sie als auch gegen den Zeugenangehörigen bereits ein Ermittlungsverfahren eingeleitet wurde.

b) Auch das Untersuchungsverweigerungsrecht aus § 81 c Abs. 3 StPO i.V.m. § 53, 53 a StPO erstreckt sich auf die Mitbeschuldigten, mit welchen den zu untersuchenden Zeugen kein besonderes berufliches Vertrauensverhältnis verbindet. Denn das Weigerungsrecht ist an ein Berufsgeheimnis geknüpft, das einer der in §§ 53, 53 a StPO genannten Personen anvertraut wurde oder bekannt geworden ist und insoweit unteilbar.

c) Dies gilt ebenfalls für das Untersuchungsverweigerungsrecht aus § 81 c Abs. 3 StPO i.V.m. § 54 StPO, da es infolge seiner Bindung an ein Amtsgeheimnis ebenfalls gegenständlich begrenzt ist und eine Beschränkung des Amtsgeheimnisschutzes auf einen von mehreren Beschuldigten nicht möglich ist.

d) Hinsichtlich des Untersuchungsverweigerungsrechtes aus § 81 c Abs. 3 StPO i.V.m. § 55 Abs. 1 2. Alt. StPO macht sich eine Erstreckung auf nichtangehörige Mitbeschuldigte des Zeugenangehörigen nicht erforderlich, da dieses Weigerungsrecht eingreift, wenn durch die Untersuchung nur die mittelbare Belastung des Lebenspartners oder Verwandten des Zeugen droht.

3. Neben der Frage nach der Erstreckbarkeit des Untersuchungsverweigerungsrechtes eines Zeugen auf Mitbeschuldigte, die nicht die zur Untersuchungsverweigerung berechtigende Eigenschaften haben, stellt sich bei mehreren Beschuldigten eines Verfahrens zudem das Problem der Berechtigung zur Untersuchungsverweigerung dieser Beschuldigten untereinander. Die nähere Untersuchung dieser Konstellationen hat dabei ergeben, dass der praktische Anwendungsbereich eines möglichen Untersuchungsverweigerungsrechtes für Beschuldigte nicht unerheblich ist, da den §§ 136 Abs. 1 und 243 Abs. 4 StPO im Rahmen der körperlichen Untersuchung keine vergleichbare Vorschrift gegenüber steht. Da eine Regelung für dieses Problem innerhalb der Strafprozessordnung jedoch nicht existiert und die analoge Heranziehung vergleichbarer Vorschriften - wie der des § 97 Abs. 2 S. 3 StPO - ebenfalls nicht möglich ist, war nach einer Lösung innerhalb

der Vorschriften über die körperliche Untersuchung zu suchen. Diese besteht dabei in der Gewährung eines Untersuchungsverweigerungsrechtes für Beschuldigte, die mit ihrem Mitbeschuldigten eine verwandtschaftliche Beziehung i.S. des § 52 StPO oder ein berufliches Vertrauensverhältnis i.S. der §§ 53, 53 a StPO verbindet, welches von den Beschuldigten jedoch nur auf der Ebene der Verwertung bereits gewonnener Untersuchungsergebnisse ausgeübt werden darf. Allein eine Berücksichtigung der Untersuchungsverweigerungsrechte innerhalb der Beweisverwertung bringt die in den §§ 81 a und 81 c Abs. 3 StPO zum Ausdruck gebrachten Interessen in Einklang. Für Beschuldigte, bei welchen die körperliche Untersuchung oder Blutprobenentnahme die Aufdeckung eines Amtsgeheimnisses zur Folge hätte, lässt sich de lege lata keine befriedigende Lösung finden, welche sowohl das in § 81 a StPO verankerte Interesse des Staates und der Bevölkerung an einer effektiven Strafverfolgung als auch das in § 54 StPO zu Tage getretene Interesse an einem effektiven Schutz des Amtsgeheimnisses im Strafprozess berücksichtigt. Insoweit liegt es am Gesetzgeber, eine entsprechende Regelung zu statuieren, die einen angemessenen Interessenausgleich schafft.

II. Im *zweiten Teil* der Arbeit wurde der gegenständlichen Anwendungsbereiches des Untersuchungsverweigerungsrechtes herausgearbeitet. Insoweit wurde untersucht, ob es auf alle in den Vorschriften der §§ 81 c und 81 e StPO beschriebenen Untersuchungsarten Anwendung findet und ob darüber hinaus noch weitere Beweisgewinnungsmaßnahmen der Strafprozessordnung von seinem Schutzbereich erfasst sind.

1. Die Anwendbarkeit des Untersuchungsverweigerungsrechtes aus § 81 c Abs. 3 StPO auf Blutprobenentnahmen und Abstammungsuntersuchungen i.S. des § 81 c Abs. 2 StPO ließ sich dabei unproblematisch feststellen.

2. Auf DNA-Analysen nach § 81 e StPO findet das Untersuchungsverweigerungsrecht gemäß § 81 e Abs. 1 S. 2 StPO i.V.m. § 81 c Abs. 3 StPO ebenfalls grundsätzlich Anwendung. Dies gilt jedoch dann nicht, wenn die molekulargenetische Untersuchung an Körperbestandteilen des Zeugen, die anlässlich einer körperlich Untersuchung des Beschuldigten bei diesem aufgefunden wurden, oder an sonst aufgefundenem, sichergestelltem oder beschlagnahmten Körpermaterial durchgeführt werden soll. Ausgenommen hiervon ist jedoch der Fall, dass die Situation der Auffindung von Körpermaterial absichtlich zum Zwecke der Umgehung des Untersuchungsverweigerungsrechtes herbeigeführt wurde.

3. Vom gegenständlichen Anwendungsbereich des § 81 c Abs. 3 StPO ebenfalls unzweifelhaft erfasst sind auch Untersuchungen, die auf der Grundlage des § 81 c Abs. 1 StPO angeordnet wurden. In diesem Zusammenhang stellte sich jedoch die Frage, ob auch Augenscheinseinnahmen i.S. des § 86 StPO und Durchsuchungen am Körper des Zeugen gemäß § 103 StPO vom Untersuchungsbegriff des § 81 c Abs. 1 StPO und damit auch vom Untersuchungsverweigerungsrecht aus § 81 c Abs. 3 StPO umfasst werden.

a) Die dahingehende Untersuchung hat zunächst ergeben, dass eine klare Unterscheidung zwischen der Augenscheinseinnahme nach § 86 StPO und körperlichen Untersuchungen i.S. der §§ 81 a ff. StPO nicht möglich ist. Um den zeugnisverweigerungsberechtigten Zeugen einen umfassenden Schutz zu gewährleisten, ist diesen daher auch bei der bloßen Augenscheinseinnahme ein Untersuchungsverweigerungsrecht einzuräumen. Vom Begriff des Augenscheins sind dabei jedoch nicht so genannte nicht aufgesuchte Wahrnehmungen der Vernehmungsperson umfasst, die das äußere Erscheinungsbild des Zeugen betreffen und einen Hinweis auf seine Glaubwürdigkeit geben; hinsichtlich dieser Wahrnehmungen hat der Zeuge folglich auch kein Untersuchungsverweigerungsrecht.

b) Durchsuchungen am Körper des Zeugen räumen diesem ebenfalls kein Untersuchungsverweigerungsrecht nach § 81 c Abs. 3 StPO ein, wobei vom Durchsuchungsbegriff i.S. des § 103 StPO lediglich Durchsuchungen am bekleideten Körper des Zeugen erfasst sind. Die Suche nach Gegenständen am unbekleideten Körper des Zeugen unterfällt hingegen stets dem Untersuchungsbegriff i.S. der §§ 81 a ff. StPO, so dass der Zeuge diesbezüglich zur Untersuchungsverweigerung berechtigt ist.

4. Im Hinblick auf Glaubwürdigkeitsuntersuchungen bedarf der zeugnisverweigerungsberechtigte Zeuge keines Untersuchungsverweigerungsrechtes, da Glaubwürdigkeitsbegutachtungen im eigentlichen Sinn ohnehin nur mit seiner Einwilligung zulässig sind. Sofern jedoch ein Sachverständigengutachten über die Glaubwürdigkeit auf der Grundlage der von einem Gutachter bei einer Vernehmung des Zeugen durch den Richter, Staatsanwalt oder Polizeibeamten gemachten Beobachtungen erstellen werden soll, ist der Zeuge bereits berechtigt, diesbezüglich ganz oder teilweise von der Möglichkeit der Ausübung seines Zeugnisverweigerungsrechtes Gebrauch zu machen. Auf ein mögliches Untersuchungsverweigerungsrecht kann und braucht er sich daher nicht zu berufen.

Literaturverzeichnis

Alsberg, Max / Nüse, Karl-Heinz, Der Beweisantrag im Strafprozeß, 2. Aufl., Köln Berlin 1956.

Alsberg, Max / Nüse, Karl-Heinz / Meyer, Karlheinz, Der Beweisantrag im Strafprozeß, 5. Aufl., Köln Berlin u.a. 1983.

Amelung, Knut, Die Grenzen der Beschlagnahme notarieller Unterlagen, DNotZ 1984, 195 ff.

Amelung, Knut, Informationsbeherrschungsrechte im Strafprozeß. Dogmatische Grundlagen individueller Beweisverbote, Berlin 1990.

Amelung, Knut, Anmerkung zu BGH NStZ 1992, 394 ff., in: NStZ 1993, S. 48 ff.

Baier, Helmut, Strafprozessuale Zeugnisverweigerungsrechte außerhalb der Strafprozeßordnung als Ergänzung der §§ 52 ff. StPO, Frankfurt/M. Berlin u.a. 1996.

Battis, Ulrich, Bundesbeamtengesetz mit Erläuterungen, 2. Aufl., München 1997.

Becker, Walter, Blutentnahmepflicht im Prozeß, JR 1953, 453 ff.

Becker, W., Das soziale Geheimnis und seine Anerkennung im Rechtsleben, MDR 1967, 793 ff.

Beling, Ernst, Die Vornahme von Untersuchungen am lebenden menschlichen Körper als Prozeßmaßregel, ZStW 15 (1895), 471 ff.

Beling, Ernst, Die Beweisverbote als Grenzen der Wahrheitserforschung im Strafprozeß, Breslau 1903, Reprint Keip Yushodo 1977.

Beling, Ernst, Deutsches Reichstrafprozeßrecht mit Einschluß des Strafgerichtsverfassungsrechts, Berlin Leipzig 1928.

Benda, Ernst, Menschenwürde und Persönlichkeitsrecht (§ 6), in: *Benda, Ernst u.a.* (Hrsg.), Handbuch des Verfassungsrechts der Bundesrepublik Deutschland, 2. Aufl., Berlin New York 1994.

Benfer, Jost, Grundrechtseingriffe im Ermittlungsverfahren, 2. Aufl., Köln Berlin u.a. 1990.

Beulke, Werner, Strafprozeßrecht, 5. Aufl., Heidelberg 2001.

Bialek, Anne, Das strafprozessuale Zeugnisverweigerungsrecht aus persönlichen Gründen unter besonderer Berücksichtigung von Schutzzweck und Enumerationsprinzip, Frankfurt/M. Berlin u.a. 1999.

Binding, Karl, Grundriss des Deutschen Strafprozessrechts, 5. Aufl., Leipzig 1904.

Blau, Günther, Anmerkung zu BGH StV 1991, 405 f., in: StV 1991, 406

ff.
Bockelmann, Paul, Strafrichter und psychologischer Sachverständiger, GA 1955, 321 ff.
Bosch, Friedrich Wilhelm, Grundsatzfragen des Beweisrechts, Bielefeld 1963.
Böttger, Andreas / Pfeiffer, Christian, Der Lauschangriff in den USA und in Deutschland, ZRP 1994, 7 ff.
Braun, Johann, Das Lebenspartnerschaftsgesetz auf dem Prüfstand - BVerfG, NJW 2002, 2543, JuS 2003, 21 ff.
Bringewat, P., Der „Verdächtige" als schweigeberechtigte Auskunftsperson? - Zur Vorauswirkung strafprozessualer Grundsätze -, JZ 1981, 289 ff.
Busch, Richard, Zum Zeugnis- und Untersuchungsverweigerungsrecht der Angehörigen des Beschuldigten, in: *Bockelmann, Paul / Gallas, Wilhelm* (Hrsg.), Festschrift für Eberhard Schmidt zum 70. Geburtstag, Göttingen 1961, Neudruck Aalen 1971, S. 570 ff.
Bydlinski, Franz, Juristische Methodenlehre und Rechtsbegriff, 2. Aufl., Wien New York 1991.

Cabanis, Detlef, Glaubwürdigkeitsuntersuchungen, NJW 1978, 2329 ff.
Canaris, Claus-Wilhelm, Die Feststellung von Lücken im Gesetz. Eine methodische Studie über Voraussetzungen und Grenzen der Rechtsfortbildung praeter legem, 2. Aufl., Berlin 1983.
Creifelds, Die Beschlagnahme von Handakten des Verteidigers, GA 1960, 65 ff.

Dähn, Gerd, Die Leichenöffnung: Augenscheins- oder Sachverständigenbeweis?, JZ 1978, 640 ff.
Dahs, Hans / Langkeit, Jochen, Demontage des Zeugnisverweigerungsrechts (zugleich Anmerkung zu BGH 1 StR 334/90 vom 28.10.1991), StV 1992, 492 ff.
Dallmeyer, Jens, Verletzt der zwangsweise Brechmitteleinsatz gegen Beschuldigte deren Persönlichkeitsrechte?, StV 1997, 606 ff.
Denninger, Erhard, Lauschangriff - Anmerkungen eines Verfassungsrechtlers, StV 1988, 401 ff.
Denninger, Erhard, Freiheit durch Sicherheit? - Anmerkungen zum Terrorismusbekämpfungsgesetz -, StV 2002, 96 ff.
Dingeldey, Thomas, Das Prinzip der Aussagefreiheit im Strafprozeßrecht, JA 1984, 407 ff.
Dippel, Karlhans, Die Stellung des Sachverständigen im Strafprozeß - Eine Studie unter besonderer Berücksichtigung der Zulässigkeit und

der Folgen eigener Ermittlungen des Sachverständigen nach geltendem und künftigem Recht -, Heidelberg 1986.
Dittrich, Joachim, Der „Große Lauschangriff" diesseits und jenseits der Verfassung, NStZ 1998, 336 ff.
Dölling, Dieter, Anmerkung zu BGH NStZ 1996, 275 f., in: NStZ 1997, 77 f.
Dünnebier, Hanns, Anmerkung zum Urteil des OLG München JZ 1952, 426 f., in: JZ 1952, 427 ff.
Dünnebier, Hanns, Zweifelsfragen zu § 81 c StPO, GA 1953, 65 ff.
Dünnebier, Hanns, Zur Tagebuchentscheidung des Bundesgerichtshofs, MDR 1964, 965 ff.
Dünnebier, Hanns, Das Problem einer Sonderstellung der Presse im Strafverfahren, in: Verhandlungen der Fachgruppe Strafrechtsvergleichung anläßlich der Tagung für Rechtsvergleichung in Kiel vom 8. bis 11. September 1965, Frankfurt/M. 1966, S. 39 ff.
Düwel, Peter, Das Amtsgeheimniss, Berlin 1965.
Dzendzalowski, Horst, Die körperliche Untersuchung. Eine strafprozessual - kriminalistische Untersuchung zu den §§ 81 a und 81 c StPO, Diss. Frankfurt/M. 1969.

Eisenberg, Ulrich, Anmerkung zu BGH StV 1995, 171 ff., in: StV 1995, 625 ff.
Eisenberg, Ulrich, Beweisrecht der StPO - Spezialkommentar -, 3. Aufl., München 1999.
Eschke, Dieter, Anmerkung zu OLG Saarbrücken NJW 1974, 1959 ff., in: NJW 1975, 354.
Eser, Albin, Der Schutz vor Selbstbezichtigung im deutschen Strafprozeßrecht, ZStW 86 (1974) Beiheft 6, 136 ff.
Etterich, Gerhard, Die körperliche Untersuchung nicht beschuldigter Personen im Strafverfahren, Diss. Bonn 1952.

Feisenberger, Albert, Strafprozeßordnung und Gerichtsverfassungsgesetz, Berlin Leipzig 1926.
Fezer, Gerhard, Grundfälle zum Verlesungs- und Verwertungsverbot im Strafprozeß, JuS 1977, 234 ff., 382 ff., 520 ff., 669 ff., 813 ff.; JuS 1978, 104 ff., 325 ff., 472 ff., 612 ff., 765 ff.
Fezer, Gerhard, Strafprozeßrecht I - Schwerpunkte: Ermittlungs- und Zwischenverfahren Zwangsmaßnahmen -, München 1986.
Fezer, Gerhard, Rechtsprechung des Bundesgerichtshofs zum Strafverfahrensrecht - Teil 1-, JZ 1996, 602 ff.
Fischer, Thomas, Die Fortwirkung von Zeugnisverweigerungsrechten

nach Verfahrenstrennung - Zum Begriff des Beschuldigten in § 52 Abs. 1 StPO -, JZ 1992, 570 ff.
Fischer, Thomas, Glaubwürdigkeitsbeurteilung und Beweiswürdigung, NStZ 1994, 1 ff.
Flor, Georg, Beruf und Schweigepflicht - Eine Gegenüberstellung, JR 1953, 368 ff.
Fredershausen, Albert, Die Augenscheinsobjekte im materiellen Strafrecht und im Prozeßrecht, Diss. Göttingen 1911.
Friemel, Otto, Die Zeugnisverweigerungspflicht des Beamten im Strafprozeß (§ 54 StPO), Diss. Tübingen 1952.
Frommel, Monika, Anmerkung zu BGH StV 1992, 106 ff., in StV 1992, 114 f.
Fuchs, Erwin, Beweisverbote bei der Vernehmung von Mitbeschuldigten, NJW 1959, 14 ff.
Füllkrug, Michael, Das Ende des V-Mannes?, Kriminalistik 1984, 122 ff.

Geerds, Friedrich, Über strafprozessuale Maßnahmen, insbesondere Entnahme von Blutproben bei Verdacht der Trunkenheit am Steuer, GA 1965, 321 ff.
Geerds, Friedrich, Auskunftsverweigerungsrecht oder Schweigebefugnis? Zur Problematik der §§ 55, 56 StPO, in: *Spendel, Günther* (Hrsg.), Studien zur Strafrechtswissenschaft, Festschrift für Ulrich Stock zum 70. Geburtstag, Würzburg 1966, S. 171 ff.
Geerds, Friedrich, Durchsuchungen von Personen, Räumen und Sachen - Strafprozessuale Probleme und kriminalistische Erkenntnisse -, in: *Hanack, Ernst-Walter u.a.* (Hrsg.), Festschrift für Hanns Dünnebier zum 75. Geburtstag, Berlin New York 1982, 171 ff.
Geißer, Hans, Das Anklagemonopol der Staatsanwaltschaft und die Gewährsperson als Aufklärungsmittel im Ermittlungs- und Beweismittel im Strafverfahren, GA 1983, 385 ff.
Geppert, Klaus, Das Beweisverbot des § 252 StPO, Jura 1988, 305 ff., 363 ff.
Geppert, Klaus, Der Zeugenbeweis, Jura 1991, 80 ff., 132 ff.
Geppert, Klaus, Der Augenscheinsbeweis, Jura 1996, 307 ff.
Gerlach, J. v., Anmerkung zu BGH JR 1969, 148 f., in: JR 1969, 149 ff.
Gerland, Heinrich, Der Deutsche Strafprozeß. Eine systematische Darstellung, Mannheim Berlin u.a. 1927.
Gesamtkommentar Öffentliches Dienstrecht, hrsg. von *Fürst, Walter*, Band I, Teil 2 a, Allgemeines Beamtenrecht, Stand: Erg.-Lieferung 08/2001, Berlin.
Gollwitzer, Walter, Anmerkung zu BGH JR 1993, 213 ff., in: JR 1993,

215 ff.
Gössel, Karl-Heinz, Strafverfahrensrecht, Stuttgart Berlin u.a. 1977.
Gossrau, Eberhard, Unterlassen der Zeugenbelehrung als Revisionsgrund, MDR 1958, 468 ff.
Granderath, Reinhard, Schutz des Tatopfers im Strafverfahren, MDR 1983, 797 ff.
Groß, Karl-Heinz, Verteidiger, Abgeordnete und Journalisten als verbotene unfreiwillige Medien zur strafprozessualen Aufklärung, StV 1996, 559 ff.
Gross-Spreitzer, Gabriele, Die Grenzen der Telefonüberwachung nach §§ 100 a, 100 b StPO unter Berücksichtigung der Aussageverweigerungsrechte im Strafprozeß, Diss. Heidelberg 1987.
Grüner, Gerhard, Die zwangsweise Vergabe von Brechmitteln - OLG Frankfurt a.M., NJW 1997, 1647 ff., JuS 1999, 122 ff.
Grünwald, Gerald, Beweisverbote und Verwertungsverbote im Strafverfahren, JZ 1966, 489 ff.
Grünwald, Gerald, Die Verfahrensrolle des Mitbeschuldigten, in: *Kohlmann, Günter* (Hrsg.), Festschrift für Ulrich Klug zum 70. Geburtstag, Band II, Köln 1983, 493 ff.
Günther, Edgar, Die Durchsuchung von Räumen und Sachen. Eine strafprozessual-kriminalistische Studie zu den §§ 102 ff. StPO unter Berücksichtigung der Geschichte und der Regelungen im ausländischen Recht, Diss. Frankfurt/M. 1973.

Haffke, Bernhard, Zum Rechtsschutz bei bevorstehender Durchsicht beschlagnahmefreier Papiere, NJW 1974, 1983 ff.
Hahn, Carl, Die gesamten Materialen zu den Reichs-Justizgesetzen - auf Veranlassung des kaiserlichen Reichs-Justizamts herausgegeben -, Bd. 3 Materialien zur Strafprozeßordnung, Abt. 1, 2. Aufl., *Stegemann, Eduard* (Hrsg.), Neudruck der Ausgabe Berlin 1885, Aalen 1983.
Hammerstein, Gerhard, Der Anwalt als Beistand „gefährdeter" Zeugen, NStZ 1981, 125 ff.
Hanack, Ernst-Walter, Anmerkung zu BGH JR 1986, 33 ff., in: JR 1986, 35 ff.
Hanack, Ernst-Walter, Anmerkung zu BGH JR 1989, 254 f., in: JR 1989 255 ff.
Hass, Gerhard, Die Grenzen des anwaltlichen Zeugnisverweigerungsrechts gemäß § 53 Abs. 1 Nr. 3 StPO, NJW 1972, 1081.
Hauser, Robert, Der Zeugenbeweis im Strafprozeß mit Berücksichtigung des Zivilprozesses, Zürich 1974.

Heidelberger Kommentar zur Strafprozessordnung, hrsg. von *Michael Lemke u.a.*, 3. Aufl., Heidelberg 2001.

Heinitz, E., Anmerkung zu BGH JR 1960, 225 f., in: JR 1960, 226 ff.

Helgerth, Roland, Der „Verdächtige" als schweigeberechtigte Auskunftsperson und selbständiger Prozeßbeteiligter neben dem Beschuldigten und dem Zeugen, Diss. Erlangen-Nürnberg 1976.

Hellmann, Uwe, Strafprozeßrecht, Berlin Heidelberg u.a. 1998.

Hilger, H., Zum Rechtsweg gegen Sperrerklärung und Verweigern der Aussagegenehmigung in V-Mann-Prozessen, NStZ 1984, 145 ff.

Hoffmann, Diether, Zum Zeugnisverweigerungsrecht der Angehörigen eines Verstorbenen, MDR 1990, 111 ff.

Hoffmann, Paul, Der unerreichbare Zeuge im Strafverfahren - Die Unerreichbarkeit des Zeugen gemäß § 244 Abs. 3 Satz 2 der Strafprozeßordnung. Geschichtliche Untersuchung und aktuelle Problemstellung einschließlich der V-Mann-Problematik -, Berlin 1991.

Hölscher, Laurids, Das Auskunftsverweigerungsrecht - § 55 StPO, Diss. Berlin 1973.

Janetzke, G., Die Beweiserhebung über die Glaubwürdigkeit des Zeugen im Strafprozeß, NJW 1958, 534 ff.

Jarass, Hans D., Rechtsfragen der Öffentlichkeitsarbeit - Zugleich ein Beitrag zum Thema „Werbung und Recht"-, NJW 1981, 193 ff.

Jescheck, Hans-Heinrich, Beweisverbote im Strafprozeß, Generalgutachten für den 46. Deutschen Juristentag, in: *Ständige Deputation des Deutschen Juristentages* (Hrsg.), Verhandlungen des 46. Deutschen Juristentages. Essen 1966, Band I (Gutachten). Teil 3 B: Beweisverbote im Strafprozeß, München Berlin 1966.

John, Richard Eduard, Die Gesetzgebung des Deutschen Reiches, *Ernst Bezold* (Hrsg.), 3. Teil Strafrecht, Bd. VI Strafprozeßordnung, 1. Abt., Erlangen 1884.

Karlsruher Kommentar zur Strafprozeßordnung und zum Gerichtsverfassungsgesetz mit Einführungsgesetz, hrsg. von *Pfeiffer, Gerd*, 4. Aufl., München 1999.

Kimmich, H. / Spyra, W. / Steinke, W., DNA-Amplifizierung in der forensischen Anwendung und der juristischen Diskussion, NStZ 1993, 23 ff.

Klatt, Hans-Joachim, Zum Problem des Untersuchungsverweigerungsrechtes von Kindern in Vaterschaftsprozessen bzw. in sich daran anschließenden Meineidsprozessen gegen die Kindesmütter, Diss. med. Düsseldorf 1978.

Klaus, Arthur, Die Frage der Duldungspflicht körperlicher Untersuchungen, Diss. München 1933.
Kleinknecht, Theodor / Meyer-Goßner, Lutz, Strafprozeßordnung, Gerichtsverfassungsgesetz, Nebengesetze und ergänzende Bestimmungen, 45. Aufl., München 2001.
KMR - Kommentar zur Strafprozeßordnung und zum Gerichtsverfassungsgesetz -, hrsg. von *v. Heintschel-Heinegg, Bernd / Stöckel, Heinz*, Stand: 34. Erg.-Lieferung, Neuwied Kriftel 2003.
Knauth, Alfons, Zufallserkenntnisse bei der Telefonüberwachung im Strafprozeß, NJW 1977, 1510 ff.
Kohler, Josef, Die Person des Zeugen als Augenscheinsobjekt, GA 1913, 212 ff.
Köhler, Hermann, Die Vornahme des Augenscheins, der Durchsuchung und der Untersuchung am lebenden menschlichen Körper im Strafprozeß, Diss. Tübingen 1950.
Kohlhaas, Max, Anmerkung zu BGHSt 3, 149, in: LM Nr. 3 zu § 52.
Kohlhaas, Max, Körperliche Untersuchung und erkennungsdienstliche Maßnahmen, 2. Aufl., Stuttgart München u.a. 1972.
Kohlhaas, Max, Die prozessualen Schwierigkeiten bei der Aufklärung von Kindesmißhandlungen, JR 1974, 89 ff.
Kommentar zur Strafprozeßordnung, Reihe Alternativkommentare, *Wassermann, Rudolf* (Gesamthrsg.), Neuwied, 1988.
Krauß, Detlef, Der Schutz der Intimsphäre im Strafprozeß, in: *Karl Lackner u.a.* (Hrsg.), Festschrift für Wilhelm Gallas zum 70. Geburtstag, Berlin New York 1973, S. 365 ff.
Krause, Dietmar, Alte Fragen zum neuen § 81 c StPO, JZ 1976, 124 ff.
Krekeler, Wilhelm, Zufallsfunde bei Berufsgeheimnisträgern und ihre Verwertbarkeit, NStZ 1987, 199 ff.
Krey, Volker, Strafverfahrensrecht, Bd. II, Stuttgart Berlin u.a.1990.
Krey, Volker, Rechsprobleme des strafprozessualen Einsatzes Verdeckter Ermittler: einschließlich des „Lauschangriffs" zu seiner Sicherung und als Instrument der Verbrechensaufklärung, BKA Wiesbaden 1993.
Kühne, Hans-Heiner Strafprozessuale Beweisverbote und Art. 1 I Grundgesetz, Köln Berlin u.a. 1970.
Kühne, Hans-Heiner, Strafprozeßlehre, Eine systematische Darstellung für Prüfung und Praxis, 5. Aufl., Heidelberg 1999.

Lackner, Karl, Anmerkung zu BGH NStZ 1992, 328 ff., in: NStZ 1992, 331 ff.
Larenz, Karl, Methodenlehre der Rechtswissenschaft, 6. Aufl., Berlin

Heidelberg u.a.1991.

Leipziger Kommentar - Großkommentar Strafgesetzbuch, hrsg. von *Jähnke, Burkhard u.a.*, §§ 201 - 206, 35. Lieferung, 11. Aufl., Berlin 2000; §§ 223 - 233, 37. Lieferung, 11. Aufl., Berlin 2001.

Lenckner, Theodor, Aussagepflicht, Schweigepflicht und Zeugnisverweigerungsrecht, NJW 1965, 321 ff.

Lenckner, Theodor, Mitbeschuldigter und Zeuge, in: *Baumann, Jürgen / Tiedemann Klaus* (Hrsg.), Einheit und Vielfalt des Strafrechts, Festschrift für Karl Peters zum 70. Geburtstag, Tübingen 1974, S. 333 ff.

Löwe, Ewald / Rosenberg, Leo, Die Strafprozeßordnung für das Deutsche Reich - vom 22. März 1924 nebst dem Gerichtsverfassungsgesetz und den Gesetzen vom 24. November und 6. Dezember 1933 -, bearb. von *Gündel, Hans u.a.*, 19. Aufl., Berlin Leipzig 1934.

Löwe, Ewald / Rosenberg, Leo, Die Strafprozeßordnung und das Gerichtsverfassungsgesetz - Großkommentar -, bearb. von *Dünnebier, Hanns u.a.*, 22. Aufl., Berlin New York 1971.

Löwe, Ewald / Rosenberg, Leo, Die Strafprozeßordnung und das Gerichtsverfassungsgesetz - Großkommentar -, bearb. von *Dünnebier, Hanns u.a.*, 23. Aufl., Berlin New York 1976.

Löwe, Ewald / Rosenberg, Leo, Die Strafprozeßordnung und das Gerichtsverfassungsgesetz - Großkommentar -, hrsg. von *Rieß, Peter*, 24. Aufl., Bd. 1, Berlin New York 1988, Bd. 4, Berlin New York 1987.

Löwe, Ewald / Rosenberg, Leo, Die Strafprozeßordnung und das Gerichtsverfassungsgesetz - Großkommentar -, hrsg. von *Rieß, Peter*, 25. Aufl., Bd. 1, Berlin New York 1999, Bd. 4, Berlin New York 2001.

Maetzel, Wolf Bogumil, Beweisverbote zwecks Geheimniswahrung, DVBl 1966, 665 ff.

Maisch, Herbert, Die psychologisch-psychatrische Begutachtung von Zeugenaussagen - Kritische Anmerkungen zur sogenannten Glaubwürdigkeitsbegutachtung -, MschKrim 1974, 267 ff.

Maunz / Dürig, Grundgesetz Kommentar, Bearbeiter: *Maunz, Theodor u.a.*, Stand: 38. Erg.-Lieferung, München 2001.

Mayer, Artur, Augenscheinseinnahme und Durchsuchung im geltenden Strafprozessrechte unter Berücksichtigung des Entwurfes, Diss. Breslau 1911.

Mayer, Markus, Die Entnahme einer Blutprobe nach §§ 81 a, c StPO zum Zwecke der Feststellung einer AIDS-Infizierung, JR 1990, 358 ff.

Meier, Bernd-Dieter, Zwischen Opferschutz und Wahrheitssuche - Überlegungen zur Rechtsstellung von kindlichen Zeugen im

Strafprozeß -, JZ 1991, 638 ff.
Meinl, Wilhelm, Die Augenscheinseinnahme im Strafverfahren, Diss. Erlangen 1935.
v. Meiss, Reinhard W., Die persönliche Geheimsphäre und deren Schutz im prozessualen Verfahren, Diss. Zürich 1975.
Michallek, Klaus-Jürgen, Die Durchsuchung von Personen. Eine strafprozessuale Studie unter Berücksichtigung des ausländischen Rechts, Diss. Frankfurt/M. 1969.
Mitsch, Wolfgang, Protokollverlesung nach berechtigter Auskunftsverweigerung (§ 55 StPO) in der Hauptverhandlung, JZ 1992, 174 ff.
Mitsch, Wolfgang, Mitbeschuldigter und Zeugnisverweigerungsrecht, in: *Eser, Albin u.a.* (Hrsg.), Festschrift für Theodor Lenckner zum 70. Geburtstag, München 1998, S. 721 ff.
Momsen, Carsten, Der große Lauschangriff, ZRP 1998, 459 ff.
Montenbruck, Axel, „Entlassung aus der Zeugenrolle" - Versuch einer Fortentwicklung der materiellen Beschuldigtentheorie, ZStW 89 (1977), 878 ff.
Müller, Friedrich, Juristische Methodik, hrsg. von *Christensen, Ralph*, 7. Aufl., Berlin 1997.
v. Münch, Ingo / Kunig, Philip, Grundgesetzkommentar, hrsg. von *Kunig, Philip*, 5. Aufl., München 2000.

Nack, Armin, Verteidigung bei der Glaubwürdigkeitsbeurteilung von Aussagen, StV 1994, 555 ff.
Niese, Werner, Die Rechtsprechung des Bundesgerichtshofs in Strafsachen, JZ 1953, 219 ff.
Nüse, Karl-Heinz, Zu den Beweisverboten im Strafprozeß, JR 1966, 281 ff.

Orlowsky, Wedigo, Die Weigerungsrechte der minderjährigen Beweisperson im Strafprozeß, Diss. Tübingen 1973.
Ostendorf, Heribert, Die Informationsrechte der Strafverfolgungsbehörden gegenüber anderen staatlichen Behörden im Widerstreit mit deren strafrechtlichen Geheimhaltungspflichten, DRiZ 1981, 4 ff.
Otto, Eberhard, Das Zeugnisverweigerungsrecht des Angehörigen (§ 52 StPO) im Verfahren gegen mehrere Beschuldigte, NStZ 1991, 220 ff.

Paeffgen, Hans-Ulrich, Zeugnisverweigerungsrechte und heimliche Informationserhebung, in: *Ernst-Walter Hanack u.a. (Hrsg)*, Festschrift für Peter Rieß zum 70. Geburtstag, Berlin New York 2002, S. 413

ff.
Pelchen, Georg, Anmerkung zu BGH NStZ 1987, 286 f., in: NStZ 1987, 287.
Peters, Karl, Beweisverbote im deutschen Strafverfahren, Gutachten für den 46. Deutschen Juristentag, in: *Ständige Deputation des Deutschen Juristentages* (Hrsg.), Verhandlungen des 46. Deutschen Juristentages. Essen 1966, Band I (Gutachten). Teil 3 A: Beweisverbote im Strafprozeß, München Berlin 1966, S. 91 ff.
Peters, Karl, Anmerkung zu BGH JR 1970, 67 f., in: JR 1970, 68 f.
Peters, Karl, Strafprozeß, 4. Aufl., Heidelberg 1985.
Petry, Horst, Die Beweisverbote im Strafprozeß, Diss. Saarbrücken 1970.
Pfeiffer, Gerd, Strafprozeßordnung und Gerichtsverfassungsgesetz - Kommentar -, 3. Aufl., München 2001.
Plog, Ernst / Wiedow, Alexander / Lemhöfer, Bernt / Bayer, Detlef, Kommentar zum Bundesbeamtengesetz mit Beamtenversorgungsgesetz, hrsg. und bearb. von *Lemhöfer, Bernt / Bayer, Detlef*, Stand: 231. Erg.-Lieferung, September 2001, Neuwied u.a.
Pollmann, Karl, Die Besichtigung des Körpers unverdächtiger Personen im Strafverfahren, Diss. Erlangen 1926.
Prittwitz, Cornelius, Der Mitbeschuldigte im Strafprozeß, Frankfurt/M. 1984.
Prittwitz, Cornelius, Das Zeugnisverweigerungsrecht des Angehörigen und seine Wirkung für Mitbeschuldigte, NStZ 1986, 64 ff.
Puchelt, Ernst Sigismund, Die Strafprozeßordnung für das Deutsche Reich, Leipzig 1881.

Rath, Marion / Brinkmann B., Strafverfahrensänderungsgesetz-DNA-Analyse („Genetischer Fingerabdruck“) und DNA-Identitätsfeststellungsgesetz aus fachwissenschaftlicher Sicht, NJW 1999, 2697 ff.
Rebmann, Kurt, Der Einsatz verdeckt ermittelnder Polizeibeamter im Bereich der Strafverfolgung, NJW 1985, 1 ff.
Rengier, Rudolf, Die Zeugnisverweigerungsrechte im geltenden und künftigen Strafverfahrensrecht. Grundlagen, Reformfragen und Stellung im System der Beweisverbote und im Revisionsrecht, Paderborn München u.a. 1979.
Rengier, Rudolf, Grundlegende Verwertungsprobleme bei den §§ 252, 168 c, 251 StPO, Jura 1981, 299 ff.
Rengier, Rudolf, Anmerkung zu OLG Celle JR 1982, 475 ff., in: JR 1982, 477 ff.
Rengier, Rudolf, Anmerkung zu BGH StV 1987, 89 f., in: StV 1988, 465 ff.

Rieß, Peter, Anmerkung zu BGH JR 75 ff., in: JR 1987, 77 ff.
Rogall, Klaus, Die Augenscheinseinnahme an zeugnisverweigerungsberechtigten Personen - Anmerkung zum Beschluß des OLG Hamm vom 25.7.1974 - 3 Ss OWi 586/74, MDR 1974, 1036, in: MDR 1975, 813 ff.
Rogall, Klaus, Der Beschuldigte als Beweismittel gegen sich selbst. Ein Beitrag zur Geltung des Satzes „Nemo tenetur seipsum prodere" im Strafprozeß, Berlin 1977.
Rogall, Klaus, Der „Verdächtige" als selbständige Auskunftsperson im Strafprozeß, NJW 1978, 2535 ff.
Rogall, Klaus, Gegenwärtiger Stand und Entwicklungstendenzen der Lehre von den strafprozessualen Beweisverboten, ZStW 91 (1979), 1 ff.
Rogall, Klaus, Anmerkung zu BGH NStZ 1985, 372 ff., in: NStZ 1985, 374 ff.
Rogall, Klaus, Buchbesprechung: *Wenskat, Wolfgang*: Der richterliche Augenschein im deutschen Strafprozeß. Frankfurt/M.: Peter Lang 1988. 354 S. (Europäische Hochschulschriften, Reihe 2/767), in: ZStW 105 (1993), 588 ff.
Rogall, Klaus, Über die Folgen der rechtswidrigen Beschaffung des Zeugenbeweises im Strafprozeß, JZ 1996, 944 ff.
Rogall, Klaus, Die Vergabe von Vomitivmitteln als strafprozessuale Zwangsmaßnahme, NStZ 1998, 66 ff.
Röhrich, Christian, Rechtsprobleme bei der Verwendung von V-Leuten für den Strafprozeß - zugleich ein Beitrag zur straf- und zivilgerichtlichen Verantwortlichkeit der Denunzianten -, Diss. Erlangen-Nürnberg 1974.
Rosenmeyer, A., Der menschliche Körper als Beweisobjekt, GS 63 (1904), 41 ff.
Roß, Erwin, Die Lehre vom Augenschein im Strafprozeß, Diss. Erlangen 1935.
Rotsch, Friederike, Der Schutz der journalistischen Recherche im Strafprozeß, Frankfurt/Main u.a. 2000.
Roxin, Claus, Strafverfahrensrecht, 25. Aufl., München 1998.
Rudolphi, Hans-Joachim, Grenzen der Überwachung des Fernmeldeverkehrs nach den §§ 100 a, b StPO, in: *Grünwald, Gerald u.a.* (Hrsg.), Festschrift für Friedrich Schaffstein zum 70. Geburtstag, Göttingen 1975, S. 433 ff.
Rüping, Hinrich, Das Strafverfahren, 3. Aufl., München 1997.
Rupp, Hans Heinrich, Beweisverbote im Strafprozeß in verfassungsrechtlicher Sicht, Gutachten für den 46. Deutschen Juristentag, in:

Ständige Deputation des Deutschen Juristentages (Hrsg.), Verhandlungen des 46. Deutschen Juristentages. Essen 1966, Band I (Gutachten). Teil 3 A: Beweisverbote im Strafprozeß, München Berlin 1966, S.165 ff.

Sachs, Michael (Hrsg.), Grundgesetzkommentar, 2. Aufl., München 1999.

Satzger, Helmut, DNA-Massentests - kriminalistische Wunderwaffe oder ungesetzliche Ermittlungsmethode?, JZ 2001, 639 ff.

Sautter, Bruno, Die Pflicht zur Duldung von Körperuntersuchungen nach § 372 a ZPO - Zugleich ein Beitrag zur Verfassungsmäßigkeit des § 81 a StPO -, AcP 161 (1962), 215 ff.

Schäfer, Gerhard, Die Praxis des Strafverfahrens - an Hand einer Akte, 6. Aufl., Stuttgart Berlin u.a. 2000.

Schäfer, Hans Christoph, Effektivität und Rechtsstaatlichkeit der Strafverfolgung - Versuch einer Grenzziehung, NJW 1997, 2437 ff.

Schäfer, Karl, Einige Bemerkungen zu dem Satz „nemo tenetur se ipsum accusare" in: *Hanack, Ernst-Walter u.a.* (Hrsg.), Festschrift für Hanns Dünnebier zum 75. Geburtstag, Berlin New York 1982, S. 11 ff.

Schafheutle, Das Gesetz gegen gefährliche Gewohnheitsverbrecher und über Maßregeln der Sicherung und Besserung vom 24. November 1933 (RGBl. I, 995 ff.), JW 1933, 2794 ff.

Schilling, Georg, Der strafrechtliche Schutz des Augenscheinsbeweises - Ein Beitrag zur Lehre von der Beweismittelfälschung -, Diss. Bonn 1964.

Schlothauer, Reinhold, Zeugnisverweigerungsrechte, Auskunftsverweigerungsrecht und Rechtskreistheorie bei Straftaten mehrerer Beschuldigter, in: Wahrheitsfindung und ihre Schranken, II. Strafverteidiger Frühjahrssymposium der Arbeitsgemeinschaft Strafrecht des Deutschen Anwaltvereins, 1988, Essen 1989, S. 80 ff.

Schlüchter, Ellen, Das Strafverfahren, 2. Aufl., Köln Berlin u.a. 1983.

Schmidt, Eberhard, Lehrkommentar zur Straprozeßordnung und zum Gerichtsverfassungsgesetz, Teil II: Erläuterungen zur Strafprozeßordnung und zum Einführungsgesetz zur Strafprozeßordnung, Göttingen 1957; Nachträge und Ergänzungen zu Teil II (Strafprozeßordnung) - Nachtragsband I Göttingen 1967, Nachtragsband II Göttingen 1970.

Schmidt, Eberhard, Die Verletzung der Belehrungspflicht gemäß § 55 StPO als Revisionsgrund, JZ 1958, 596 ff.

Schmidt, Eberhard, Kritische Bemerkungen zu dem Beschluß des Großen Senats für Strafsachen vom 8. 12.1958, betreffend das Untersuchungsverweigerungsrecht nach StPO § 81 c, JR 1959, 369 ff.

Schmidt, Eberhard, Zur Lehre von den strafprozessualen Zwangsmaßnahmen, NJW, 1962, 664 ff.

Schmidt, Wolfgang, Mitbeschuldigten- und Zeugenrolle im Strafverfahren, Diss. Göttingen 1982.

Schmitt, Petra, Die Berücksichtigung der Zeugnisverweigerungsrechte nach §§ 52, 53 StPO bei den auf Beweisgewinnung gerichteten Zwangsmaßnahmen, Berlin 1993.

Schmitt-Glaeser, Walter, Schutz der Privatsphäre (§ 129), in: *Isensee, Josef / Kirchhoff, Paul* (Hrsg.), Handbuch des Staatsrechts der Bundesrepublik Deutschland, Bd. VI Freiheitsrechte, 2. Aufl., Heidelberg 2001.

Schneider, Uwe-Helmut, Die Pflicht der Behörden zur Aktenvorlage im Strafprozeß, Berlin 1970.

Scholz, Rupert / Uhle, Arnd, „Eingetragene Lebenspartnerschaft" und Grundgesetz, NJW 2001, 393 ff.

Schöneborn, Christian, Die Beweisproblematik der §§ 52 Abs. 2, 55 Abs. 2 StPO im Lichte des § 68 Satz 2 StPO, MDR 1974, 457 f.

Schöneborn, Christian, Das Problem der Rollenvertauschung und des Zeugnisverweigerungsrechts bei mehreren Mitbeschuldigten in vergleichender Betrachtung, ZStW 86 (1974), 921 ff.

Schöneborn, Christian, Zeugnisverweigerungsrecht bei mehreren Mitbeschuldigten und Rechtskreistheorie, NJW 1974, 535 f.

Schönke, Adolf / Schröder, Horst, Strafgesetzbuch - Kommentar -, bearb. von *Lenckner, Theodor u.a.*, 26. Aufl. München 2001.

Schorn, Die zwangsweise Blutprobenentnahme im Strafprozeß, DRiZ 1931, 89 ff.

Schütz, Hans, Beweisverbot bei der Vernehmung des Mitbeschuldigten, NJW 1959, 975 f.

Schütz, Hans, Die Verletzung des § 55 StPO als Revisionsgrund - anhand des Beschlusses des Großen Senats für Strafsachen des BGH vom 21.1.1958 - GSSt 4/57-, Diss. Erlangen 1960.

Selbherr, Paul, Der Gedanke der Zumutbarkeit im Zivilprozeßrecht unter besonderer Berücksichtigung der Untersuchungsduldungspflicht (§ 372 a), Diss. Tübingen 1962.

Senge, Lothar, Strafverfahrensänderungsgesetz-DNA-Analyse, NJW 1997, 2409 ff.

Spelthahn, Ingrid, Das Zeugnisverweigerungsrecht von Angehörigen eines Mitbeschuldigten, Frankfurt/M. Berlin u.a. 1997.

Spendel, Günter, Wahrheitsfindung im Strafprozeß, JuS 1964, 465 ff.

Spendel, Günter, Beweisverbote im Strafprozeß, NJW 1966, 1103 ff.

Staib, Otto, Augenscheinseinnahme und Durchsuchung im geltenden

Strafprozeßrechte und ihre Regelung in den Entwürfen, Diss. Tübingen 1933.
v. Stenglein, Melchior, Haussuchung und Durchsuchung, GS 57 (1900), 1 ff.
Systematischer Kommentar zur Strafprozeßordnung und zum Gerichtsverfassungsgesetz, *Rudolphi, Hans* (Gesamtredaktion), Stand: 25. Erg.-Lieferung, Frankfurt/M. 2001.

Taschke, Jürgen, Anmerkung zu BGH NStZ 1992, 394 ff., in: NStZ 1993, 94.
Thomas, Sven, Der Zeugenbeistand im Strafprozeß - Zugleich ein Beitrag zu BVerfGE 38, 105 -, NStZ 1982, 489 ff.
Tröndle, Herbert / Fischer, Thomas, Strafgesetzbuch und Nebengesetze, bearb. von *Fischer, Thomas*, 50. Aufl., München 2001.

Vetter, Detlef, Problemschwerpunkte des § 81 a. Eine Untersuchung am Beispiel der Brechmittelvergabe im strafrechtlichen Ermittlungsverfahren, Neuried 2000.
Volk, Klaus, Strafprozeßrecht, 2. Aufl., München 2001.
Voß, Hermann, Der Begriff der richterlichen Augenscheinseinnahme im geltenden und künftigen Gesetz, GS 79 (1912), 432 ff.

Wach, Adolf, Das Recht der Zeugnisverweigerung, GS 66 (1905), S. 1 ff.
Wachinger, Zur Frage der Erzwingbarkeit der Blutentnahme für die Blutgruppenbestimmung. Bedeutung und Grenzen der richterlichen Interessenabwägung -, JW 1932, 3041 ff.
v. Weber, Hellmuth, Die Ausübung des Zeugnisverweigerungsrechts im Strafprozeß durch einen Stellvertreter, MDR 1962, 169 ff.
Wegner, Arthur, Anmerkung zu RG JW 1925, 370 f., in: JW 1925, 370.
Weigend, Thomas, Anmerkung zu BGH JZ 1990, 47 f., in: JZ 1990, 48 f.
Weigend, Thomas, Empfehlen sich gesetzliche Änderungen, um Zeugen und andere nicht beschuldigte Personen im Strafprozeßrecht besser vor Nachteilen zu bewahren?, Gutachten C für den 62. Deutschen Juristentag, Bd. 1 Gutachten, München 1998, S. C 1 ff.
Welp, Jürgen, Die Geheimsphäre des Verteidigers in ihren strafprozessualen Funktionen, in: *Karl Lackner u.a.* (Hrsg.), Festschrift für Wilhelm Gallas zum 70. Geburtstag, Berlin New York 1973, S. 391 ff.
Welp, Jürgen, Anmerkung zu OLG Hamburg JZ 1973, 288 f., in: JZ 1973, 289 ff.
Welp, Jürgen, Abhörverbote zum Schutz der Strafverteidigung - Zugleich

Besprechung des BGH-Urteils vom 5.11.1985 - 2 StR 279/85 -, NStZ, 1986, 294 ff.
Welp, Jürgen, Anmerkung zu BGH JR 1996, 75 f., in: JR 1996, 76 ff.
Wenskat, Wolfgang, Der richterliche Augenschein im deutschen Strafprozeß, Frankfurt/M. Berlin u.a. 1988.
Weßlau, Edda, Anmerkung zu OLG Frankfurt StV 1996, 651 ff., in: StV 1997, 341 ff.
Widmaier, Gunter, Dokumentation zu der Entscheidung BGH NStZ 1992, 195 f., in: NStZ 1992, 196 f.
Woesner, Horst, Fragen ärztlicher Geheimhaltungspflicht, NJW 1957, 692 ff.
Wolter, Jürgen, Verfassungsrecht im Strafprozeß- und Strafrechtssystem, NStZ 1993, 1 ff.

Zezschwitz, Friedrich v., Verfassungsrechtliche Problematik administrativer Aussagebeschränkungen im Strafprozeß, NJW 1972, 796 ff.
Zottmann, Richard, Das Zeugnisverweigerungsrecht in den deutschen Verfahrensgesetzen - Ein Beitrag zur Vereinheitlichung des Verfahrensrechts, Diss. Erlangen 1960.

Fragmentarisches Strafrecht

Beiträge zum Strafrecht, Strafprozeßrecht und zur Strafrechtsvergleichung

Für Manfred Maiwald aus Anlaß seiner Emeritierung, verfaßt von seinen Schülern, Mitarbeitern und Freunden
Herausgegeben von Carsten Momsen, René Bloy und Peter Rackow

Frankfurt am Main, Berlin, Bern, Bruxelles, New York, Oxford, Wien, 2003.
320 S., 1 Abb.
ISBN 3-631-50221-4 · br. € 46.00*

Zur Emeritierung Manfred Maiwalds versammelt dieser liber amicorum Beiträge zu aktuellen Entwicklungen und grundlegenden Fragestellungen der deutschen und ausländischen Strafrechtswissenschaft. Ein Schwerpunkt liegt bei den Möglichkeiten und Grenzen, ein gemeinsames europäisches Strafrechtssystem zu schaffen. Voraussetzung dafür ist eine Beschränkung auch des deutschen Straf- und Strafprozeßrechts auf die Regelung grundsätzlicher Konflikte. Einer derartigen Besinnung auf den „fragmentarischen Charakter" des Strafrechts ist ein weiterer Themenschwerpunkt gewidmet. Verschiedene Beiträge stellen darüber hinaus die historischen Wurzeln einzelner Normen wie auch der Entwicklung der Strafrechtssysteme in den Vordergrund, deren Verständnis unabdingbare Voraussetzung der Rechtsvergleichung ist. Dem wissenschaftlichen Wirken Manfred Maiwalds ist die Betonung der Perspektive der italienischen Strafrechtswissenschaft verpflichtet.

Aus dem Inhalt: Mit Beiträgen von: René Bloy · Désirée Fondaroli · Gabriele Fornasari · Carsten Momsen · Akihiro Onagi · Dinah Stollwerck · Torsten Bauer · Volker Haas · Gerwin Moldenhauer · Peter Rackow · Elio Belfiore · Martin Böse ·Torben Hagen · Vincenzo Militello · Dorothee Sydow

FSC
www.fsc.org
MIX
Papier | Fördert gute Waldnutzung
FSC® C083411

Kolibri 360 GmbH
Ferdinand-Jühlke-Straße 7
99095 Erfurt, Deutschland
produktsicherheit@kolibri360.de

Druck:
CPI Druckdienstleistungen GmbH
im Auftrag der
Kolibri 360 GmbH
Ferdinand-Jühlke-Str. 7
99095 Erfurt